高等职业院校技能型紧缺人才培养培训工程配套教材·汽车运用与维修专业

汽车车身修复技术

（第2版）

姜　勇　金守玲　主　编

娄万军　李　旭　副主编

電子工業出版社

Publishing House of Electronics Industry

北京·BEIJING

内 容 简 介

本书以现代汽车车身修复工艺为基础，介绍车身修复基础知识，并对车身修复作业中涉及的车身钣金修复和涂装修复两个方面的技术进行详细介绍。

本书共分三篇 11 章。第一篇是汽车车身修复基础，介绍车身维修安全知识、车身修复常用工具及其正确使用、汽车车身结构、车身焊接；第二篇是车身钣金修复，介绍车身损坏分析、车身测量、车身校正技术、车身损伤修复；第三篇是汽车车身涂装修复，介绍涂料的基础知识、涂装的工艺方法、涂装的喷涂缺陷及后处理。

本书适合作为高职高专汽车检测与维修、汽车运用技术、汽车整形技术等专业的专业课教材，也可作为汽车钣金与喷漆从业人员的培训教材和参考书。

图书在版编目（CIP）数据

汽车车身修复技术 / 姜勇，金守玲主编. —2 版. —北京：电子工业出版社，2016.9

ISBN 978-7-121-29004-6

Ⅰ. ①汽… Ⅱ. ①姜… ②金… Ⅲ. ①汽车—车体—车辆修理—高等职业教育—教材 Ⅳ. ①U472.4

中国版本图书馆 CIP 数据核字（2016）第 127678 号

策划编辑：程超群
责任编辑：郝黎明
印　　刷：北京捷迅佳彩印刷有限公司
装　　订：北京捷迅佳彩印刷有限公司
出版发行：电子工业出版社
　　　　　北京市海淀区万寿路 173 信箱　邮编　100036
开　　本：787×1 092　1/16　印张：20.5　字数：590.4 千字
版　　次：2010 年 3 月第 1 版
　　　　　2016 年 9 月第 2 版
印　　次：2021 年 7 月第 8 次印刷
定　　价：49.00 元

凡所购买电子工业出版社图书有缺损问题，请向购买书店调换。若书店售缺，请与本社发行部联系，联系及邮购电话：（010）88254888，88258888。

质量投诉请发邮件至 zlts@phei.com.cn，盗版侵权举报请发邮件至 dbqq@phei.com.cn。

本书咨询联系方式：（010）88254577，ccq@phei.com.cn。

前　言

随着汽车技术的发展，汽车的车身结构特别是轿车车身的材料、结构也发生了变化，承载式车身的应用越来越广泛。由此给车身修复工作提出了更高的要求。钣金修复后不只是为了恢复外形，而更重要的是尽最大的努力使整个车身壳体恢复到损伤前的状态，以保证修复过汽车不因为车身修复而出现“二次事故”；喷涂方面不仅要满足外观平整的要求，对色彩、耐用等要求也日益提高。所有这些必须应用先进的设备，进行规范作业，严把质量关，以满足车身维修作业高标准、高质量的要求。

汽车车身修复技术的发展，对车身修复从业人员的素质要求也日益增高，懂得新技术、新工艺、新材料，具有质量意识、安全意识，能按规范进行作业的专业人才十分匮乏。为此，本书根据多年积累的教学和实践经验，还聘请多年在企业从事车身修复工作的技师参加了本书的编写，使得本书不仅能符合高等职业教育的特点，还更具有针对性、时效性、实用性和可操作性。

本书由吉林交通职业技术学院姜勇和金守玲担任主编，吉林交通职业技术学院娄万军、李旭担任副主编，吉林交通职业技术学院王桂荣参编。本书第 1～2 章由姜勇编写；第 5～7 章、第 11 章由金守玲编写；第 3～4 章由娄万军编写；第 8～9 章由李旭编写；第 10 章由王桂荣编写。

本书在编写过程中，得到了吉林金刚汽车销售服务有限公司的大力支持，在此表示感谢。

由于时间仓促和编者水平有限，书中难免出现不当或错误之处，竭诚欢迎各位读者给予批评和指正。

编　者

2016 年 9 月

目　　录

第1篇　汽车车身修复基础

第 1 篇 汽车车身修复基础

随着我国汽车工业的迅猛发展和人民生活水平的不断提高，汽车保有量也快速增加，汽车已经成为人们生活中不可缺少的重要的交通工具。汽车车身作为汽车构造的主要组成部分之一，主要用来装载货物和容纳乘客，保护乘客和货物免受风、沙、雨、雪、尘土的侵蚀与恶劣环境的影响，并保障行驶时的安全、舒适。同时，也使驾驶员有一个良好、舒适的工作场所和环境。汽车在使用过程中，由于交通状况、驾驶水平等原因，导致车身损伤的几率增大。在现代汽车维修企业的维修项目中，事故车辆的维修比例达到 50%。

车身修复质量的好坏，直接影响维修后汽车的正常使用，特别会影响行车安全，所以必须加以重视。车身修复过程中，为了高质量地完成车身修复作业，工作人员也必须注意自身的安全与防护，要合理使用工具，熟知汽车的车身结构和车身使用的材料。

第 1 章　车身维修安全知识

教学目标

1. 了解车身维修车间的布置及区域划分
2. 熟知车身维修车间的安全事项
3. 能按要求进行安全防护

1.1　车身维修车间的布置与安全

合理的车间布置，有利于进行维修作业，也为安全生产提供了一定的保障。在生产过程中，要严格遵守相应的安全注意事项，以保障安全生产。

1.1.1　车身维修车间的布置

1. 工作区布置

车身维修车间工作区域分为车身修复工作区域（钣金工作区）和涂装工作区域（喷涂工作区）。主要在这两个工作区完成车身修复和涂装两项工作。

车身维修车间的工作区又根据生产需要划分为几个工位。工位之间相互联系也相对独立。车身修复工作区一般分为钣金加工检查工位、钣金加工校正工位、车身校正工位和材料存放工位等，如图 1-1 所示。车身涂装工作区一般分为喷漆准备区和喷漆区，喷漆准备区设有检查工位、打磨工位、调漆工位等。

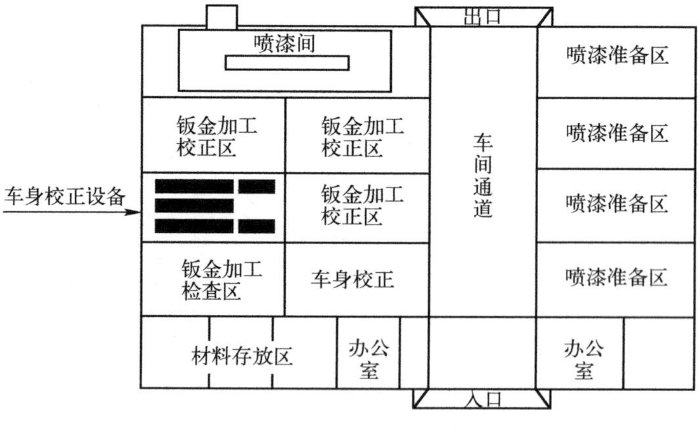

图 1-1　车身维修车间工位布置图

在车身修复工作区域要完成事故车辆的检查、车辆零部件的拆卸、板件维修、车身测量校正、车身钣金更换、车身装配等工作。

车身校正工位是车身修复工作区最重要的工位，同时也是完成工作量最多的工位。此工位要放置一台车身校正系统，车身校正系统平台的长度一般为 5m～6m，宽度一般为 2m～

2.5m，要具备足够的操作空间。在车身校正系统周围至少要有 1.5 m～2 m 的操作空间，因此，车身校正工位的长度一般为 8 m～10 m，宽度一般为 5 m～6 m。

2．气路和电路的布置

车身维修车间在车身修复和涂装修复过程中，均要使用压缩空气和电，所以气路和电路的布置是否合理非常重要。

车身维修车间内压缩空气的压强一般为 0.5MPa～0.8MPa。一般车间要有一个压缩空气站，各个工位要有压缩空气接口，管路要沿墙壁布置，布置高度不超过 1m，也可布置在靠近车间顶板的位置。每个工位至少要留出 2 个接口，并安装开关，采用快速接头。

车身维修车间的用电量很大，特别是车身修复过程中的焊接和校正作业，用电量都很大，一般都不小于 15A，而大功率的电阻点焊焊接电流不小于 30A～40A，所以要在车间校正工位附近设置一个专用的配电箱供车身修复焊接用电，配电箱的位置距离车身校正系统不能超过 10m～15m，防止过长导致线路过热。

在每个工位要设置至少 2 个三孔插座，电流不小于 15A，每个插座都要保证可靠接地。

1.1.2 车身维修车间的安全

1．维修车间驾驶安全

维修车间由于空间小，人员多，缺少交通指挥，很容易导致车辆行驶过程中，出现互相刮碰，挤伤人与碾压人的事故，因此应注意以下安全事项。

（1）小心驾驶。在车间内应慢速驾驶车辆，并保持车窗处于开启状态，以便驾驶人更容易听到同事发出的警示。不要让无驾驶证（照）的人驾驶车辆，车辆在车间移动的时候，要在车间内规定的固定路线行驶。

（2）注意观察。在车间移动车辆时，应查看各个方向，在确保没有人或物品挡住道路时，才可行驶车辆。

最重要的是要注意正在作业的人员是否把腿伸到行驶路线上。

（3）车辆安全停靠。在车辆进行作业时，要拉起驻车制动器，自动挡车要将自动变速器置于驻车挡。同时要用楔形木块垫住车轮防止车辆移动。点火开关置于关闭位置。

（4）驾驶员自身保护。驾驶员要避免接触到旋转的部件，要防止衣物和头发与旋转的部件接触，防止绞入造成伤害。手指也要远离处于拉伸状态的弹簧。例如，发动机罩与车门的铰链弹簧非常有力，小心手指不要被弹簧夹伤。

2．维修车间的消防安全

（1）消防设施。燃烧的三个基本要素是热量（温度）、易燃物、氧气。只要这三个要素中有一个缺失就能熄灭火焰，阻止火灾的发生。

在车间一般要配备水龙头、防火沙、灭火器等消防设施。

多用途干粉灭火器可扑灭易燃物、易燃液体和电气火灾，车间应配备足量的多用途的干粉灭火器，保证性能完好，使用方法各个员工都要掌握。

灭火器应该定期进行检查、定期重新加注灭火剂。灭火器要摆放在车间的固定位置，并设有明显的标志。

（2）车间防火注意事项。车身维修车间如有汽油、油漆等各种易燃品，在操作过程中也经常产生明火，极易造成火灾。因此在车身维修操作时要注意以下防火事项。

① 车身维修车间禁止吸烟。

② 不能将火柴或打火机等火种带入车间。

③ 进行焊接或切割作业时，高热量的火星可飞溅到很远，因此，不要在存有油漆或易燃的液体材料附近进行切割或焊接作业。

④ 易燃材料要专人妥善保管，不要有泄漏现象。

⑤ 燃油箱要在作业前排空后拆下。必要时候要用湿布将油箱的修理部位进行冷却。

⑥ 为了防止电气火灾，在进行电气作业或车身作业前，要断开蓄电池。

⑦ 注意在有内饰件附近切割或焊接时，要防止内饰件被点着。适当的用湿布遮盖，同时要在旁边准备一桶水和一个灭火器。

⑧ 一旦发生火灾，要冷静处理，采取必要的措施进行扑救，同时及时拨打火警电话报警。同时要注意及时撤离火灾现场。

3．维修车间的电气安全

车身维修作业过程中，经常使用电动工具，利用交流电的时候较多，为了保障用电安全，在维修和使用设备和工具时，必须先断开电源，否则会有电击危险，严重的可能造成人员死亡。

用电设备和工具长时间使用，会由于导线牵拉扯动频繁，导致导线磨损而漏电，因此要保持地面无水，保持干燥，因为水能导电，会因为漏电的部分导电而致使人有电击的危险。在使用过程中，必须保持地面干燥，发现有导线漏电应及时进行修复或更换。

应该确保电动工具和设备的电源线正确接地。如果电源线中的接地插头断裂，则应更换插头后再使用工具。

仔细阅读设备和工具的使用说明书，正确进行导线连接，按说明书的要求进行使用。

1.2 车身维修人员安全与防护

1.2.1 维修人员防护

1．呼吸系统和肺部的防护

在对镀锌钢材进行焊接时产生的焊接烟尘、在进行打磨抛光时产生的微尘、清洗部件时挥发的溶剂和在喷射防腐剂时挥发的液滴，都会被吸入呼吸系统中，对人体产生暂时甚至是永久性的伤害。因此，在进行这些操作时都应该佩戴呼吸器，达到对呼吸系统的防护的目的。

（1）供气式呼吸器。如图 1-2 所示，主要由一个透明的护目镜、外接气源软管、兜帽等组成。使用时，干净可呼吸的空气通过软管从一个单独的气源泵送到面罩或头盔中，进气阀、出气阀保证所有吸入的空气都通过过滤器供人呼吸。在喷涂作业时，采用供气式呼吸器，防护效果好。

（2）滤筒式呼吸器。滤筒式呼吸器如图 1-3 所示，由橡胶面罩、预滤器、滤筒、进气阀和出气阀等组成。橡胶面罩用来保证贴合脸部轮廓，保证气密性。可更换的预滤器和滤筒，能够清除空气中飞散的溶剂和其他蒸气。

（3）焊接用呼吸器。在进行镀锌钢材进行焊接时，产生的焊接烟尘和锌蒸气会对人体产生很大的伤害。焊接用呼吸器如图 1-4 所示，是在呼吸器上有一个特殊的滤筒，来吸收焊接产生的烟尘。

（4）防尘呼吸器。防尘呼吸器如图 1-5 所示。一般是用多层滤纸制作的价格较低的纸质过滤器，它的作用是阻挡空气中的微尘、粉尘进入人的鼻腔、咽喉、呼吸道和肺部。在进行打磨、研磨或用吹风机吹净操作时会产生大量的粉尘等，应佩戴防尘呼吸器。防尘呼吸器是加了过滤层的口罩。

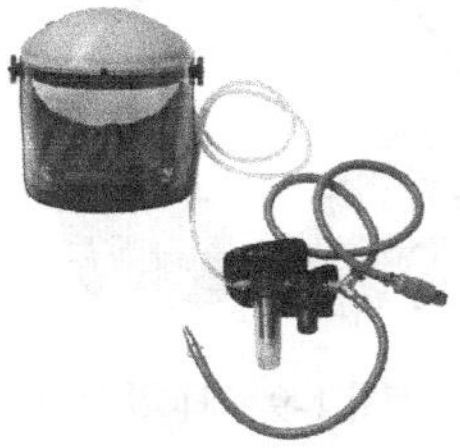
图 1-2　供气式呼吸器

图 1-3　滤筒式呼吸器

图 1-4　焊接用呼吸器

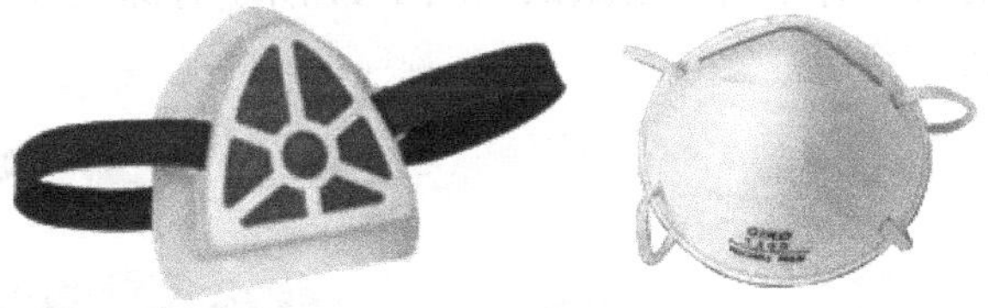
图 1-5　防尘呼吸器

【特别提示】

使用呼吸器前需进行密合度测试：

（1）负压测试：将手掌放到滤芯上并吸气，密合性良好时，面罩部分会随着正常的呼吸而朝向脸部凹陷。

（2）正压测试：罩住呼吸器并呼气，密合性良好时，面罩部分会鼓出，而空气不会随着正常的呼气从面罩中溢出。

2．头部的防护

车身维修人员在作业过程中，由于时常在车下或者车厢内进行作业，不小心容易造成头部损伤，还会因为粉尘、油污等造成头发污染或不清洁，因此要注意头部的防护。在进行维修作业中要戴上安全帽，在车下作业或者拉伸校正操作时要戴上硬质的安全帽。同时，头发不要过长，工作时要把头发放入如图 1-6 所示安全帽中。焊接时应佩戴如图 1-7 所示焊接防护帽，焊接防护帽能保护面部免受高温、紫外线或融化的金属灼伤。

图 1-6　防尘帽

图 1-7　焊接防护帽

3．耳的防护

在车身维修作业过程中，经常使用气动錾、气动锯等切割工具和对钣金件进行敲打、打磨等操作，这些都会产生高分贝的噪声，容易对耳朵产生伤害，因此进行上述工作时，要佩戴如图 1-8 所示耳塞或如图 1-9 所示耳罩以加强耳朵的防护。

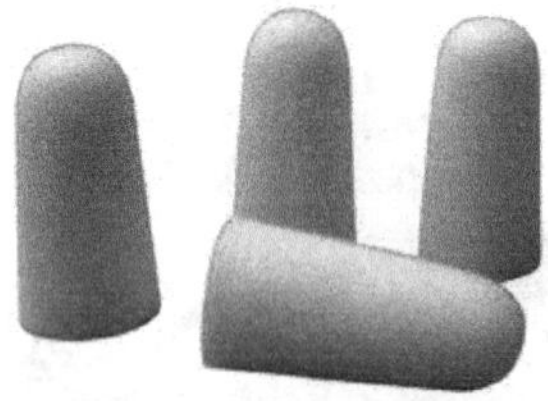
图 1-8　耳塞

图 1-9　耳罩

4．眼睛和面部的防护

如果佩戴的防护呼吸器不带面罩，就应该在打磨、涂装等维修操作时佩戴如图 1-10 所示的防护眼镜。防护眼镜能在锤击、钻孔、磨削和切削等操作时，防止飞屑击伤面部或眼睛。

在进行焊接作业时，应佩戴如图 1-11 所示有深色镜片的护目镜，深色镜片能保护眼睛免受电焊弧光的伤害。

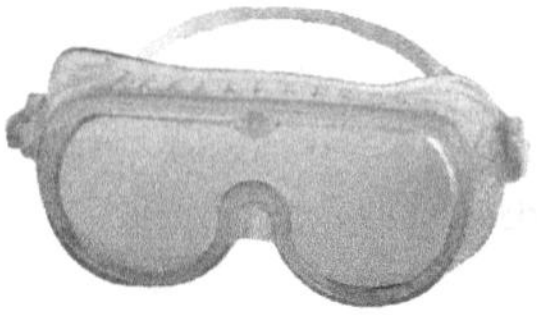
图 1-10　防护眼镜

图 1-11　焊接护目镜

5．身体的防护

在车身维修车间应穿着合格的棉质工作服如图 1-12 所示，不能穿宽松的衣服和没系袖口扣子的衬衫，不能佩戴饰物。衣物应远离运动和运转的部件，宽松、下垂的衣物容易被绞入运动部件，造成人体伤害。

6．手、腿、脚的防护

（1）手的防护。在焊接作业时，应戴上如图 1-13 所示的皮质手套，防止焊接熔化的金属烫伤手臂。打磨时，应戴如图 1-14 所示的纯棉手套。涂装时，应戴如图 1-15 所示的防溶剂手套。

图 1-12　棉质工作服

图 1-13　焊接手套

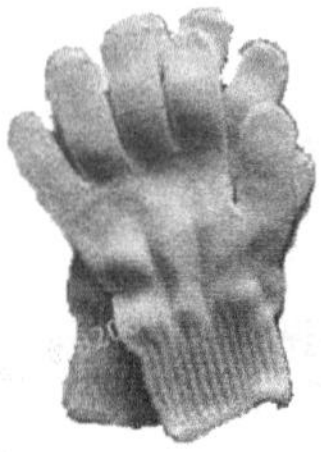
图 1-14　纯棉手套

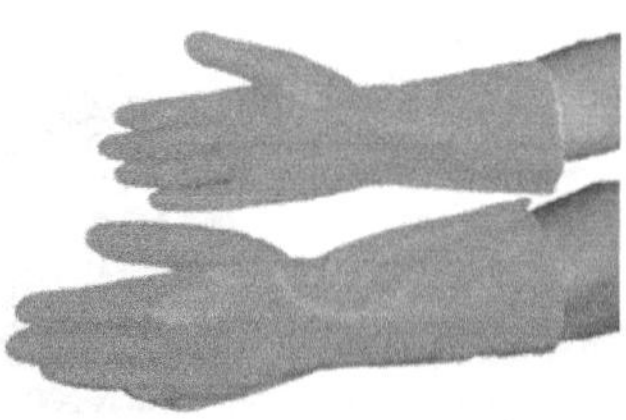
图 1-15　防溶剂手套

（2）腿的防护。在进行车身维修作业中，经常会跪在地上进行操作，因此最好佩戴如图 1-16 所示的护膝，以保护膝盖，防止引起膝盖的损伤。

（3）脚的防护。在车身维修车间，工作时最好穿如图 1-17 所示安全鞋，不能穿凉鞋和拖鞋。安全鞋鞋头有金属片，可以防止重物下落砸伤脚；安全鞋还有防滑和绝缘的功能，可以防止滑倒和防止触电事故的发生。

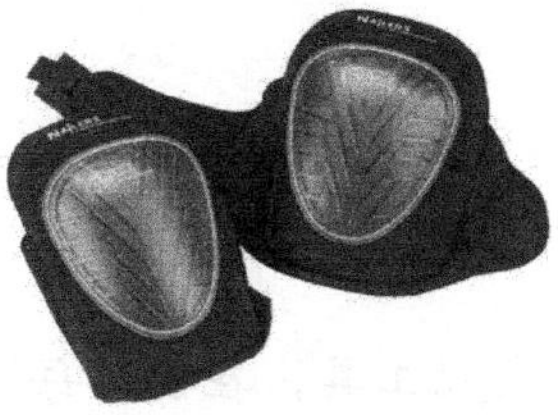

图 1-16　护膝

图 1-17　安全鞋

不能佩戴饰物。衣物应远离运动和运转的部件，宽松、下垂的衣物容易被绞入运动部件，造成人体伤害。

1.2.2　个人安全准则

车身维修人员在进行车身维修操作时要遵守以下准则。

1．掌握信息

在使用各种设备前要认真学习产品标签上或说明书上的使用方法和注意事项，切忌盲目操作和违反操作规程进行作业。

2．佩戴个人防护用具

按防护要求佩戴安全防护用具，并保证防护用具性能可靠。

3．合理使用压缩空气

用压缩空气枪吹洗车门的侧壁和其他难以达到地方时，应当戴上护目镜和防尘面具。不要用压缩空气吹身上的灰尘，以免压缩空气的压力把铁屑等杂质嵌入人体的皮肤内。

4．金属处理过程

金属的处理剂含有磷酸，吸入这种化学物质或皮肤、眼睛接触到这种物质，可以引起发炎，所以在使用这些材料时，要佩戴安全镜、穿工作服、戴橡胶手套及气体呼吸保护器。

5．场地安全

在工作场地不允许进行追逐、打闹。工作区的许多设备、工具，还有气和电的管路、线路都存在潜在的危险，可能对人员、物品产生损害。

在搬运物品时，一定要尽量借助一些设备进行搬运、提升、移动，尽量减小意外扭伤或砸伤。

复习思考题

1．在车间内移动车辆时要注意哪些安全事项？
2．车身维修人员应做哪些身体防护？
3．如何安全举升车辆？
4．维修车间如何防火？

第 2 章　车身修复常用工具及其正确使用

教学目标

1. 了解车身修复的常用工具
2. 会正确使用各种工具
3. 掌握手工工具和动力工具使用的注意事项

在车身修复作业中，会用到大量的手工、电动、气动工具，在使用每一件工具前要充分了解各种工具的主要用途、使用方法，从而提高效率，减少工具的损坏，保证生产安全

2.1　手工工具及其正确使用

2.1.1　钣金锤

钣金锤是连续敲击钣金件使其形状恢复的基本工具。钣金锤种类很多，有方头、圆头、尖头等不同形状，每种形状都有相应的主要用途。

钣金锤根据锤头材料不同，可分为橡胶锤、木锤和铜锤等。

1．镐锤

镐锤是专门用来维修小凹陷用的工具，各种规格的镐锤如图 2-1 所示。镐锤的尖顶用于敲顶出凹陷，其平头端与抵座（垫铁）配合，敲击去除小的凸点和波纹。

镐锤使用时不要用力过大，防止尖顶将钣金穿透。镐锤不能用于修复大的凹陷表面。

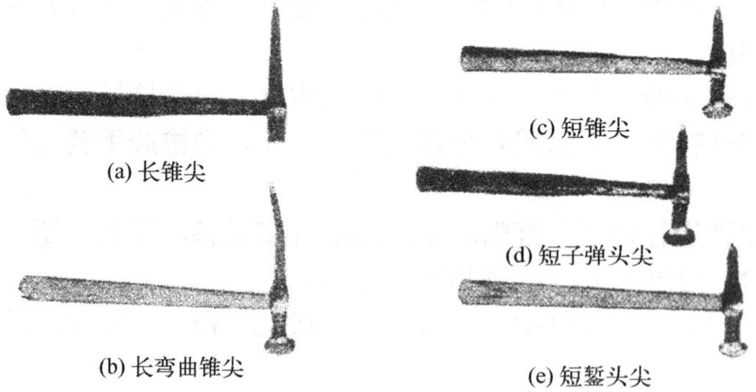

(a) 长锥尖　(b) 长弯曲锥尖　(c) 短锥尖　(d) 短子弹头尖　(e) 短錾头尖

图 2-1　各种规格的镐锤

2．冲击锤

冲击锤的锤头的形状一端是圆形，锤顶的表面几乎是平的，如图 2-2 所示。这种锤的顶面大，打击时打击力可以扩大到较大的面积上，适用于矫正凹陷板面的初始作业或加工非表露的钣金件。

在钣金修复作业中，还常用一种中间锤，其目的是使工件在敲击作业中，起到过渡的作用，避免直接敲击钣金的表面，减轻钣金表面损伤程度。

3．钣金锤的正确使用

利用捶击法进行修复作业的关键是选择敲击部位，同时也要注意锤子的正确使用，如图 2-3 所示，握锤时，以下边两个手指为支点，用其他手指将钣金锤向下推。当锤子从金属表面向回弹时，可以绕着支点作轻微的旋转。

作业前要研究敲击的落点、敲击力度和次数，要用手腕去驱动锤子垂直敲打，让锤子的平面与被敲击的金属接触，不能用整个手臂或肩部的力量，不要用力过猛。

图 2-2　冲击锤

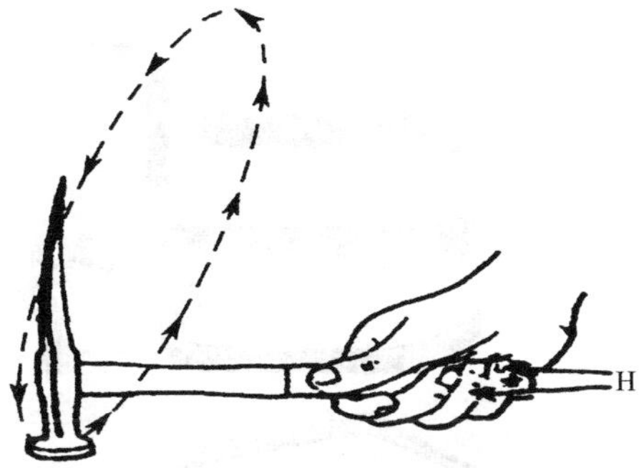

图 2-3　钣金锤的正确使用

2.1.2　抵座

抵座是一种手持的铁砧，是敲击整形的衬托工具，与钣金锤配合使用。由于钣金的形状很复杂，所以抵座的形状也很多，大小不一，但是都具有方便手持的特点。如图 2.4 所示为各种不同形状的抵座。

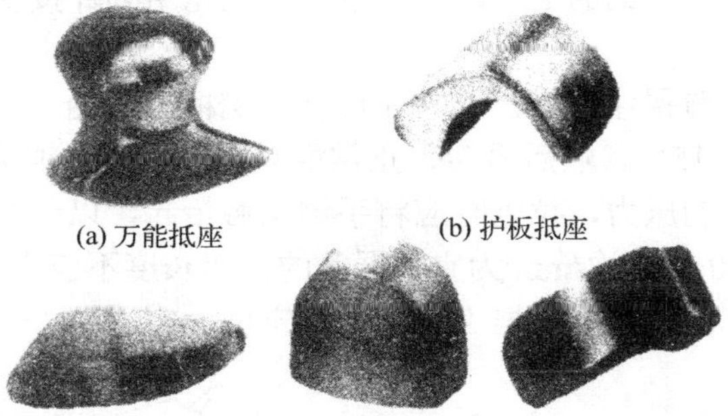

(a) 万能抵座　(b) 护板抵座

(c) 足尖式抵座　(d) 足跟式抵座　(e) 逗号抵座

图 2-4　常用抵座

各种抵座的适用范围不同，一般万能抵座的适用范围广，足尖或足跟式抵座适用于在狭窄的部位进行敲击，其平面直角边可以用来矫正凸缘。抵座在车身表面钣金修复中最为常用，凡是能有空间较容易抵座进入的部位，在钣金变形修复过程中，均可以用抵座进行修整。

抵座在使用过程中，要根据钣金外形和变形的情况合理选择合适的抵座，不要怕麻烦，不要使用单一的抵座进行修复作业。抵座的种类不足时，可以根据车外形特点，自己做出相应的抵座，从而加快修复效率和保证修复表面效果。

2.1.3　修平刀

修平刀实际上是一根带弯曲工作面的杠杆。如图 2-5 所示，修平刀有各种不同的形状和尺寸组合，以适应对不同曲面部位的作业。

修平刀是车身修理特殊的工具，将修平刀紧贴待修表面，再捶打修平刀，对表面某些微小的隆起、凹陷部位恢复原状特别有效。对难以放入抵座的弧形凹陷，修平刀可以当作抵座使用。

运用修平刀修平作业时，应注意对捶击力度的控制，当捶击的力度大于修平刀的顶贴力时，就达不到修平的目的，甚至还会导致变形严重。

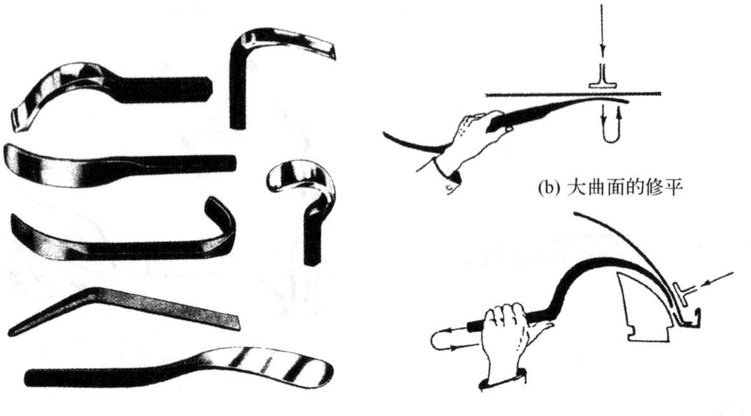

(a) 修平刀的几种类型　(b) 大曲面的修平　(c) 手不易深入的平面修平

图 2-5　借助修平刀修平

2.1.4　手锯

手锯主要用于对扁钢、型钢的下料。在锯割前，应先用划针按要求划出切割线，并用三角锉锉出起锯点。

手锯操作时，一手在前握住锯弓，一手在后握住锯柄。如图 2-6 所示，起锯要略向工件的前或后边缘倾斜 10°～15°，然后再转入正常姿势，防止折断锯条。推锯时，身体上部应略向前倾，给手锯以一定的压力，拉锯时应将手锯稍微抬起，以免加剧锯齿的磨损。

锯割的往复速度以 20～40 次/min 为宜，锯条的使用长度不应少于全长的 2/3。锯条的运动有直线方式和摆动方式两种，要根据工件锯割的宽度而定。

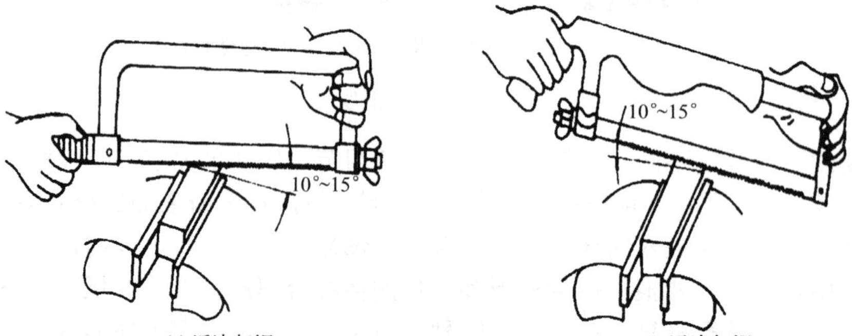

(a) 近边起锯　(b) 远边起锯

图 2-6　锯割方法

2.1.5　拉拔器

对于车身面板的凹陷，有时由于车身密封，无法从内部顶起或敲击，需要用拉拔器或拉杆拉出凹陷的表面。

拉拔器如图 2-7 所示。拉拔器的顶端为螺纹尖端或呈钩形形式。利用顶端与钣金结合，结合方式有螺纹旋进方式、钻孔钩联方式、点焊粘接方式等，目前大多用点焊焊点粘接方式。

拉拔器使用时，先将拉拔器的顶端利用一定方式和需修复的板件表面结合，然后利用在杆中部的冲击惯性锤，利用手握冲击惯性锤向外运动的冲击惯性，产生沿杆向外的拉力，使凹陷的凹点慢慢的拉起，如图 2-8 所示。

拉拔器使用过程中，要注意与板件的连接应具有一定的强度，否则拉拔力保证不了，影响修复效果。对于焊接粘接方式的拉拔器，因为开始是焊接过程，要控制焊接电流不要过大，防止将板件烧穿。

图 2-7　拉拔器

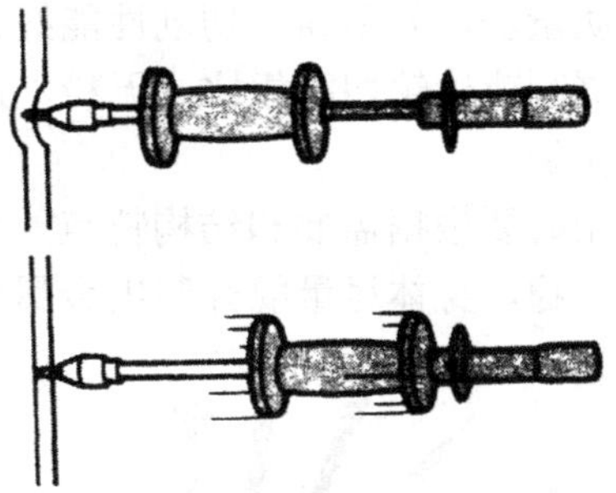

图 2-8　用拉拔器拉平凹坑

2.1.6　手工工具使用的安全操作事项

（1）不要将手工工具做任何非设计规定的用途。例如，不能对锉和旋具进行敲击，因为敲击会导致断裂并造成人身伤害。

（2）手工工具应保持清洁和良好的工作状况。工具如果不清洁，表面粘满润滑脂、润滑油等，会容易从手中滑脱，产生危险。

（3）不要同时打开多个工具柜的抽屉。打开多个工具柜的抽屉，容易刮伤人，同时还会因为工具柜盛满工具后特别重，造成工具柜倾翻而砸伤人。

（4）手工工具在使用前要检查有无裂纹、碎片、毛刺等情况。如果工具存在问题，应修理或更换后再用。

（5）使用锋利或带尖的工具时应特别当心。例如凿子或冲子应正确研磨，保持锋利，使用时要正确握持，避免割伤手。

（6）在进行其他操作时不要把旋具、冲子或其他尖锐的手工工具放到口袋里，也不要放到尚运转的车上不稳定的部位。避免刺伤自己或损坏车辆。

（7）将所有的零件和工具整齐地摆放到指定位置。保证其他工作人员不会被绊倒。

（8）利用移动千斤顶顶起车辆的某部位，应该放置建议的举升处，避免车辆损坏。

（9）在车下进行作业时，要利用支撑架将车辆支撑牢固，而不能单靠千斤顶来支撑，防止千斤顶突然卸压而压伤人。

2.2　动力工具及其使用

为了减轻劳动强度，提高工作效率，现代车身维修作业中，对于加工量较大的部位，用动力工具替代手工工具的机会逐渐增多。合理选用和使用动力工具，是保证维修质量，提高维修效率，以及安全生产的重要方面。

动力工具根据动力源不同，分为气动工具和电动工具。气动工具是利用压缩空气能量转换成机械能的工具；电动工具是利用电机，将电能转换成机械能的工具。

现在用于车身维修的动力工具很多，现将常用的动力工具进行介绍。

2.2.1 风錾

风錾如图 2-9（a）所示，是以压缩空气为动力，可产生 1800 次/min 的击打频率，其质量仅为 1～2kg。风錾配备不同的錾头，可以实现錾割、铲平、敲击等多项功能。风錾的特点是体积小、质量轻、效率高、切割性能好；在不受限制的情况下，可进行直线、曲线和型线的切割；与锯割或砂轮切割相比，无粉尘危害。缺点是震动和噪声较大。图 2-9（b）为风錾的切割应用实例。

风錾使用时要根据需要和结构特点，合理选择不同的錾头，并检查安装是否可靠。手握风錾要保持平稳，身体尽量躲开錾出金属屑的方向，要佩戴护目镜和耳塞。

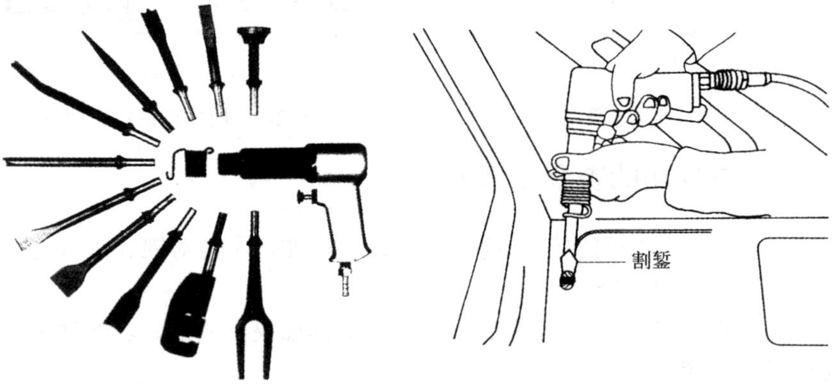

(a) 风錾　　(b) 应用实列

图 2-9　风錾及其应用

2.2.2 风动锯

在进行切割作业时，当切割部位是车身的板类构件时，由于切割量大，手锯切割效率低。另外，手锯还受锯弓的限制，有些部位无法用手锯切割。那么，在切割作业时，就经常用到风动锯。风动锯如图 2-10 所示，也是利用压缩空气为动力。风动锯锯条只有一端装在锯身上实现锯割作业，由于没有锯弓限制，切割缝可以无限延长。

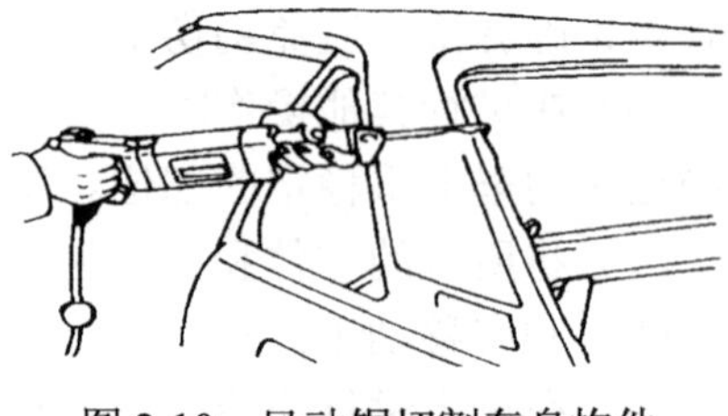

图 2-10　风动锯切割车身构件

风动锯具有切割效率高、使用方便、对构件损坏程度小等许多优点。

风动锯的锯条外露，而且切割速度相当快，所以使用时，一定要将切割的部位周围清理好，切割用力要适当，避免切割到不需要切割的部位，避免伤到人。切割缝最好要预先画好线，防止切偏。

2.2.3 砂轮机

砂轮机主要作用是打磨和切割。打磨作用是利用砂轮盘的平面磨削工件的不平部位，多为对焊接后的焊缝的凸起进行打磨，使其表面平整；切割作用是在拆解车身构件时，利用砂轮的端面切割焊缝，使焊缝断开。

如图 2-11 所示为用砂轮割断焊缝、拆解车身构件的方法。对于只拆解不更换的构件，应选好切割角度，而不要损坏零件本身；对于切割后更换的构件，可以直接割断构件，但是要注意不要割伤完好的构件。

在切割焊缝过程中，要注意控制切割深度，不要造成切割过度，避免切割到需要保留的构件。砂轮机的砂轮在装到砂轮机上前要进行检查，看是否有裂纹，防止工作时破碎伤人。砂轮机要先开机运转后，再将砂轮接触到工作表面进行作业。

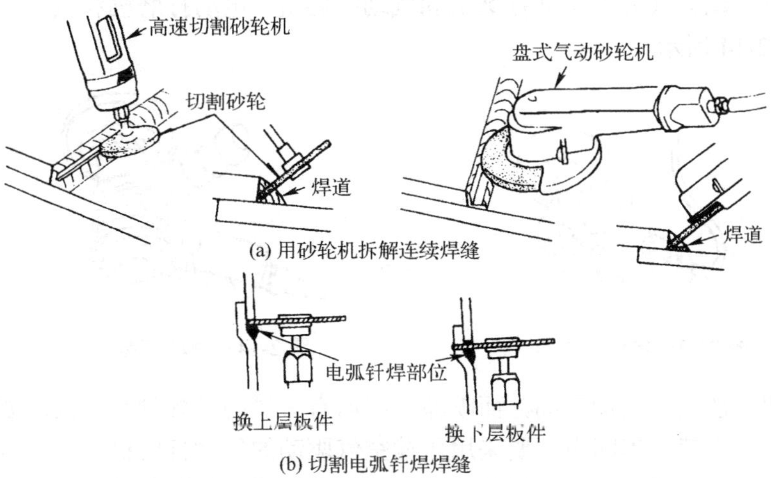

图 2-11　用砂轮机切割焊缝

2.2.4 点除钻

手电钻的主要作用是进行钻削作业。一般用于钻除焊点分离构件和在钣金构件上进行打孔等作业。

钻削所应用的刃具以麻花钻头和钻孔器为主。为了便于钻削车身构件的焊点，一般要将普通钻头根据需要进行磨削，或者使用钻孔器作为专门的切具，如图 2-12 所示。

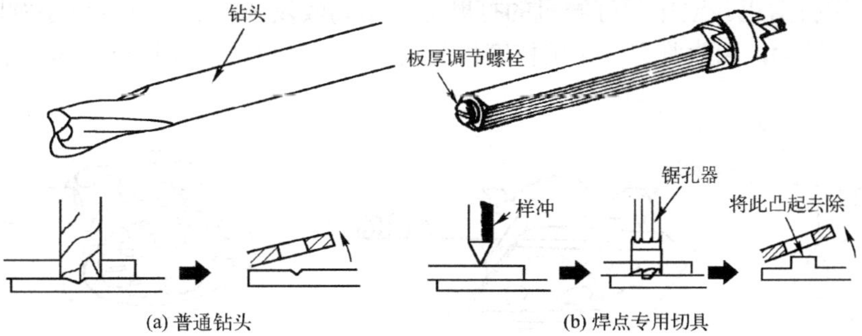

图 2-12　钣金维修常用钻头

钻削前应用中心点冲冲出定位孔。当钻孔的直径超过 12mm 时，应先用小直径钻头将定位孔钻出，然后再用合适的钻头进行切削加工。

在钻削过程中由于产生热，过热会使钻头失去应有的硬度，因此在钻深孔或连续作业时，应进行必要的冷却。

由于车身构件多为薄板件，因此应注意钻削用力不宜过大，还应该防止钻透瞬间突然阻力加大。另外，应注意防止钻削过度，将不该钻除的板件钻削。

2.2.5 打磨机

在进行喷涂作业过程中，经常要进行涂层的打磨。打磨机是以动力驱动的工具，其上附有砂纸，用于除锈及打磨油漆涂层表层、腻子、二道底漆等。

1．打磨机的分类

打磨机根据驱动方式分为电动打磨机和气动打磨机。电动打磨机和气动打磨机外形分别如图 2-13 和图 2-14 所示。

图 2-13　电动打磨机

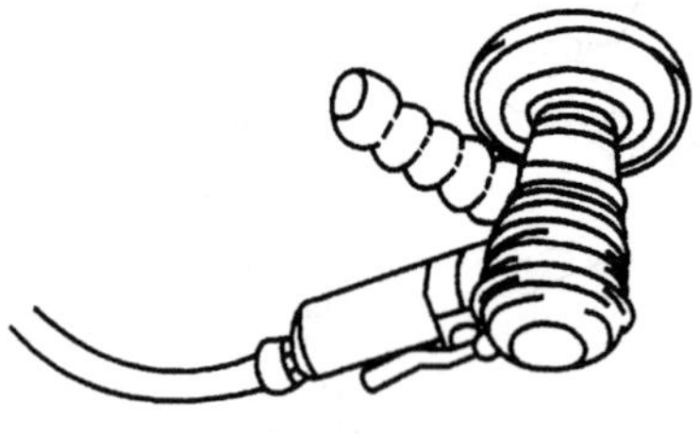

图 2-14　气动打磨机

由于打磨机一般用于喷涂车间，而喷涂车间内有大量的易燃物品，因此要尽量减少电动工具的使用，所以在喷涂车间内主要采用压缩空气驱动的气动打磨机。气动打磨机主要有单作用打磨机、轨道式打磨机、双作用打磨机和往复直线式打磨机四种类型。

（1）单作用打磨机。打磨机的打磨盘垫绕一个固定的点转动，砂纸只作单一的圆周运动，这种打磨机称为单作用打磨机。如图 2-15 所示。

单作用打磨机的打磨扭矩大，低速打磨机主要用于刮去旧涂层及除锈；高速打磨机主要用于漆面的抛光，也就是抛光机。

（2）轨道式打磨机。轨道式打磨机的打磨盘垫外形呈矩形，便于在工件表面上沿直线轨迹移动，整个打磨垫以小圆圈振动。如图 2-16 所示，这种打磨机主要用于腻子的打磨。它可以根据工件表面的情况采用各种尺寸的打磨砂垫，以提高效率，轨迹直径也可以进行改变。

（3）双作用打磨机。双作用打磨机的打磨盘垫运动较复杂，盘垫本身以小圆圈振动，同时还绕自己的中心转动，因此兼有单作用打磨机和轨道式打磨机的运动特点，如图 2-17 所示。

图 2-15　单作用打磨机

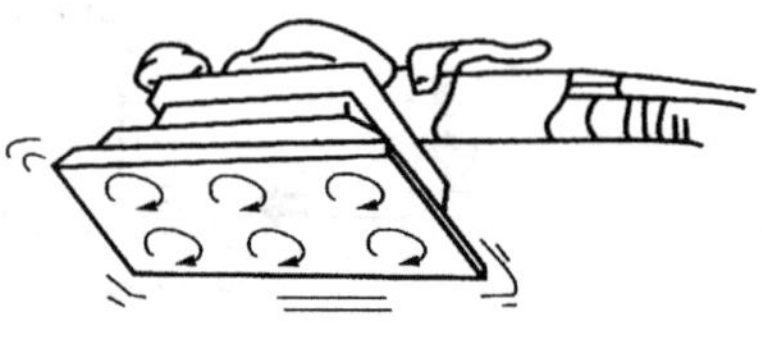

图 2-16　轨道式打磨机

图 2-17　双作用打磨机

双作用打磨机的切削力比轨道式打磨机要大。使用时要考虑轨道直径，直径大的打磨较粗糙，反之打磨较细。

（4）往复直线式打磨机。打磨机的砂垫做往复直线运动，主要用于车身上的特征线和凸起部位的打磨作业。

电动打磨机的类型和气动打磨机基本相同。

2．打磨机使用的要求

（1）根据操作者的体力选择大小合适的打磨机，否则，太大很快疲劳，不能持续作业，太小则效率低。

（2）根据实际打磨面的形状和面积大小选择合适的打磨头。电动打磨机如果选择是硬的打磨头时，要保持与涂膜表面平行，否则会在金属表面留下划痕；如果选用的是柔性的打磨头，应与涂膜表面成一定的角度。

（3）由于打磨机转速非常高，使用时一定要牢牢地握持住，以免脱手产生危险。

（4）气动打磨机打磨主要靠旋转力切削，因此与被打磨表面应该成15°～20°的夹角。

（5）打磨操作要佩戴好防护用具。

2.2.6　动力工具的安全操作事项

（1）在使用动力工具前，要安装好动力工具的护具。在对工具进行修理和维护时，在进行前先将工具的空气软管或电源线断开。

（2）动力工具使用时不要超出其额定功率。如砂轮通常有每分钟最大转速，操作时应确保动力工具未超出砂轮、刷子或其他工具的极限转速，否则砂轮或刷子可能会炸开，砂轮碎块或钢丝甩出会造成人员、物品的损伤。

（3）当用工具进行研磨修整时，应避免工具表面硬化金属过热。

（4）用动力工具对小零件进行加工时，不要一手持零件，一手持动力工具进行操作，否则零件容易滑脱，造成手部的严重伤害。

（5）在进行研磨、钻孔、打磨时，一定要使用夹紧装置将零件夹紧或固定小零件。

（6）在使用液压装置时，应确保施加的液压是安全的。在操作液压机时，人应该站在侧面，一定要戴上全尺寸面罩，防止零件飞出造成伤害。

复习思考题

1．车身维修常用的手工工具有哪些？

2．车身维修常用的动力工具有哪些？

3．拉拔器的作用是什么？

4．手工工具安全操作事项有哪些？

5．动力工具安装操作事项有哪些？

6．打磨机的作用及使用要求？

7．打磨机分为哪几类，各自的特点是什么？

第3章　汽车车身结构

学习目标

1. 熟悉车身结构类型及主要性能
2. 掌握轿车车身构造
3. 熟悉车身常用材料及其性能
3. 了解客车、货车车身构造

3.1　汽车车身概述

汽车车身是驾驶员的工作场所，也是容纳乘客和货物的场所。随着新技术、新工艺、新材料的开发与研究，汽车车身正以多种多样的形式，不断满足安全、节油、舒适、耐用等技术要求。车身作为汽车的基本骨架，是汽车中最大的部件，它决定着汽车的基本形状、大小，甚至用途。车身是汽车外表的保护性外壳，外壳表面覆盖各种颜色，同时也是车辆的整体结构，保障车辆的安全和强度。车身是由多种材料制成的，通常包括：钢、铝、塑料、玻璃等材料，车身表面根据用户要求的不同，而漆涂各种鲜艳的油漆，使车辆达到美观的效果。由于事故而造成汽车损坏时，如果车身无法修复，就表明这辆车必须报废了。

3.1.1　汽车车身分类

1．按车身承载情况分类

按汽车车身的承载情况，车身结构主要有两种类型：有车架的非承载式车身结构和无车架的承载式车身结构。除此之外，还有一种介于两者之间的半承载式车身结构。

1）非承载式车身

非承载式车身又称为车架式车身，其典型特征是在车身下面有一个车架结构，车身壳体通过螺栓安装在车架上，发动机、变速器、悬架等大总成也安装在这个车架上。这些大总成的重量和地面冲击力主要由高强度的车架承载，而不是直接作用在车身上。在发生碰撞事故时，碰撞力可能会先作用在车架上，然后再向车身传递。为了降低路面噪音，缓冲振动，提高舒适性，往往在车架与车身之间、车架与发动机和变速器之间安装一些橡胶衬垫。当前，非承载式车身在轿车上已很少应用，而主要用在一些SUV、大客车和载货车上。如图3-1所示。

图3-1　非承载式车身

2）承载式车身

承载式车身的典型特征是没有车架，发动机、变速器、悬架等大总成直接安装在车身结构上，它们的重量和路面载荷主要由车身结构承载。在发生碰撞事故时，碰撞力也直接作用在车身构件上，并沿着车身传递。

在承载式车身结构中，车身板件、横梁和纵梁通过点焊或激光焊焊接在一起或粘接在一起，形成一个整体的车身箱体结构。这种结构既轻便又结实。乘员舱的刚度比非承载式车身更大，在碰撞中，汽车的前部和后部可以按照受控的方式溃缩，而乘客舱则得到最大程度的保护。如图 3-2 所示。

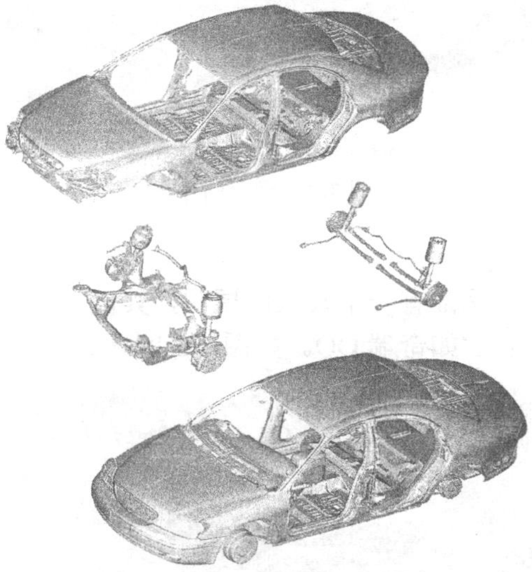

图 3-2　承载式车身

3）半承载式车身

车身与车架是用焊接、铆接或螺钉连接的，载荷主要由车架承受，车身也承受一部分。这种结构车身是为了避免非承载式车身相对于车架位移时发出的噪声而设计的。由于重量大，现在很少采用。

2．按车身形状或车顶型式分类

按车身形状和车顶型式，可以将汽车分成以下几类。

1）普通轿车

普通轿车的车身特征是有一根中柱支撑车顶，根据车门数量又分为两门轿车如图 3-3（a）所示和四门轿车如图 3-3（b）所示两种。

（a）两门轿车　　（b）四门轿车

图 3-3　普通轿车

2）硬顶轿车

硬顶轿车的车身特征是没有支撑车顶的中柱，它的车顶结构被强化，以保证有足够的强度。硬顶轿车也有双门和四门两种版本，这种车在我国比较少见，基本都是进口车。如图 3-4 所示。

图 3-4　硬顶轿车

3）舱背式轿车

舱背式轿车的车身特征是尾部有一个较大的尾门，其优点是可以获得更大的后部存储空间，一般以紧凑型小轿车居多，如奇瑞 QQ。如图 3-5 所示。

图 3-5　舱背式轿车

4）活顶轿车

活顶轿车的车身特征是采用了可收缩的帆布顶篷，顶篷内带有钢管骨架。车顶可以向下折叠，收到座椅后面。一些活顶轿车采用了活动的可收缩的硬顶。这种车也叫敞篷跑车，在我国也比较少见，基本都是进口车。如图 3-6 所示。

图 3-6　活顶轿车

5）旅行轿车

旅行轿车的车身特征是车顶向后水平延伸，直到车身的后部，车身尾部采用了后舱门或尾门，可以获得较大的储物空间，如东风本田 CRV。如图 3-7 所示。

图 3-7　旅行轿车

6）厢式轿车

厢式轿车的特征是采用了宽大的箱形车身，增大了内部承载空间。全尺寸厢式轿车通常采用全周边式车架和前置发动机、后轮驱动的型式。微型厢式轿车体型较小，常常采用承载式车身结构和前置发动机、前轮驱动的型式。我国常见的厢式轿车有广州本田奥德赛、江淮瑞风、上海通用 GL8 等。如图 3-8 所示。

图 3-8　厢式轿车

7）SUV

即运动型多功能车，一般采用四轮驱动，底盘通常比轿车稍高一些，提高了车辆的通过性，适合于在崎岖路面或越野行驶。SUV 通常被归到越野车一类，在山地、雪地、泥泞等不良路面上能够充分发挥其优势。我国常见的 SUV 有北京吉普、三菱帕杰罗、长城赛弗等。如图 3-9 所示。

图 3-9　SUV

3．按车身外形分类

轿车车身的形状，主要由坐椅位置和数量、车门数量、顶盖变化、发动机和备胎的布置等因素决定。按车身背部结构分为：

1）折背式车身

折背式车身是指车身的背部有角折线条的车身形式，也被称为浮桥式、船形等，如图 3-10 所示。其主要特征是车身由明显的头部、中部和尾部三部分组成，大多数都布置有两排座位。这种轿车按车门数可分为二门式和四门式。

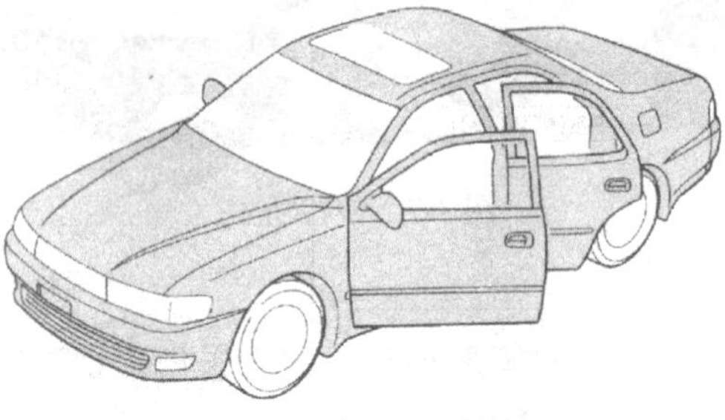

图 3-10　折背式车身

2）直背式车身

直背式车身是指车身的后风窗和行李箱连接近似平直，比折背式更趋流线型，有利于降低空气阻力，且使后行李箱的空间加大。这种车型也叫做快背式、溜背式车身等，如图 3-11 所示。

图 3-11　直背式车身

3）舱背式车身

舱背式车身是指车身顶盖较折背式长，后背角度比直背式小，后行李箱与后窗演变为一个整体的背部车门。这种车型也叫半快背式车身，如图 3-12 所示。

图 3-12　舱背式车身

4）短背式车身

短背式车身由于背部很短而使整车长度缩短，从空气动力学的角度考虑也是有利的；同时，这种形式的车身可减少车辆偏摆，有利于稳定性。这种车型也叫鸭尾式车身，如图 3-13 所示。

图 3-13　短背式车身

4．按驱动方式分

1）前置发动机后轮驱动（FR）

前置发动机后轮驱动发动机、离合器、变速器结成一个整体安装于车辆的前部，主减速器、差速器安装于车辆后部，两者用传动轴连接。如图 3-14 所示。

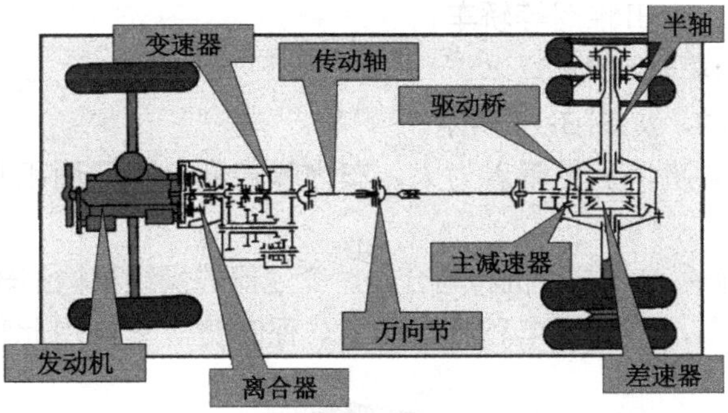

图 3-14　前置发动机后轮驱动的布置方式

优点：附着力大，发动机散热好，离合器，变速器操纵方便，操纵机构简单，维修方便。行李箱内较宽敞。整车质量均匀。

缺点：噪声大，驾驶空间小，影响踏板的布置和乘坐舒适性差。传动轴长，增加整车质量，影响传动系统效率。

应用：载货汽车，部分轿车和客车。如红旗 7560、广州标致、伏尔加、日产公爵、丰田皇冠、丰田凌志等。

2）前置发动机前轮驱动（FF）

汽车整体十分紧凑，前轮为驱动轮，在变速器和驱动桥之间省去了万向节和传动轴。如图 3-15 所示。

图 3-15　前置发动机前轮驱动

前置发动机前轮驱动的发动机布置可以横置，也可以纵置。在发动机横向布置时，变速器轴线与驱动桥轴线平行，主减速器可以采用结构、加工都较简单的圆柱斜齿轮副 。

在发动机纵向布置时，将发动机的曲轴轴线布置成平行于车身轴线，主减速器则大多采用主、从动齿轮轴线垂直的准双曲面或曲线齿锥齿轮副。

优点：结构十分紧凑，车身底盘高度降低，有助于提高汽车的乘坐舒服性和高速行驶的稳定性。操纵简便，发动机散热条件好。

缺点：坡道行驶性能差，如上坡时，重量后移，前驱动轮的附着重量减小，易于打滑。下坡时，重量前移，前轮负荷过重，制动不当易引起车辆颠覆（故货车不用）。前轮既是驱动轮，又是转向轮，需要使用等速万向节，使结构较为复杂；且前轮的轮胎寿命较短。

应用：微型和中型轿车（广泛应用），中高级和高级轿车（应用日渐增多）。如采用发动机前纵置、前轮驱动的传动系布置形式的，如一汽奥迪、上海桑塔纳、天津夏利等轿车。采用发动机前横置、前轮驱动的传动系布置形式的，如：福特探索、丰田卡雷纳、丰田塞莉卡、丰田佳美、日产千里马、本田雅阁等轿车。

3）后置发动机后轮驱动（RR）

后置发动机后轮驱动，如图 3-16 所示。

优点：传动系结构紧凑，后轮附着力大，车内噪声低，车厢面积利用率高，驾驶员工作条件好。

缺点：发动机冷却条件差，发动机和离合器、变速器的操纵机构都较复杂、维修调整不便。

应用：大、中型客车，少数轿车和微型汽车。保时捷等车应用此种驱动方式。

图 3-16　后置发动机后轮驱动

4）中置发动机后轮驱动（MR）

将发动机布置于驾驶室后面的汽车的中部，后轮驱动，有利于实现前、后轴较为理想的轴荷分配，是赛车和部分大、中型客车采用的方案。客车采用这种方案布置时，能得到车厢有效面积的最高利用。如图 3-17 所示。

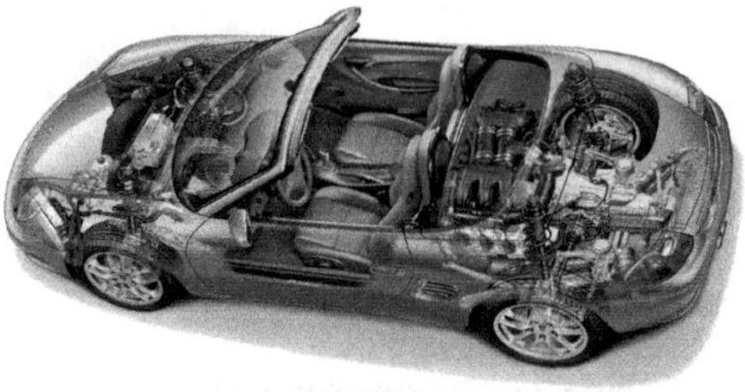

图 3-17　发动机中置后轮驱动传动示意图

5）四轮驱动（4WD）

充分利用所有车轮与地面之间的附着条件，以获得尽可能大的驱动力，提高其通过性。在变速器后要设置分动器，将动力分配给各驱动轮。如图 3-18 所示。

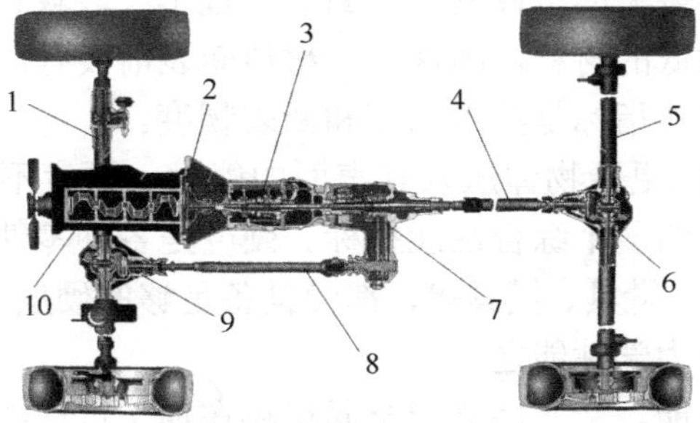

1—前桥；2—离合器；3—变速器；4—后传动轴；5—后桥；6—后桥减速器；7—分动器；8—前传动轴；9—前桥减速器；10—发动机

图 3-18　四轮驱动结构图

3.1.2　汽车车身材料

1．车身用金属材料

随着汽车的发展对环保的要求，车身的质量越来越轻，安全性能越来越高，普通的钢材已不能适应汽车发展的需要。在车身上开始大量应用不同种类的新材料，如高强度钢、超高强度钢、铝合金、塑料件等。新材料的大量应用使车身板件性能发生了非常大的改变，传统的修理方法已经不能很好修复已损坏的车身板件。所以要了解车身上主要材料的种类和性能，才能有针对性地对新型车身进行高质量的修复。

1）金属材料的主要性能

金属材料的性能，是指用来表征材料在给定外界条件下的行为参量。当外界条件发生变化时，同一种材料的某些性能也会随之变化。通常金属材料的主要性能是指机械性能和工艺性能。

（1）金属的机械性能。金属的机械性能即金属材料的力学性能。所谓力学性能是指金属在外力作用下所表现出来的性能。力学性能包括强度、塑性、硬度、冲击韧性及疲劳强度等。

① 强度。强度是指在外力作用下材料抵抗变形和断裂的能力，是材料最重要、最基本的力学性能指标之一。

静载时的强度测定可对材料进行拉伸试验。

② 疲劳。金属材料在极限强度以下，长期承受交变负荷（即大小、方向反复变化的载荷）的作用，在不发生显著变形的情况下而突然断裂的现象，称为疲劳。

金属材料在重复或交变应力作用下，经过周次 N 的应力循环仍不发生断裂时所能承受的最大应力称为疲劳极限。在重复或交变力作用下，循环一定周次后断裂时所能承受的最大应力，叫疲劳强度。此时，N 称为材料的疲劳寿命。某些金属材料在重复或交变应力作用下没有明显的疲劳极限，常用疲劳强度表示。

③ 塑性。是指金属材料在外力作用下，产生永久变形而不致破裂的能力称为塑性。许多零件或毛坯是通过塑性变形而成形的，要求材料有较高的塑性；并且为防止零件工作时脆断，也要求材料有一定的塑性。塑性也是金属材料的主要力学性能指标之一。常用的塑性指

标有断后伸长率 δ 和断面收缩率 ψ。

④ 韧性。是指金属材料在冲击力（动力载荷）的作用下而不破坏的能力。金属的韧性通常随加载速度的提高、温度的降低、应力集中程度的加剧而减少。韧性高的材料在断裂前要发生明显的塑性变形，由可见的塑性变形至断裂经过了一段较长的时间，能引起注意，一般不会造成严重事故；韧性低的材料，脆性大，材料断裂前没有明显的征兆，因而危险性极大。评定材料韧性的力学性能指标是冲击韧度和断裂韧度。

⑤ 硬度。是指金属抵抗更硬物体压入其表面的能力。硬度不是一个单纯的物理量，而是反映弹性、强度、塑性等的一个综合性能指标。硬度是各种零件和工具必须具备的性能指标。机械制造业所用的刀具、量具、模具等，都应具备足够的硬度才能保证使用性能和寿命。因此硬度是金属材料重要的力学性能之一。

（2）金属材料的工艺性能。工艺性能指金属材料在加工过程中所表现出来的性能，即接受加工难易程度的性能。工艺性能主要有铸造性、切削加工性、焊接性、可锻性、冲压性、热处理工艺性等。在设计机械零件和选择加工方法时，都要考虑金属材料的工艺性能，如灰铸铁具有优良的铸造性能和切削加工性能，常用来铸造机械零件；但其锻造性能差，不能锻造，焊接性能也较差。低碳钢的锻造性能和焊接性能都很好。热处理工艺通常作为改善切削加工性能或使零件得到所要求的最终性能而安排在有关工序之间。

① 铸造性。铸造是将熔融金属浇注、压射或吸入铸形型腔中，待其凝固后而得到一定形状和性能铸件的方法。由此可知，铸造性是指金属熔化成液态后，在铸造成形时所具有的一种特性。衡量铸造性的指标有流动性、收缩率和偏析趋势。

a．流动性。流动性是液态金属充满铸型的能力。流动性越好，液态金属充满铸型的能力越强，容易铸造细、薄、精密的铸件。流动性差，铸型就不易被液态金属充满，铸件就容易造成“缺肉”而成为废品。

b．收缩性。收缩性是指铸件在冷却凝固时，体积和线性尺寸收缩的程度。收缩不利于金属铸造，它将使铸件产生缩孔、缩松、变形等缺陷。

c．偏析趋势。是指铸件凝固后，出现化学成分和组织上不均匀的现象，从而导致铸件各部位的力学性能差异。一般说来合金钢的偏析倾向较大，高碳钢的偏析倾向比低碳钢大，因此，这类钢需要铸后热处理（扩散退火）来消除偏析。

② 切削加工性。金属材料在切削加工时所表现的性能称为切削加工性。切削加工性的优劣反映出金属材料经过切削加工而成为合乎要求工件的难易程度。切削加工性与多种因素有关，如材料的组织、成分、硬度、强度、塑性、韧性、导热性、金属加工硬化程度以及热处理等。评价金属材料的切削加工性是比较复杂的，它包括切削力、切削热、对刀具的磨损、断屑性能、表面粗糙度等。一般根据材料的韧性和硬度作大致的判断。硬度在 170～230HBS 之间，并有足够脆性的金属材料，有良好的切削加工性。硬度和韧性过高或过低，切削性能均不理想。金属材料的切削加工性很难用一个指标来评定，通常用“切削率”或切削加工系数来相对地表示。

一般来说，有色金属比黑色金属材料的切削加工性好，铸铁比钢的切削加工性好，中碳钢又比低碳钢的切削加工性好。

③ 焊接性。用焊接方法将两种相同或不同的金属材料焊合在一起，并能获得优良性能的焊缝称为焊接性。

一般来说，导热性过高或过低、热膨胀性大、塑性低或焊接时容易氧化、吸气的金属，其焊接性比较差。低碳钢具有良好的焊接性，中碳钢中等，高碳钢、高合金钢、铸铁和铝合金的焊接性较差。

④ 可锻性。是指金属材料在锻造过程中承受塑性变形的性能。如果金属材料的塑性好，易于锻造成形而不发生破裂，就认为可锻性好。铜、铝的合金在冷态下就具有很好的可锻性；碳钢在加热状态下，可锻性也很好；而青铜的可锻性就差些。至于脆性材料的可锻性就更差，如铸铁几乎就不能锻造。

⑤ 冲压性。是指金属经过冲压变形而不产生裂纹等缺陷的性能。许多金属产品的制造都要经过冲压工艺，如汽车壳体、搪瓷制品坯料。为保证制品的质量和工艺的顺利进行，用于冲压的金属板、带等必须具有合格的冲压性能。

⑥ 热处理工艺性。是指金属经过热处理后，其组织和性能改变的能力，包括淬硬性、淬透性、回火脆性、氧化及脱碳趋势等。

2）车身用金属材料种类

（1）热轧钢板和冷轧钢板。车身结构中有两种类型的钢板：热轧钢板和冷轧钢板。

热轧钢板是在 800℃以上的高温下轧制的，它的厚度一般在 1.6～8mm 之间，用于制造汽车上要求强度高的零部件，例如车身、横梁、纵梁、车身内部钢板、底盘零件等。

冷轧钢板是由热轧钢板经过酸洗后冷轧变薄，并经过退火处理后得到的（因为滚轧的关系，内部结构变硬，要实施退火处理使它软化）。由于冷轧钢板是在较低的温度下轧制的，它的厚度精度高，一般厚度为 0.4～1.4mm。冷轧钢板的表面质量好，具有良好的可压缩性和焊接性能。大多数整体式车身都采用冷轧钢板制成。在悬架周围、车身底部容易腐蚀的地方，采用经过表面处理的冷轧钢板作为防锈钢板。

（2）低碳钢。在 2000 年前的车身修理中遇到的钢板大多数是低碳钢制成的。低碳钢的含碳量低，比较软，便于加工，可以很安全地进行焊接、热收缩和冷加工等操作，它的强度不会受到严重影响。由于低碳钢容易变形，所以要用较厚的板件才能达到足够的强度，导致汽车质量增加。为了达到环保和节能的要求，汽车车身的质量既要轻又要有足够强度，因此在整体式车身上越来越少采用低碳钢。但车身的外覆盖件从修理的角度考虑一般还会采用低碳钢来制造。

（3）高强度钢。高强度钢泛指强度高于低碳钢的各种类型的钢材，一般强度在 200 N/mm^2 以上。

新设计的整体式车身通常比车架式车身小，车身的前部要求能够承受比过去大得多的载荷，并能够更好地吸收碰撞能量，高强度钢正好可以解决这两方面的问题。

目前的整体式车身对构件的要求有以下几点。

① 要有足够的强度。例如挡泥板，它不仅具有挡泥的作用，同时还要能够承受悬架的一部分载荷，并支撑横向安装的发动机、蓄电池、点火装置和减震器。

② 要求质量轻，以减少燃料消耗。

③ 要有很好的塑性。高强度钢可以设计成抗弯截面，能吸收碰撞能量并减少传递到乘坐室内的损害。

为了达到这些要求，许多汽车制造厂都采用强度好、质量轻的高强度钢来制造现代车身大部分的板件，如图 3-19 所示。

然而，高强度钢所具有的强度高和质量轻的特点却给修理带来了一些难题。高强度钢受到碰撞时不容易变形，但是一旦变形后，它比低碳钢更难修复到原来的形状。在常规钢板的修理过程中，可以采用加热的方法来释放应力或焊接新的零部件。但对高强度钢，加热却受到严格的限制，或者根本就不能加热，否则会对板件内部结构造成损害。下面重点介绍高强度钢种类和应用。

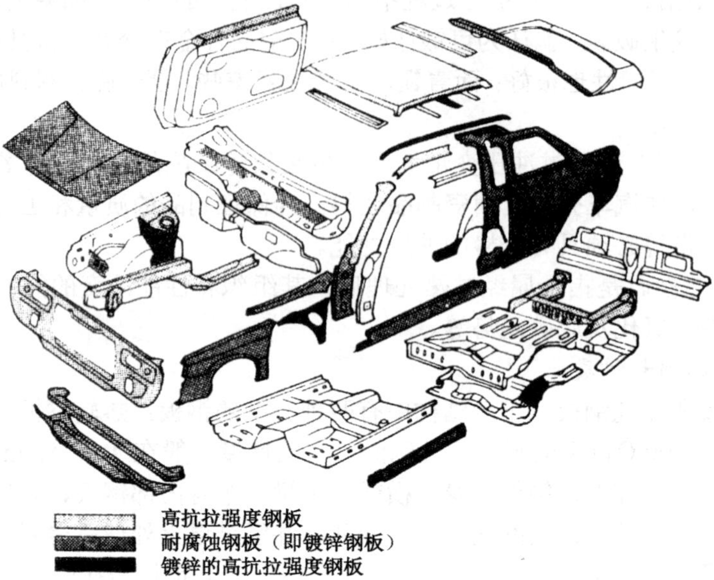

图 3-19　现代车身高强度钢板的应用

（1）高强度钢种类。

① 高强度低合金钢。高强度低合金钢（HSLA）又称回磷钢，通过在低碳钢中加入磷来提高钢的强度。它有和低碳钢相类似的加工特性，为汽车的外部面板和车身提供了更高的抗拉强度。

美国生产的许多汽车上都有高强度低合金钢制造的零部件，例如前后纵梁、门槛板、保险杠面板、保险杠加强筋和车门立柱等。由于它的强度主要取决于添加的化学元素，但对高强度钢材高温加热后，原用于提高强度的化学元素被损失掉，导致强度降低。

为了避免汽车结构性能明显降低，所以在修理时对高强度钢一定要按生产厂规定的温度加热。根据经验，加热温度不可超过 370～480℃，同时加热时间不可超过 3min。因此对高强度、低合金钢进行焊接时，要采用气体保护焊或电阻点焊，不允许采用氧乙炔和电弧焊焊接。

② 高抗拉强度钢。高抗拉强度钢（HSS）又称 Si—Mn 固溶体淬火钢。这种钢增加了硅、锰和碳的含量使抗拉强度提高。一般用这种钢来制造与悬架装置有关的构件和车身等。

沉淀淬硬钢是另一种高抗拉强度钢，它通过形成碳氮化铌沉淀物来提高钢材的强度。这是 20 世纪 70 年代初期发展起来的一种高抗拉强度钢，具有优异的加工性能。这种钢主要用于门边护板、保险杠加强筋等。

日本生产的汽车上装有高抗拉强度钢制成的车身构件。常规的加热和焊接方法不会明显降低这种钢的强度，它的屈服强度可达 350MPa、抗拉强度可超过 450MPa。在汽车受到碰撞而产生变形时，它的应力将增加，如果对受到碰撞的部位适当加热，促使它恢复原状，可减小因碰撞产生的应力，使强度恢复。如果碰撞产生的应力超过了材料的抗拉强度，钢材将会破裂。可用一般的焊接方法（包括氧乙炔焊）修理。进行氧乙炔焊时，在用氧乙炔焊炬加热的部位周围必须用温度显示的方法，将这些地方的温度限制在 600℃以内。车门护板和保险杠加强筋都不适宜校正，而应更换（对于车门护板的轻微损坏，只要它不产生功能性的损坏，就可忽略不计。如果它已经凹陷或产生其他变形，应加以更换）。

在进行新板件焊接时，应使用牌号为 AWS-E-70S-6 的焊丝进行惰性气体保护焊，这种焊丝具有和高抗拉强度钢相同的强度，或者使用电阻点焊来焊接各种高强度钢。

③ 超高强度钢。在现代车身上应用的超高强度钢（UHSS）主要有：高塑性钢、双相钢、多相钢、硼钢和铁素体-贝氏体钢等。

对普通碳钢进行热处理后，它的抗拉强度几乎可达到原钢材的 10 倍。这种钢有以下三种。

单相钢，这种钢只有一相显微组织，如马氏体，马氏体钢是最著名的超高强度钢。

双相钢，是将钢材在一个连续的热处理传送带或带钢热轧机上淬火而得到的。这种钢具有两相显微组织（淬硬的马氏体结构和铁素体结构）。双相钢的可成形性好，其抗拉强度大于 800 MPa。这种钢材主要应用于前纵梁吸能区的部件。

多相钢，这种钢具有多相的显微组织（铁素体、马氏体、贝氏体和奥氏体结构），它具有很高的强度。

汽车上所有的车门、车顶纵梁和一些保险杠加强筋都是由各种超高强度钢制成的。

对普通碳钢添加合金元素（如硼元素、碳元素等）并同时进行热处理。硼钢的抗拉强度能达到 1300～1400 MPa。如 VOLVO SC90 型车的中立柱就是用硼钢来制造的，在侧面碰撞时它可防止车内乘员免受或少受伤害。

超高强度钢不同寻常的高强度是由于在加工过程中产生的特殊细化的晶粒形成的。修理中的重新加热将会破坏这种独特的结构，而使钢的强度降低到一般低碳钢的水平。此外，这些钢材非常坚硬，一般修理厂的设备无法在常温下对它们进行校正。因此，受损坏的超高强度钢零部件不可修复，必须更换。安装新的零部件时，应采用气体保护焊的塞焊方式或大功率电阻点焊机来焊接，切不可使用能产生大量热量的焊接方式。

（2）高强度钢在现代车身上的应用。有关资料（表 3-1）表明，与 2000 年前相比，现在车身采用低碳钢的比例大幅度降低，而用高强度钢和超高强度钢的比例却强劲增加。

表 3-1　车身用钢材的变化

车身钢板类型	2000 年前	现在	变化趋势
低碳钢	70%	30%	↓
高强度钢	20%	50%	↑
超高强度钢	10%	20%	↑

现代的车身外部覆盖件一般采用低碳钢或强度比较低的高强度钢制造，但是车身的结构件都采用高强度钢或超高强度钢来制造。

从图 3-20～图 3-23 中可以看到，各种高强度钢制成的部件（深色的部分）在现代车身中的应用。

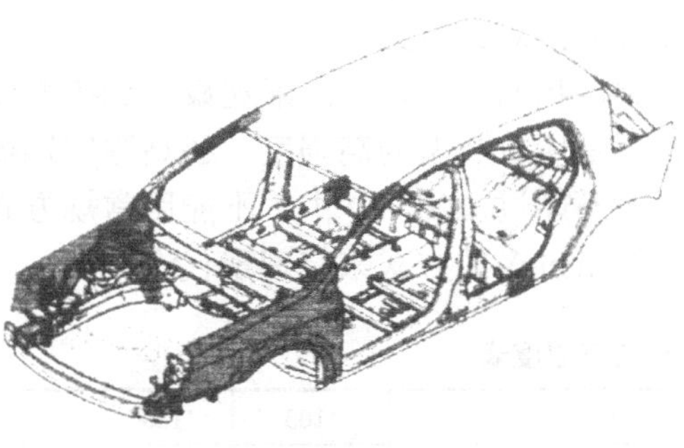

图 3-20　低合金钢在车身中的应用

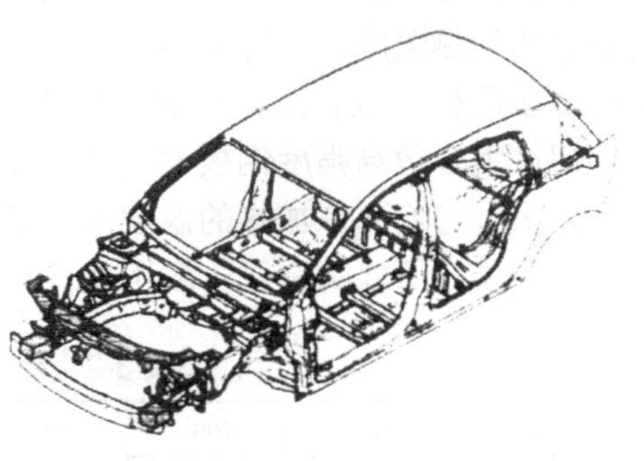

图 3-21　高抗拉强度钢在车身中的应用

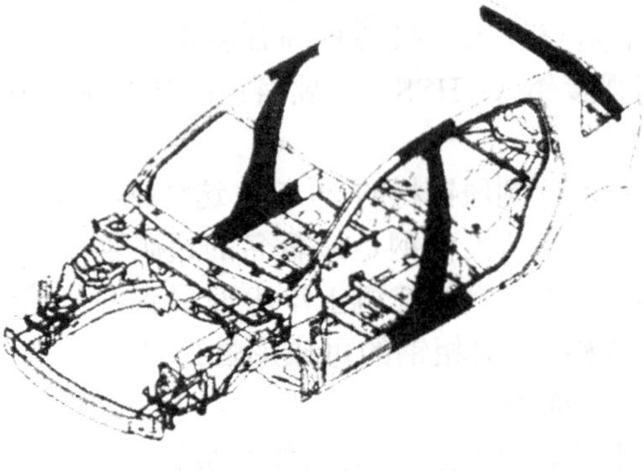

图 3-22　硼钢在车身中的应用

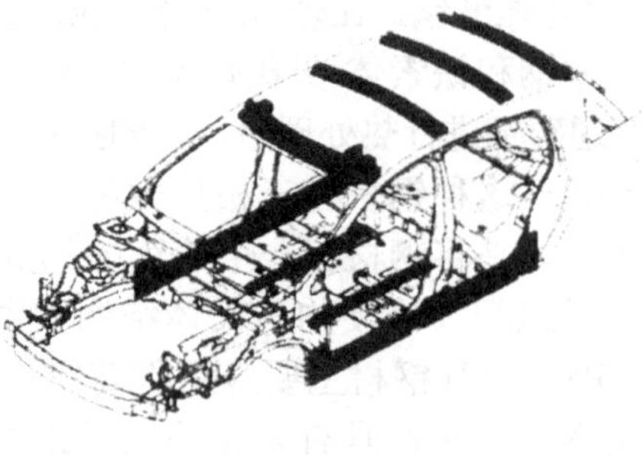

图 3-23　双相钢在车身中的应用

（3）修理高强度钢板的注意事项。

① 加热对钢材性能的影响。

对低碳钢进行加热时，随着钢板温度的增高，其强度和刚度随之下降；停止加热，温度下降到常温后，它的强度又恢复到原来的程度。

所以对于低碳钢钢板的修理来说，加热操作后不会降低钢板原有的强度。用常规的氧乙炔和电弧焊进行焊接，或对低碳钢钢板进行短时间的加热方式的修理，都是允许的。

对高强度钢进行加热时，随着温度的升高，高强度钢内部的金属晶粒会发生改变，由原来比较小的晶粒互相融合、吸收而变成大晶粒，金属晶粒之间的作用力会随着晶粒的变大而减小，表现出来外观的强度会降低。当加热后的高强度钢恢复到常温时，它内部的晶粒不能够自己恢复到原来小晶粒的状态，所以高强度钢经过过度加热再冷却后，强度会下降。

修理车身时应尽量避免加热（尤其是车架、梁，一定不可以用加热的方式来修理）加热除改变钢板的强度外，还会损害镀锌层，引起钢板锈蚀，降低钢板的防锈能力；形成氧化膜后钢板厚度降低，这些又会进一步降低钢板的强度；过度加热不小心时，还可能使车辆燃烧起来。

被加热过的高强度钢件表面外观及结构形状没有大的变化，这就容易引起修理人员的误会，认为加热并没有损坏板件，其实板件的内部结构被破坏了，这种变化对车身的危害是巨大的，车身的承重板件由于强度下降，一段时间后会产生变形，相关的机械部件如发动机、悬架、转向系统的安装点会变化，导致振动增加、跑偏、轮胎偏磨、转向齿轮齿条过度磨损等问题。特别是在发生事故时，这些板件无法达到设计中的作用（如吸收碰撞能量）从而会发生更大的变形，导致更大的损害。

对钢材加热时，其颜色会随着温度上升而发生变化。从前的铁匠就是根据钢材的颜色变化来判断它的加热温度，但这需要长久的经验和优秀的观察能力。

从表 3-2 我们可以看出，当钢加热到 600℃时，我们才可以用肉眼观察到颜色变化，而这时已经超过大多数高强度钢板的耐热温度。并不是所有类型的高强度、超高强度钢板都不能加热，只不过它们允许加热的温度都很低，一般不超过 200℃。由于不能用常规方式控制加热的温度范围，所以制造厂一般不允许用产生热量过多的方式来修理现代汽车。

表 3-2　钢材的颜色与温度表

温度（℃）	600	700	800	900	1000	1100	1200	1300
颜色变化	暗红	红色	淡红	橘红	黄色	淡黄	白色	亮白

② 钢材热处理的种类。

钢材的热处理通常可分为四类：正火处理、淬火处理、回火处理和退火处理。

钢材的热处理是以调整加热温度和冷却速率来控制的，而热处理的结果依金属的含碳量和合金的种类有所不同。从图 3-24 可以知道不同的热处理方式与温度的关系。

正火处理用来强化内部结构。正火处理是将钢材加热到 850℃后，以空气来冷却的一种热处理过程。当钢材经过机械加工产生塑性变形后，其内部结构将变得散乱，从而造成强度不均，此时可借正火处理来整顿其内部结构，改善机械性能。

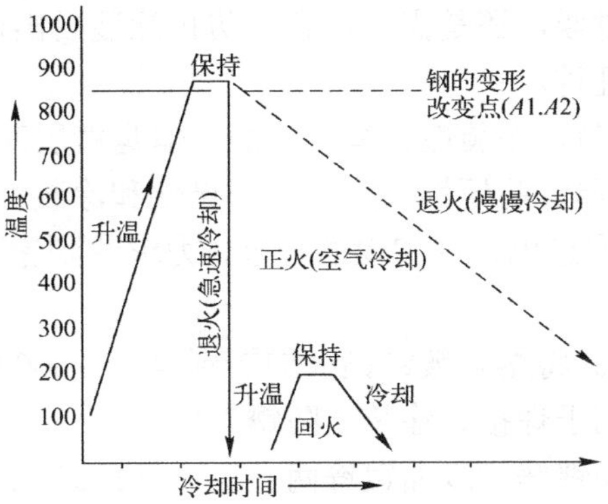

图 3-24 钢的热处理与温度的关系

淬火处理用来增加硬度（脆性）。淬火处理是将含碳量为 0.4%的钢材加热至 850℃后，急速冷却的一种热处理过程。淬火虽然增加硬度，但同时也增加脆性。

回火处理用来增加韧性。回火处理是将淬火处理过的材料，再次加热到 200℃，然后冷却的一种热处理过程。回火处理可使材料的内部组织稳定，以增加韧性。

退火处理用来增加柔软性。退火处理是材料加热后，慢慢冷却的一种热处理过程。加热的温度根据需求而有所不同。

③ 高强度钢的修理。

在整体式车身的修理中，不能应用氧乙炔焊、电弧焊等在焊接中产生大量热量的焊接方式，而是应用惰性气体保护焊和电阻点焊等产生热量少的焊接方式。

在修理中对钢板进行加热的目的是为了消除钢板内部的应力，而不是用过度加热来软化钢板以方便修理。消除应力的加热方式一般不能超过 200℃，在加热时要采用热敏材料来控制加热的温度。

（4）特殊金属板在车身中的应用。

① 防锈钢板。防锈钢板的表面有一层镀层，镀层的种类有镀锌、镀铝和镀锡。在这三种镀层中镀锌和镀铝比钢板容易腐蚀，而镀锡防腐蚀能力则比钢板好。镀锌钢板对碱性环境的防腐性能要好于酸性环境，一般用于车身钢板；而镀铝钢板对酸性环境的防腐性能要好于碱性环境，一般用于排气管护板；镀锡钢板则用于燃油箱（表 3-3）。

表 3-3 车身防锈钢板种类与用途

防锈钢板种类		用途
镀锌钢板	熔融镀锌	车身钢板
	双层镀锌	车门、发动机等
镀锡钢板		燃油箱
镀铝钢板		排气管护板

对防锈钢板的修理要注意尽量保护镀层的完整，在进行打磨、钣金处理或焊接等可能会破坏镀层的修理过程中，要尽量少地破坏镀层并要及时恢复镀层，否则镀层被破坏的钢板会很快腐蚀。

在车身中应用最广泛的是镀锌钢板。由于钢板的表面有锌，空气不能直接和钢板接触。当锈蚀情况出现时，锌先于钢板生锈，且只在表面形成薄薄的涂层，不向内部延伸，空气不能直接与钢板接触，从而得到保护。

锌镀层的钢板不容易进行涂装，现在修补用的涂料一般都是在防锈钢板上喷漆，但是在防锈钢板上重新进行涂装的时候，还是需要注意，防止涂装后出现问题。

镀锌钢板的种类有以下几种。

a．电镀锌钢板。表面均匀，涂装性、焊接性好，但是镀层薄，防锈性差。

b．熔解镀锌钢板。镀层厚、防锈性好，不过焊接性和涂装性差。

c．镍锌合金电镀钢板。通过电镀锌和镍的合金，力求达到涂装性、加工性和防锈性集为一体的效果。

d．合金化熔解镀锌钢板。将熔解镀锌钢板加热到 450～600℃，对镀层膜进行与铁的合金化处理。这样处理后，有利于焊接、涂装、防锈。

车身用的镀锌钢板有单面镀锌和双面镀锌两种，如图 3-25 所示，双面镀锌钢板一般用在车身的下部板件，如车地板、挡泥板、发动机罩等部位，这些部位经常接触腐蚀物质，需要重点防护。单面镀锌一般用在不经常接触腐蚀物质的部件，如车身上部的板件。

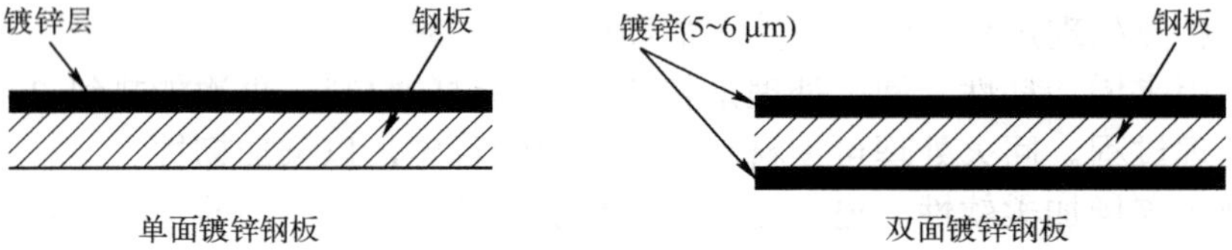

图 3-25　单面和双面镀锌钢板

② 不锈钢。不锈钢板是一种铬、镍合金碳钢，碳钢的含铬量大约为 12%，在车身上主要用于一些豪华车的外装饰部件。

③ 夹层制振钢板。夹层制振钢板在其表面或中间覆有塑胶，以前用于钢板覆盖的塑胶膜较薄，而现在应用的覆盖塑胶膜较厚，吸收振动的效果更好一些。夹层制振钢板用在下隔板或乘坐室隔板。

④ 铝合金。铝合金在车身中的应用。

以前铝合金仅应用在汽车的发动机、轮毂等部位，但现在一些新型的车身上开始应用铝合金。最初铝合金只应用于车身外部装饰件，现在车身结构件也可以全部用铝合金来制造，例如奥迪 A6、别克 GL8、标致 307 和欧宝维特 C 等发动机罩用铝合金制造；雷诺 Laguna ii 的发动机罩、车顶和车门板都用铝合金制造。奥迪 A2 如图 3-26 所示。宝马 5 系列，如图 3-27 所示，用铝合金来制造车身结构件和外部板件。

车身中的铝合金，依照它们在车身中应用的要求，可分为铸造件、冲压件、压铸件。车身板件大部分使用压铸件。

压铸件用来制造能够承受大载荷的部件，明显减轻质量但同时还具有高的强度。这些板件具有复杂的几何形状，通常是用真空压铸的方式生产，使它具有高强度。它还具有高的延展性，良好的焊接性能，较高的塑性，保证它在碰撞时有很高的安全性。

图 3-26　奥迪 A2 全铝车身

图 3-27　宝马 5 系列前部铝车身

这些压铸件的铝合金类型是铝硅、铅镁系列铝合金，合金中主要合金元素是镁、硅，有的加入铜。

铝合金部件一般应用在碰撞吸能区域如图 3-28 所示。除了能够承受正常的载荷外，在碰撞变形中还可以吸收大量的能量，保护后面的部件完整不会变形。一般用来制造横梁、保险杠及其支撑件等。

冲压件有非常高的强度，它们能够加强车身的强度和刚性，使车身能够在剧烈的碰撞中保持结构的完整性。在车身的铝合金件上一般都标有铝合金的类型标识，如图 3-29 所示。

图 3-28　车身前部铝合金吸能部件

图 3-29　奥迪 A2 的铝合金件上的标识

2．汽车用非金属材料

在汽车制造中，除使用金属材料外，还广泛使用非金属材料。常见的如汽车灯罩、仪表板壳、转向盘、坐垫、风窗玻璃、轮胎、传动带、连接软管等都是由各种非金属材料制成的。非金属材料因其具有许多优良的理化性能，可以满足某些特殊要求，而且原料来源丰富。加工简便，因此得到广泛的使用。

非金属材料的种类很多，这里主要介绍玻璃、塑料、橡胶和黏合剂等材料的基本知识，以及它们在汽车上的应用。

1）汽车用玻璃

汽车用玻璃有安全和外观两方面的要求。汽车玻璃要有良好的光学性能，还要有良好的耐磨性、耐热性、耐光性。汽车上要使用安全玻璃，玻璃在破碎后不能对乘员造成伤害。

现在的风窗玻璃都做成整体一幅式的大曲面型，上下左右都有一定的弧度。这种曲面玻璃从加工过程到安装配合的技术要求都非常高。

现在汽车上应用的安全玻璃有夹层玻璃、钢化玻璃、区域钢化玻璃和特殊功能玻璃等类型。

（1）夹层玻璃。夹层玻璃内部有一种透明可黏合性的塑料膜，贴在二层或三层玻璃之间，它将塑料的强韧性和玻璃的坚硬性结合在一起，增加了玻璃的抗破碎能力。

（2）钢化玻璃。钢化玻璃是将普通玻璃淬火使其内部组织形成一定的内应力，从而使玻璃的强度得到加强。在受到冲击破碎时，玻璃会分裂成带钝边的小碎块，对乘员不易造成伤害。

（3）区域钢化玻璃。区域钢化玻璃是钢化玻璃的一个新品种，它经过特殊处理，能够在受到冲击破碎时，其玻璃的裂纹仍可以保持一定的清晰度，保证驾驶人的视野区域不受到影响。目前汽车风窗玻璃以夹层区域钢化玻璃为主，能承受较强的冲击力。

（4）特殊功能的玻璃。单面透视玻璃。它是在普通玻璃上涂抹一层铬、铝或铱的薄膜制成。它可以将光线大部分反射回去，使汽车从内向外可视性好，车外却无法透视车内。

控制风窗玻璃。这种玻璃具有雨点传感作用，其传感器可测出雨点，然后自动打开风窗玻璃上的刮水器，并根据雨量的大小变化，随时改变刮水器速度。

控制阳光玻璃。这种玻璃能挡住多达84%的太阳能，可以在汽车所有车窗关闭和阳光直接暴晒情况下，使车内保持凉爽。

导电玻璃。它是在普通玻璃表面涂上一层氧化钛、氧化锂之类的薄膜而制成。这种玻璃通过微量的电流，会发生热量，附在车窗上的冰霜立即融化，以保证车内人员的视线。

显示器系统玻璃。这种汽车玻璃还可以作为显示器系统，未来汽车路线指南、方位图等都可以从仪表板后面投射到汽车前风窗玻璃上，这样驾驶人不用看仪表，只需正视前方，就可以看到玻璃上显示的各种需要的信息，既方便又安全。

2）汽车用塑料

塑料在汽车上的应用发展很快，从最初的内饰件和小零件，发展到可替代金属来制造各种机械配件和车身板件。用塑料代替金属，既可获得汽车轻量化的效果，又可改善汽车的某些性能，如耐磨、防腐、减震、减小噪声等。随着汽车工业的发展，塑料的应用越来越受到重视。

（1）塑料的组成。塑料是以合成树脂为基体，并加入某些添加剂制成的高分子材料。它在一定温度、一定压力下可以塑造成各种形状的部件。

① 合成树脂。合成树脂是塑料的主要成分，它的种类、性质及加入量的多少对塑料的性能起到很大的影响，大部分塑料是以所加树脂的名称来命名的。工程上常用的合成树脂有酚醛树脂、环氧树脂、氨基树脂、有机硅树脂和聚氯乙烯、聚苯乙烯等。

② 添加剂。加入添加剂是为了改善塑料的性能，扩大其使用范围。它包括填料、增塑剂、稳定剂、固化剂和着色剂等。

③ 填料。填料主要起强化作用，同时也能改善或提高塑料的某些性能。加入云母、石棉粉、氧化硅可以增加塑料的电绝缘性、耐热性、硬度和耐磨性。增塑剂用于提高塑性的可塑性与柔软性。稳定剂可以提高塑料在光和热作用下的稳定性，以延缓老化。固化剂可以促使塑料在加工程中硬化。着色剂可以使塑料制品的色彩美观。

（2）塑料的分类和特性。

① 塑料的分类。塑料的种类很多，按其热性能不同，可分为热固性塑料和热塑性塑料两大类。

a．热固性塑料。热固性塑料是经过一次固化后，不再受热软化，只能塑制一次的塑料。这类塑料耐热性好，受压不易变形，但力学性能较差，常用的有环氧树脂、酚醛树脂、氨基树脂、有机硅树脂等。

b．热塑性塑料。热塑性塑料是指受热时软化，冷却后又变硬，可反复多次加热塑制的塑料。这类塑料加工形成方便、力学性能好，但耐热性相对较差、容易变形。热塑性塑料数量很大，约占全部塑料的80%，常用的有聚乙烯、聚氯乙烯、聚四氟乙烯、聚苯乙烯、聚丙烯、聚酰胺等。

② 塑料的主要特性。塑料具有许多优良的物理、化学性能，主要有以下几点。

a．质量轻。塑料的相对密度一般只有 1.0～2.0g/cm^3 可以大幅度减轻汽车的质量，降低油耗。

b．化学稳定好。一般的塑料对酸、碱、盐和有机溶剂都有良好的耐腐蚀性。

比强度高。比强度是指单位质量的强度。尽管塑料的强度要比金属低，但塑料密度小质量轻，以等质量相比，其比强度要高。

c．电绝缘性好。大多数塑料有良好的绝缘性，汽车电器零件广泛采用塑料作为绝缘体。

耐磨、减磨性好。大多数塑料的摩擦系数较小，耐磨性好，能在半干摩擦甚至无润滑条件下良好的工作。

d．吸振性和消声性好。采用塑料轴承和塑料齿轮的机械，在高速运转时，可平稳地转动，大大减小噪声，降低振动。

e．塑料也有不少缺点，与钢材相比其力学性能较低；耐热性较差（一般只能在100℃以下长期工作）；导热性差；容易吸水，吸水后性能恶化。此外，塑料还有易老化、易燃烧、温度变化时尺寸稳定性差等缺点。

③ 塑料在汽车中的应用。由于塑料具有诸多金属和其他材料所不具备的优良性能，因此在汽车上应用很广。常用于制作各种结构零件、耐磨减磨零件、隔热防振零件等。

3）汽车用橡胶

橡胶是一种高分子材料，汽车上有许多零件是用橡胶制造的，如轮胎、车门窗密封条、风扇传动带、缓冲垫、油封、制动皮碗等。

（1）橡胶的基本性能。

① 极高的弹性。这是橡胶独特的性能。橡胶在起初受载荷时变形量很大，但随着外力的增加，橡胶又具有很强的抵抗变形的能力。它可以作为减震材料，用于制造各种减轻冲击和吸收振动的零件。

② 良好的热可塑性。橡胶在一定温度下会失去弹性而具有可塑性，当橡胶处于热可塑性状态时，容易加工成各种形状和尺寸的制品，而且当外力去除后，仍能保持加工后的形状和尺寸。

③ 良好的黏着性。黏着性是指橡胶与其他材料黏结成整体而不分离的能力。橡胶有很强的吸附能力，能与其他材料黏结成整体，如汽车轮胎就是利用橡胶与棉、毛、尼龙等牢固黏结在一起而制成的。

④ 良好的绝缘性。大多数橡胶是绝缘体，是制造电线、电缆等导体的理想材料。

此外，橡胶还具有良好的耐寒、耐蚀和不渗漏水、气等性能。橡胶的缺点是导热性差，硬度和抗拉强度不高，容易老化等。

（2）橡胶在汽车中的应用。在汽车上用量最大的橡胶制品是轮胎，另外橡胶还广泛应用于车门、车窗的密封条；各种胶管、胶带；减震配件以及耐油配件等。

4）汽车用黏合剂

黏合剂又称黏结剂，它是将两种材料黏结在一起，或填补零件裂纹、空洞等缺陷的材料。黏合剂具有较高的黏结强度和良好的耐水、耐油、耐腐蚀、电绝缘等性能，用它来修复零件具有工艺简单，连接可靠，成本低，不会引起零件变形和内部组织发生变化等优点。因此，在汽车修理中得到广泛应用。汽车修理用的黏合剂主要有以下几种。

（1）环氧树脂黏合剂。环氧树脂黏合剂是一种有机黏合剂，它的用途很广，适合黏结各种金属材料和非金属材料。环氧树脂黏合剂以环氧树脂及固化剂为主，再加入增韧剂、稀释剂、填料和促进剂等配制而成。

① 环氧树脂。环氧树脂是人工合成的高分子化合物，它的优点有黏结能力强、固化收缩率小、耐蚀和绝缘性好、使用方便等。缺点是脆性大、耐热性差。

② 固化剂。固化剂是黏合剂的主要成分，它与环氧树脂化合，使树脂的线状结构变成网状结构。固化后，形成热固定性材料，温度升高也不软化和熔化，也不溶于有机溶剂，而且还具有良好的耐油、耐酸性能。常用的固化剂有乙二胺、间苯二胺、聚酰胺等。

③ 增韧剂。它是为了改善环氧树脂的脆性，提高其柔韧性而加入的成分，它还可减少固化时的收缩性，提高黏结层的抗剥离、耐冲击能力。

④ 填料。加入填料能改善黏结接头的强度和表面硬度，提高耐热性、电绝缘性，节约树脂用量。常用的填料有铁粉、石英粉、石棉粉、玻璃丝等。

⑤ 稀释剂。它用来溶解树脂、降低黏合剂的黏度，同时它还可以控制固化过程的反应热，延长黏合剂的适用期，增加填料的加入量。常用的稀释剂有丙酮、甲苯、二甲苯等。

⑥ 促进剂。加入适量的促进剂，能使黏合剂加速固化并降低固化温度，常用的有四甲基二氨基甲烷、间苯二酚等。

（2）酚醛树脂黏合剂。酚醛树脂黏合剂也是一种有机黏合剂，它的基本成分是酚醛树脂。酚醛树脂黏合剂具有较高的黏结强度，耐热性好，在 200℃以下可长期工作，但其脆性大，不耐冲击。

酚醛树脂黏合剂可以单独使用，也可以与其他树脂或橡胶混合使用。它与环氧树脂混合使用时，其用量为环氧树脂的 30%～40%，且要加增韧剂和填料，为了加速固化，可加入 5%～6%的乙二胺，这样既改善了耐热性又提高了韧性。

例如 204 黏合剂是酚醛树脂与缩甲醛组成的黏合剂。它的特点是具有优良的耐热性，可在 200℃以下长期工作，主要用于高温环境下的零部件修复。

（3）氧化铜黏合剂。氧化铜黏合剂是一种无机黏合剂，它具有良好的耐热性（在 600℃高温下不软化）和耐油、耐酸性，固化前溶于水而固化后不溶于水等特点。但其脆性大、不耐冲击及耐碱性差。

氧化铜黏合剂由氧化铜粉、无水磷酸和氢氧化铝调和而成，其中氢氧化铝用于进行无水处理，氧化铜与磷酸反应生成磷酸铜，吸水后形成结晶水化物而固化，而且磷酸铜与钢铁表面接触黏结时，铁元素与铜元素会发生置换反应，因而提高其黏结强度。

氧化铜黏合剂在固化后，体积略有膨胀。因此，它特别适用于管件套接或槽接，也可用于填补裂缝、堵漏和黏合零件，如黏补发动机汽缸上平面、气阀室附近处的裂纹以及黏结硬质合金刀头等。

3.1.3 汽车车身的连接方式

将汽车车身上的金属零部件连接在一起的方式有两大类：可拆卸连接方式和不可拆卸连接方式。

1. 车身可拆卸连接

可拆卸连接方式有以下几种。

1）螺纹连接

螺栓螺母连接如图 3-30 所示；螺栓焊接螺母连接如图 3-31 所示；螺钉卡扣连接如图 3-32 所示；自攻螺钉连接如图 3-33 所示。

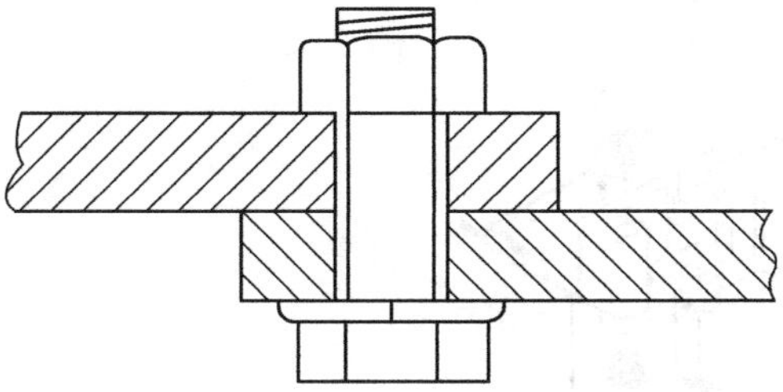

图 3-30　螺栓连接

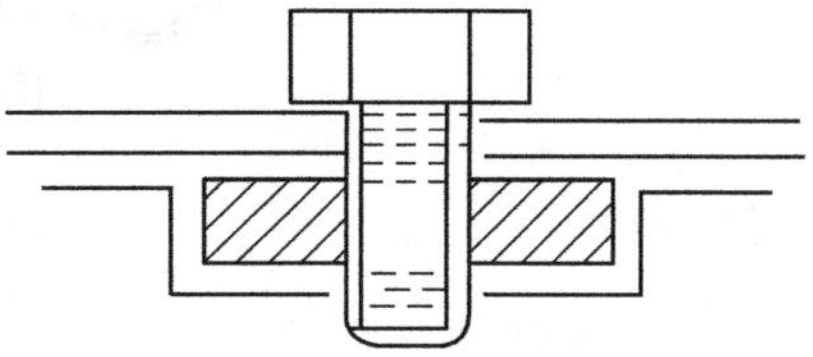

图 3-31　螺栓焊接螺母连接

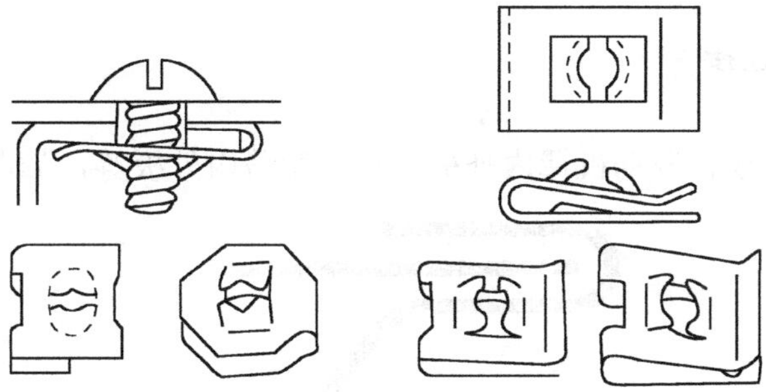

图 3-32　螺钉卡扣连接

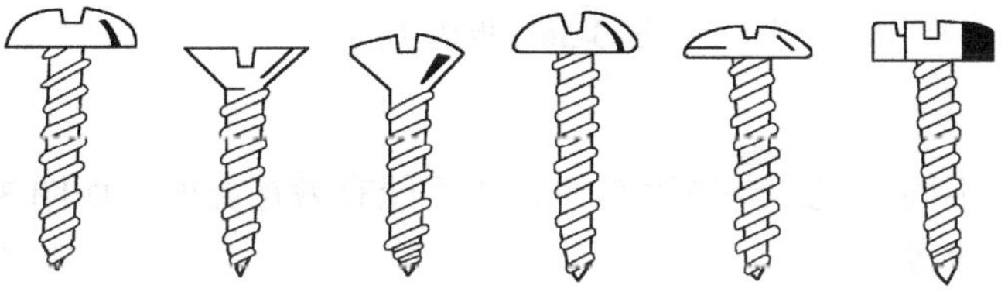

图 3-33　自攻螺钉连接

2）卡扣连接

卡扣连接用来安装室内装饰件、装饰条，外部装饰件、线路等，如图 3-34 所示。

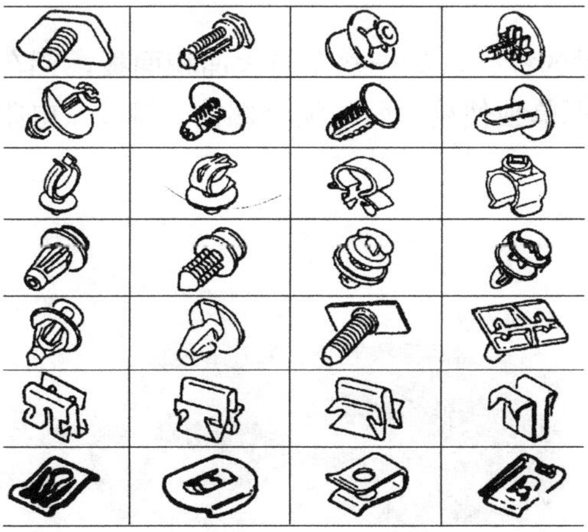

图 3-34　卡扣连接

3）铰链连接

铰链连接用来连接车门、发动机罩、行李舱盖等需要经常开关的部件，如图 3-35 所示。

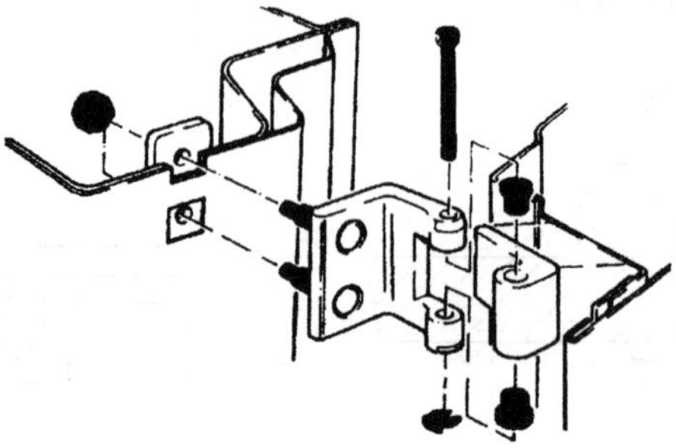

图 3-35　铰链连接

2．车身不可拆卸连接

1）折边连接

用来连接车门内外板、发动机罩内外板、行李舱盖内外板等，如图 3-36 所示。

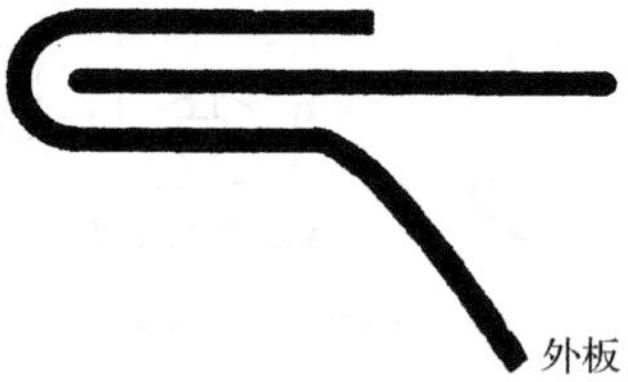

图 3-36　折边连接

2）铆钉连接

用来连接车身上不同材料（当使用其他方式不能有效连接时）如图 3-37 所示，或者用来连接铝、镁或塑料车身等。

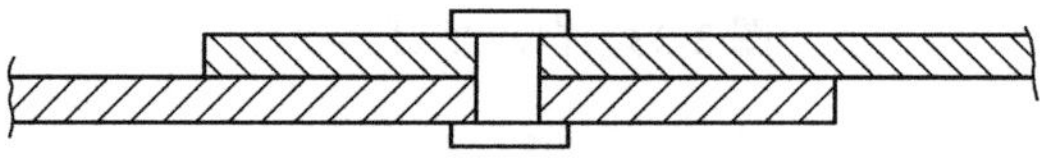

图 3-37　铆钉连接

3）黏结连接

主要用于车身需要密封的板件，如一些车身大面积面板，铝车身板件，塑料车身件等，如图 3-38 所示。黏结一般不单独使用，而是配合螺栓、铆接、电阻点焊、折边连接等方式一起进行连接。

图 3-38　黏结连接

3.1.4　车身的主要性能

1．车身的密封性

车身的密封性是指关闭车身全部门、窗和孔口盖时，车身的防雨水和防尘土能力。车身的密封性不好，不但不能使车内保持所需的温度，而且尘土和雨水都易侵入车内。

影响车身密封性的主要部位是门窗缝隙，故在维修时应注意密封条的截面形状和密封效果；另外还应注意位于车厢内发动机罩的密封性和空调装置管路穿过地板孔洞的密封性。

2．车身的隔热性

车内温度是保证舒适性的重要因素之一。车内温度的保持，除了空调装置外，还要求车身具有良好的隔热性。如果车身的隔热性能差，车内热（冷）量损失大，势必更多地消耗加热（或制冷）设备的能量。

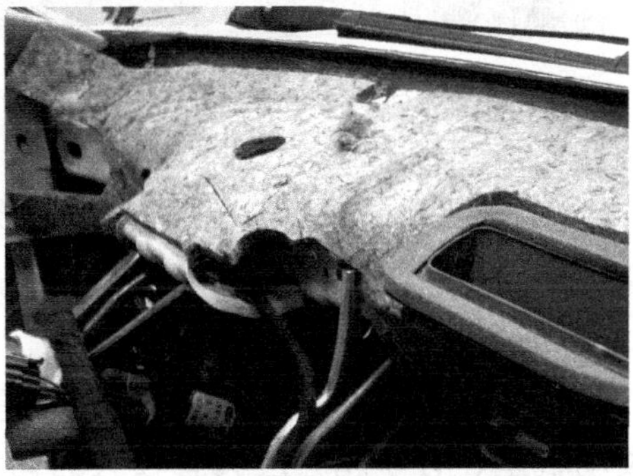

图 3-39　车身隔热毛毡

汽车车身的隔热一般采用隔热层，如图 3-39 所示。隔热层由玻璃纤维、胶合板、毛毡、泡沫塑料等材料组成。通常情况下，顶盖受太阳辐射影响最大，顶盖隔热层厚度一般较大，如图 3-40 所示。为防止发动机传至车内太多热量，一般在朝向发动机的前围板表面加一层铝铂，如图 3-41 所示。

图 3-40　顶盖隔热层

图 3-41　发动机前围板的铝铂

3．车身的防振和降噪性

由于车身骨架轮廓误差，蒙皮和车身骨架不能完全贴合，加之车身骨架立柱间有一定的空腔，客车行驶过程中往往会出现蒙皮鼓动并产生噪声。

目前比较广泛采用的措施是利用喷涂的方法，在蒙皮内侧和骨架所形成的腔内填充聚氨酯硬质泡沫塑料，如图 3-42 和图 3-43 所示。聚氨酯硬质泡沫塑料层是由双组分发泡材料，喷涂 3～5 s 后即产生化学反应，成为固化的发泡塑料，并均匀地填满缝隙，牢固地粘接在喷涂表面上形成的。这样除保证了前述的密封性和隔热性外，也因其增强了蒙皮与骨架的阻尼，而减弱或消除了蒙皮的鼓动声，使车身的振动减轻，并降低了噪声。

图 3-42　聚氨酯硬质泡沫塑料

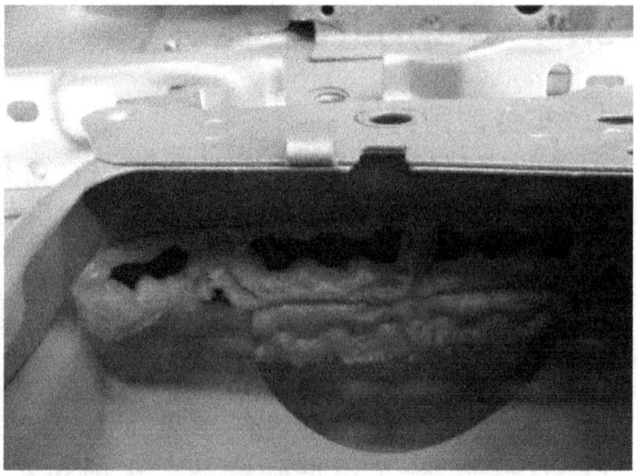

图 3-43　聚氨酯硬质泡沫塑料

4．车身的安全性

汽车的安全性通常被划分为主动安全性和被动安全性。其中被动安全性是指一旦发生交通事故时，如何避免或减轻车内人员被伤害的保护性对策，这主要取决于车身刚度匹配、车内软化和安全保护装置等。

车身壳体刚度在不同部位是有所差异的。通常情况下，乘客室的刚度相对于其前、后（发动机室、行李箱）应具有较大的韧性。当汽车发生正面碰撞或追尾等事故时，所产生的冲击能量可以在车身前部或后部得以迅速释放，以保证中部乘客室有足够的活动范围与安全空间。

车内软化主要包括车内蒙皮表面、坐椅表面、车内扶手等所用材质及软化程度。相对而言，车内无致伤结构、表面柔软，在汽车发生碰撞、翻滚时，车体对人的撞击便会相对减弱，减轻对人体的伤害。

在目前状况下，安全保护装置用得最多的是安全带和安全气囊。安全带的作用主要是在汽车发生事故时对乘员适度限位，并靠安全带的作用减缓乘员因惯性作用可能遭受到的极大撞击力。安全带可以在轻拉和慢拉时使乘员有完全的活动范围，不妨碍人的动作。当突然停车时，安全带会自动卡紧，将人固定在坐椅上。总体来说，安全带装置简单、通用，但对乘员活动有一定限制，且效果不够理想。

只用安全带，正面碰撞时仍然存在转向盘和风挡玻璃等部件对乘员头部和面部的伤害，而采用安全气囊则没有这个缺陷。安全气囊一般布置在乘员前面、侧面，当发生碰撞事故时能够在极短时间内充气，形成 60～200 L 的气囊型保护装置，避免人体碰到车硬体上，所以应用越来越广泛。

3.2　轿车车身结构

为了省去笨重的车架而使汽车轻量化，绝大多数轿车车身都采用承载式结构。其特点是车身没有明显的骨架，车身是由外部覆盖件和内部板件焊合而成的空间结构。

现代轿车承载式车身壳体前部都有副车架如图 3-44 所示，在副车架上安装发动机、传动系统、前悬架和前轮，组合成便于装配和维修的整体。副车架与承载式车身前部的下方用弹簧橡胶垫连接，以隔离振动和冲击，提高车身的舒适性。

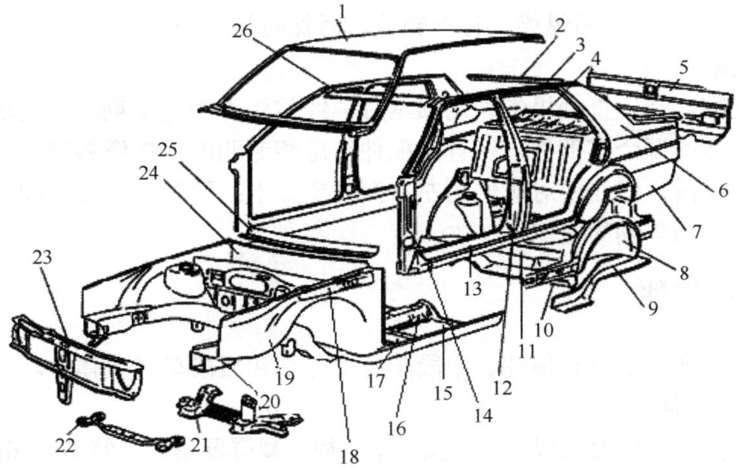

1—顶盖；2—后风窗框上横梁；3—上边梁；4—后窗台板；5—后围板；6—后立柱（C 柱）；7—后翼子板；8—后轮罩；9—后纵梁；10—地板后横梁；11—后地板；12—中立柱（B 柱）；13—门槛；14—前立柱（A 柱）；15—前地板；16—地板通道；17—前座椅横梁；18—前挡泥板加强撑；19—前挡泥板；20—前纵梁；21—副车架；22—前横梁；23—散热器框架；24—前围板；25—前风窗框下横梁；26—前风窗框上横梁

图 3-44 捷达轿车的车身壳体

轿车车身按照图 3-45 分段组成，按长度方向分为前部、中部、后部。中部刚度最高，前后有较大韧性。如：汽车正面碰撞试验（50km/h），前部收缩 30～40%，中部仅收缩 1～2%。

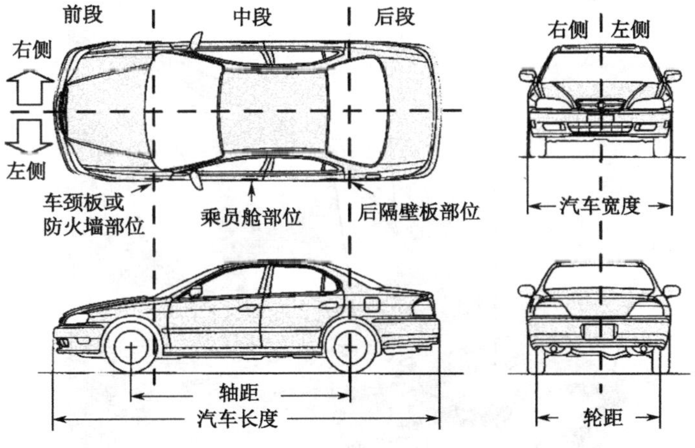

图 3-45 车身分段组成

1．前段

前段又称为车头部分，包括前保险杠和前围板之间的所有部件，如保险杠、进气格栅、水箱支架、前纵梁、前横梁、发动机支座、前翼子板、前悬架拱形座等构件。

2．中段

中段又称为中间部分，包括构成乘员舱的所有车身构件，如地板、车顶、车颈板、风挡玻璃、车门、A 柱、B 柱、C 柱等。

3．后段

后段又称为尾段或后尾，包括后风挡玻璃到后保险杠之间的所有布局，如后侧围板（后翼子板）、行李箱、后地板、后纵梁、行李箱盖、后保险杠等构件。

4．左侧和右侧

在进行事故勘察，制作查勘报告和定损单时，经常要说明是车辆的左侧还是右侧受损，是维修左侧还是右侧的哪个零部件，在查阅配件信息和专业的估损资料时，也要区分左右两侧的配件。为避免混淆，行业中对车辆的左右侧规定如下：驾驶员坐在驾驶席上，其左手侧为车辆左侧，右手侧为车辆的右侧。

3.2.1 车身壳体件

车身壳体件包括前段车身壳体件、中段车身壳体件和后段车身壳体件。

1．前段车身壳体件

前段车身的主要壳体件有前纵梁、横梁、车颈板、减震器塔座、前横梁和散热器支架等，它们构成一个封闭的箱体结构，为发动机、变速器等动力总成提供承载空间，同时也提供了承载这些大总成的强度。另外，汽车的转向系统、前悬架机构也安装在前段车体上，因此这里的受力形式非常复杂。构成前段车体的主要结构件如图 3-46 所示。

1）前纵梁

通常以点焊焊接在防火板前面、翼子板挡泥板的下面，车身左右两侧各有一根，通常是箱型构件，是承载式车身上强度最大的构件。

在奔驰、宝马、沃尔沃等一些高档轿车上，经常采用渐变型纵梁设计，即前纵梁内侧钢板的厚度是渐变的，靠近保险杠的一端较薄，靠近驾驶舱的一端较厚，如同两个楔块。在受到碰撞外力时，纵梁可以呈逐级渐线性变形，从而达到吸收碰撞能量的作用。如图 3-47 所示。

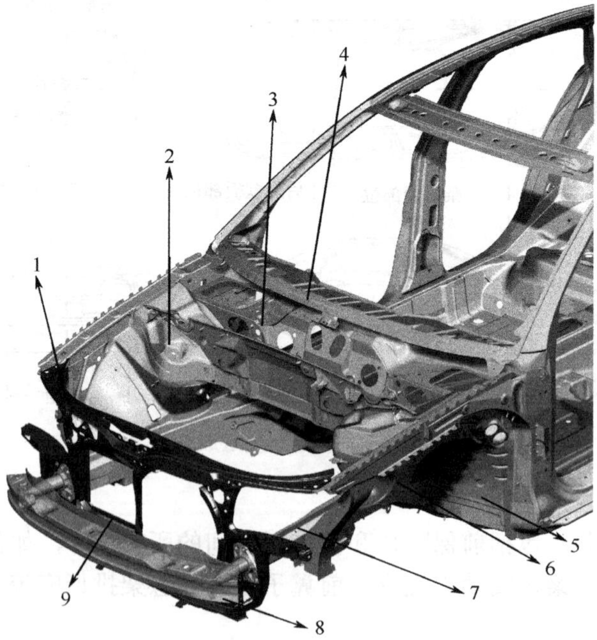

1—散热器支架；2—减震器拱形座；3—防火板；4—车颈板；5—挡泥板；6—翼子板挡泥板；7—前纵梁；8—保险杠横梁；9—前横梁

图 3-46 组成前段车体的主要结构件

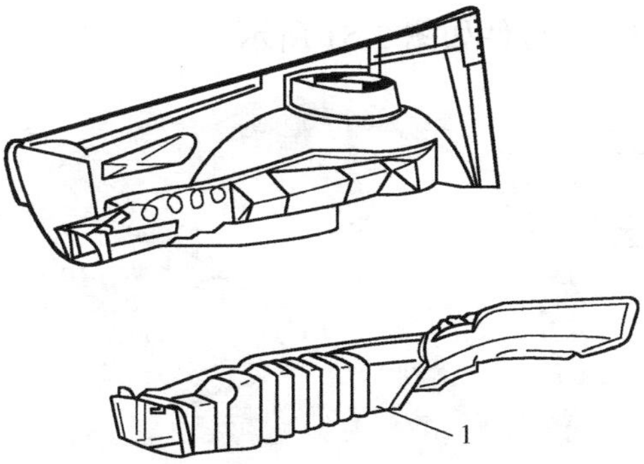

图 3-47　前纵梁

（2）横梁。横梁焊接在两侧纵梁之间，用于固定发动机和变速器总成，增大车身的横向强度。

（3）散热器支架。散热器支架是一个相对独立的框架，位于车体结构的最前端，用来固定发动机散热器，通常用螺栓固定或焊接在纵梁和内翼子板之间。

（4）翼子板挡泥板。有时也称为内翼子板或翼子板裙板，包围在车轮上方，通常用螺栓或焊接在纵梁和防火板上，车身左右两侧各有一个。对于增大前段车体强度具有重要作用。

（5）减震器塔座。有时也称为减震器拱形座或支柱塔，如图 3-48 所示。是用来固定前悬架系统的减震器支柱和螺旋弹簧，它的变形可能会影响车轮定位参数，因此强度要求很高。通常与翼子板挡泥板一起加工成形。

（6）防火板。有时也称为前围板或前壁板，介于发动机舱和乘客舱之间，是车身前段和中段的分界线。通常以焊接方式固定，对于保护车内乘员安全作用重大。如图 3-49 所示。

图 3-48　减震器塔座

图 3-49　防火板

（7）车颈板：位于前风挡的正前方，防火板的上方，有上盖板和两侧盖板构成。

2．中段车身壳体件

中段车身的主要壳体件有底板、门槛板、立柱、车顶纵梁、车顶横梁等构件，它们焊接在一起构成乘客舱，为乘员提供安全、舒适的乘坐空间，在事故中可以有效保护乘员安全。中段车身壳体件如图 3-50 所示。

1）车身底板

车身底板是乘客舱底部的主要结构，通常是一整块冲压成形的大钢板。车身底板是全车焊接的基础件，是与各大总成连接的重要构件。它承受和传递汽车质量（自身质量、载质量）、地面反作用力、牵引力、制动力、惯性力、离心力、侧向力等各种交变冲击力，因此对强度要求很高。组成车身底板的各个构件如图 3-51 所示。

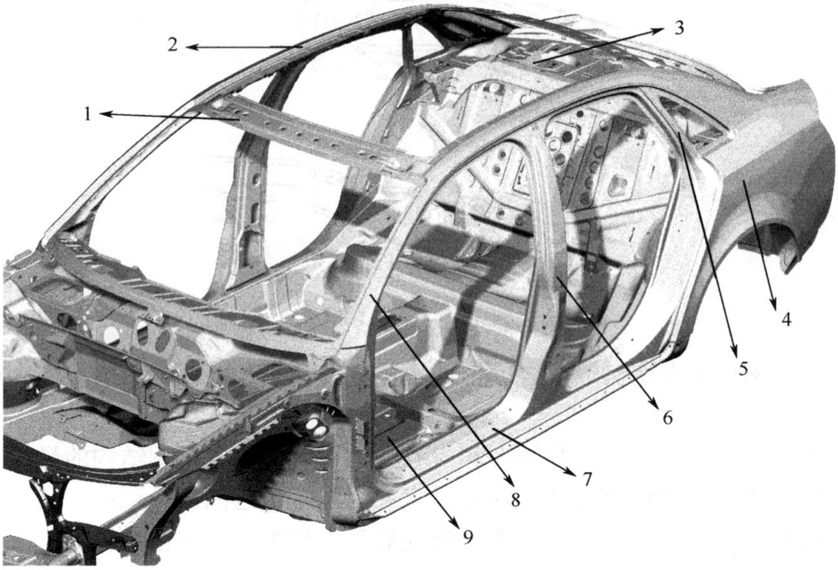

1—车顶横梁；2—车顶纵梁；3—后搁物板；4—后翼子板；5—C 柱；6—B 柱；7—门槛板；8—A 柱；9—车身底板

图 3-50　中段壳体件

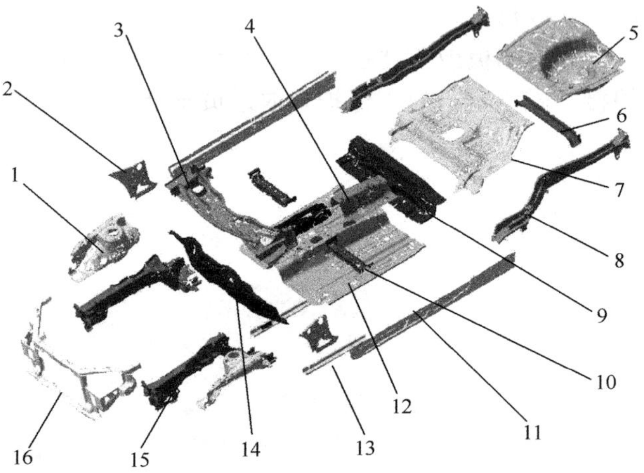

1—前轮罩板；2—前柱；3—前围上板；4—坑道加强板；5—后地板；6—后地板横梁；7—中地板 8—；后纵梁；9—地板过渡板；10—座椅支撑梁；11—门槛内板；12—前地板；13—地板纵梁；14—前围下板；15—前纵梁；16—水箱架

图 3-51　车身底板各个构件

2）立柱

对于常见的四门轿车，左右两侧各有三根立柱，分别称为前柱或 A 柱、中柱或 B 柱、后柱或 C 柱，如图 3-52 所示。前柱是从车顶向下一直伸到车体底部的钢制箱型构件，有时内部还装有加强件，所以非常坚固，一方面为前门提供铰接安装点，另一方面起到保护乘客的作用。中柱在前后车门之间，一方面支撑着车顶支撑，另一方面为后门提供铰接安装点，在侧面受到碰撞时还起到保护乘员作用，因此强度要求很高，一般在箱型构件中间装有加强件。后柱从后侧围板向上一直伸到车顶，用以固定车顶后部和后窗玻璃，其形状因车身型式的不同而有所不同。

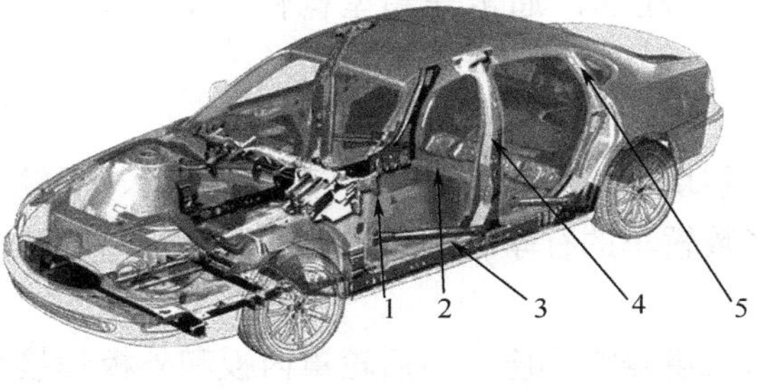

1—前立柱；2—地板；3—门槛板；4—中立柱；5—后立柱

图 3-52　车身立柱及门槛板

3）门槛板

门槛板又称为脚踏板，是装在车门框底部的加强梁。它通常是焊接在地板和立柱、踢脚板或后侧围板上，通常由内、外板件组成，对汽车底板和车身侧面具有加强作用，在侧面碰撞时能够对乘客进行保护，通常与中柱连接。

4）车顶纵梁

车顶纵梁焊接在前柱、中柱和后柱之间，为车顶板提供支撑。在翻滚事故中对乘客起到保护作用。

5）车顶横梁

车顶横梁焊接在两侧车顶纵梁之间，为车顶提供支撑。在翻滚事故中对乘客起到保护作用。

另外，因为前后风挡玻璃对车身强度起着重要作用，通常也视为结构件。

3．后段车身壳体件

后段车身的很多构件与前段车身相似，如纵梁、后减震器塔座、后翼子板、行李箱盖、后保险杠等，如图 3-53 所示。

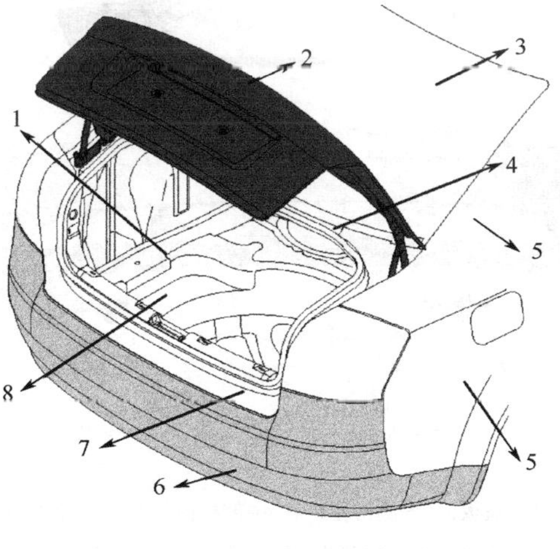

1—后纵梁；2—行李箱盖；3—后风挡玻璃；4—后部上盖板；5—后三角翼板；6—后侧围板；

7—后保险杠；8—后背板；9—行李箱地板

图 3-53　后段车身的主要壳体件

1）后纵梁

后纵梁焊接在后段车身底部，通常是箱型构件，非常坚固，为车辆的后部提供足够的强度。

2）行李箱底板

行李箱底板通常由一整块钢板冲压而成，焊接在后纵梁、后轮罩内板和后背底板之间，构成行李箱的底部。大多数轿车的行李箱地板上还冲压出一个备胎坑，用于安装备胎。

3）后减震器塔

后减震器塔也称为后减震器拱形座，与后轮罩内板和外板焊接在一起，用于固定后悬架减震器的顶部。后减震器塔不但承受来自地面的冲击载荷，而且它的刚度和形状会影响后轮定位参数，因此强度和精度要求比较高。

除以上构件外，后风挡玻璃对后部车身刚度也起着非常重要的作用，因此也视为壳体件。

3.2.2 轿车车身覆盖件

轿车车身覆盖件是指车身上具有不同曲面形状及大小尺寸的薄板。作用是覆盖在车身本体上，使车身形成完整封闭体，并满足室内乘员乘坐要求。同时增强车身的强度和刚度。

轿车车身覆盖件包括前段车身覆盖件、中段车身非结构件和后段车身覆盖件。

1. 前段车身覆盖件

前段车身的覆盖件主要有保险杠总成、格栅、前翼子板、发动机舱盖等。

1）保险杠总成

保险杠总成是车身前段重要的安全部件，也是车辆保险估损中最常遇到的部件，主要由杠皮、杠体、吸能装置、卡子等组成，如图 3-54 所示。通常用螺栓或卡子安装在前段车体上。它的作用是在碰撞时产生变形，吸收部分能量，保护后面的车体不受损坏。

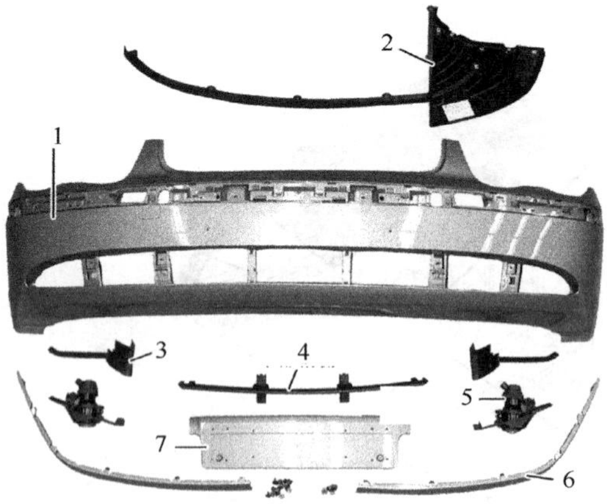

1—保险杠饰板（杠皮）；2—侧导流板；3—侧格栅；4—中部格栅；5—前雾灯；6—侧盖板；7—牌照安装板

图 3-54 前保险总成的主要零部件

现代轿车上广泛采用了吸能型保险杠，能够更有效地减少碰撞力进一步向车身构件传递。保险杠的吸能器有多种类型，比较常用有橡胶或泡沫隔垫式（如图 3-55）、充液式（如图 3-56）或充气式（如图 3-57）、弹簧储能式（如图 3-58）三种。橡胶隔垫式吸能器的工作原理如同发动机的橡胶垫，在发生碰撞时，橡胶隔垫在碰撞力的作用下产生压紧变形，从而吸收碰撞能量。在碰撞力消失时，橡胶隔垫将恢复到其原来的形状（除非它被碰撞力损坏），使保险杠恢复到原来的位置。充气或充油式工作原理很像悬架系统中的减震器，在发生碰撞时，填满惰性气体的活塞被压向充满液压油的油缸，在压力作用下，液压油通过一个小孔流到活塞中。这种受控制的液压油的流动吸收了碰撞能量。随着液压油流进油缸，它将挤压浮动活塞，对惰性气体产生压缩作用。在碰撞力消失之后，压缩的惰性气体将把液压油挤出油缸，使保险杠恢复到原来的位置。弹簧储能式吸能器是通过弹簧而不是压缩气体将保险杠恢复原位。

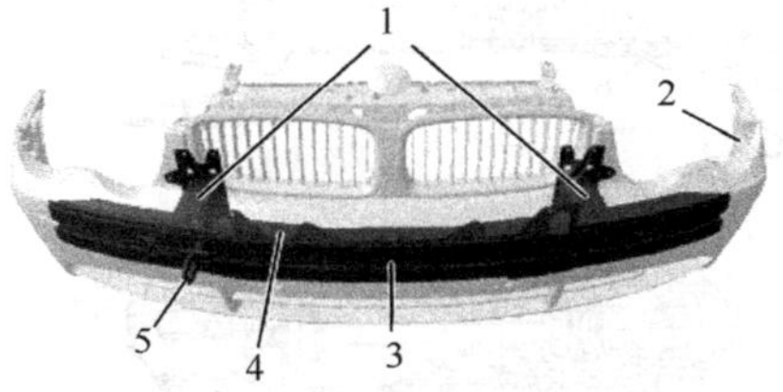

1—蜂窝状铝合金吸能元件；2—保险杠饰板；3—泡沫塑料碰撞缓冲器；4—保险杠横梁；5—拖钩

图 3-55　橡胶隔垫式吸能器

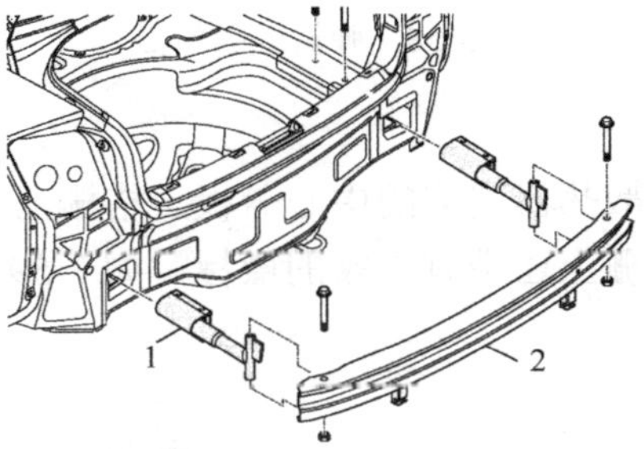

1—液压缓冲是吸能器；2—保险杠横梁（加强杆）

图 3-56　充液式吸能器

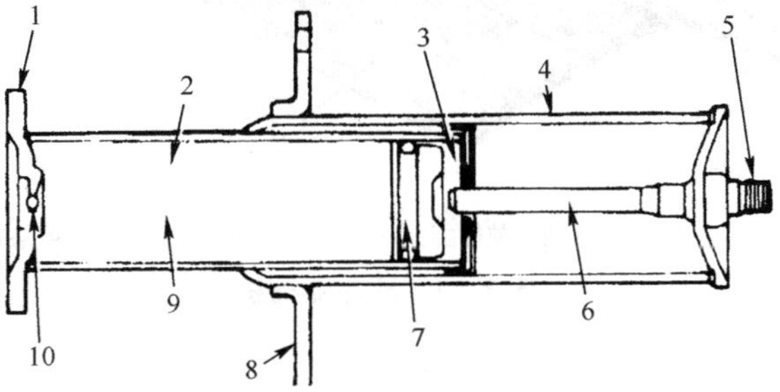

1—保险杠安装支架；2—活塞筒；3—液压油；4—活塞筒；5—安装螺栓；6—计量杆；

7—浮动活塞；8—车架安装支架；9—气体；10—密封球

图 3-57　充气式吸能器

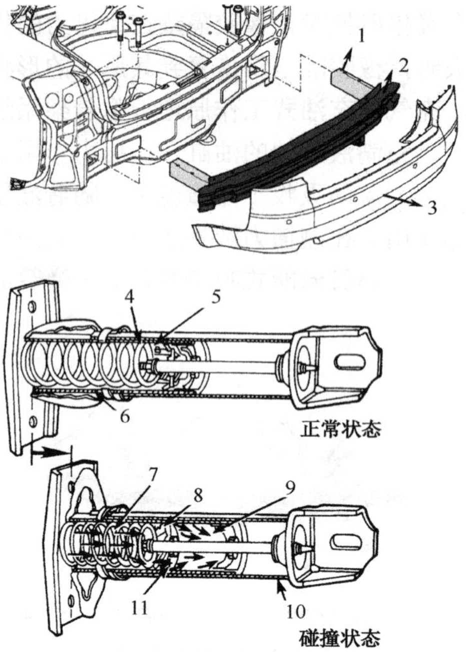

1—保险杠吸能装置；2—保险杠横梁；3—保险杠杠皮；4—压缩弹簧；5—碰撞后油液返回储油缸；

6—内油缸；7—储油缸；8—量孔；9—碰撞时储油区；10—内油缸；11—阀门

图 3-58　弹簧式吸能器

2）格栅

格栅也称为进气格栅，是散热器支架的中心盖板。格栅上的百叶窗是让气流通过，以便帮助散热器散热。一般轿车格栅上还带有厂家的徽标，如 3-59 所示。

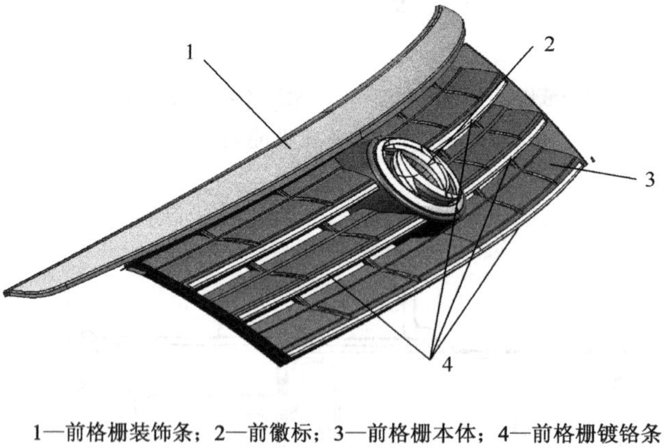

1—前格栅装饰条；2—前徽标；3—前格栅本体；4—前格栅镀铬条

图 3-59　散热器栅板

3）前翼子板

前翼子板是包在前悬架和挡泥板外面的盖板，从前保险杠一直延伸到前车门处，遮盖在前车轮外面，因旧式车身上该部件的形状和位置类似鸟翼而得名，通常用螺栓固定在车体上。翼子板在事故中经常容易受损，能够单独更换，如图 3-60 所示。

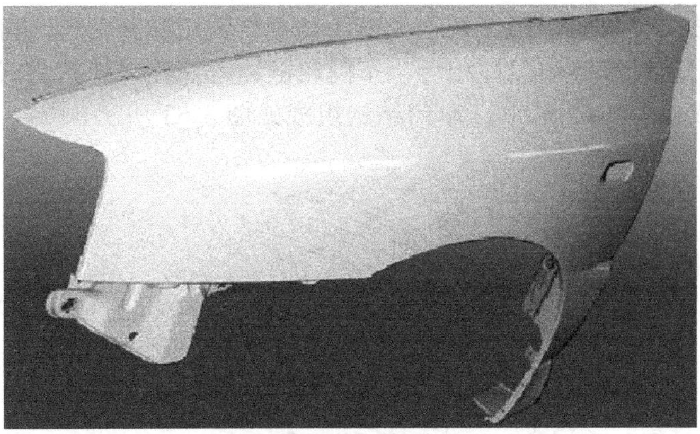

图 3-60　左前翼子板

4）发动机舱盖

发动机舱盖是发动机舱的上盖板，通常用铰链连接在车颈板上。发动机舱盖通常由内、外两块金属板焊接或粘接而成，中间夹着隔热材料。内板主要起增强发动机舱盖强度的作用，其几何形状不定，但基本上都是骨架形式，这种发动机舱盖钣金修复的难度较大。发动机舱盖的开启方式有两种，即向后翻转或向前翻转。对于向后翻转的发动机舱盖，为了避免碰到前风挡玻璃，其安装位置在设计时设定了一个规定的角度，使它们之间至少能够保持 10cm 的距离。另外，为防止发动机舱盖在行驶中由于震动而自动开启，其前端都装有锁止装置，该锁止装置的拉手一般都安装在乘客舱内的仪表板左下方，如图 3-61 所示。

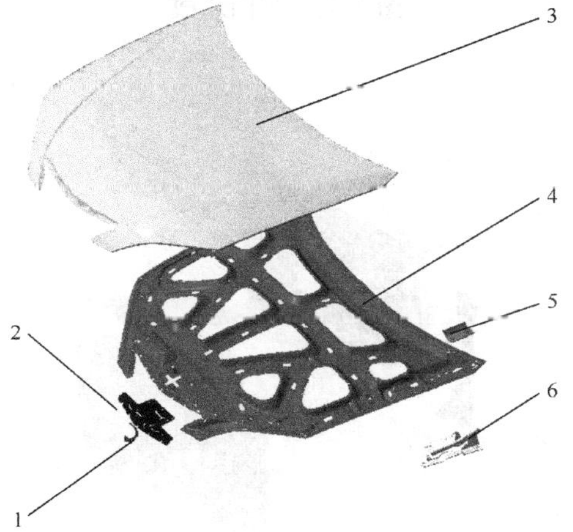

1—发动机盖锁扣；2—锁扣加强板；3—发动机盖外板；4—发动机盖内板；5—铰链加强板；6—行李箱盖铰链

图 3-61　发动机盖结构

2. 中段车身的非结构件

中段车身的非结构件主要有：后搁物板（窗台板）、车门、车顶板、仪表板等。

1）后搁物板

后搁物板又称为窗台板，是后座与后风挡之间的一块薄板，通常装有一对音响扬声器。

2）车门

车门通常由门皮、门内骨架、门板、内饰等零件组成，门皮、骨架和门板通常用点焊或蜷曲粘接的方式接合在一起。为加强侧面抗碰撞强度，门内通常还设有防撞杆。车门上通常还装有车窗玻璃、玻璃升降器、门锁及相关电控装置、按钮和开关等，可见，车门是一个非常复杂的总成。车门通过铰链与门柱相连，车门铰链通过螺栓或焊接方式固定在立柱和门框上。车门总成的构成如图 3-62 所示，车门结构组成如图 3-63 所示。

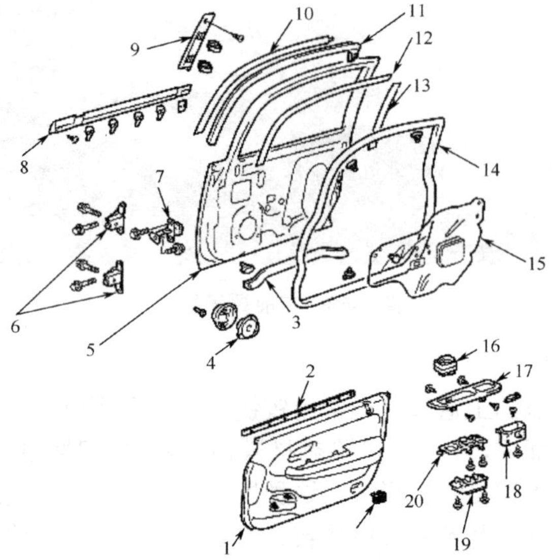

1—门板；2—车窗内饰密封条；3—底部密封条；4—扬声器；5—车门内骨架和蒙皮；6—门铰链；7—锁止杆；8—车窗外部密封条；9—门框饰件；10—门顶外槽型条；11—车门上部密封条；12—门顶内槽型条；13—车门中部内槽型条；14—车门密封条；15—塑料盖；16—电动后视镜开关；17—拉手盒盖板；18—拉手盒；19—电动车窗开关；20—内板；21—礼貌灯

图 3-62　车门总成

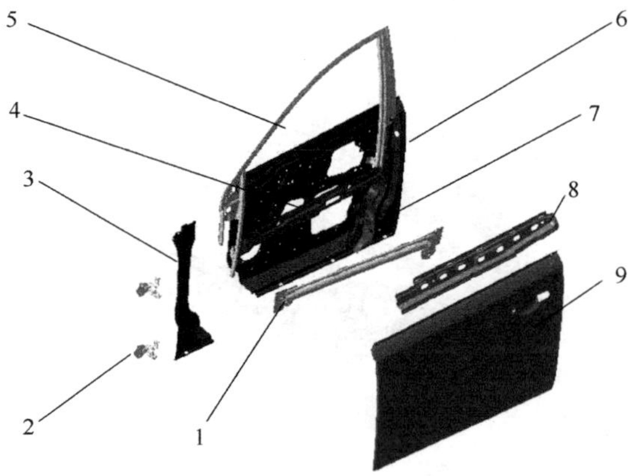

1—防撞杆；2—门铰链；3—门边板；4—门内板加强板；5—门框；6—门内板；7—门锁加强板；8—门外板加强板；9—门外板

图 3-63　车门结构组成

3）车顶板

车顶板是乘客舱顶部的盖板。对于承载式车身的整体刚度而言，车顶板不是关键部件，所以有些车型在车顶板上开设天窗。带天窗的车型在车顶板上设有一个天窗开口。车顶板通常焊接在立柱上。车顶板底部一般都装有隔垫和内衬，起到隔热、隔音和美化的作用，如图 3-64 所示。

4）仪表板

仪表板又称为仪表盘，是一个非常复杂的总成，除了有仪表台板、组合仪表、收放机（CD 播放机）、暖风和空调控制面板、通风口等零件之外，仪表板下面通常还装有安全气囊、电控单元、线束等电气器件，一些高级轿车还带有驾驶员信息显示屏，如图 3-65 所示。仪表台板一般是塑料件，质地较软，在碰撞事故中不会对乘员造成二次伤害。如果在事故中安全气囊膨开，仪表板就会遭到损坏，需要更换新的。

1—车顶；2—天窗

图 3-64　车顶

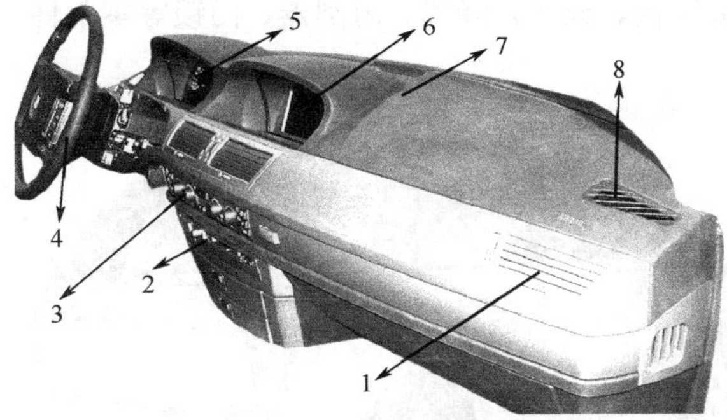

1—空调出风口；2—音响系统；3—控制旋钮；4—转向盘；5—组合仪表；6—驾驶员信息系统；7—仪表台；8—风窗除雾风口

图 3-65　仪表板总成

3．后段车身覆盖件

后段车身的覆盖件主要有行李箱盖、后背板、后部上盖板、后翼子板、后保险杠等，对于两厢轿车、MPV 和 SUV，车身尾部还有一个后舱门。

1）行李箱盖

行李箱盖是行李箱上盖板，结构比较复杂，通常由外板和内板、内衬、锁闩隔板、支架盖锁内饰板等构成。为了提高行李箱盖的强度和吸能效果，在行李箱内板上装有加强筋。行李箱盖的内外板件结构形式加大了钣金维修的难度，如果在事故中严重损坏，一般只能更换内外板件。行李箱盖以铰接方式连接在上部后盖板上。行李箱盖上通常留有安装后牌照的位置，有时还安装部分尾灯。行李箱盖的常见部件如图 3-66 所示。

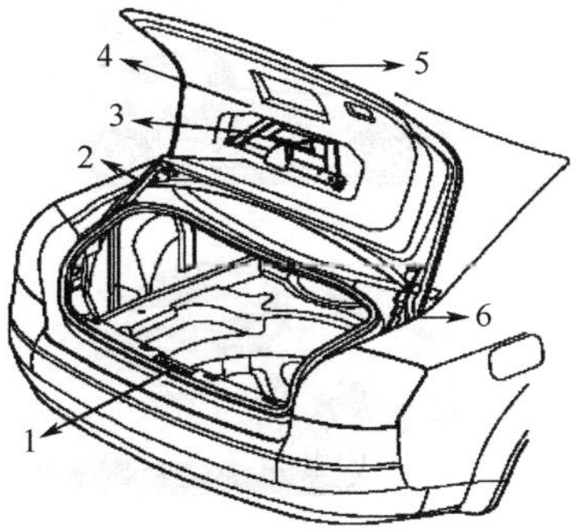

1—行李箱盖锁闩；2—行李箱盖支撑；3—警示牌；4—行李箱盖内板；5—行李箱盖；6—行李箱盖铰链

图 3-66　行李箱盖的构成

2）后背板

后背板是焊接在行李箱后面、左右后翼子板之间的一块板件。

3）后部上盖板

后部上盖板是后窗与行李箱盖之间的一块板件，用于安装行李箱盖铰链。

4）后翼子板

后翼子板又称为后侧围板，是后部车身两侧的大块板件，从后车门向后一直延伸到后保险杠位置，构成后段车身的侧面。后翼子板通常以焊接方式固定，是后段车身中的重要构件。

5）后舱门

后舱门也称为尾门或背门，用于两厢车，是一整块冲压板件，以铰接方式安装在车顶板上。后舱门上通常还有玻璃窗、玻璃升降器、雨刮器、门锁等零部件，也是一个复杂的总成，如图 3-67 所示。

1—后翼子板；2—后保险杠；3—后舱门

图 3-67　后翼子板、后保险及后舱门的位置

3.2.3　轿车车身附属件

轿车车身附属件包括车身外部装饰件、车身内部装饰件、车身附件。

1．车身外部装饰件

车身外部装饰件主要是指装饰条、车轮装饰罩、标志、浮雕式文字等等，散热器面罩、保险杠、灯具以及后视镜等附件亦有明显的装饰性，如图 3-68 所示。

1—外后视镜；2—车门窗密封条；3—车轮装饰盖；4—车侧饰条；5—车标

图 3-68　车身外部装饰件

2. 车身内部装饰件

车身内部装饰件包括仪表板、顶篷、侧壁、座椅等表面覆饰物，以及窗帘和地毯，如图 3-69 所示。在轿车上广泛采用天然纤维或合成纤维的纺织品、人造革或多层复合材料、连皮泡沫塑料等表面覆饰材料。

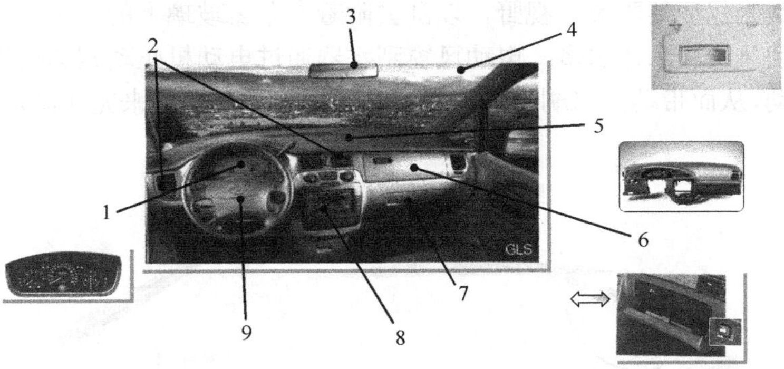

1—仪表罩；2—空调出风口；3—车内后视镜；4—遮阳板；5—仪表台；

6—仪表台置物箱；7—手套箱；8—中央面板；9—方向盘

图 3-69　车内饰附件

座椅

座椅的作用是支承人体，使驾驶操作方便和乘坐舒适。座椅由骨架、座垫、靠背、头枕和调节机构等部分组成。分为手动座椅和电动座椅。手动座椅的高矮、前后调整及靠背倾斜角度的调整，是用人工方法调整，如图 3-70（a）所示。电动座椅内装有多个电动机，对座椅进行调整，如图 3-70（b）所示。

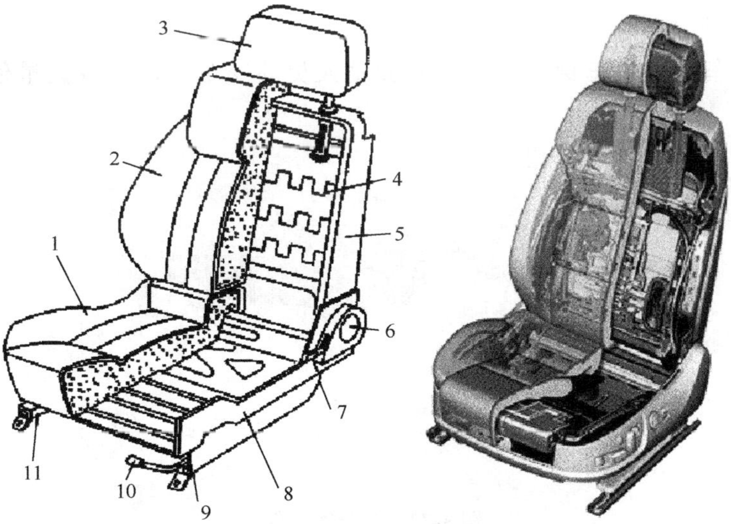

（a）驾驶员手动调节座椅　　（b）驾驶员电动调节座椅

1—座垫芯子及蒙皮；2—靠背芯子及蒙皮；3—头枕；4—S 形弹簧；5—靠背骨架；6—靠背角度调节器；

7—调角手柄；8—座垫骨架；9—左滑轨；10—行程调节手柄；11—右滑轨

图 3-70　座椅

3. 车身附件

车身附件包括门锁、门铰链、玻璃升降器、各种密封件、风窗刮水器、头枕、遮阳板、安全带、气囊、点烟器、烟灰盒等。在现代汽车上常常装有无线电收放音机和杆式天线，在有的汽车车身上还装有无线电话机、电视机或加热食品的微小炉和小型电冰箱等附属设备。

1）风窗刮水器

风窗刮水器是为保证驾驶员的视野，以刮去附着在车窗玻璃上的雨水、雪花或尘土而设计的。一般以电动风窗刮水器居多，电动风窗刮水器通过电动机驱动减速机构摆动，再经驱动杆系作往复运动，从而带动刮水刷臂和刮水片总成做扇形的摆动来完成刮水动作，如图3-71所示。

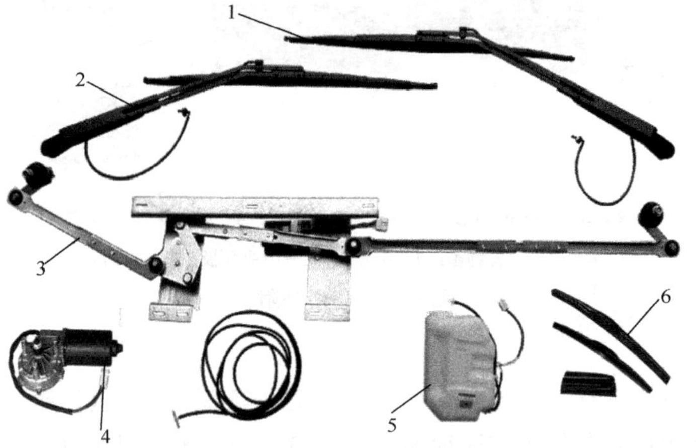

1—雨刮片；2—雨刮臂；3—雨刮连杆；4—雨刮电机；5—洗涤液罐；6—无骨雨刮片

图3-71 风窗刮水器

2）车身密封件

为了保证行车过程中车身安全性及驾驶室人员的安全性，车身大量使用了密封件，如图3-72所示。

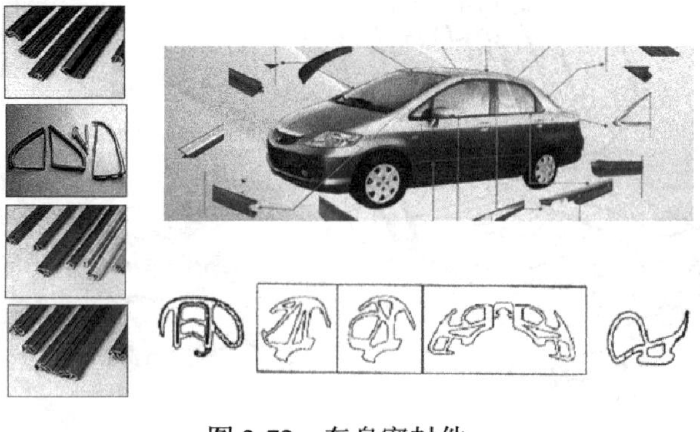

图3-72 车身密封件

3）安全带

安全带是最有效的防护装置，可以大幅度地降低碰撞事故的受伤率和死亡率。最常用的为三点式安全带。安全带的各个组成部分如图3-73所示。带子由结实的合成纤维织成，包括斜跨前胸的肩带，绕过人体胯部的腰带。在座椅的外侧和内侧地板上各有一个固定点，第三个固定点位于座椅外侧车身支柱的上方。绕过上方固定点的环状导向板，带子伸入车身支柱内腔并卷在支柱下端的收卷器内。乘员胯部内侧附近有一个插扣，插扣由插板（松套在带子上）和锁扣（与内侧地板固定点相连）两部分组成，该两部分插合后即可将乘员约束在座椅上。按下插扣的红色按钮就能解除约束。收卷器有好几种结构型式，功能较完备的是紧急锁止式收卷器（ELR）。该种结构在正常情况下，安全带对人体上部并不起约束作用。当乘员向前弯腰时，带子可从收卷器经由上方固定点的导向板被拉出；而当乘员恢复正常坐姿时，收卷器又会自动将带子收起，使带子随时保持与人体贴合。但在紧急情况下——亦即汽车减速度超过预定数值时或车身严重倾斜时，收卷器会将带子卡住从而对乘员产生有效的约束。

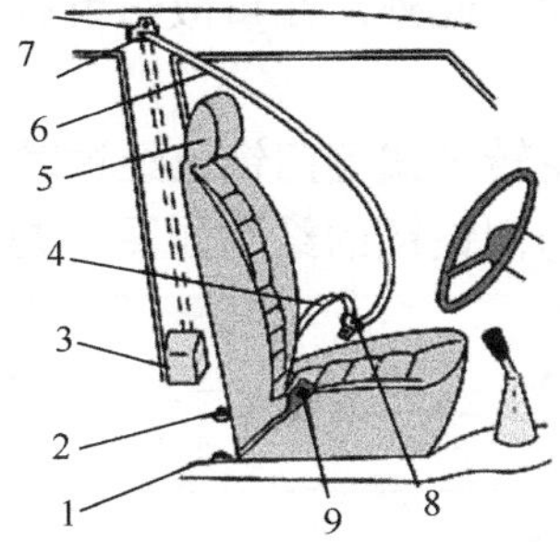

三点式安全带及头枕

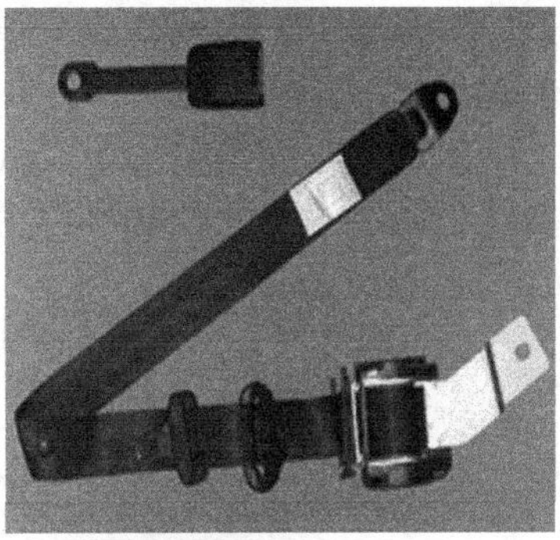

1—内侧地板固定点；2—外侧地板固定点；3—收卷器；4—腰带；5—肩带；

6—导向板；7—外侧上方固定点；8—锁扣；9—插板

图 3-73　安全带

4）气囊

气囊在汽车正面碰撞时能防止乘员与其前方的物体撞击。气囊平时折叠在转向盘毂内或仪表板内，必要时可在极短时间（碰撞开始后 0.03～0.05s）内充满气体而呈球形，以填补乘员与室内物体之间的空间。气囊通常采用氮气。当汽车以大于 20km/h 的速度发生碰撞时，安全气囊就会自动充气弹开，瞬时在驾驶员和方向盘之间充起一个很大的气囊，减轻驾驶员头部及胸部的伤害。

气源可以是高压（约 15MPa）钢瓶或是设置在气囊下方的气体发生器。装设在汽车内的碰撞传感器发出的信号可点燃电气雷管炸开高压钢瓶的封口或者点然气体发生器内的气体发生剂，使气囊迅速充气。通常由气体发生器、防护盖、气囊、约束件、溢气孔等几部分组成。如图 3-74 所示。

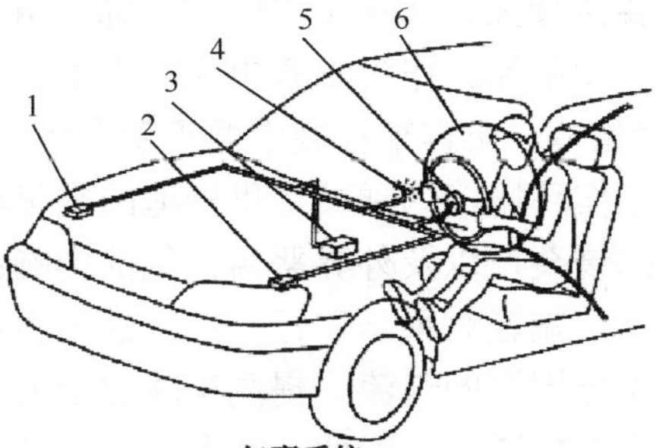

气囊系统

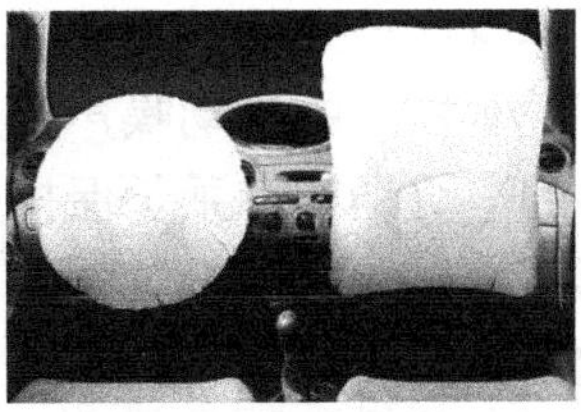

1—右前方传感器；2—左前方传感器；3—中央传感器总成；4—气囊指示灯；5—气体发生器；6—气囊

图 3-74　气囊

5）头枕

头枕是在汽车后部受撞击时限制人的头部向后运动的装置，这样可避免颈椎受伤，而严重的颈椎受伤可能使其内部神经（脊髓）受伤，导致颈部以下全身瘫痪（高位截瘫），如图 3-75 所示。

图 3-75　头枕

6）门锁与门铰链

在现代汽车上，门锁和门铰都应有足够的强度，在汽车碰撞时，能同时承受纵、横两个方向的载荷而不致使车门开启，从而避免了乘员被甩出车外，因而减少受重伤或死亡的危险。此外，在事故结束后，门锁应不致失效而应使车门仍能开启。

目前，不能承受纵向载荷的舌簧式、钩簧式、齿轮转子式等门锁已经过时，而能同时承受纵横向载荷的转子卡板式门锁则被广泛采用。门锁与门铰链的结构如图 3-76 所示。

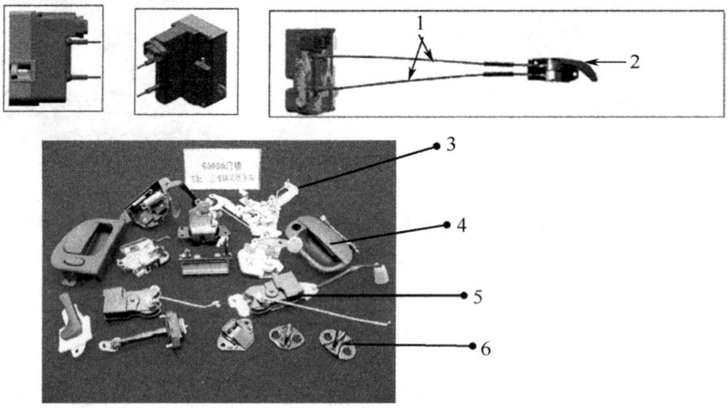

1—内扣手及安全锁；2—内扣手；3—门锁总成；4—门把手；5—中控锁芯；6—锁扣

图 3-76　门锁与门铰链

3.3　客车车身结构

客车与轨道交通车辆是现代社会中运输旅客的主要交通工具。在我国，客车是指在设计和技术特性上用于载运乘客及其随身行李的商用车。由于其载客量大，占地面积小，在我国应用广泛。客车由发动机、底盘、车身和电器设备等几大部分构成。作为客车的重要组成部分，车身的设计越来越受到重视，客车车身主要由骨架结构和蒙皮结构两部分组成。

在客车结构中，车身既是承载单元，又是功能单元。作为承载单元，由车身骨架与底架或车架（小型客车车身壳体与车架）组成的车身结构，在客车行驶中要承受多种载荷的作用。作为功能单元，车身应该为驾驶员提供便利的工作环境，为乘员提供舒适的乘坐环境，保护他们免受车辆行驶时产生的振动噪声和废气等的侵袭，以及外界恶劣天气的影响；同时在交通事故中，可靠的车身结构和乘员保护系统有助于减轻对乘员和行人造成的伤害；此外，合理的车身外部形状，以便客车行驶时能有效地引导周围的气流，提高车辆的动力性、燃油经济性和行驶稳定性，并改善发动机的冷却条件和车内通风。因此，客车车身对客车产品的设计制造有着十分重要的影响。

3.3.1 客车车身的分类

1．客车工业的发展

巴士与客车是指专门设计用于运送旅客的一种汽车形式，相对轿车运载较多的乘客（9人以上）而俗称大客车。

1830年英国出现采用蒸汽机为动力的大型客车。1895年德国制造了单缸发动机驱动的8座公共汽车，早期的客车只是把车身装在卡车的底盘上，直到1922年才出现专为客车设计的底盘。1926年出现第一辆整体车驾的客车。目前，德国的凯斯鲍尔、奔驰、尼奥普兰，瑞典的沃尔沃和斯堪尼亚，荷兰的达夫，意大利的依维柯，日本的三菱和五十铃、日野等都是世界著名的客车生产企业。

中国的客车工业从60年代开始起步，通过改装、引进技术提高和自行开发，现已初具规模，有一百多家客车制造商，分别隶属机械、交通、城建、军工等几大系统，其中，大中型客车制造商71家，只有少数的几家客车厂具有客车底盘生产权。目前，中国主要的大中型客车生产企业有：宇通、厦门大小金龙、亚星、中通、中大、安凯、黄海、桂林大宇等。

2．客车车身的分类

在GB37301-88中，客车车身的定义为：具有长方形的车箱，主要用来装载乘员和随身行李。由于客车品种繁多，所以车身的分类形式也是多种多样的。常见的分类方法有按客车的长度、用途、承载形式和车身结构进行分类。

1）客车按车辆长度分类

客车按车辆长度分为微型、轻型、中型、大型、特大型客车。

（1）微型客车：车身长度≤3～5米的客车。

（2）轻型客车：3～5米＜车身长度≤6米，如YCK6601/6602。

（3）中型客车：6米＜车身长度≤9米，如YCK6799/6939H。

（4）大型客车：9米＜车身长度≤12米，如YCK6117/6126HG。

（5）特大型客车：12米＜车身长度≤13～7米，如YCK6139HGW。

2）按用途分类

按客车的用途可分为城市客车、长途客车、旅游客车和专用客车四类。

（1）城市客车。城市客车是为城市内公共交通运输而设计和装备的客车，如图3-77所示。这种车辆设有座椅及乘客站立的区域，由于乘客上下频繁，所以车厢内地板低、过道高、通道宽、座椅少、车门多、车窗大，并有足够的空间供频繁停站时乘客上下车走动使用。按运行特点，城市客车分为市区城市客车和城郊城市客车。为了满足大、中城市公共交通的需要及环保要求，城市客车正逐步向大型化、低地板化、环保化、高档化和造型现代化等方面发展。

图3-77　城市客车

（2）长途客车。长途客车又称公路客车，是为城间旅客运输而设计和装备的客车，如图 3-78 所示。由于旅客乘坐时间较长，这类客车必须保证每位乘客都有座位，不设供乘客站立的位置。为了有效利用车厢的面积，座椅布置比较密集，而且尽可能地提高座椅的舒适性，座椅质量都比较好。长途客车车厢地板高，地板一般设计成凹形，这样有利于提高车身的抗扭刚性，地板下面设有存放行李物品的行李舱。为了提高整个车身的刚度，这类客车的车门少，且多布置在前轴之前。对于高速公路上的快速客运车辆，要求具有更高的可靠性、行驶安全性、乘坐舒适性和高速行驶性能等。

（3）旅游客车。旅游客车是为旅游而设计和装备的客车，其与长途客车的设计原则基本相近，但在外观和舒适性等方面比长途客车好，车内设施及附件设备也更豪华和高档。为使观光方便，旅游客车的视野一般较开阔。中高档长途客车和城郊城市客车均可作为旅游线路客运车辆使用。

图 3-78　长途客车

（4）专用客车。专用客车在其设计和技术特性上只适合于需经特殊布置设计后才能载运人员的车辆。这类客车与长途客车类似，但可无行李箱。一般有学校客车、机场摆渡客车、采血车和会议客车等款式。它们根据特定要求，按专门规定的设计标准和用途来制造。例如如图 3-79 所示的机场摆渡客车。

图 3-79　机场摆渡客车

3）按承载形式分

按车身承载形式，客车车身结构可分为非承载式、半承载式和承载式三大类。非承载式和半承载式车身结构都是属于有车架式的，而承载式车身则属于无车架式的。从设计的角度看，这类分法是比较合理的。按承载形式对车身结构进行分类，表征了不同形式的车身结构的组成以及车身制造工艺过程中的差异。

（1）非承载式客车车身。

非承载式车身是指在底盘车架上组装而成的车身结构形式，如图 3-80 所示。这类车的底盘有较强的车架，车身骨架是通过多个橡胶衬垫或弹簧沿车身总长安装在车架上的。车身骨架与车架弹性连接，安装在车架上的车身对车架的加固作用不大，车架是支承全车的基体，承受着安装在其上面的各个总成的各种载荷；车身只在很小程度上承受由车架弯曲和扭转所引起的载荷，所以严格说来，车身并非完全不承载。车架的震动通过弹性元件传到车身上，由于弹性元件的挠性作用，大部分来自路面的震动和冲击能被减弱或消除，在坏路行驶时可以对车身起到保护作用。

在我国客车发展的初期，其车身通常由专业化车身厂家生产，然后安装在现成的货车底盘车架上。国内的轻型客车，其绝大部分都是这种非承载式车身壳体结构，一般是在货车三类底盘（包括一部分进口轻型货车底盘）或者在专用客车底盘上直接改装车身。该车身结构形式具有传统底盘-车身结构的优点：

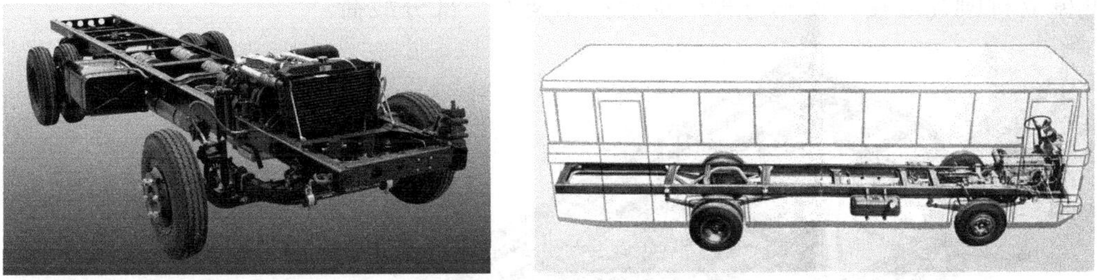

图 3-80　非承载式客车的底盘及车身

① 连接车身和车架的橡胶衬垫或弹簧可以起到一定的缓冲、隔振和降低噪声的作用，车厢内噪震低，缓冲隔震性能和乘坐舒适性较好；

② 底盘与车身可以分开以后再组装成一体，便于生产装配及在同一底盘上安装不同的车身，简化了装配工艺，便于组织专业化生产；

③ 有车架作为整车的基础，便于在汽车上安装各总成和部件；

④ 安全性能由底盘加强，遇到撞车事故时，车架可以对车身起到一定的保护作用，车厢变形小。

基于上述优点，非承载式车身形式在现阶段我国轻型客车的设计中应用广泛。但其在结构上也存在明显的缺陷：

① 在设计时候没有考虑车身参与承载，而是由底盘单独承载，所以必须保证车架的强度足够大以满足设计要求，这样就使得整车的质量增大，不符合车身轻量化的设计趋势；

② 车架的存在使得车身地板高度的降低受到一定的限制，不符合城市客车地地板化的趋势；

③ 车架纵梁是大型零件，其制造需要大型锻压设备、装焊夹具及检验等一系列昂贵复杂的生产设备；

④ 底盘结构调整不易，改进成本高，开发周期长；

⑤ 客车质心高，高速行驶时稳定性较差。

（2）半承载式客车车身。

半承载式车身就是车身与车架刚性连接，车身部分承载的结构形式。其结构特点是底盘仍保留有车架，车身通过焊接、铆接或螺钉与车架作刚性连接，是一种介于非承载式车身和承载式车身之间的车身结构。它的车身本体与底架（此时的车架也可称之为“底架”）用焊接或螺栓刚性连接，将车身骨架侧壁立柱与车架纵梁两侧的外伸横梁或牛腿连接在一起，加强了部分车身底架而起到一部分车架的作用，故车身也可以分担一部分弯曲和扭转载荷，例如发动机和悬架都安装在加固的车身底架上，车身与底架成为一体共同承受载荷。

半承载式车身结构的优点是结构简单，对车辆进行改装容易，可以适当地降低地板的高度；同时车身部分参与了承载作用，可在一定程度上减弱底架的强度和刚度，减轻客车的自身重量。但由于保留有底架，半承载式车身还是一种过渡结构，车身地板的高度受底架的限制而难以很大的降低；整车的轻量化仍受到一定的限制；车架纵梁的制造需要大型锻压设备、装焊夹具及校验等一系列昂贵复杂的生产设备；此外，底盘的结构调整也比较繁琐，改进成本高，开发周期长。

如图 3-81 所示是典型的半承载式客车车身结构，一般是在现有的客车专用底盘（其车架由两根前后直通的纵梁 27 与若干横梁 10、23 等组成）上将车架用若干悬臂梁 25 加宽并与车身侧壁立柱刚性连接，使车身骨架也承担车架的一部分载荷。

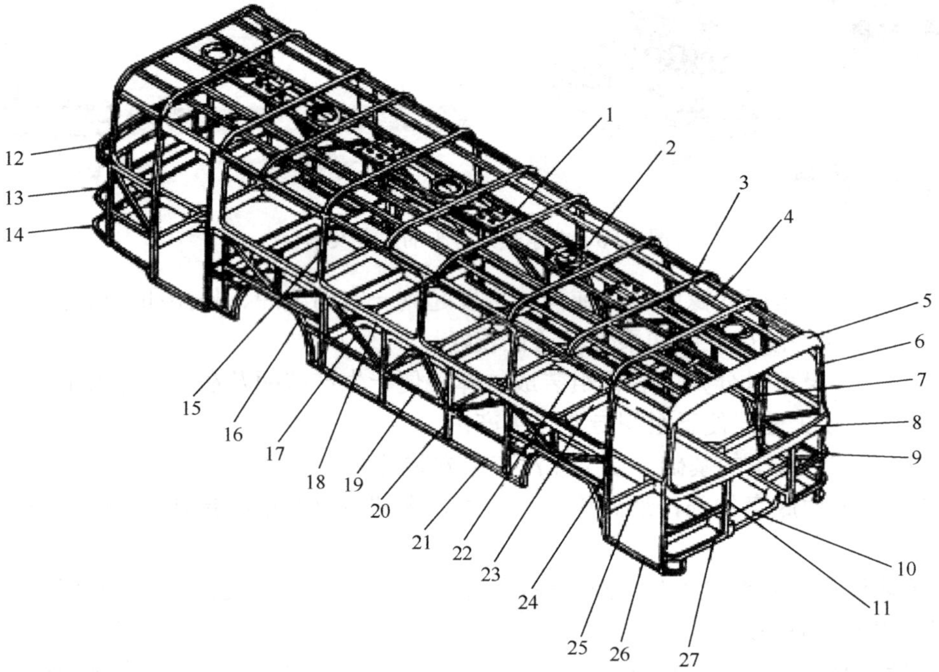

1—顶灯底板；2—换气窗框；3—顶盖横梁；4—顶盖纵梁；5—前风窗框上横梁；6—前风窗立柱；7—前风窗中立柱；8—前风窗框下横梁；9—前围搁梁；10—车架前横梁；11—前围立柱；12—后风窗框下横梁；13—后围搁梁；14—后围裙边梁；15—侧围窗立柱；16—车轮拱；17—斜撑；18—腰梁；19—侧围搁梁；20—侧围立柱；21—侧围裙边梁；22—上边梁；23—车架横梁；24—门立柱；25—车架悬臂梁；26—门槛；27-车架纵梁

图 3-81　客车半承载式车身

（3）承载式客车车身。

应用在客车上的全承载车身技术是高档豪华客车制造技术中的重要项目。该技术是德国凯斯鲍尔公司于 20 世纪 50 年代首创，将飞机制造的整体化框架结构技术应用于客车生产，并通过严格的碰撞试验，性能优越，使客车具有经济、安全和舒适等优点，尤其适应高速长距离客运。在传统技术条件下，客车产品达到低地板、轻量化、配置人性化、低排放、环保化、乘客空间大等种种要求越来越难，而全承载车身技术的出现，适应了时代的要求。目前，全承载车身技术已应用到多家客车生产厂的客车产品上，引发了国内客车制造业的一场技术变革。

承载式车身就是无独立车架的整体车身结构形式，其结构构特点是底盘不是传统的冲压成型铆接车架式结构，而是由矩形钢管构成的格栅式结构。底架、前围、后围、左右侧围、车顶六大片组成全承载式车身。车身采用封闭环结构，由于没有车架，故可降低地板和整车高度。载荷由整个车身承受，车身上下部结构形成一整体，在承受载荷时，整个车身壳体可以达到稳定平衡状态。在具有较大的抗扭刚度的格栅式结构的底架上，配置发动机、前后桥等总成，可以保证各总成正确的相对位置关系。承载式车身除了其固有的乘载功能外，还要直接承受各种负荷。

如图 3-82 所示是奔驰 O404 大客车的承载式车身结构，其底架是薄钢板冲压或用型钢焊制的纵横格栅，以取代笨重的车架。格栅是高度较大（约 500mm）桁架结构，因而车身两侧地板上只能布置坐席，而坐席下方高大的空间可用做行李舱，故适用于大型长途客车。整体承载式车身结构的特点是所有的车身壳体构件都参与承载，互相牵连和协调，充分发挥材料的潜力，使车身质量最小而强度和刚度最大。

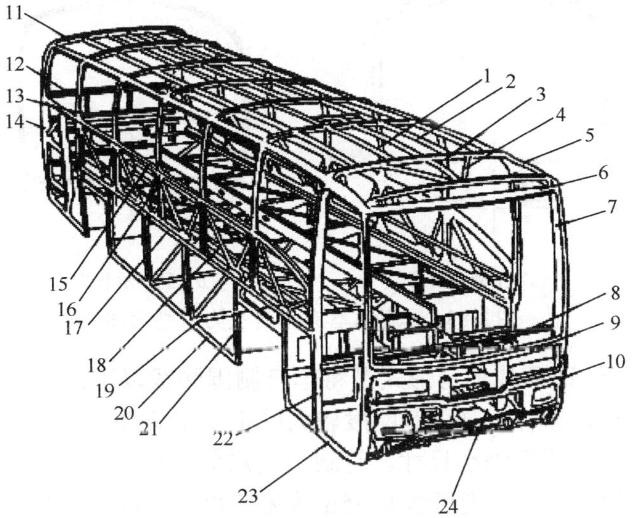

1—侧围立柱；2—顶盖纵梁；3—顶盖横梁；4—顶盖斜撑；5—上边梁；6—前风窗框上横梁；7—前风窗立柱；8—仪表板横梁；9—前风窗框下横梁；10—前围横梁；11—后风窗框上横梁；12—后风窗框下横梁；13—后围加强横梁；14—后围立柱；15—腰梁；16—角板；17—侧围横梁；18—斜撑；19—底架横格栅；20—侧围裙边梁；21—裙立柱；22—门立柱；23—门槛；24—底架纵格栅

图 3-82 奔驰 O404 大客车的承载式车身

承载式车身的优点是：

① 车身结构在设计时就进行了有限元分析和计算，优化了车身结构，使得车身重量降低，结构强度与刚度提高；

② 简化构件的成型过程，提高材料利用率；

③ 整车重心低，高速行驶稳定性较好；

④ 加工不需要大型的冲压设备，便于产品改型和系列化，容易实现多品种系列化生产。

⑤ 被动安全性好，承载式客车采用的格栅式结构，能使整车在受力时将力迅速分解到全车各处，按照欧洲的客车被动安全测试，这种结构能够在汽车翻滚及相撞时，保证乘客的

安全空间。

但采用全承载式车身也存在一些不足和现实问题需要解决。首先，由于取消了车架，来自道路的负载会通过悬架装置直接传给车身本体，而车厢本身又是易于形成引起空腔共鸣的共振箱，因此噪声和震动较大，恶化了乘坐舒适性，因此对隔振降噪的设计要求较高，使得成本和质量都会有所增加。其次是需要严格控制下料精度，承载式车身主要采用小截面方管焊接结构，需要重点控制下料尺寸、角度以及下料后弯折的加工精度，下料的准确度关系到小总成乃至车身焊接总成的准确度。最后，需要严格控制焊接变形和焊接应力。全承载式车身相对于半承载式和非承载式车身，其焊接工作量明显增加，焊接接头的数量也成倍增加。由于其结构特点导致整车骨架对接头处焊接质量更加敏感，因此需要研究焊接工艺，提高焊接水平，更加严格地控制接头处的焊接质量。

根据客车车身上部和下部受力程度的不同，承载式客车车身又可分为基础承载式和整体承载式两种，其受力原则简图如图 3-83 所示。

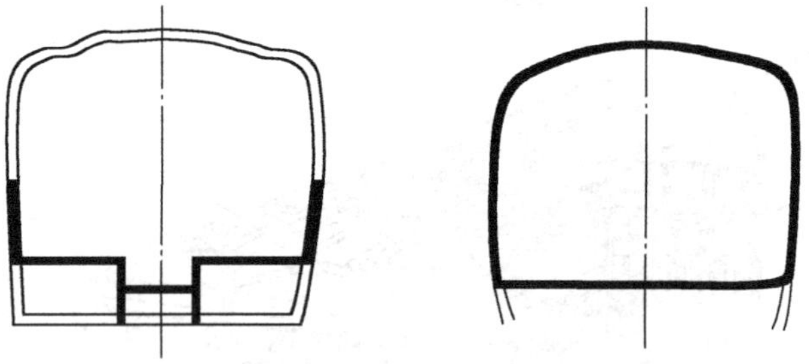

（a）基础承载式　　（b）整体承载式

图 3-83　承载式客车车身受力原则简图

① 基础承载式。这种承载车身形式是将车身侧围腰线以下部分，包括窗台以下到地板的侧壁骨架和底部结构，设计成强度和刚度较大的主要承载件，车顶则设计为不参与承载的部分，这样窗立柱就可以适当缩小尺寸。基础承载式车身结构底部的纵向和横向构件一般采用薄壁型钢或薄板来制造。其高度可达 0～5m 左右，可充分利用车身地板下面的空间来作为行李舱。

② 整体承载式。整体承载式车身就是整个车身的全部构件都参与承载。其车身的上下部结构形成一个整体，在承受载荷时，以强济弱，可使整个车身壳体达到稳定平衡状态。如果可以从理论分析和结构上进行优化设计，发挥材料的最大承受限度，就可以设计出等强度的空间栅格结构，使车身质量达到最轻而强度和刚度最大。

3.3.2　客车车身结构组成和作用

客车车身结构包括：车身本体、车门、车窗、座椅、车身内外装饰件、附件、暖气、冷气、通风和换气装置。

1．客车车身本体结构

客车车身本体结构可分为薄壳式、骨架式等。

1）薄壳式结构

此种结构是飞机机身薄壳结构的移植。其骨架采用薄板冲压成“几”形截面，强度及刚度较弱，必须依靠牢固地铆接在骨架上的外蒙皮来予以加强，铆钉本身亦承受应力，故又称之为应力蒙皮结构。这种结构的优点是车体质量轻，生产率高，节省材料，易于改型。缺点是侧窗开口较小，视野不够开阔，车身外表裸露的铆钉多，影响美观。前苏联和日本早期生产的大客车采用此结构。

2）*骨架式结构*

本结构的骨架是由抗扭刚性较强的异形钢管焊接构成的。外蒙皮用薄板焊接（或铆接）于骨架上，不依靠蒙皮来加强。此结构可以保证车身表面平整光顺，挺拔美观，侧窗开口大，视野良好，通透感强。缺点是改型困难，工艺装备投资较大，焊接工艺技术要求较高。此结构已得到国内外广泛采用。

2．车身骨架

按受力分：非承载式、半承载式、全承载式。

骨架材料：矩形管、镀锌钢板、槽钢、角钢、圆管等。

车身与底盘的连接方式：焊接、螺栓连接两种。

3．车身附件

车身附件包括乘客门、窗玻璃、仪表台、地板、前后装饰件、窗饰、隔栏、地板革、内蒙革（布）、座椅（卧具）、隔栏、内蒙板、空调（压缩机）、暖风、除霜、安全出口、铭牌标识、升降踏步、车身侧倾装置、轮椅提升装置、轮罩、随车工具、暖风。

4．外包蒙皮

外包蒙皮包括涨拉蒙皮、顶盖蒙皮、侧围蒙皮、前后围蒙皮、保险杠等。

（1）涨拉蒙皮。涨拉蒙皮常指侧围蒙皮，采用电流加热拉伸，待焊接至车身骨架后自然冷却绷紧。

（2）顶盖蒙皮材料。顶盖蒙皮材料包括 0.8～1.0 镀锌钢板。

（3）侧围蒙皮材料。侧围蒙皮材料包括 0.8～1.0 镀锌钢板，或铝板胶粘。

（4）前后围蒙皮、保险杠材料。前后围蒙皮、保险杠材料包括玻璃钢或薄铁。

5．舱门

舱门包括行李舱门、发动机舱门。

3.3.3 客车车身结构

客车车身结构包括车身本体、车门、车窗、座椅、车身内部装饰件、车身附件、暖气、通风和换气装置等。

1．客车车身结构

根据车身结构上的差异，可将客车车身分为薄壳式、骨架式、复合式、单元式和嵌合式结构等几种。

1）*薄壳式结构*

薄壳式车身结构无较强的独立骨架结构，构成车身整体的是板块式构件，蒙皮也参与承载，是飞机机身薄壳结构的移植和运用。图 3-84 为一薄壳式车身结构的客车，其骨架采用截面为带凸缘的 U 型钢材，强度和刚度较弱，必须依靠牢固铆接在骨架上的外蒙皮来予以加强，因此，把这

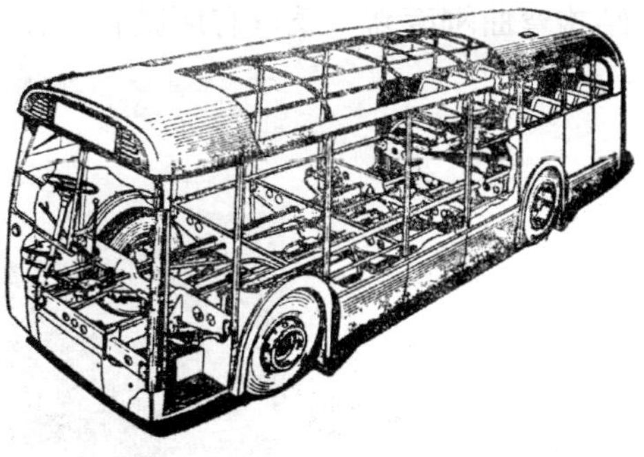

图 3-84　客车的薄壳式车身结构

种结构一般称之为应力蒙皮结构。其具有质量轻、材料消耗小、生产率较高及易于改型等优点。但是窗立柱较粗，侧窗开口的大小受到限制；车身外表面裸露的铆钉，既是锈蚀源，又影响美观，同时表面也不平顺，刚性差。

薄壳式客车车身的底部由优质钢板冲压而成，一般加焊了贯通式纵梁和横向的局部加强结构，以保证车身具有良好的承载能力和安装发动机及底盘各总成。这种车身结构形式广泛应用于轻型客车上。

2）骨架式结构

这种车身结构的骨架是由抗扭刚度很大的异型钢管构成的，车身不依靠外蒙皮加强，外蒙皮主要起装饰作用。骨架型钢多采用性价比高的碳素结构钢，其中 Q235 应用比较广泛。如图 3-85 所示，在组焊成的独立骨架上装配车门、车窗、侧窗顶盖和地板等，结构应力主要由车顶骨架、底骨架和侧围骨架承担，由于不依靠外蒙皮的加强，可以采用张拉蒙皮，这样就可以保证客车外表面平整光顺。

骨架式车身结构可以分为六大片，分别是顶骨架、 左右侧围骨架、前围骨架、后围骨架和底骨架，这六大片通过焊接等连接方式合成整体空间骨架。这种车身结构具有承载能力好，整体强度高，窗立柱较细，侧窗开口大且视野开阔等优点，广泛地应用于大客车车身。但焊接工艺较复杂，改型不容易。

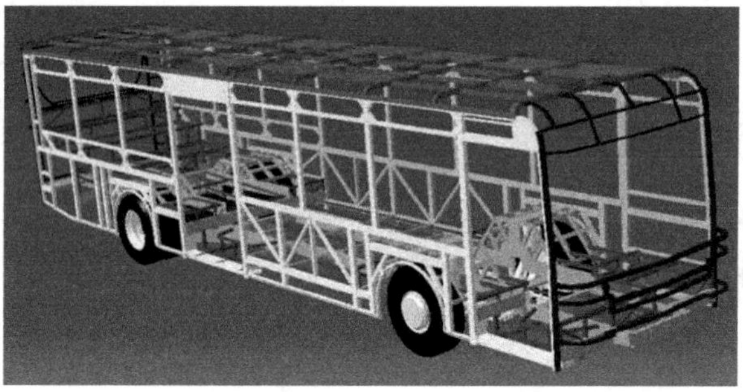

图 3-85　骨架式客车车身

3）复合式结构

复合式车身结构是将薄壳式和骨架式两种结构融为一体的一种车身结构。在受力较少的部位用薄壳式结构，而受力大的部位则采用骨架式结构。图 3-86 所示的是日本三菱汽车公司生产的一款复合式车身的客车，该车的前后围为薄壳式结构，第二立柱与最末立柱之间为框架结构。同时采用内蒙皮结构，解决了外蒙皮上铆钉多的问题。复合式车身结构比薄壳式车身结构弯曲刚度高，质量有所减轻，比骨架式结构的生产效率高。

图 3-86　复合式车身骨架

4）单元式结构

单元式车身结构是采用纵向构件将若干个由地板横梁、立柱、顶横梁等构成的环箍单元连接起来，形成一种独特的车身结构。图 3-87 所示的是 GMC 公司生产的客车车身，它由 5～6 个长度为 1～5m 的可以互换的单元体和前后两个单元体组成，每个单元体的两端用贯通的矩形材料密封。横向构件均为压制件，在焊接架上组焊成独立的单元件之后，再送到流水线上进行组装。

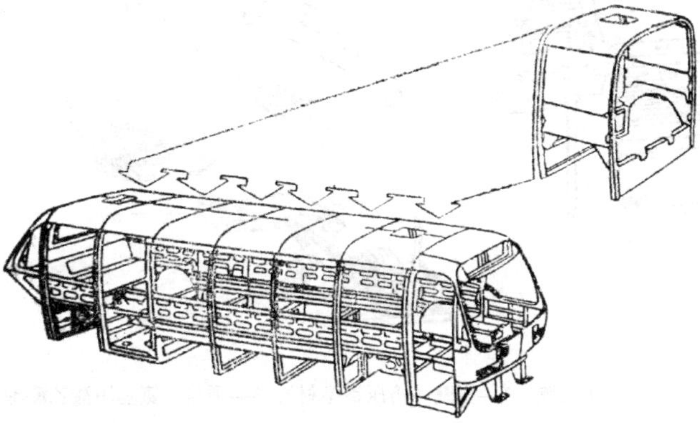

图 3-87　GMC 公司的单元式结构客车车身

5）嵌合式结构

嵌合式车身结构（图 3-88）是根据车身不同部位的受力情况，有针对性地将铝挤压型材嵌合而组成车身的侧壁。型材嵌合后将环氧树脂挤入连接处，树脂硬化后即可将铝型材牢固的黏结在一起，这种连接方式称为嵌合式连接法。铝型材上有纵向整体式加强筋，可以用铆钉与钢质的竖框铆接在一起，因此车身强度高、质量轻且不易损坏。这种车身采用蜂窝状夹层结构的铝板制成顶盖和地板，中间填充经发泡处理的氨基甲酸乙酯。顶盖和地板再与前述的挤压铝型材侧壁构件一起构成整个车身的壳体，其装配前的各分组件如图 3-89 所示。嵌合式车身结构具有强度高、质量轻和寿命长等优点，适合于中型客车的车身。

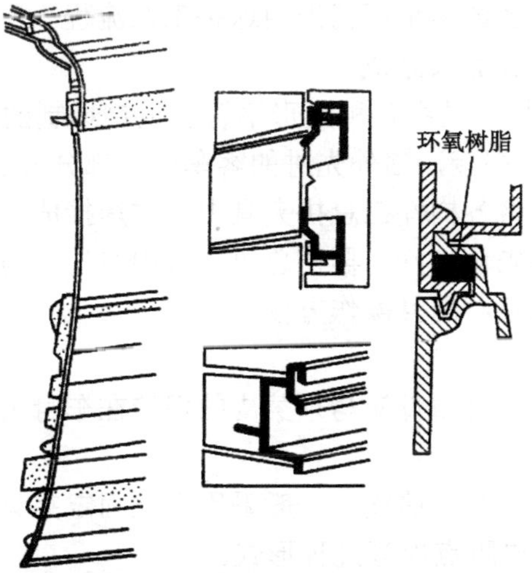

图 3-88　嵌合式客车车身侧壁结构及嵌合式连接法

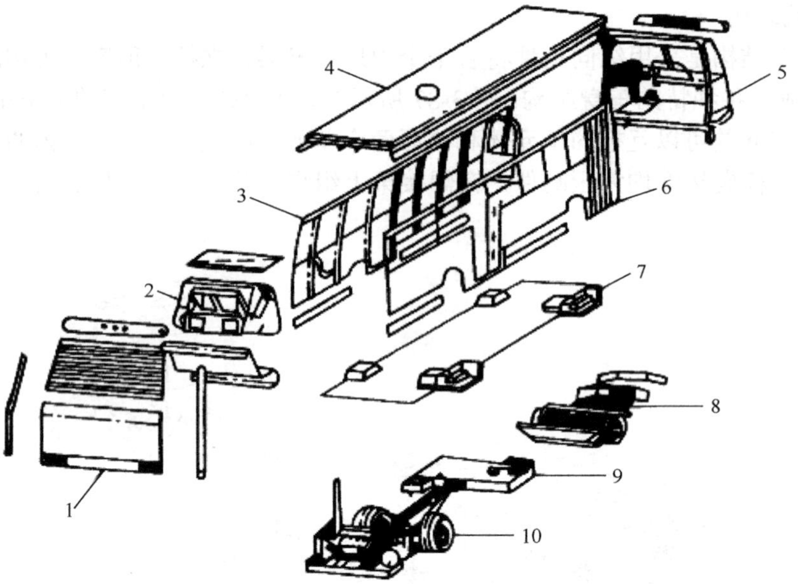

1—后围；3—空调装置；3—侧壁（挤压铝型材）；3—顶盖（氨基甲酸乙酯泡沫）；

5—前脸；6—侧壁边缘；7—地板组件（氨基甲酸乙酯泡沫）；8—前操纵部分；

9—储气罐；10—后悬架和发动机

图 3-89　嵌合式结构车身组组件图

2. 客车车身焊接装工艺

大型客车车身焊装是大型客车生产中的一个重要环节，车身焊装质量是影响大型客车整体质量优劣的重要因素之一。

传统的大型客车车身焊装工艺流程为：六大片骨架预制→车身六面体组焊→补焊→焊装各种小件→修磨焊缝、骨架校正、局部补涂底漆→（焊装内蒙皮→）焊装左/右侧蒙皮→焊装前/后围蒙皮→研装各种门类件→送涂装车间进行车身面漆。

这种工艺流程的特点是：在车身焊装过程中，基本不搀加涂装工艺，仅在焊缝处手工补涂快干底漆。目前国内绝大多数客车厂仍沿用这种工艺流程。

1）前/后围骨架、左/右侧骨架总成

前/后围骨架、左/右侧骨架是由各种矩形钢管和型钢焊制的，采用弧焊工艺。国内客车厂通常采用半自动 CO2 焊机焊接，国外先进的客车厂在部分分装工序采用弧焊机器人焊接。此外，国内客车厂一般采用将各构件在总拼夹具中一次焊接成型的焊装工艺，而国外一般把大总成分解为几个分总成事先预制好，再在总拼夹具中组焊。与国内工艺相比，国外工艺可缩短生产节拍，提高焊装质量，而且操作方便。

2）顶围总成

为实现顶蒙皮低位作业，将顶骨架与顶蒙皮的焊接在车身组焊前进行。即形成顶围总成后再进行六大片骨架合装。

由于顶围骨架具有较大的空间曲线，一般采用卧式固定夹具。顶蒙皮与顶骨架之间的联结可采用拉铆、CO_2 弧焊、电阻点焊等几种形式。

拉铆是客车蒙皮最早采用的装配工艺，该工艺劳动强度大，生产效率低。目前仅用于产量较小、车身外观质量要求不高的客车蒙皮生产。

目前，我国客车车身制造采用的材料大多是表面无镀层的低炭钢板和钢管。由于客车产量所限，考虑涂装生产的经济性，许多客车厂车身总成进行整体前处理难以实现。为提高车身防腐性能，骨架构件和蒙皮件焊前需经磷化处理喷涂底漆，而采用的大多为廉价的导电性差的环氧类底漆。由于环氧类底漆层的存在，采用电阻点焊工艺难以形成牢固的焊点。CO_2弧焊工艺则能穿透工件表面导电性差的底漆层牢固焊接，因此这种工艺适用于蒙皮与骨架焊前涂有环氧类底漆的车身蒙皮焊装。其缺点是弧焊破坏底漆层的范围及焊接变形相对较大，顶围防腐蚀性能及外观质量均不如电阻焊工艺；此外，由于底漆层的存在，焊接时产生更多的焊烟。

国外先进的客车厂大多采用镀锌钢板和钢管焊制车身。因此，骨架构件和蒙皮件在焊接前不进行前处理，焊后在焊缝区涂磷化液（有些厂进行骨架整体喷磷处理），然后喷涂底漆。底漆后进行车身蒙皮。由于国外采用的是导电性良好的富锌底漆，因此，其客车蒙皮均采用电阻点焊工艺。电阻点焊工艺在许多方面优于CO_2弧焊工艺，其对工件表面的涂层破坏小、焊接变形小、劳动条件好、生产效率高。

目前，在国内客车制造业中，由于价格方面的原因，镀锌钢板和钢管以及富锌底漆用的不很普及，仅在少数客车厂的引进豪华车型中获得应用。个别大型客车厂采用无镀层的普通钢板和钢管焊制车身，为在车身蒙皮工序中采用电阻点焊工艺并提高车身防腐性能，采用车身焊后整体电泳前处理的工艺方法，这种方法由于涂装设备投资及生产运行费用太大，绝大多数客车厂难以采用。还有部分客车厂采用传统的车身制造工艺，即骨架和蒙皮件在零件状态下进行磷化处理喷涂底漆，车身蒙皮前在骨架和蒙皮贴合处进行局部抛磨，去除底漆后再进行电阻点焊的方法，但这种方法劳动强度大，生产效率低，在客车行业也难以推广。

采用镀锌钢板和钢管焊制客车车身，不但方便蒙皮采用电阻点焊工艺，而且可以显著提高车身防腐蚀性能，代表着客车车身制造材料的发展方向。随着国内经济的发展，钢材及涂料生产技术的进步，镀锌钢板和钢管以及富锌底漆在客车生产中的应用也将会越来越普及。

国内顶蒙皮电阻点焊设备水平已与国外持平。根据客车产量的不同，可采用手动点焊和自动点焊两种形式。手动点焊采用悬挂式单面单点焊机或单面双点焊机。单面单点焊比单面双点焊工艺优越，其焊接电流分流小，不易形成虚焊点。自动点焊采用顶蒙皮自动点焊专机，该专机由张紧机构、行走式龙门架和固定在龙门架上的点焊机组成。

3）底骨架总成

半承载、非承载、全承载式车身的区别主要在于底骨架的结构不同。

半承载式车身底架为改制的底盘车架，是通过在车架纵梁上焊制牛腿、纵横梁等构件形成底架。由于底盘形状复杂，不便采用夹具，一般采用直尺和角尺划线，用各种支架辅助定位。焊后精度较差、调整工作量大。

非承载式车身底架结构较简单，是由各种矩形钢管和型钢焊制的平片式结构。可采用翻转夹具或卧式固定夹具焊接。翻转夹具焊接操作方便、节省面积，而且由于是在夹具中完成正反面焊接，因此焊接变形小，但夹具的制造费用较高。

全承载式车身底架为格栅式空间结构，夹具均采用固定式。为保证与左/右侧骨架的装配精度，焊后底架众多的端头需要有准确的装配尺寸。生产中采用两种办法加以保证：一种是提高零件下料尺寸精度和焊装夹具制造精度，焊后辅以少量的手工磨削，使之达到装配精度要求；另一种是采用行走式自动切割机完成此项工艺。后一种方法生产效率高，但设备投资较大。

4）车身六大片骨架组焊

车身六大片骨架组焊是客车车身焊装生产中的关键工序。该工序不仅决定着客车车身六面体的装配尺寸精度，而且也是制约车身焊装线生产率的咽喉工序。为提高装配精度及生产效率，国内外先进的客车厂均采用专用合装设备一次完成车身六面体定位组焊成型。该设备由车身底架定位机构、左/右侧骨架夹紧机构、前/后围定位机构、顶围吊运装置及动力系统组成。根据承载车身的运输机构是否从合装设备中间通过，该类设备可分为通过式和非通过式两种。

通过式合装设备的结构相对复杂，其底架定位机构由整体式工艺车和举升机组成。整体式工艺车是加工精度很高的底架夹紧定位、运输机构，其上面的定位装置可调，可满足不同尺寸的底架定位要求。整体式工艺车承载着底架进入合装设备初定位后，由举升机将工艺车举起进行二次定位。当完成车身六面体组焊后，合装设备回位，举升机回落。

5）左/右侧蒙皮

大型客车左/右侧蒙皮一般采用预应力蒙皮工艺，通过将侧蒙皮钢板张拉到预定长度后焊接到侧骨架上，使钢板内保持一定的残余拉应力。预应力蒙皮可使蒙皮平整美观，运行鼓噪小，能显著提高车身骨架的刚性和强度。根据钢板内残余应力形成机理的不同，预应力蒙皮分为热应力蒙皮和拉应力蒙皮两种。

（1）热应力蒙皮。热应力蒙皮是通过在钢板上通以低电压大电流的电，使钢板发热伸长（电热延伸率约为1‰），然后迅速焊接在侧骨架上。冷却后钢板收缩，使之张紧挺直。

（2）拉应力蒙皮。拉应力蒙皮又可分为手工张拉和机械张拉两种。

手工张拉是采用夹紧器和丝杠，靠人工的力量拉伸钢板，拉力较小，拉伸后钢板弹性变形不大，残余拉应力较小，对车身整体刚度及强度提高不大，但对改善蒙皮外观质量、降低鼓噪声仍能取得一定的效果。

机械张力蒙皮是用机械张拉机将钢板拉伸到预定的长度（延伸率为1‰），再焊接到侧骨架上的工艺方法。

考虑侧蒙皮的美观性，侧蒙皮与侧骨架之间的连接一般以电阻点焊为主，CO_2弧焊为辅。

6）前/后围蒙皮

大型客车前/后围蒙皮件有钢板冲压件和玻璃钢件两种。

钢板冲压件蒙皮一般采用若干块冲压件进行拼焊，焊接工艺采用电阻点焊工艺或CO_2弧焊工艺，在蒙皮板搭接处辅以铜钎焊工艺。

玻璃钢蒙皮是将整块模压成型的玻璃钢件通过粘接胶贴敷到前/后围骨架上，并通过预埋在玻璃钢中的连接角铁与左/右侧骨架、顶骨架和底骨架焊接（或螺接）在一起。采用玻璃钢件可获得整块大曲面度的前/后围蒙皮，其造型美观，安装操作方便，劳动强度小，生产效率高，因而在客车生产中应用较普遍。

国内少数客车厂通过技术引进对传统的工艺流程进行了改造。其工艺流程为：六大片骨架预制→车身六面体组焊→补焊→焊装各种小件→修磨焊缝、骨架校正→骨架整体前处理→（焊装内蒙皮→内蒙皮前处理→）焊装左/右侧蒙皮→焊装前/后围蒙皮→研装各种门类件→送涂装车间进行车身面漆。

这种工艺流程的特点是：车身焊装工艺和涂装工艺相互交叉。这种混合流程不仅使在骨架焊装生产中破坏的底漆层得到彻底补涂，而且彻底清除了焊接操作过程中工人无意中涂抹在车身上的油污、汗水等污渍，可显著提高车身防腐蚀性能、提高面漆的附着力。

据有关资料统计，国外大型客车底盘使用寿命为15年，车身使用寿命仅为10年，而国内客车使用寿命更低。因此，提高车身防腐性能越来越受到重视。在车身焊装生产环节中间增加前处理生产工艺，是提高车身防腐性能的有效措施。

3. 客车车身内的通风、采暖与空调

随着生活水平的提高，人们对客车乘坐舒适性的要求也越来越高，为使车厢内具有良好的环境，对车内通风、采暖和空调装置要求不断提高。

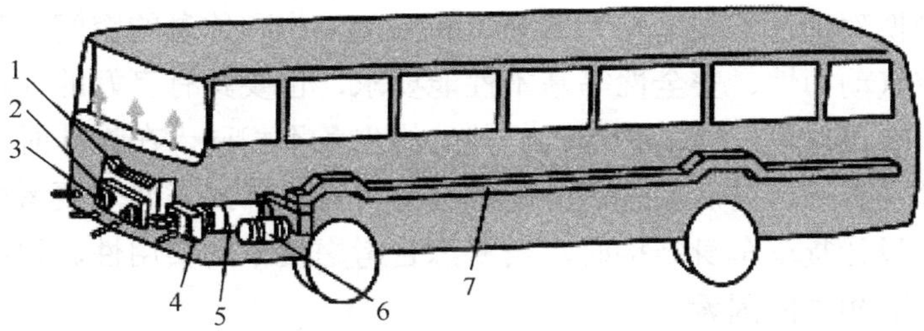

1—发动机散热器；2—风扇；3—电动机；4—空气滤清器；5—独立燃烧式加热器；6—燃油；7—暖风管

图 3-90 独立燃烧式通风和暖气联合装置

1）通风

目前采用的通风系统有自然通风和强制通风两种形式。自然通风是利用行车时所产生的气流压力差来进行通风的，例如，车窗可推拉、在车顶上开吸气口、排气口，或在客车车身前端开设可开闭的通风口等。在有些旅游客车上，还采用中间带空气夹层的双层密封玻璃来调节车厢内的空气，使新鲜空气在顶棚夹层、车身内外蒙皮夹层里循环，不断进入车内，使车厢内的空气形成对流。近年来有些厂家将小轿车上采用的百叶窗式的侧部通风结构移植到大客车上，即在侧窗的前部、中部或后部立柱上，开一些百叶窗式的开口，以增加车厢内的通风量。强制通风是在车身上加设通风机及空调设备等进行强制性通风，其通风系统在设计时应注意风口的防尘，以及在下雨或清洗车辆时不致让水流入车内。

2）暖气

大客车上的暖气装置根据热源可分为非独立式（利用发动机工作时的剩余热量）和独立式（利用燃料在专门的燃烧器内燃烧所产生的热量）两种。前者的优点是不需增加热源、结构简单、使用方便。其缺点是发热量的大小直接受发动工况的控制，不能按需要调节，而且这种装置对管道的密封性要求很高，如废气进入车厢，就会影响乘客的健康和安全，因此这种结构在大客车上已很少采用。后者是采用水和空气作为传热介质，采用单独的热源（加热器）来加热空气和水，如图 3-90 所示。加热器一般由燃烧室、热交换器、供给系统和电气控制系统四部分组成。燃烧室是燃料进行燃烧产生热量的场所。由于燃烧室内温度高达 800℃以上，故要求燃烧室材料能耐高温，不起氧化皮，一般采用不锈耐热耐酸钢（1Crl8Ni9Ti）。热交换器是进行热传递的设备，一般热交换器与燃烧室之间是双层结构，要求密封性好、不漏气、不漏水。供给系统是指燃料供应、助燃空气供应和热交换介质的供应系统。燃料供给系统由于燃料种类不同，结构也不相同。

3.4 货车车身结构

载货汽车即货车，人们也称之为卡车，是指一种主要为载运货物而设计和装备的商用车辆，它能否牵引一挂车均可。近年来，随着我国高速公路网的加快建设与不断完善，公路运输行业迎来了大变革、大发展的时代，货车已经从载运货物这一单一功能向可代表物流准时化的物流服务的运输工具这一方向发展，成为了一种社会化的服务工具，因此，货车车身的设计也需要紧跟时代的步伐，满足当今社会的需求。

货车车身包括驾驶室和车厢两部分。在高度追求运输效率的今天，货车通常是昼夜不停地行驶，驾驶员轮换驾驶，驾驶室作为驾驶员和乘员工作和休息的空间，其设计既要满足实用性、耐用性、空气动力性、安全性等基本性能要求，也要具有良好的人机工程环境。货车车厢根据不同的需要可以设计成多种形式，其结构也各不相同，在设计时需考虑的有车箱结构强度、车厢尺寸及容量、前后轴载荷分配等因素，对于厢式车厢还要考虑空气动力性能。

由此可见，在设计货车车身结构时，需要综合考虑货车的实用性、耐用性、安全性、舒适性以及其他各方面相关的因素。

3.4.1 载货汽车车身分类

货车的种类繁多，形式各异，各国的分类标准有所不同，在我国国家标准 GB/T 3730-1-2001《汽车和挂车类型的术语和定义》中，将货车分为普通货车、多用途货车、全挂牵引车、越野货车、专用作业车和专用货车六大类，具体形式及定义如表 3-4 所示。

表 3-4 货车分类、定义及其示意图

货车分类	定 义	示 意 图
普通货车	一种在敞开（平板式）或封闭（厢式）载货空间内载运货物的货车	
多用途货车	在其设计和结构上主要用于载运货物，但在驾驶员座椅后带有固定或折叠式座椅，可运载 3 个以上的乘客的货车	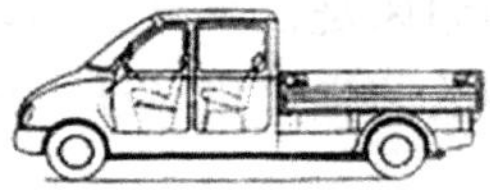
全挂牵引车	一种牵引杆式挂车的货车。 它本身可在附属的载运平台上运载货物	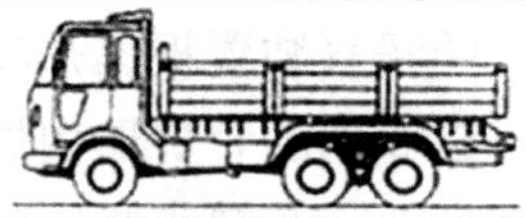
越野货车	在其设计上所有车轮同时驱动（包括一个驱动轴可以脱开的车辆）或其几何特性（接近角、离去角、纵向通过角、最小离地间隙）、技术特性（驱动轴数、差速锁止机构或其他型式的机构）和它的性能（爬坡度）允许在非道路上行驶的一种车辆	
专用作业车	在其设计和技术特性上用于特殊工作的货车。例如：消防车、救险车、垃圾车、应急车、街道清洗车、扫雪车、清洁车等	
专用货车	在其设计和技术特性上用于运输特殊物品的货车。例如：罐式车、乘用车运输车、集装箱运输车等	

此外，人们根据日常生活和工作中的不同需要，还将货车按以下几种形式进行了分类：

按驾驶室结构分为长头式货车、短头式货车、平头式货车、双排座货车、卧铺式货车、偏置式货车等。

按车厢结构分为栏板式货车、厢式货车、油罐车、自卸车、汽车列车等。

按载重量分为轻型货车（3～5t 以下）、中型货车（4～8t）和重型货车（8t 以上）。

3.4.2 载货汽车车身结构

1．载货汽车驾驶室的组成、作用

绝大多数货车驾驶室都是非承载式的结构，驾驶室没有明显的骨架，由外部覆盖件和内部板件焊合成壳体，通过 3 点或 4 点弹性悬置与车架连接。

货车驾驶室按其结构主要分为以下三种形式：

长头式驾驶室，其特点是发动机位于驾驶室的前部，如图 3-91（a）所示。

短头式驾驶室，其特点是发动机位于驾驶室的前下部，如图 3-91（b）所示。

平头式驾驶室，其特点是发动机位于驾驶室的下部，如图 3-91（c）所示。

此外，还有一种偏置式驾驶室，如图 3-92 所示，这种驾驶室偏置于发动机的一侧，它是平头式或长头式驾驶室的一种变形。

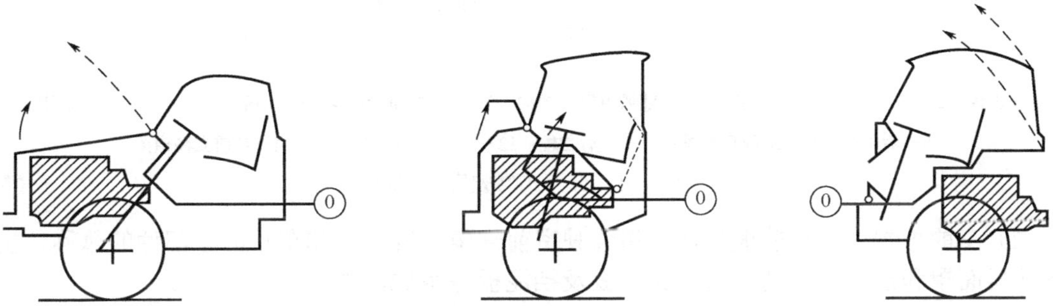

（a）长头式　　（b）短头式　　（c）平头式

图 3-91　货车驾驶室的结构类型

图 3-92　偏置式驾驶室

1）长头式驾驶室的结构

长头式驾驶室的结构在总体上可分为驾驶舱和车前板制件（俗称“车头”）两大部分。

（1）驾驶舱。驾驶舱由前围板、前围侧板、前围上盖板、前立柱、后立柱、顶盖、顶盖前后横梁、上边梁、后围板、后围横梁、门槛等组成（在承载物件的外面覆以外覆盖件和车门等，在内部装置仪表板、内饰件、地板等构成完整的驾驶室），如图 3-93 所示。

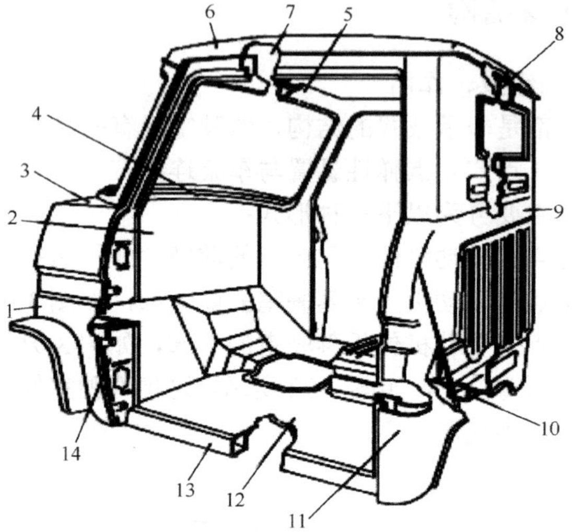

1—前围左侧板；2—前围板；3—前围上盖板；4—前风窗框下横梁；5—前风窗框上横梁；6—顶盖；7—上边梁；8—后围上横梁；9—后围板；10—地板后横梁；11—左后立柱；12—地板；13—左门槛；14—左前立柱横梁

图 3-93　长头式驾驶室驾驶舱

（2）车前板制件。车前板制件是指驾驶室前部覆盖发动机和车轮的零部件的总称，主要由散热器面罩和框架、发动机罩、翼子板及挡泥板等组成，如图 3-94 所示。

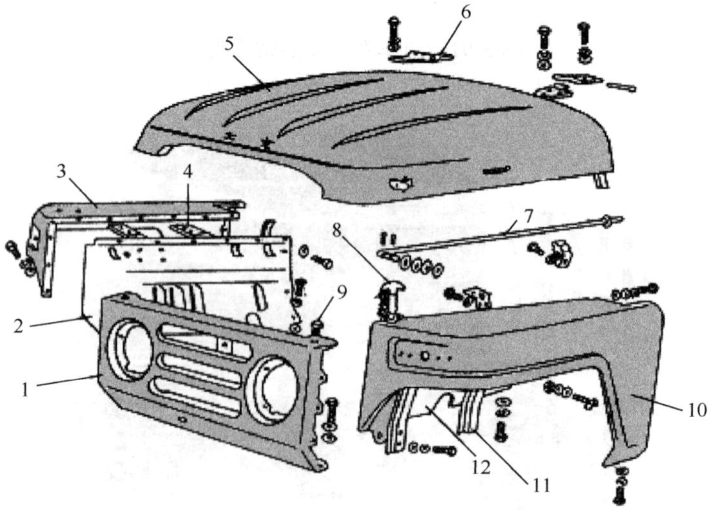

1—面罩；2—右挡泥板；3—右翼子板；4—托架；5—发动机罩；6—发动机罩铰链；7—发动机罩撑杆；8—锁扣总成；9—缓冲垫；10—左翼子板；11—托架；12—左挡泥板

图 3-94　北京 BJ2020 型轻型越野汽车的车前板制件

（3）前围。长头式驾驶室前围是内板式前围，发动机安装在其前面，其上安装有空调装置、刮水器装置，还固定有电气总成、洗涤罐、制动油罐等，并有许多电线束、油管从此通过。所以，对此板要求有足够的刚性和强度，还要求零件形状尺寸准确，密封性好，板料厚度一般为 1.2～1.5mm。

（4）发动机罩。发动机罩是个大型的冲压件，需要保证隔热隔音、自身质量轻、刚性强等。可通过设置内加强梁或内加强板增加发动机罩的刚度。

2）平头式驾驶室的结构

平头式驾驶室在结构上和长头式驾驶室类似，但比较简单，主要由各种覆盖件和钣金零件组成的封闭断面和开口断面来作为承载构件，如图 3-95 所示。

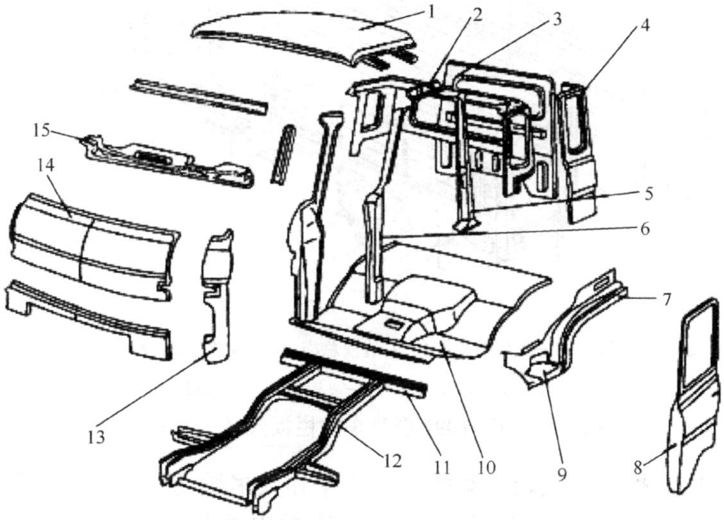

1—车顶盖；2—上边梁；3—后围板；4—后围角板；5—后框；6—前柱；7—门槛；8—车门；9—踏脚板；10—地板；11—地板横梁；12—纵梁；13—前围侧板；14—前围板；15—仪表板

图 3-95　平头式驾驶室结构

（1）前围。平头式驾驶室前围是外板式前围，发动机安装在其后面，这种前围可以分为单层式和双层式。单层式前围多用于轻型货车，该前围外板既是覆盖件又是受力件。仪表板下部的各总成均布置在地板与仪表板固定板之间的支架上。单层式前围的优点是结构简单、质量小、工艺性好。双层式前围多用于中、重型货车。前围板分为外板和内板，外板是覆盖件，起装饰作用，且可拆卸；内板是受力件，功用与内板式前围相同。

双层式前围的优点是：

① 由于前围板可拆，拆卸后可使暖风水管、刮水器、制动管路和手制动拉索等都暴露在外部，且与人的站立高度相当，因此维修方便。

② 由于是双层，从设计的角度考虑，提供了足够的布置空间。

③ 从车内看，仪表板下部空间干净利落，有宽敞的伸脚空间。

④ 因前围板是双层的，故对整车的密封效果和前围的强度均有一定的改善。

（2）侧围、后围、顶盖及地板。驾驶室侧围、后围及顶盖皆为薄板冲压件。顶盖为单层结构，为增加刚性内设 1～2 根横梁。侧围与后围有单层板的，也有带有内板的双层板的；后围有后围窗；侧围面积大时，也设侧围窗，侧围窗可以是封闭的，也可以是开启的。

驾驶室地板由地板和地板梁组成，地板是薄板冲压的大面积钣金件，地板梁是主要的支撑和受力件，多由 2mm 左右的钢板冲压而成。地板是驾驶室的基础，驾驶室的上部件焊在其上面，其通过悬置与车架连接。地板需承受乘员的重力，故要求地板有足够的刚度和强度。

2．载货汽车车架及货箱的组成、作用

1）栏板式货箱

（1）三面开（高低板）式货箱。普通栏板式货箱一般由 1 块底板和 4 块高度为 300～500mm 的栏板组成，栏板包括前板、后板以及左、右边板。如图 3-96 所示。

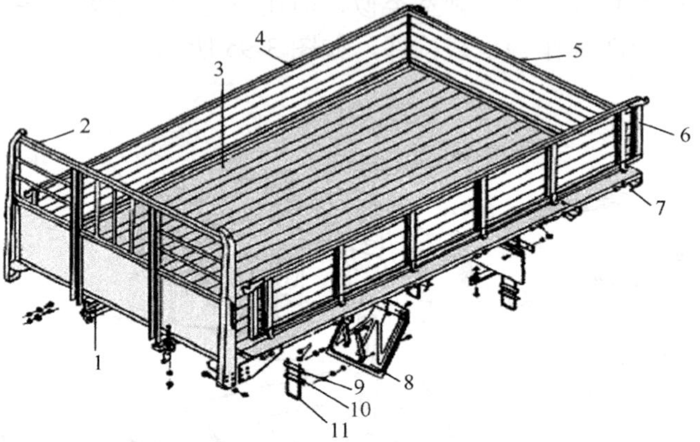

1—货箱纵梁；2—前板总成；3—底板总成；4—右边板总成；5—后半总成；6—左边板总成；7—绳钩；
8—挡泥板；9—压板；10—垫板；11—U 形螺栓图

图 3-96 解放 CA1092 型货车的栏板式（三面开）货箱

（2）一面开（低底板）式货箱。某些轻型货车和大多数皮卡采用低底板式货箱如图 3-97 所示。其底板离地高度较小，左右后轮罩凸入底板内并与左、右边板连接，仅后板可打开，以供运载小件零散货物。这种货箱两侧造型与前部驾驶室的形状和线条连贯，形体优美。

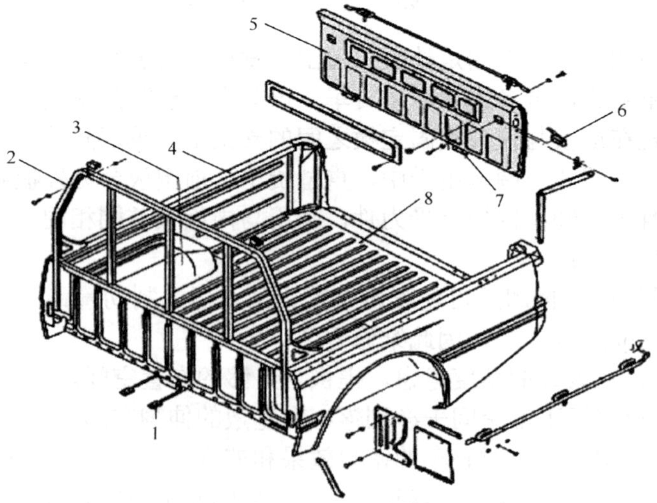

1—货箱与车身连接板；2—货架；3—轮罩；4—边板；5—后板；6—后板锁；7—铰链；8—底板

图 3-97 一面开（低地板）式货箱

（3）万能式货箱。万能式货箱也称高栏板式货箱如图 3-98 所示。其特点是四周栏板的高度比普通货箱高，可运载各种货物和人员，农用或军用货车常采用这种结构。

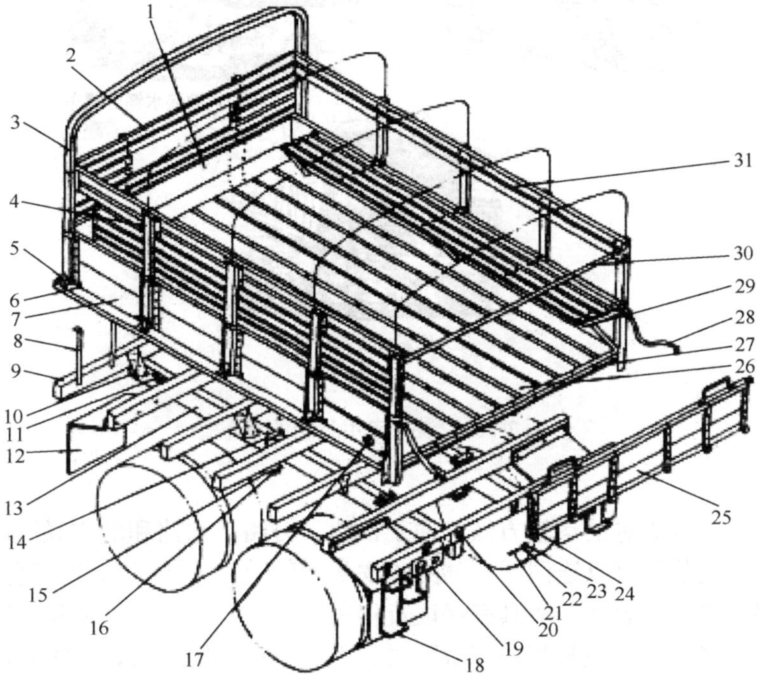

1—前板总成；2—高栏前板总成；3—蓬杆；4—高栏左边板总成；5—角撑；6—绳钩；7—左边板总成；8—挡泥板支撑条；9—横梁；10—纵横梁连接板；11—支座（连接货箱和车架）；12—挡泥板；13—横梁；14—U 型螺栓压板；15—U 型螺栓垫板；16—U 型螺栓；17—反光灯；18—踏梯；19—尾灯底板；20—脚链固定页板；21—销钉；22—垫圈；23—开口销；24—铰链活动页板；25—后半总成；26—底板总成；27—钢条包边；28—链钩；29—右边板总成；30—链索；31—高栏右边板总成

图 3-98 万能式货箱

2）专用货箱

专用货箱主要有闭式货箱（图 3-99）、自式卸车（图 3-100 所示）、装有专用货箱的货车（图 3-101）等几种形式。

图 3-99 闭式货箱货车

图 3-100 自式卸车

（a）闭式货箱货车

（b）气力吹卸式散装水泥容罐车

（c）倾斜式货箱货车

图 3-101　装有专用货箱的货车

3）集装箱

集装箱运输是一种先进的运输方法，便于铁路、公路、水路和航空联运以及国际联运，如图 3-102 所示。集装箱可以连同其内部的货物从一种运输工具迅速转移到另一种运输工具上，而不需要将货物重新装卸，故具有保证货物完好、减少装卸工作量和加速货物周转从而降低运输成本等许多优点。集装箱还有敞顶式、平板式、无侧壁式、容罐式、冷藏保温式等类型，以适应运输各类货物的需要。

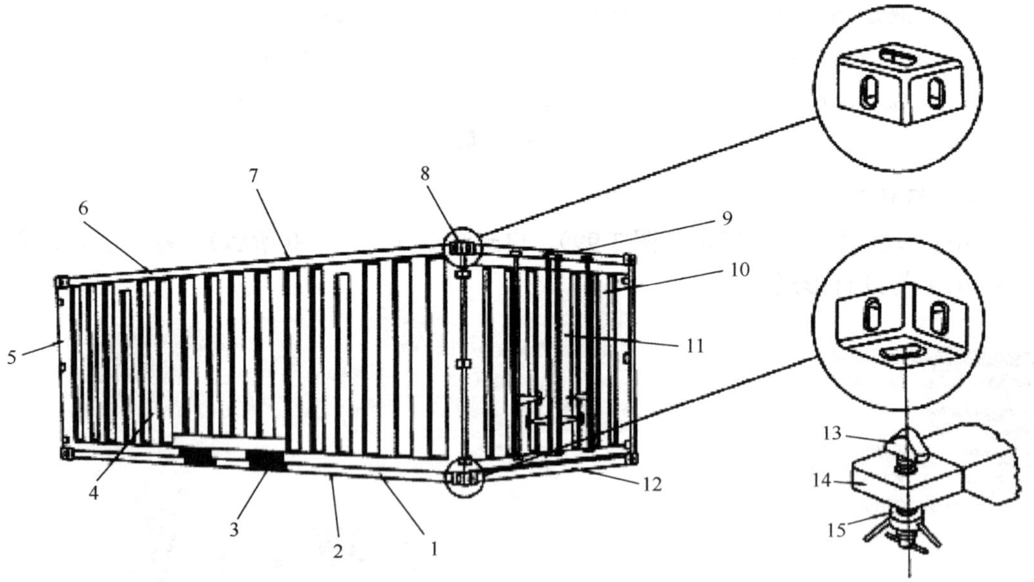

1—下侧梁；2—底板；3—叉槽；4—侧壁；5—角柱；6—上侧梁；7—顶板；8—角件；9—上端梁；

10—端壁；11—门；12—下端梁；13—转锁；14—汽车车架；15—锁紧螺母

图 3-102　集装箱

复习思考题

1．举例说明车身上哪些是热轧钢板，哪些是冷轧钢板?
2．冷轧钢板的特点是什么?
3．得到高强度钢的方法是什么?
4．在对高强度钢进行焊接时，应该使用什么焊接方法?
5．为什么不能用加热的方式修理整体式车身?
6．最近几年车身上钢材的应用特点有什么趋势？
7．超高强度钢一般应用在车身哪些部位？
8．钢铁的处理有哪几种类型？
9．对钢铁加热消除应力时不能超过多少度？
10．防锈钢板有几种类型？
11．双面镀锌和单面镀锌钢板一般应用在车身哪个部位？
12．铝合金有几种类型?哪些类型可以应用在车身部件上？
13．为什么要在车身上使用铝合金部件？铝合金车身的优点有哪些？
14．现在的汽车风窗玻璃全部应用钢化玻璃吗？
15．夹层玻璃有什么特点?
16．车身用塑料分几种类型，各有什么特点？
17．举例说明你见到的车身中塑料件的类型。
18．车身有哪几种类型？各有何特点？
19．整体式车身的基本类型？各有何特点？
20．车身的主要性能是什么？
21．车身主要零部件的名称及功用是什么？
22．客车车身按用途分为哪几类，各自的特点是什么？
23．客车车身按承载方式分哪几类？

第 4 章　车身焊接

学习目标

1. 掌握焊接技术，能进行焊接操作
2. 能对焊接质量进行分析
3. 了解焊接种类分类及特点

4.1　概述

汽车上零部件连接的方法有三种，即机械连接、焊接和黏接。在汽车车身修理作业中，焊接占的比重最大，这是因为，焊接可以获得与母材相近的强度，而且连续焊接不仅具有良好的水密性、气密性，而且有比其他任何连接方式都可靠的结合强度。

焊接是对需要连接的金属板件加热，使它们共同熔化，最后结合在一起的方式。车身组件多由钢板或型钢构成，常用的焊接方法有气体保护焊、电阻点焊。

4.1.1　车身焊接种类

（1）压焊。压焊是通过电极对金属加热使其熔化，并加压使金属连接在一起。在各种压焊方法中，电阻点焊是汽车制造业中最常用的焊接方法。但它在汽车修理业中应用还较少。

（2）熔焊。通过电弧或火焰等方式将金属件加热到熔点，使它们熔化连接在一起（通常采用焊条、焊丝）。

（3）钎焊。在需要焊接的金属件上，将熔点比它低的金属熔化（金属件不需熔化）而进行连接。根据钎焊材料熔化的温度，可分为软钎焊和硬钎焊。钎焊材料的熔化温度低于 450℃的是软钎焊，高于 450℃的是硬钎焊。

如图 4-1 所示，每一类焊接方法又可具体分为多种焊接方式，其中只有几种焊接方式可用于车身修理。

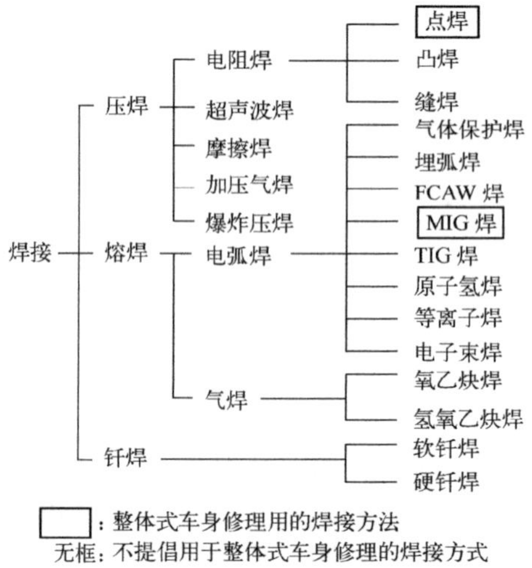

图 4-1　各种焊接方法

在修理受碰撞而损坏的汽车时，对一些新更换的板件就需要使用焊接的方法来修理。

4.1.2　车身焊接的特点

由于焊接的形状不受限制，它适合于连接整体式车身结构，焊接后仍可保持车体的完整性。可减轻质量（不需要增加接合件）。对空气和水的密封性能好。生产效率高。焊接接头的强度受到操作者技术水平的影响比较大。如果焊接中产生的热量过多，周围的板件将会变形。

4.2　电阻点焊

4.2.1　焊接设备及原理

1．电阻点焊的特点

电阻点焊是汽车制造厂在流水线上对整体式车身进行焊接时最常用的一种方法。在整体式车身上进行的焊接生产中，有90%～95%都采用电阻点焊。

在修理大量采用高强度钢和超高强度钢的车身时，要求采用电阻点焊机进行焊接修理。这种焊接方式像制造厂进行焊接那样进行点焊连接。在使用点焊设备时，操作者必须选择合适的加长臂和电极，以便到达需要焊接的部位。采用挤压式电阻点焊机进行焊接时，应适当调整对金属板的夹紧力。在一些设备上，可同时调整电流强度和焊接时间。调整完毕后，将点焊机定位在需要焊接的金属板处，一定要使电极的极性彼此相反，然后触发开关，开始进行点焊。

在进行焊接前，要先查阅汽车制造厂提供的修理说明书。更换车身上的各种面板和内部板件时，所有焊接接头的大小应和原来制造厂的焊接接头相类似。除电阻点焊外，更换零部件后的焊接接头的数量应和原来的焊接接头数量相等。强度和耐久性需要根据焊接到车身上的零部件位置决定。根据部件的功用、物理性能和在车身上的位置等因素，汽车制造厂都规定了修理中各部件最佳的焊接方法。

车身修理所用的电阻点焊机通常是指需要在金属板的两边同时进行焊接的设备（双面点焊设备），而不是指那种从同一边将两块金属板焊接起来的点焊机（单面点焊设备）。双面点焊用于结构性部件的点焊，而单面点焊的强度比较低，一般只能用于外部装饰性面板的焊接。

电阻点焊过程中产生的热量少，对板件的影响小，可以进行快速、高质量的焊接，对操作者要掌握的操作技巧的要求也比较少。

电阻点焊适用于焊接整体式车身上要求焊接强度好、不变形的薄型零部件，如车顶、窗洞和门洞、门槛板以及许多外部壁板等部件。使用电阻点焊机时，修理人员必须知道如何调整焊机，如何进行试焊和焊接。

电阻点焊焊接有下列优点：

① 焊接成本比气体保护焊等低。

② 没有焊丝、焊条或气体等消耗。

③ 焊接过程中不产生烟或蒸气。

④ 焊接时不需要去除板件上的镀锌层。

⑤ 焊接接头的外观质量与制造厂的焊接接头完全相同。

⑥ 不需要对焊缝进行研磨。

⑦ 速度快。只需 1s 或更短的时间便可焊接高强度钢、高强度低合金钢或低碳钢。

⑧ 焊接强度高、受热范围小、金属不易变形。

2. 电阻点焊设备

电阻点焊设备如图 4-2 所示。由变压器、控制器和带有可更换电极臂的焊枪（焊炬）等构成。

（1）变压器。变压器将低电流强度的 220 V 或 380 V 车间线路电压转变成低电压（2～5 V）、高电流强度的焊接电流，避免了电击的危险。小型点焊机的变压器可安装在焊枪上，也可安装在远处通过电缆和焊枪相连。安装在焊枪上的变压器的电效率高，变压器和焊枪之间焊接电流损失很小。焊枪和变压器分离的点焊机的变压器功率必须较大，而且要使用较大的线路电流，以补偿连接变压器和焊炬的长电缆所造成的电力损失。当使用加长型或宽距离的电极臂时，高强电流会由于电缆线长度增加而降低。可调整焊机上的控制器，将输出的电流强度调高。

（2）焊机控制器。焊机控制器可调节变压器输出焊接电流的强弱，并可以调节精确的焊接电流通过的时间。在焊接时间内，焊接电流被接通并通过被焊接的金属板，然后电流被切断。一般车身修理时每个焊点的焊接时间最好在 1～6s 内。

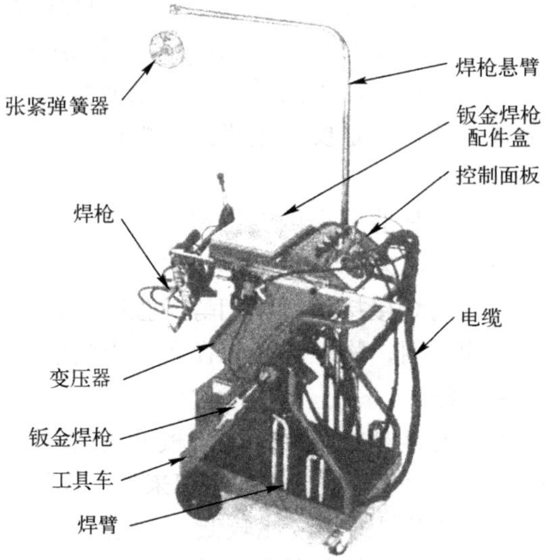

图 4-2 电阻点焊设备

（3）焊枪（焊炬）。焊枪如图 4-3 所示。焊枪通过电极臂向被焊金属施加挤压力，并流入焊接电流。大多数电阻点焊机都带有一个加力机构，可以产生很大的电极压力来稳定焊接质量。这些加力机构有的是用弹簧的手动夹紧装置或由气缸产生压力的气动夹紧装置。有些小型的挤压型电阻点焊机不具备增力机构，它完全靠操作人员的手来控制压力的大小，因此，它不能用于修理车身结构时的焊接操作。

车身修理所使用的大多数焊枪随着电极臂的加长焊接压力会减小，焊接质量会下降。当配备 100mm 或更短的缩短型电极臂时，其最大焊接能力达两层 2.5 mm 厚的钢板。一般要求配有加长型或宽距离电极臂的焊机至少可焊接两层 1mm 厚的钢板。

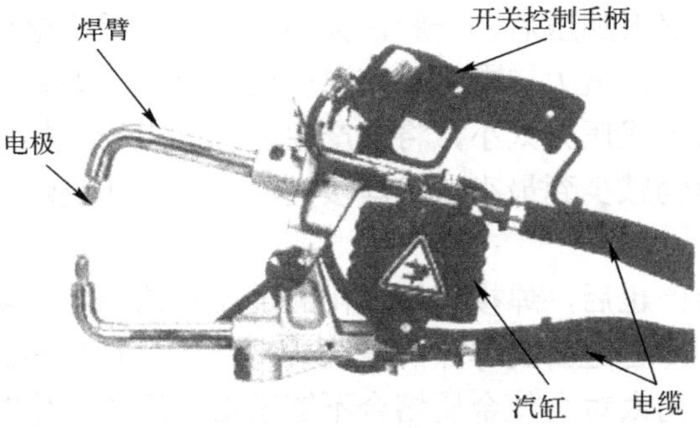

图 4-3　电阻点焊焊枪（炬）

3. 电阻点焊的焊接原理

电阻点焊是利用低电压、高强度的电流流过夹紧在一起的两块金属板时产生的大量电阻热，用焊枪（焊炬）电极的挤压力把它们熔合在一起的。电阻点焊原理如图 4-4 所示。

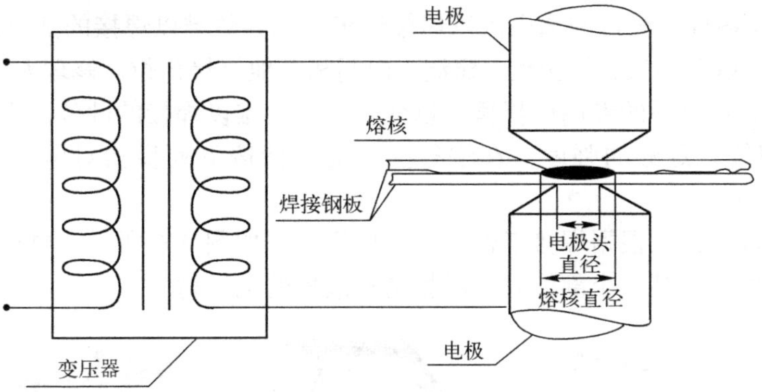

图 4-4　电阻点焊原理

电阻点焊的三个主要参数如下。

（1）电极压力。两个金属件之间的焊接机械强度与焊枪电极施加在金属板上的力有直接的关系。当焊枪电极将金属板挤压到一起时，电流从焊枪电极流入金属板，使金属熔化并熔合。焊枪电极的压力太小、电流过大都会产生焊接飞溅物，导致焊接接头强度降低。焊枪电极压力太大会使焊点过小（熔核小），如图 4-5 所示。从而降低焊接部位的机械强度。焊枪电极压力过高会使电极头压入被焊金属软化的部位过深，导致焊接质量降低。焊点被电极压入的深度不能超过板厚的一半。

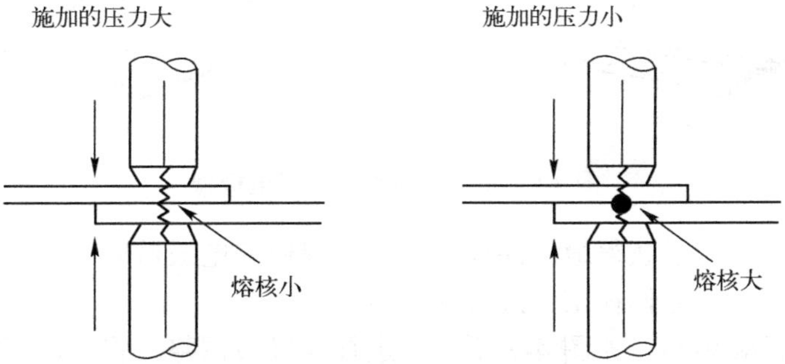

图 4-5　焊接压力对焊点的影响

（2）焊接电流。给金属板加压后，一股很强的电流流过焊枪电极，然后流入两个金属板件。在金属板的接合处电阻值最大，电阻热使温度迅速上升。如果电流不断流过，金属便熔化并熔合在一起。电流太大或压力太小，将会产生内部溅出物。如果适当减小电流强度或增加压力，便可使焊接溅出物减少到最小值。焊接电流和施加在点焊部位的压力对焊接质量都有直接的影响。

（3）加压时间。电流停止后，焊接部位熔化的金属开始冷却，凝固的金属形成了圆而平的焊点。对焊点施加的压力合适会使焊点的结构非常紧密，有很高的机械强度。加压时间是一个非常重要的因素，时间太短会使金属熔合不够紧密。焊接操作时的加压时间一般不能少于焊机说明书上的规定值。

4.2.2 电阻点焊焊接工艺

1. 电阻点焊机的调整

用于整体式车身修理的电阻点焊机可带有全范围的可更换电极臂装置，能够焊接车身上各个部位的板件。各种电极臂的选用可以焊接汽车上大多数难以焊接的部位，例如轮口边缘、流水槽、后灯孔，以及地板、门槛板、窗洞、门洞和其他焊接部位。修理人员在修理车身时，应查阅修理手册寻找合适的专用电极臂，以便对汽车上难以焊接的部位进行焊接。

为使点焊部位有足够的强度，在进行操作前，请按下列步骤对电阻点焊机进行检查和调整。

（1）选择电极臂。应根据焊接部位来选择电极臂，如图 4-6 所示。电极臂选择的原则是多个电极臂都可以焊接某一个部位时，尽量选择最短的电极臂。

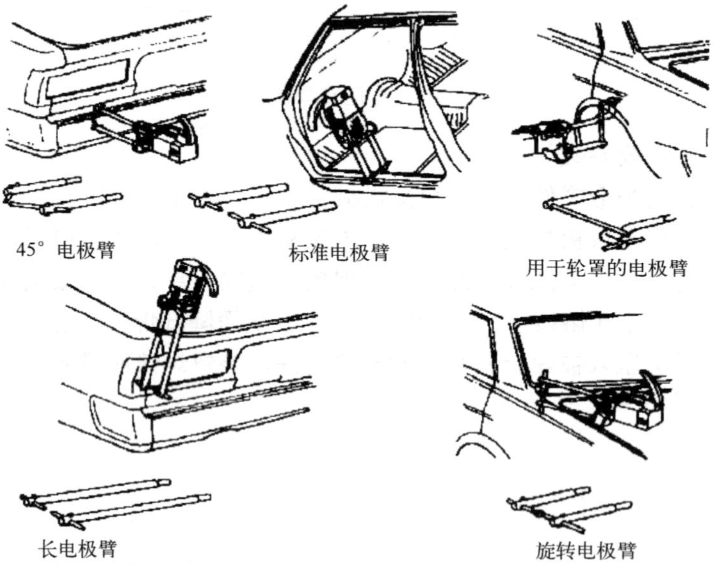

图 4-6　根据焊接部位选择电极臂

（2）调整电极臂。为了获得最大的焊接压力，焊枪的电极臂应尽量缩短。要将焊枪电极臂和电极头完全上紧，使它们在工作过程中不能松开。

（3）电极头的正确调整。如图 4-7 所示，进行电极头调整。将上、下两个电极头对准在同一条轴线上。电极头对准状况不好将引起加压不充分，会造成电流过小，导致焊接部位的强度降低。

（4）选择电极头直径。电极头直径增加，焊点的直径将减小；电极头直径减小，焊点直径将增大；电极头直径小到一定值以后，焊点的直径将不再增大；为了获得理想的焊接深度，可参阅图 4-8 确定电极头的方法，选择合适的电极头直径。

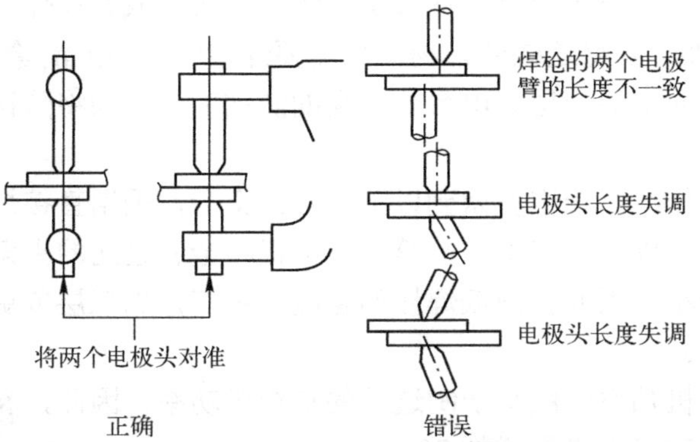

图 4-7　电极头的正确调整

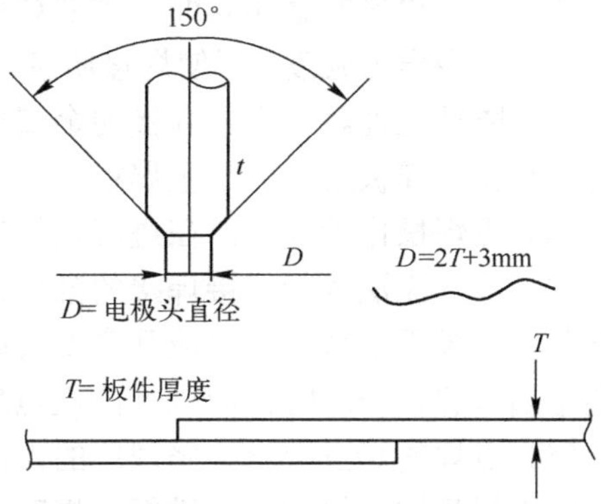

图 4-8　确定电极头的方法

在开始操作前，注意电极头直径是否合适，然后用锉刀将它锉光，以便清除掉电极头表面的燃烧生成物和杂质。当电极头端部的杂质增加，该处的电阻也随之增加，这将会减小流入工件的电流并减少焊接熔深，导致焊接质量下降。连续焊接一段时间以后，电缆线和电极头端部会因为散热不好而造成过热。这将使电极头端部过早地损坏而增大电阻，并引起焊接电流急剧下降。在使用没有强制冷却（循环水冷却）的电极头时，可在焊接 5～6 次后，让电极头端部冷却后再进行焊接。如果电极头端部损坏，要用电极头端部清理工具进行整形。

（5）调整电流流过的时间。电流流过的时间也和焊点的形成有关。当电流流过的时间延长时，所产生的热量增加，焊点直径和焊接熔深随之增大，焊接部位散发出的热量随着通电时间的延长而增加。经过一定的时间后，焊接温度将不会再增加，即使通电时间超过了这一时间，点焊直径也不会再增大，有可能产生电极端部的压痕和热变形。

许多简单的点焊机都无法调整施加的压力和焊接电流，而且其电流强度值较低。这些焊机在操作时可适当延长通电时间（让低强度的电流流过较长的时间）来保证焊接的强度。

根据金属板的厚度来调节电极臂的长度及焊接时间，一般能得到比较好的焊接效果。如果焊机的说明书上已列有这些数值，最好在调节过后，对金属样片进行试焊，然后再检验焊接质量来调整焊接参数。

对车身上的防锈钢板进行焊接时，应将焊接普通钢板的电流强度提高 10%～20%，以弥补电流强度的损失。一般简单的点焊机如果无法调节电流强度，可适当延长通电时间。一定要将防锈钢材和普通钢材区别开，因为在进行打磨准备焊接时，防锈钢板上的锌保护层不能和油漆一起被清除掉。

2．电阻点焊的操作要领

1）焊接操作

开始焊接时，修理工人拿起焊枪并使焊接机电极臂与车身上需要焊接的部位相接触，然后操纵挤压机构，将焊接压力施加到需要焊接的金属两边。一旦给金属施加并保持了一个压力，施力机构便向焊接机控制器发送一个电信号，焊接电流被接通一段预定的时间后又被切断。由于焊接时间通常都小于 1s，整个过程进行得很快。

2）焊接操作注意事项

（1）两个焊接表面的间隙。两个焊接表面之间的任何间隙都会影响电流的通过。虽然不消除这些间隙也可进行焊接，但焊接部位电流将变小会降低焊接的强度。因此，焊接前要将两个金属表面整平，以消除间隙，还要用一个夹紧装置将两者夹紧。

（2）需要焊接的金属表面。需要焊接的金属表面上的油漆层、锈斑、灰尘或其他任何污染物都会减少电流强度，而使焊接质量降低。要将这些外来物质从需要焊接的表面上清除掉。

（3）防锈处理。在需要焊接的金属表面上涂一层导电系数较高的防锈剂。必须将防锈剂均匀地涂在金属板上（包括金属板的断面上）。

（4）点焊操作的性能。在进行点焊操作时，一定要做到以下几点：第一，采用直接焊接的方法，对于无法进行直接焊接的部位，可以采用塞焊法；第二，电极和金属之间的夹角应为直角，如果不是直角，电流强度变会减小，因而会降低焊接的强度；第三，当三层或更多层的金属重叠在一起时，应进行两次点焊。

（5）点焊的焊点数量。修理厂的点焊机功率一般小于制造厂的点焊机功率。因此，和制造厂的点焊相比，修理厂在进行点焊时，应将焊点数增加 30%。

（6）焊点到金属板的边缘和端部的距离。到边缘的距离也是由电极头的位置决定的。即使点焊的效果正常，但如果到边缘的距离不够大，也会降低焊接点的强度。

（7）点焊的顺序。不要只沿着一个方向连续进行点焊。这种方法会使电流产生分流而降低焊接质量。当电极头发热并改变颜色时，应停止焊接并使其冷却。

（8）边角处的焊接。不要对边角的圆弧部位进行焊接。对这个部位进行焊接将产生应力集中而导致开裂。例如，焊接下列部位时，需要特别注意。

前立柱和中立柱的上角，后侧围板的前上部分，前后车窗的角部。

4.3 惰性气体保护焊

现在车身中的纵梁、横梁、立柱等结构件都是应用高强度钢或超高强度钢制造，惰性气体保护焊（MIG）在焊接整体式车身上的高强度钢板方面比其他常规焊接方法更适合，当今汽车上使用的新型高强度钢不能用氧气乙炔或电弧焊进行焊接，而广泛应用惰性气体保护焊。

4.3.1 焊接设备及原理

1．惰性气体保护焊的特点

与电弧焊和氧气乙炔焊相比，惰性气体保护焊有许多优点，不管是在高强度钢构件及整体式车身的修理中，还是在车身外部覆盖件的修理中，都可以使用惰性气体保护焊。

惰性气体保护焊有下列优点：

（1）操作方法容易掌握。操作者只需受到几个小时的指导并经过练习，就可学会并熟练掌握惰性气体保护焊设备的使用方法。与高级电焊工采用传统的焊条电弧焊相比，普通的惰性气体保护焊焊工都可以做到焊接的质量更高、速度更快、性能更稳定。

（2）惰性气体保护焊可使焊接板件 100%地熔化，因此，经惰性气体保护焊焊接过的部位可修平或研磨到与板件表面同样的高度（为了美观），而不会降低强度。

（3）在薄的金属上焊接时，可以使用弱电流，预防热量对邻近部位的损害，避免了可能发生的强度降低和变形。

（4）电弧平稳，熔池小，便于控制，确保熔敷金属最多、溅出物最少。

（5）惰性气体保护焊焊接更适合焊接有缝隙和不吻合的地方。对于若干处缝隙，可迅速地在每个缝隙上点焊，不需要清除熔渣，焊后可以很方便地将这些部位重新上漆。

（6）一般车身钢板都可以用一根通用型的焊丝来焊接。

（7）车身上不同厚度的金属可用相同直径的焊丝来焊接。

（8）惰性气体保护焊焊机可以方便地控制焊接的温度和焊接的时间。

（9）采用惰性气体保护焊焊接，对需要焊接的小区域的加热时间较短，因而减少了板件的疲劳和变形。因为金属熔化的时间极短，所以能够轻松进行立焊和仰焊操作。

汽车制造业现在大量使用高强度钢板，而高强度钢板和其他薄钢板比较好的焊接方法就是惰性气体保护焊焊接法，所以现在车身修理中广泛应用惰性气体保护焊。在用惰性气体保护焊进行车身修理时，能够达到快速、高质量的焊接要求。用氧气乙炔焊焊接后顶侧板平均耗时约 4 h，而用惰性气体保护焊来进行同样的工作只需约 40 min。

惰性气体保护焊不局限于车身的修理，还可以焊接排气结构、各种机械的底座、拖车的牵引装置、载货车的减震装置以及其他可用电弧焊或气焊的地方，都能达到良好的焊接效果。惰性气体保护焊还可用于各种破裂的变速器壳体、汽缸和进气管等铸铝件的焊接。

2．惰性气体保护焊焊接设备

惰性气体保护焊设备，主要由下列基本部分组成。

（1）带有流速调节器的保护气气源，如图 4-9 所示，用以防止焊接熔池受到污染。

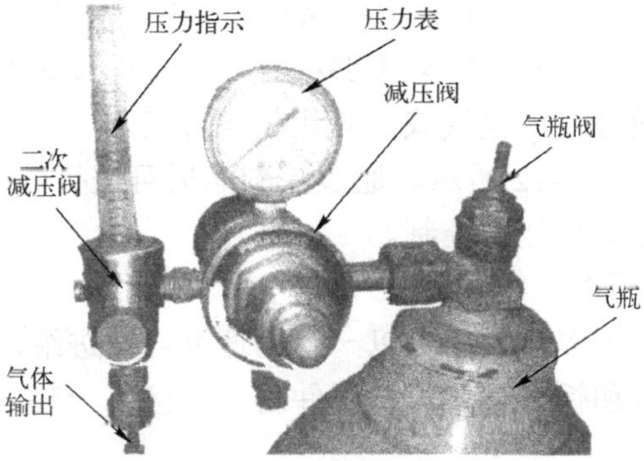

图 4-9　带流速调节器的保护气气源

（2）送丝装置。有单轮和双轮两种，如图 4-10 所示，对送丝的速度进行控制。

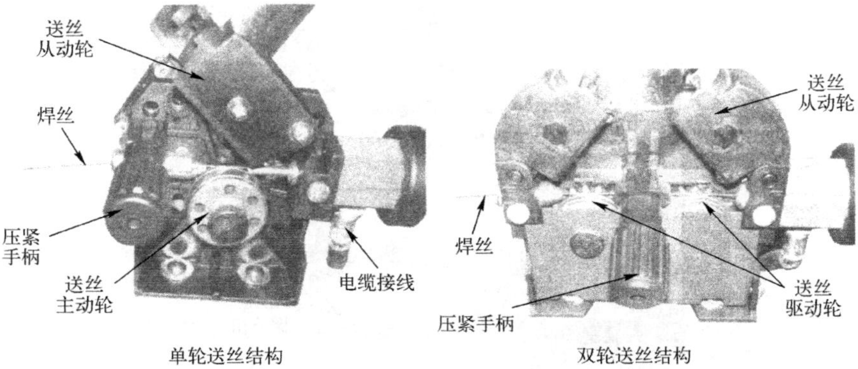

图 4-10　单轮和双轮的送丝装置

（3）焊丝。车身修理中使用的焊丝种类是 AWS-ER70S-6，使用焊丝的直径为 0.6～08 mm。目前使用最多的是直径为 0.6 mm 的焊丝。它原先是一种特制的焊丝，现在可以很容易买到。直径很细的焊丝可以在弱电流、低电压条件下使用，这就使进入板件的热量大为减少。

（4）焊机电源。电源的核心是变压器，它把 220 V 或 380 V 的电压变成只有 10 V 左右的低电压，同时电流会变得很大。鉴于焊接对电源的要求，必须使用具有稳定电压的电源。用于汽车车身修理的电源比一般工业焊机的要求要高，因为焊接薄金属板时的输出电流、电压要稳定，否则会影响焊接质量。

（5）电缆和搭铁接线装置。焊接的部位要与搭铁接线连接形成电流回路。

（6）焊枪，也称为焊炬，如图 4-11 所示。将焊丝引导至焊接部位，在焊枪上有启动开关，焊枪前部主要有喷嘴和导电嘴。

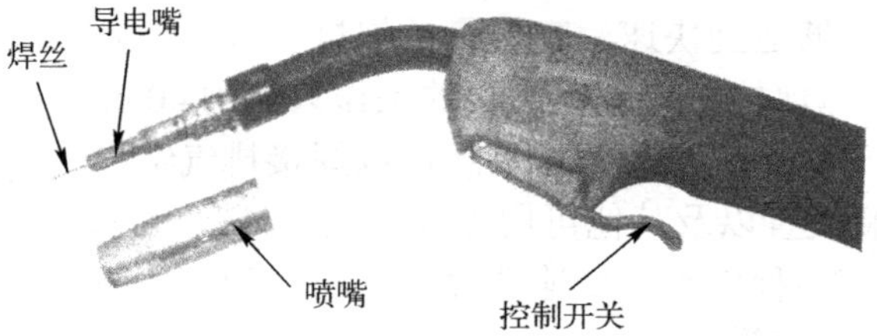

图 4-11　焊枪

（7）保护气。修理车身时，焊接一般用二氧化碳或二氧化碳和氩气的混合气体（气体的比例为：75%的氩、25%的二氧化碳）来进行保护。采用二氧化碳气体保护除使焊接熔深和焊缝加大外，还会使电弧变得比较粗糙且不够稳定，以及焊接时的溅出物增加。所以，在较薄的材料上进行焊接时，最好使用氩气或二氧化碳混合气。

（8）焊机的控制面板如图 4-12 所示。通过控制面板可进行电压、电流、送丝速度调节，同时可以进行点焊和脉冲点焊功能的控制。

3．惰性气体保护焊的原理

惰性气体保护焊使用一根焊丝，焊丝以一定的速度自动进给，在板件和焊丝之间出现电弧，电弧产生的热量使焊丝和板件熔化，将板件熔合连接在一起，这就是惰性气体保护焊的工作原理，如图 4-13 所示。

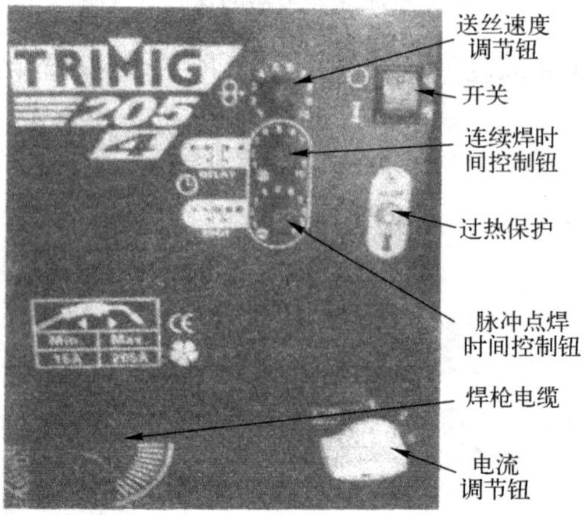

图 4-12　焊机的控制面板

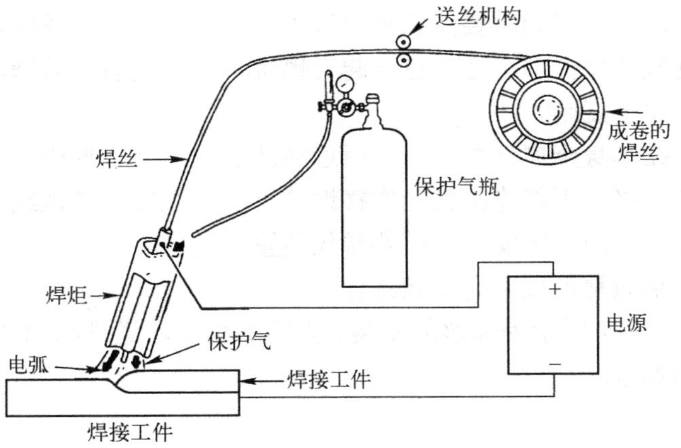

图 4-13 惰性气体保护焊工作原理

在焊接过程中，惰性气体对焊接部位进行保护，以免熔融的金属受到空气的氧化。惰性气体的种类由需要焊接的板件而决定，钢材都用二氧化碳（CO_2）或二氧化碳和氩气（Ar）的混合气作为保护气体。而对于铝材，则根据铝合金的种类和材料的厚度，分别采用氩气或氩、氦混合气体进行保护。如果在氩气中加入 4%～5%的氧气作为保护气，就可以焊接不锈钢。

惰性气体保护焊有时又称作二氧化碳保护焊（俗称二保焊）。其实惰性气体保护焊采用完全的惰性气体（例如氩气或氦气）作为保护气体。二氧化碳不完全是惰性气体，准确地说二氧化碳保护焊应该称为活性气体保护焊（MAG）。大多数车身修理中都采用二氧化碳或二氧化碳和氩气的混合气作为保护气体，人们还是习惯用惰性气体保护焊来概括所有的气体保护电弧焊接。许多焊机都是既可使用二氧化碳（活性气体），又可使用氩气（惰性气体），只需要更换气瓶和调节器就可以了。

惰性气体保护焊焊接的工作过程如下。

（1）焊丝在焊接部位经过瞬间的短路、回烧并产生电弧。

（2）每一次工作循环中都产生一次短路电弧，并从焊丝的端部将微小的一滴液滴转移到熔化的焊接部位。

（3）在焊丝周围有一层气体保护层，它可防止大气的污染并稳定电弧。

（4）连续进给的焊丝与板件相接触而形成短路，电阻使焊丝和焊接部位受热。

（5）随着加热的继续进行，焊丝开始熔化，变细并产生收缩。

（6）收缩部位电阻的增加将加速该处的受热。

（7）熔化的收缩部位烧毁，在工件上形成一个熔池并产生电弧。

（8）电弧使熔池变平并回烧焊丝。

（9）当电弧间隙达到最大值时，焊丝开始冷却并重新送丝，更接近工件。

（10）焊丝的端部又开始升温，其温度足以使熔池变平，但还不能够阻止焊丝重新接触工件。因此，电弧熄灭，再次形成短路，上述过程又重新开始。

（11）这种自动循环产生的频率为 50～200 次/s。

4.3.2 焊接工艺

1. 惰性气体保护焊焊机的安装调整方法

（1）按照焊机说明书的规定，将惰性气体保护焊焊机的电缆与电网相连接。

（2）气瓶内有高压，在搬动时要注意不要碰撞气瓶。最好用链条或带子将气瓶固定在底座上，使气瓶和惰性气体保护焊机连接在一起。也可将气瓶安装在墙壁、柱子等处。安装调节器时，一定要遵守安全规则。

（3）将搭铁安放在车身金属件焊接部位附近清洁的表面上，形成一个从焊机到工件，然后再回到焊机的焊接回路。不能将搭铁当作接地装置，焊机应自带地线。

（4）按照设备说明书的规定安装并调整送丝装置中的各元件。

对送丝装置的调整通常可按下列步骤进行。

① 安装焊丝。图 4-14 所示为焊丝的安装。先用手将焊丝送进约 300 mm，保证焊丝能够顺利地通过送丝管和焊枪。

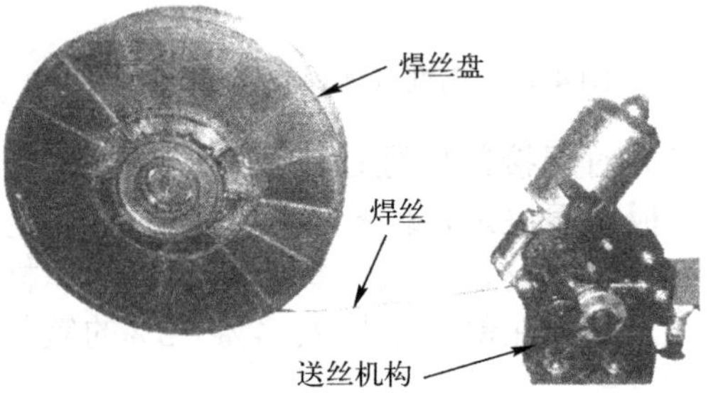

图 4-14　焊丝的安装

② 适当调整送丝轮压力，使焊丝得到足够的推力，能够离开焊丝盘并穿过送丝管及焊枪。确保送丝轮轴槽、焊丝导向装置、送丝管和焊枪的导电嘴的尺寸都与所使用的焊丝的尺寸相一致。调节送丝轮的压力，当焊丝在喷嘴受阻不能进给时，焊丝可以在送丝轮上打滑。但送丝轮的压力不能太大，如果压力过大焊丝会变形，在送丝管内产生螺旋效应，会导致送丝不稳定。

（5）电源的极性调整。电源的极性对于焊接熔深起着重要的作用。直流电源的连接方式一般为直流反向极性连接，即焊丝为正极、工件为负极，采用这种连接时，焊丝熔深最大。如果焊接的材料非常薄，应以正向极性连接方式进行焊接，焊丝为负极而工件为正极，焊接时在焊丝上产生更多的热量，工件上的焊接熔深较浅。采用正向极性的缺点是：它会产生许多气泡，需要更多地抛光。

2．焊接用固定夹具

大力钳、C 形夹钳、薄板螺钉、定位焊夹具或各种专用夹具，都是焊接过程中必不可少的工具。在焊接前要用焊接夹具把所要焊接的部件正确地夹在一起。在无法夹紧的地方，常用锤子和铆钉将两块金属板固定在一起，如图 4-15 所示。

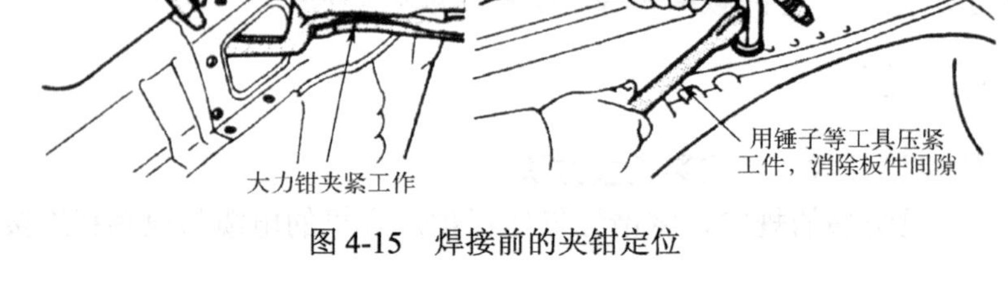

图 4-15　焊接前的夹钳定位

在有些情况下，一块金属板的两边不能同时夹紧。这时，可采用一种简单的方法，就是用一些薄板金属螺钉将两块金属板固定在一起，以便在焊接过程中得到适当的定位。在用薄板金属螺钉将两块金属板固定在一起之前，应在两块金属板上打一些孔，一般将孔打在金属板上离操作者最近的地方。焊接完成后，要对这些孔进行塞焊。

在某些情况下，虽然焊接夹具将需要的两块金属板对准了，但是不能保持焊接部位所需要的夹紧力，这时应采用一些另外的夹紧装置来确保两块金属板能够紧密地固定在一起。

3．惰性气体保护焊的焊接位置

在车身修理时，焊接位置通常由汽车上需要进行焊接部件的位置决定，如图 4-16 所示，焊接参数的调整也会受到焊接位置的影响。

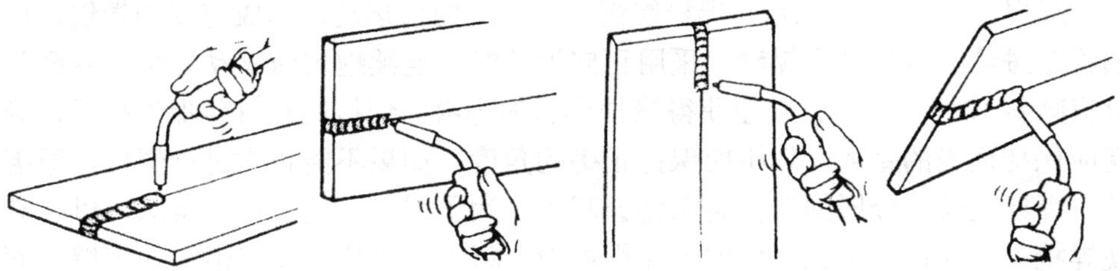

(a) 平焊　(b) 横焊　(c) 立焊　(d) 仰焊

图 4-16　各种典型的焊接位置

（1）平焊，如图 4-16（a）所示。平焊一般容易进行，而且它的焊接速度较快，能够得到最好的焊接熔深。对从汽车上拆卸下的零部件进行焊接时，尽量将它放在能够进行平焊的位置。

（2）横焊，如图 4-16（b）所示。水平焊缝进行焊接时，应使焊炬向上倾斜，以避免重力对熔池的影响。

（3）立焊，如图 4-16（c）所示。垂直焊缝焊接时，最好让电弧从接头的顶部开始，并平稳地向下拉。

（4）仰焊，如图 4-16（d）所示。最难进行的焊接是仰焊。仰焊容易造成熔池过大的危险，而且一些熔融金属会落入喷嘴而引起故障。在进行仰焊时，一定要使用较低的电压，同时还要尽量使用短电弧和小的焊接熔池。将喷嘴推向工件，以保证焊丝不会向熔池外移动。最好能够沿着焊缝均匀地拉动焊炬。

在实际的车身焊接操作中，我们尽量要采用平焊或横焊的方式来操作，以达到最好的焊接效果。有时不能进行这两种焊接操作的，只要把焊接部件转换一个角度就可以进行了。

4．惰性气体保护焊的各种基本焊接方法

1）惰性气体保护焊的基本焊接方法

（1）定位焊，如图 4-17 所示。这种方法实际上是一种临时点焊，就是在进行永久性焊接前，用很小的临时点焊来取代定位装置或薄板金属螺钉，对需要焊接的工件进行固定。和定位装置或薄板金属螺钉一样，定位焊是一种临时性的措施。各焊点间的距离大小与板件的厚度有关，一般其距离为板件厚度的 15～30 倍，如图 4-18 所示。定位焊时要求板件之间要正确地对准。

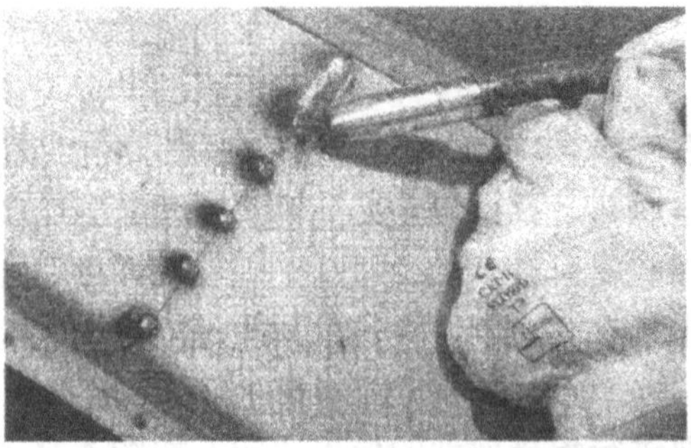

图 4-17　定位焊

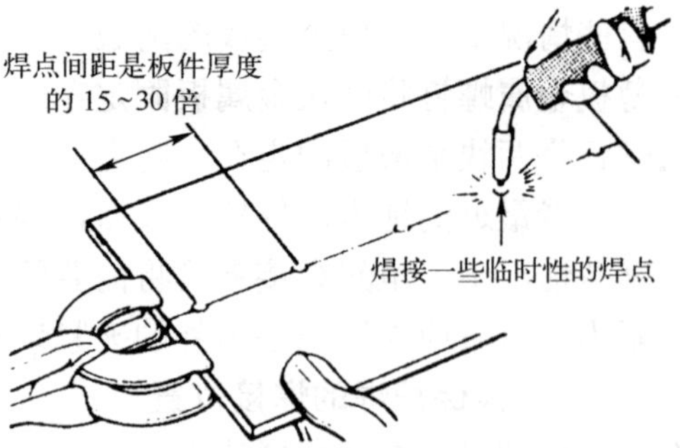

图 4-18　定位焊的焊点间距

（2）连续焊，如图 4-19 所示。焊枪缓慢、稳定地向前运动，形成连续的焊缝。操作中保持焊枪的稳定进给，以免产生晃动。采用正向焊法时，连续地匀速移动焊炬，并经常观察焊缝。焊枪应倾斜 10°～30°，以便获得最佳形状的焊缝、焊接线和气体保护效果。导电嘴到板件之间应保持适当的距离，焊枪应保持正确的角度。如果不能正常进行焊接，原因可能是焊丝太长。焊丝过长，金属的焊接熔深将会减小。为了得到适当的焊接熔深，以提高焊接质量，应使焊枪靠近板件。平稳、均匀地操纵焊炬，将得到高度和宽度恒定的焊缝，而且焊缝上带有许多均匀、细密的焊波。

（3）塞焊，如图 4-20 所示。进行塞焊时，应在外面的一个或若干个板件上打一个孔，电弧穿过此孔，进入里面的工件，这个孔被熔化的金属填满，如图 4-21 所示，板件被焊接在一起。

图 4-19　连续焊

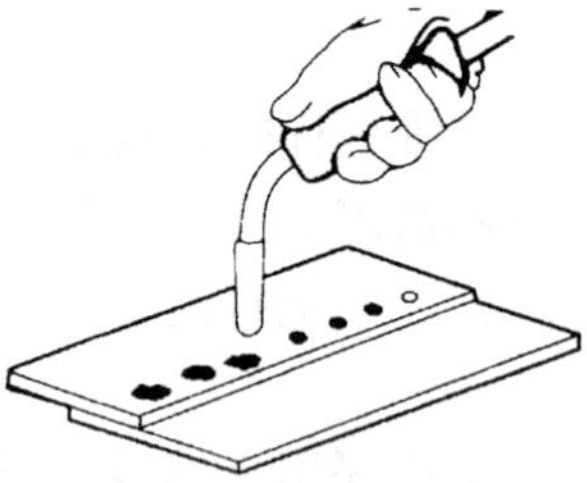

图 4-20　塞焊

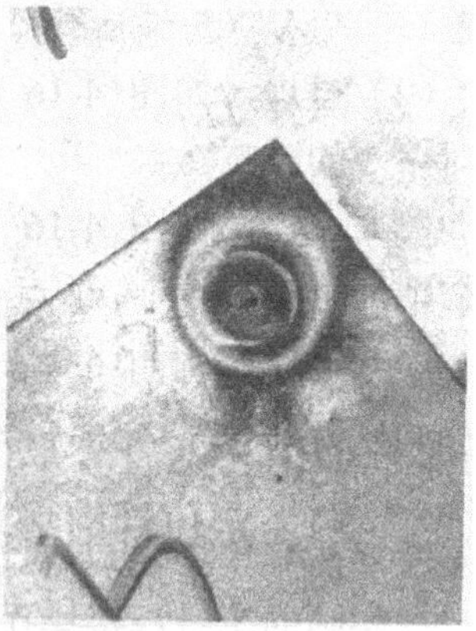

图 4-21　融化的金属填满焊孔

（4）点焊，如图 4-22 所示。当送丝定时被触发时，电弧引入被焊的两块金属板，将两层金属板熔化熔合焊接在一起。

惰性气体保护点焊又称作可熔性点焊，因为焊丝在焊接处熔化。可熔性点焊有多种操作方法，在所有的车身部位借助各种喷嘴都可进行可熔性点焊。当对厚度不同的金属进行点焊时，应将较薄的金属板焊接到较厚的金属板上。

点焊有搭接点焊和连续点焊。搭接点焊如图 4-23 所示。搭接点焊法是将电弧引入下层的金属板，并使熔融金属流入上层金属板的边缘。连续点焊就是一系列相连的或重叠的点焊，形成连续的焊缝。

图 4-22　点焊

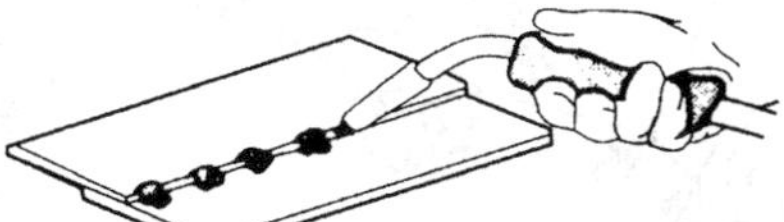

图 4-23　搭接点焊

2）车身板件焊接的基本操作方法

车身修理所用的惰性气体保护焊方法包括各种对接焊、搭接焊、塞焊和点焊。每种类型的焊缝都可用几种不同的方法进行焊接。主要根据给定的焊接条件和参数来决定采用哪种方法。这些条件和参数包括：金属的厚度和状态、被焊接的两个金属工件之间的缝隙、焊接位置等。例如，可采用连续焊或连续点焊的方法进行对接焊。在进行永久性的连续焊或连续点焊时，也可以沿着焊缝上的许多不同点进行定位焊，用这种方法来固定需要焊接的工件。

（1）对接焊。对接焊是将两个相邻的金属板边缘靠在一起，沿着两个金属板相互配合或对接的边缘进行焊接的一种方法。进行对接焊时必须注意（尤其是在薄板上），每次焊接的长度最好不超过 20 mm。要密切注意金属板的熔化、焊丝和焊缝的连续性，还要注意焊丝的端部不可偏离金属板间的对接处。如果焊缝较长，最好在金属板前若干处先进行定位焊（连续点焊），以防止金属板变形，如图 4-24 所示。

车身板件焊接时要采用分段焊接，待某一段区域的焊缝自然冷却后，然后再进行下一区域的焊接。尽管外层低碳钢金属板对焊接的敏感性较小，焊接时也要分段焊接，以防止由于温度升高而引起弯曲和变形。为了将间隔开的焊缝之间的间隙填满，可先用砂轮磨光机沿着金属板表面进行研磨，然后再将间隙中填满金属，如图 4-25 所示。如果焊缝表面未经研磨便将焊接金属填入，则会产生气泡。

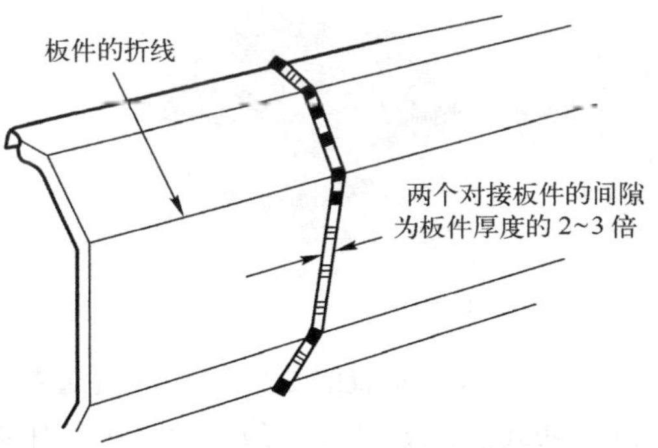

图 4-24　金属板的定位焊可防止其变形

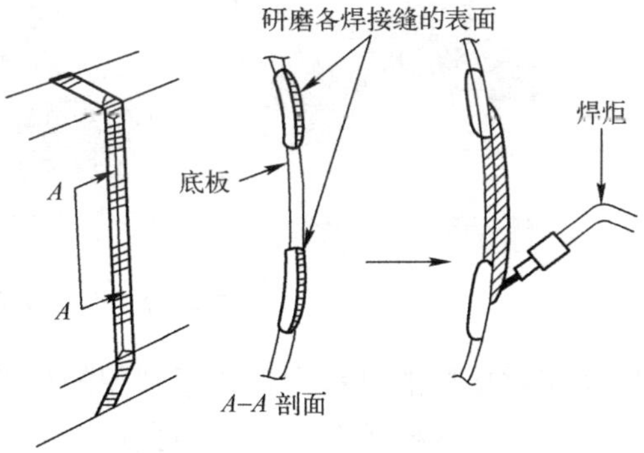

图 4-25　填满隔开的焊缝之间的间隙

在焊接金属薄板时，如果薄板厚度为 0.8mm 以下，必须采用不连续的焊接即连续点焊，以防止烧穿薄板。保持适当的焊炬角度，并按正确的顺序操作，便可得到高质量的焊缝。可采用逆向焊法来移动焊炬，这样比较容易对准焊缝。

图 4-26 显示了安装替换金属板时采用的典型对接焊的过程。如果采用这种焊接方法没有得到预期的效果，其原因可能是导电嘴和板件金属之间的距离过大。焊接熔深随着导电嘴和板件金属之间距离的增大而减小。操作时，试将导电嘴和板件金属之间的距离保持几个不同

的值，直至获得理想的焊缝，这时的距离值即为最佳值。

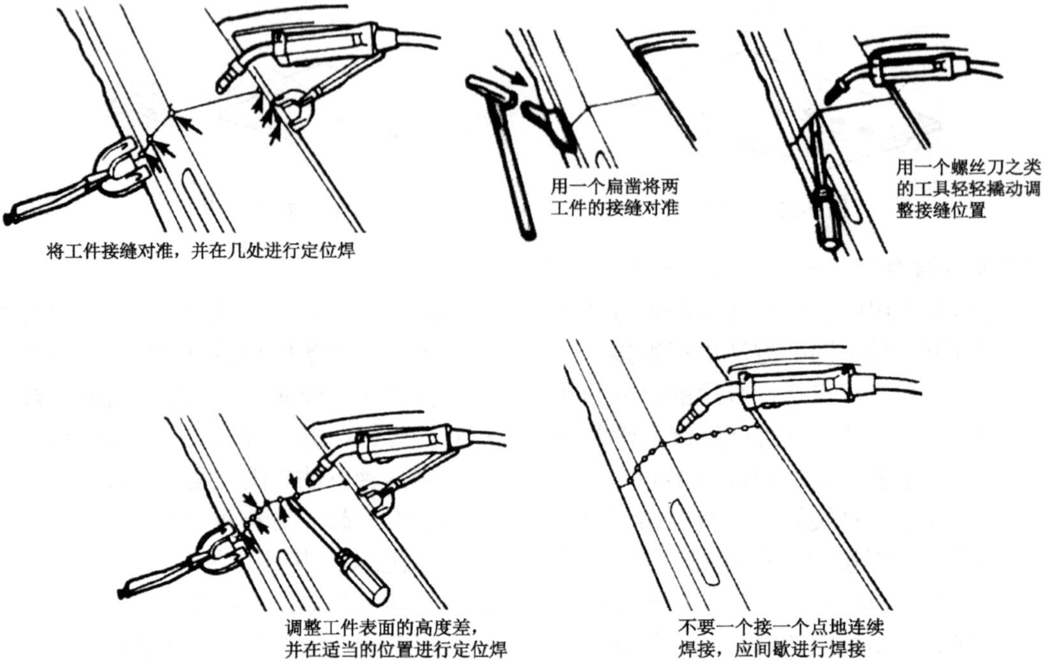

图 4-26　对接焊的过程

焊枪移动得过快或过慢，都将使焊接质量下降。焊接速度过慢将会造成熔穿；相反，焊接速度过快将使熔深变浅而降低焊接强度。如图 4-27 所示，从左到右分别显示焊接速度从快、正常到慢的焊接效果。

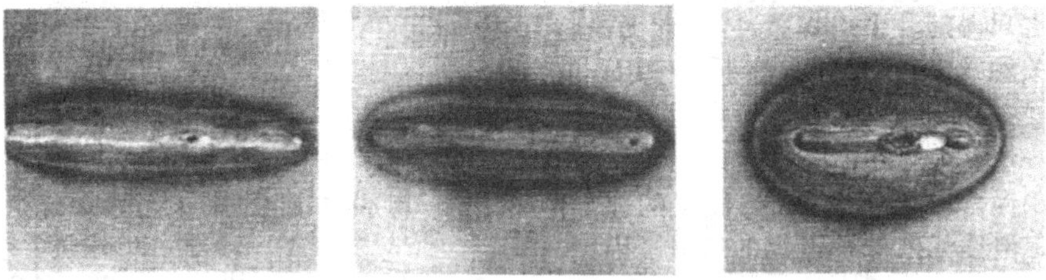

图 4-27　焊接速度对焊接效果的影响

即使在对接焊的过程中形成了理想的焊缝，但是如果从金属板的边缘处或靠近边缘的地方开始焊接，金属板仍会产生弯曲变形。因此，为了防止金属板弯曲，应从金属板的中心处开始焊接，并经常改变焊接的位置，以便将热量均匀地扩散到板件金属中去。金属板的厚度越小，焊缝的长度应越短。

进行对接焊时，熔深一定要达到焊缝的背部。当对接焊的金属厚度为 1.6 mm 以上时，必须留一个坡口，以确保有足够的熔深。如果实际需要焊接的地方没有坡口，可在焊缝处磨出一个 V 形坡口，使熔深到达焊缝的背部。

对接焊完成后不需要再加固。因为在加固过的地方会产生应力集中，使加固过的焊缝强度低于未经加固的焊缝。

脉冲点焊在对接焊中的使用。可采用惰性气体保护焊焊机进行脉冲点焊操作。现在大多数车身修理用气体保护焊焊机都带有内部定时器，在一次点焊后，便会切断送丝装置并关闭电弧，间隔一定时间后重新进行下一次点焊。间隔时间的设定值取决于工件的厚度。图 4-28 所示为气体保护焊焊机控制面板的脉冲点焊控制。用气体保护焊焊机进行点焊操作时，最好用一个专用脉冲点焊喷嘴来代替一般的喷嘴。将具有点焊控制、焊接热量及回烧时间控制功能的焊枪安装到位，然后将喷嘴指向焊接部位并启动焊枪。经过很短的时间以后，送丝时间脉冲被触发，焊接电流被接通，与此同时，电弧熔化外层金属并进入内层金属，然后焊枪自动关闭。开关触发一次只得到一个点焊脉冲，因此无论将焊枪开关触发多长的时间，都不起作用。但是，如果将触发器松开，然后再次撳压，便可得到下一个点焊脉冲。

焊接操作时由于参数、条件上的差异，难以确定惰性气体保护点焊的质量。因此，在承受载荷的板件上，最好采用塞焊或电阻点焊方式来焊接。

在焊接各种薄型的非结构性金属板和外壳上的搭接缝和凸缘时，搭接点焊是一种常用的快速有效的方法。这种方法也是设定点焊时间脉冲，但要将点焊喷嘴放在外层金属板凸缘的上方，角度大约为 90°，这就使它能同时接触两层金属板，电弧熔入凸缘，然后进入下层金属板。如图 4-29 所示，为脉冲点焊的效果。

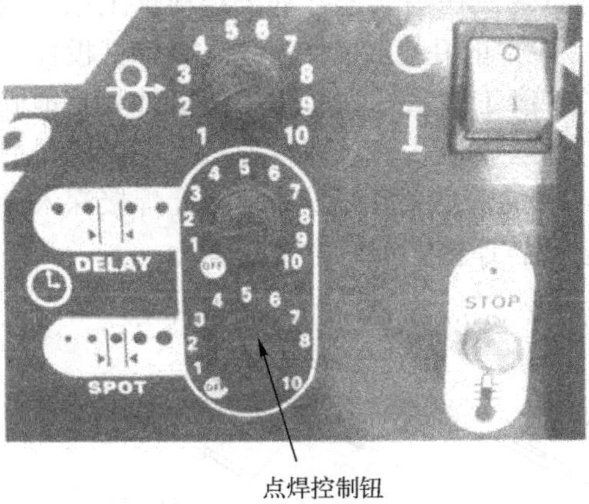

图 4-28　面板上的脉冲点焊控制

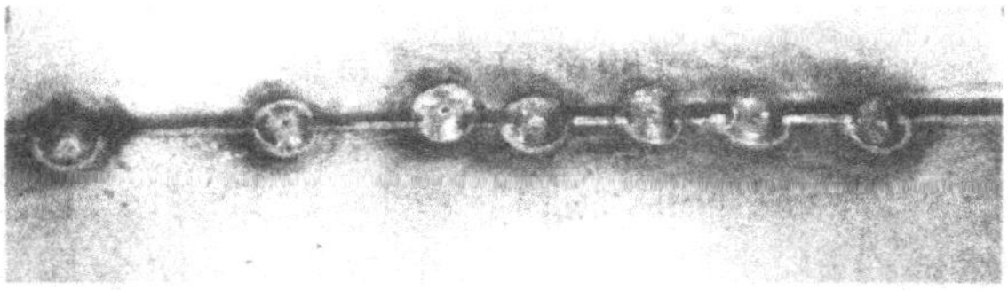
图 4-29　脉冲点焊焊接效果

连续脉冲点焊在对接焊中的使用。气体保护焊连续点焊使用一般的喷嘴，不使用点焊喷嘴。进行连续点焊时，要将点焊的方法和连续焊的焊炬操作和运行方式结合起来。

焊接操作可以看做是焊接——冷却——焊接——冷却的过程，在电弧关闭的时间内，刚才焊接过的部位会稍有冷却并开始凝固，然后再进行下一个部位的焊接。这种间歇方式所产生的变形较小，熔透和烧透较少。连续点焊的这些特征使它适用于薄型装饰性金属板的连续焊接。在图 4-30 中，从左到右的焊缝的焊接电流逐渐变大。

（2）搭接焊。搭接焊是在需要连接的几个相互依次重叠的金属板表面棱边处将两个金属表面熔化。这种操作方法与对接焊相类似，所不同的是其上表面只有一个棱边。搭接焊只能用于修理原先在制造厂进行过这种焊接的地方，或用于修理外板和非结构性的金属板。当需要焊接的金属多于两层时，不可采用这种方法。

搭接焊操作时也要采用对接焊中所采用的温度控制方法，不能连续进行焊接，应按照能使焊接部位自然冷却并预防温度上升的顺序进行焊接。

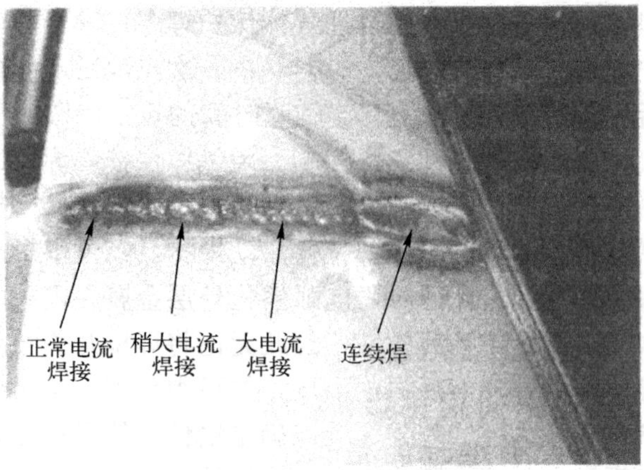

图 4-30　不同电流的连续点焊

（3）塞焊。在车身修理中，可采用塞焊来代替汽车制造厂的电阻点焊。塞焊经常用在车身上曾在汽车制造厂进行过电阻点焊的所有地方，它的应用不受限制，而且焊接后的接头具有足够的强度来承受各结构件的载荷。塞焊还可用于装饰性的外部板件和其他金属薄板上。

塞焊是点焊的一种形式，它是通过一个孔进行的点焊。在需要连接的外层板件上钻（或冲）一个孔来进行焊接，如图 4-31 所示。一般结构性板件的孔直径为 8 mm，装饰性板件上孔的直径为 5 mm，在装饰板件上孔太大后使后面的打磨工作量加大。先将两板件紧紧地固定在一起，焊枪和被焊接的表面保持一定的角度，将焊丝放入孔内，短暂地触发电弧，然后断开触发器，熔融金属填满该孔并凝固。塞焊焊接步骤如图 4-32 所示。一定要让焊接深入到下面的金属板。在金属板下面的半球形隆起表明有适当的焊接熔深。

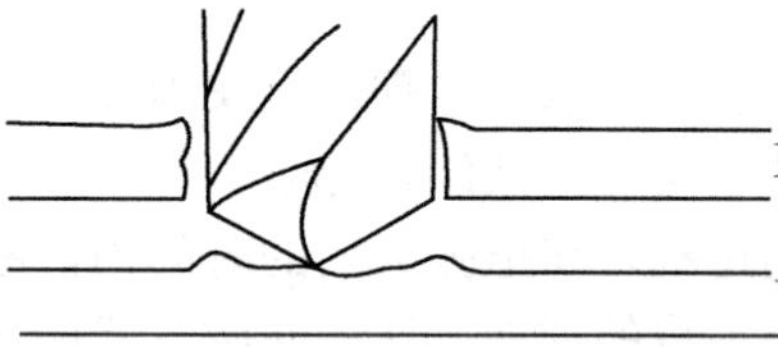

图 4-31　塞焊钻孔

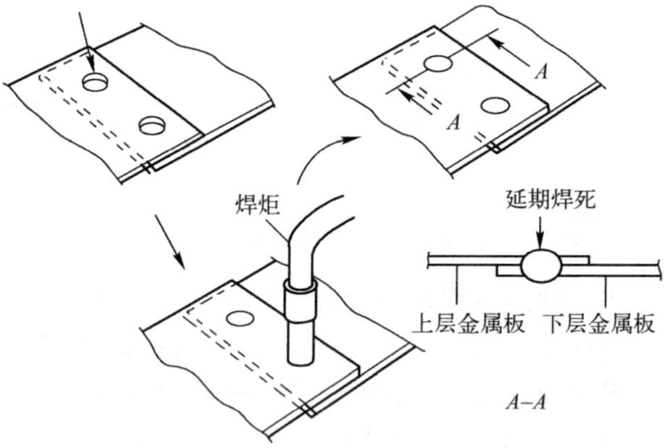

图 4-32　塞焊焊接步骤

间断的塞焊焊接会在金属表面上产生一层氧化物薄膜，而形成气泡。如果发生这种情况，可用钢丝刷来清除氧化物薄膜。在进行一个孔的焊点塞焊时要求一次完成，避免二次焊接。

塞焊焊接过的部位应该自然冷却，然后才可以焊接相邻部位。不能用水或压缩空气对焊点周围进行强制冷却。让其缓慢、自然地冷却，会减小金属板的变形，并使金属板保持原有的强度。

塞焊还用于将两件以上的金属板连接在一起。当需要将两件以上的金属板焊接在一起时，应在每一层金属板上冲一个孔（最下面的金属板除外）。下层金属板的塞焊孔直径应小于最上层金属板塞焊孔的直径。采用塞焊法焊接不同厚度的金属板时，应将较薄的金属板放在上面，并在较薄的金属板上冲较大的孔，这样可以保证较厚的金属板能首先熔化。

进行高质量塞焊的要素是：

① 调整适当的时间、电流、温度。

② 把各工件紧密地固定在一起。

③ 焊丝与被焊接的金属相容。

④ 底层金属应首先熔化。

⑤ 夹紧装置必须位于焊接位置的附近。

5．镀锌金属的惰性气体保护焊

对镀锌钢材进行气体保护焊接时，不必将锌清除掉。如果将锌除掉，金属的厚度降低，强度也随之降低，该区域也极易受到腐蚀。

焊接镀锌钢材时，应采用较低地焊枪运行速度，这是因为锌蒸汽容易上升到电弧的范围内，干扰电弧的稳定性。焊枪运行速度较低，可使锌在焊接熔池的端部烧掉。根据镀锌层的厚度、焊接的类型和焊接的位置来决定焊枪运行速度。

和无镀层的钢材相比，镀锌钢材的焊接熔深略浅，所以，对接焊时需要底部的直角边缘间隙稍大。为了防止较宽的间隙造成烧穿或过量的熔深，焊接时，应使焊枪左右摆动。焊接镀锌钢材产生的溅出物也比较多，所以，应在焊枪喷嘴的内部加上防溅剂，并且应该清洗喷嘴。

镀锌钢板焊接时会产生锌蒸汽，而锌蒸汽有毒，所以应有通风良好的条件，并且在进行焊接时操作人员应该戴上供气的防毒面具。

6．铝板的焊接

由于铝板的导热性好，它最适合采用惰性气体保护焊接，用这种方法更容易进行高质量的焊接。在焊接之前要清除焊接区域的氧化层，因为氧化层的存在会导致焊缝夹渣和裂纹。

（1）焊接铝板时的注意事项。

① 要使用铝焊丝和100%的氩气。

② 和焊接钢板相比，焊接铝板时的送丝速度较快。

③ 焊接铝板时，焊炬应更加接近垂直位置。焊接方向只能从垂直方向倾斜5～15°

④ 如图4-33所示，只能采用逆向焊接法，不能在铝板上进行正向焊接。只能推，不能拉。进行垂直的焊接时，应从下面开始，向上焊接。

⑤ 将送丝滚轴上的压力调低一点，以免焊丝弯曲。但压力不能调得过低，防止造成送丝速度不稳定。

⑥ 焊接铝板时，保护气体的数量要比焊接钢板时增加约50%。

⑦ 焊接铝板会产生更多的溅出物，应在喷嘴和导电嘴的端部涂上防溅剂。

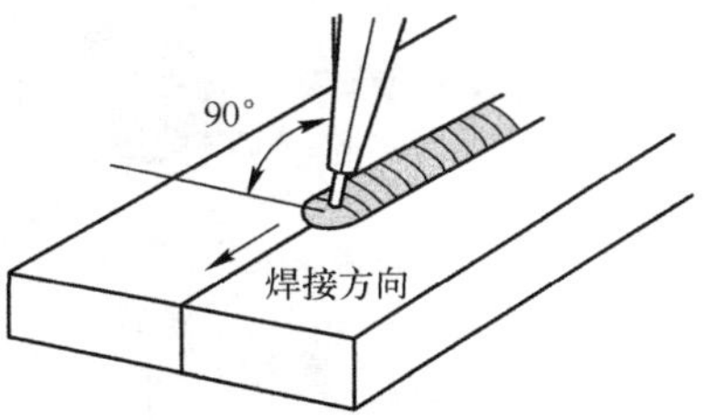

采用逆向（推动焊炬）焊接法，和焊接钢板相比，焊接铝板时的焊炬角度更加垂直

图4-33　铝板焊接

（2）铝板焊接操作过程。

① 用溶剂和一块干净的布对焊接部位的正面和反面进行彻底的清洁。

② 将两块直角边的铝板放在金属台上，并用焊接夹具固定。

③ 如果铝板表面有涂层，用装有粒度为 80 号砂轮的砂轮机磨去宽度为 20mm 范围内的涂层，让金属裸露出来，也可以使用双向砂轮机但不要将砂轮压得太紧，以免温度升高后，铝板上的微粒脱落，堵塞砂纸或砂轮片。

④ 用不锈钢钢丝刷刷净铝表面，直到表面发亮为止。

⑤ 在喷嘴内装入直径为 1 mm 的铝焊丝，当焊丝伸出喷嘴大约 10 mm 时，启动焊机。

⑥ 按照焊接机的使用说明书调整电压和送丝速度。但是，说明书上给出的只是大概的数值，修理人员可能还要对这些数值进行调整。和钢板的焊接相比，焊接铝板时的送丝速度较快。

⑦ 剪断焊丝的端部，以便将熔化的部分清除掉。

⑧ 将两块铝板放在一起，并在它们之间留一条焊缝。导电嘴到焊接处之间的距离为 7～14 mm。

⑨ 采用正向焊接法，按照正确的焊接操作方式来焊接。

4.4 氧—乙炔焊

氧气乙炔焊接是熔焊的一种形式，将乙炔和氧气在一个腔内混合，在喷嘴处点燃后作为一种高温热源（大约 3000℃），将焊条和工件熔化，冷却后工件就熔合在一起了。

由于氧气乙炔焊接操作中要将热量集中在某一部位，热量将会影响周围的区域而降低钢板的强度，因此汽车制造厂都不赞成使用氧气乙炔焊来修理车身。但氧气乙炔焊接在车身修理中有其他的应用，如进行热收缩、硬钎焊和软钎焊、表面清洁和切割非结构性零部件等。

4.4.1 焊接设备及原理

1. 氧气乙炔焊接设备

（1）气瓶。钢制气瓶如图 4-34 所示，分别装有氧气、乙炔气体。

（2）调节器。各种调节器如图 4-35 所示，用来将气瓶的压力减小到一定值，并保持稳定。

图 4-34 氧气、乙炔气瓶

图 4-35 气压调节器

（3）软管。各种软管从各调节器、气瓶处将氧气和乙炔输送到焊炬处。

（4）焊炬。如图 4-36 所示，将气瓶内流出的氧气和乙炔在焊炬体内以适当的比例混合并产生火焰，这种火焰能够将钢熔化。

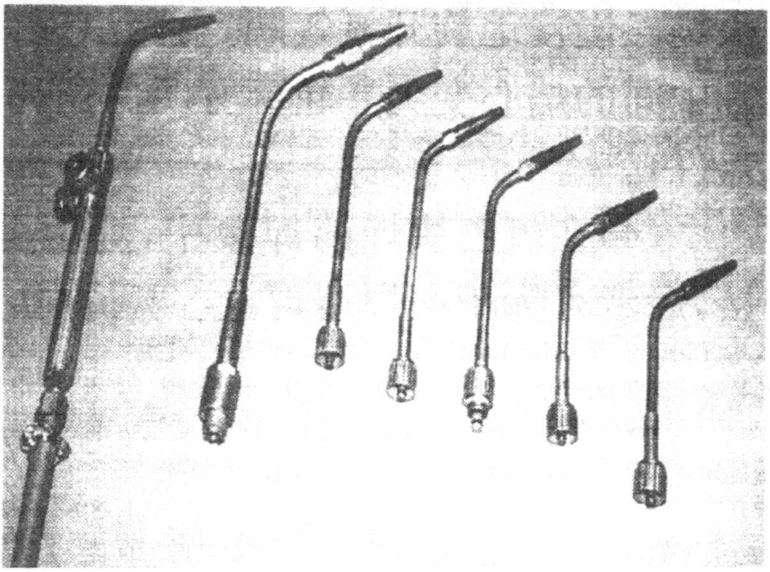

图 4-36　焊炬

2．氧气乙炔焊接原理

氧气乙炔焊接属于熔焊的一种，是利用可燃气体（乙炔气）和助燃气体（氧气），在焊炬的混合室内混合、喷出并点燃后，通过发生剧烈的氧化燃烧（可达 3000℃左右）来熔化焊件金属和焊丝并使之熔合的一种焊接方法，因此也有气焊之称。

3．氧气乙炔火焰的类型

氧气乙炔的火焰作为焊接和切割的热源，根据两种气体的比例不同产生不同的火焰，不同配比的火焰有着不同的用途。

(1) 中性焰。标准的火焰称为中性焰，如图 4-37 所示。当氧气和乙炔的体积混合比为 1∶1 时，产生中性焰。这种火焰有非常明亮透明的焰心，焰心外层被明亮的蓝色火焰包围。

(2) 碳化焰。碳化焰又称为剩余焰和收缩焰，如图 4-38 所示。混合气中乙炔量略多于氧气量时，燃烧生成的火焰为碳化焰。碳化焰和中性焰的不同之处在于它由三部分组成：它的焰心和外层火焰都和中性焰相同，但在这两层火焰之间，有一层淡色的乙炔包围在透明焰心的外面。乙炔焰心的长度随着气体混合物中乙炔量的多少而变化。碳化焰的温度较低，用于焊接铝、镍和其他合金，在车身修理中可以进行热收缩、清洁油漆等工作。

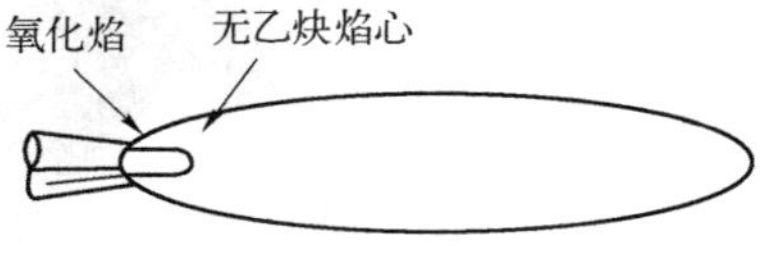

图 4-37　中性焰

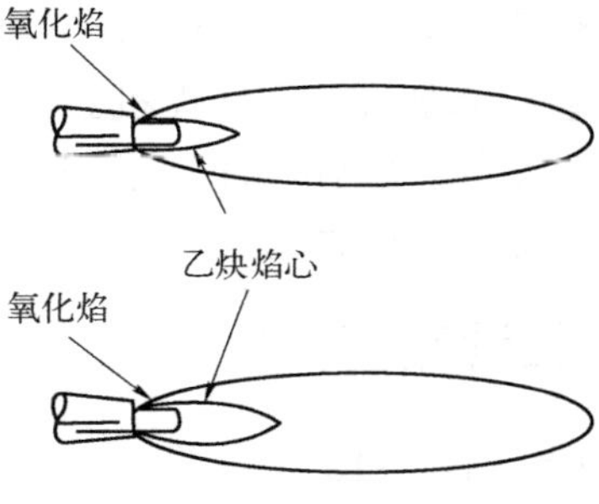

图 4-38　氧化焰、碳化焰

（3）氧化焰。混合气中氧气略多于乙炔时，燃烧生成的火焰为氧化焰，它的乙炔焰心较短，其颜色比中性焰较浅，而且边缘模糊。氧化焰通常会使熔化的金属氧化，所以不能用来焊接钢材而是用来切割金属，但它可以用来焊接黄铜和青铜。

4.4.2 焊接工艺

氧气乙炔焊焊炬的调整操作。氧气乙炔焊不能用来焊接现代的车身，但可以用来对非结构性板件上钎焊过的焊缝进行钎焊、清洁油漆层，对结构性部件的大体切割等。焊炬使用按以下步骤进行调节。

（1）将合适的喷嘴安装在焊炬的前端。

（2）分别将氧气和乙炔调节器调节到适当的压力值。

（3）将乙炔阀旋开约半圈并点燃气体，然后继续旋开压力阀，直到黑烟消失并出现红黄色火焰。慢慢地旋开氧气阀，直到出现带有淡黄色透明焰心的蓝色火焰。进一步旋开氧气阀，直到中间的焰心变尖并轮廓分明。这种火焰成为中性焰，可用来焊接低碳钢（如部分汽车外部覆盖件）。

（4）在氧气乙炔焊的焊接中，焊炬可朝向焊缝或背向焊缝操作如图 4-39 所示，前者称为逆向焊接，后者称为正向焊接，在这两种操作中焊炬和焊条的角度要有所调整。

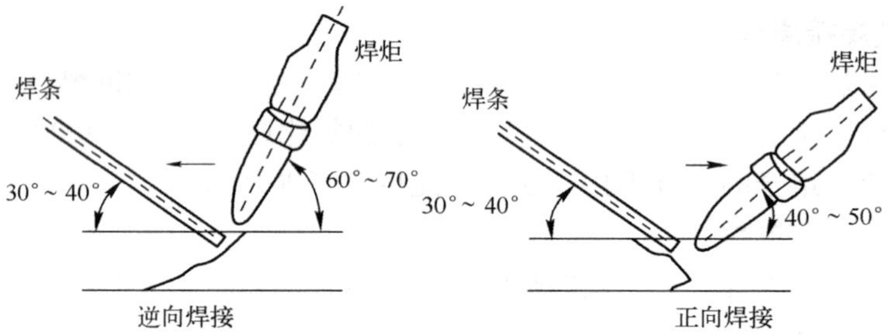

图 4-39　氧乙炔焊接的操作

如果向火焰中加入乙炔或减少氧气，便形成碳化焰。

如果向火焰中加入氧气或减少乙炔，便形成氧化焰。

4.5 介子焊

随着现代汽车维修技术不断发展，故对汽车钣金维修整形要求越来越严。为了适应对汽车钣金修复的要求，使用多功能汽车整形修复机即介子焊机。介子焊机的使用可迅速对汽车外形钣金进行不同的修复，从而达到最佳效果，亦可使汽修行业带来可观效益。

图 4-40　介子焊机

4.5.1 焊接设备及原理

1．焊接设备（图 4-40）

（1）输入电压：220V（380V）50Hz±10 全自动识别无需人工调整。

（2）输出电压：6V～12V。
（3）熔接定时：0～1 秒。
（4）独有过温自动冷却保护功能
（5）工作方式：熔植、淬火、点焊、无痕修复、三角焊、配备吸盘。

2. 工作原理

汽车外形修复整形机是对车辆外壳进行整容修正处理的必备设备，采用高频脉冲电子控制电路，其调整宽度广，输出功率大，使用范围宽，特性稳定，配合各种专用工具，无需拆卸车体即可在车体表面作业。能快捷完美地修复整形损坏部位，也可作不锈钢板材及熔接使用，是汽修部门的理想设备。

4.5.2 焊接工艺

1. 垫片修复

（1）选择垫片转换接头，如图 4-41 所示。

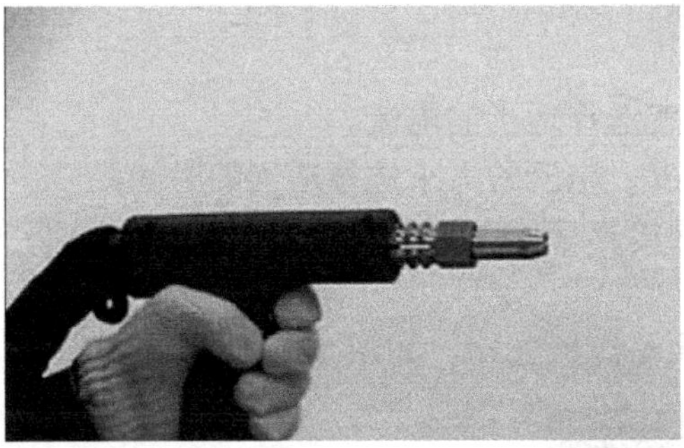

图 4-41　垫片转换接头焊枪

（2）选择介子焊机参数
① 选择自动。
② 根据车身板材的厚度选择适当的电流。
③ 根据车身板材的厚度、电流的大小选择适当的时间。
（3）把垫片焊接在钣金上，如图 4-42 所示。
（4）选择钩式拉力器对钣金进行修复，如图 4-43 所示。

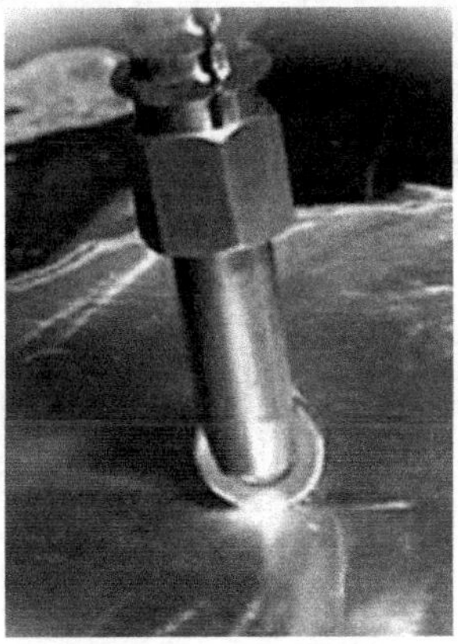

图 4-42　垫片焊接

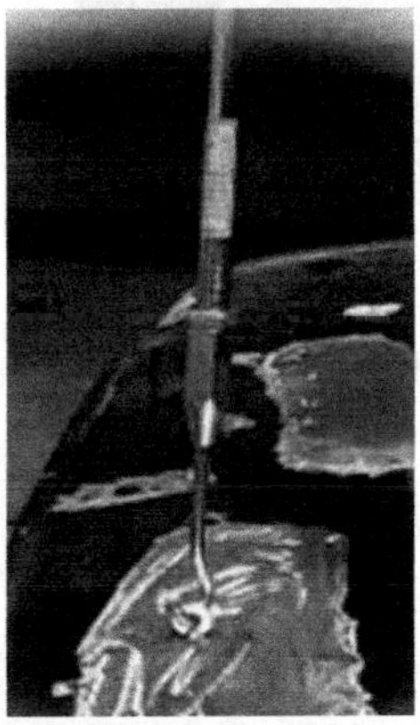

图 4-43　钩式拉力器修复钣金

2. 三角垫片点焊修复

（1）选择三角垫片拉锤与焊枪连接，如图 4-44 所示。

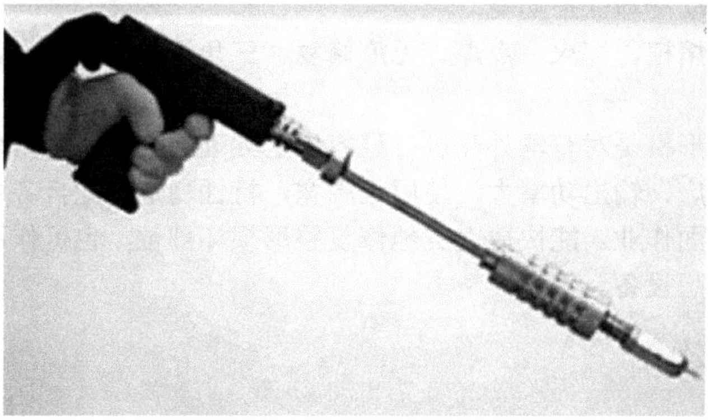

图 4-44　三角垫片拉锤焊枪

（2）选择介子焊机参数

① 选择自动。

② 根据车身板材的厚度选择适当的电流。

③ 根据车身板材的厚度、电流的大小选择适当的时间。

（3）用三角垫片拉锤焊枪直接修复钣金，如图 4-45 所示。

3. 波纹线焊接修复

（1）选择波纹线点焊头与焊枪连接，如图 4-46 所示。

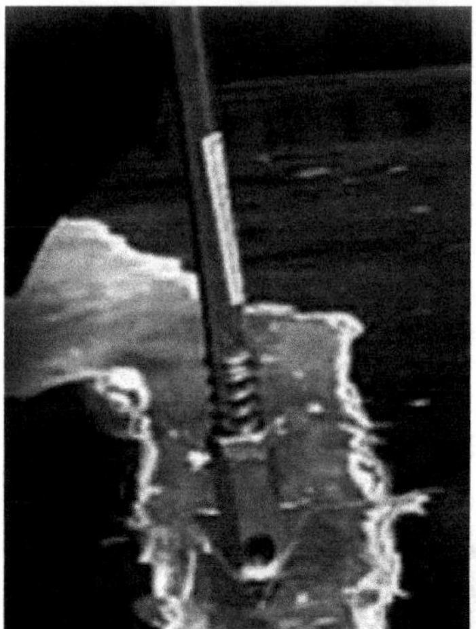

图 4-45　三角垫片拉锤焊枪修复钣金

图 4-46　波纹线点焊头焊枪

（2）选择介子焊机参数

① 选择自动。

② 根据车身板材的厚度选择适当的电流。

③ 根据车身板材的厚度、电流的大小选择适当的时间。

（3）将波纹线焊接在钣金上，如图 4-47 所示。

（4）选择爪式拉力器对钣金进行修复，如图 4-48 所示。

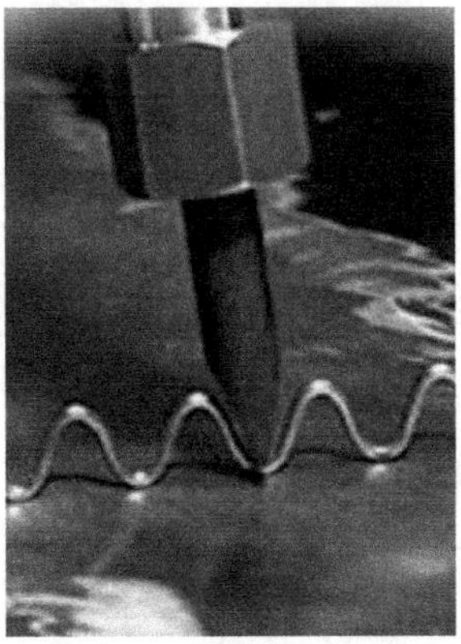

图 4-47　波纹线焊接

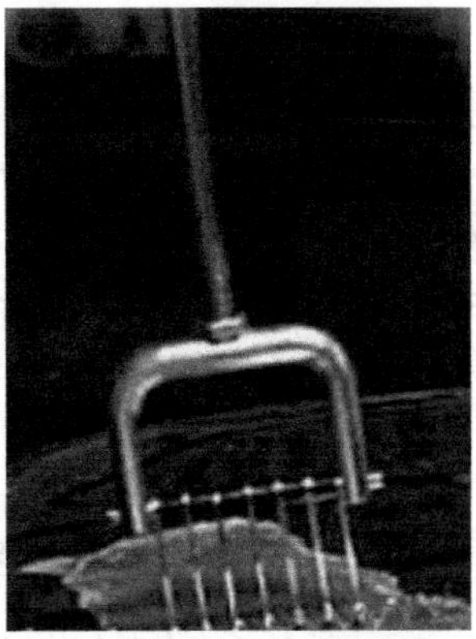

图 4-48　爪式拉力器修复钣金

4.6　焊接质量分析

焊接产品的质量保证贯穿于设计、制造的全过程。为保证产品的焊接质量，对企业的设备、人员和技术管理都有要求，同时应保证产品的合理设计、合理的制造流程、可靠的试验与检验。为了确保在焊接过程中焊接接头的质量符合设计和工艺要求，应在焊接前和焊接过程中对被焊金属材料的焊接性、焊接工艺、焊接规范、焊接设备和焊工的操作进行焊接检验，并对焊成的焊件进行全面的检查。

4.6.1　常见的焊接缺陷

1．气孔或凹坑

气体进入焊接金属中会产生气孔或凹坑。产生的原因有：板件上有锈迹或污物；焊丝上有锈迹或水分；保护不当、喷嘴堵塞、焊丝弯曲或气体流量过小；焊接时冷却速度过快；电弧过长；焊丝规格不正确；气体被不适当封闭；焊接表面不干净等。

2．咬边

咬边是由于过分熔化板件而形成一个凹坑，它使板件的横截面减小，严重降低了焊接部位的强度。产生的原因有：电弧太长；焊枪角度不正确；焊接速度太快；电流太大；焊枪送进太快；焊枪角度不稳定等。

3．不正确熔化

不正确熔化如图 4-49 所示，是发生在板件与焊接金属之间，或发生在两种金属之间的不熔化现象。产生的原因有：焊接速度太快；电压过低；焊接部位不干净等。

4．焊瘤

焊瘤如图 4-50 所示。焊瘤会引起应力集中而导致过早腐蚀。产生的原因有：焊接速度太慢；电弧太短；焊枪移动速度太慢；电流太小等。

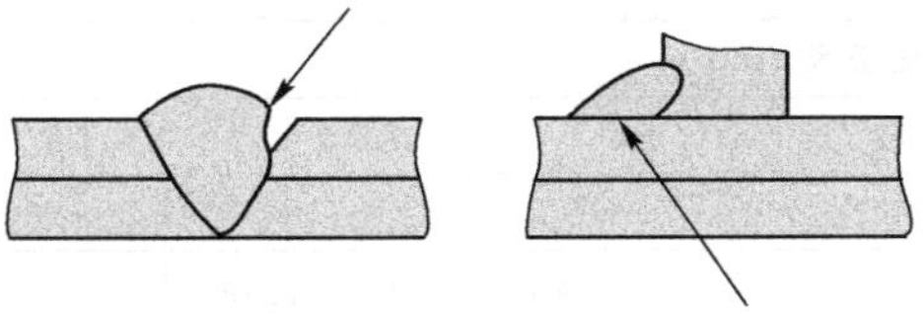

图 4-49　不正确熔化

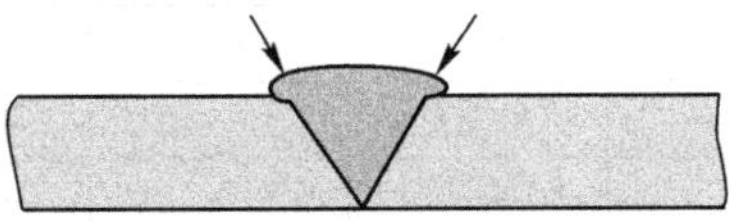

图 4-50　焊瘤

5．熔深不足

也称焊不透。此种缺陷是由于金属板熔敷不足而产生的。产生的原因有：电流太小；电弧过长；焊丝端部没有对准两层金属板的对接位置；坡口太小等。

6．焊接溅出物太多

如图 4-51 所示，过多的溅出物在焊缝的两边形成许多斑点和凸起。产生的原因有：电弧过长；板件金属生锈；焊枪角度太大等。

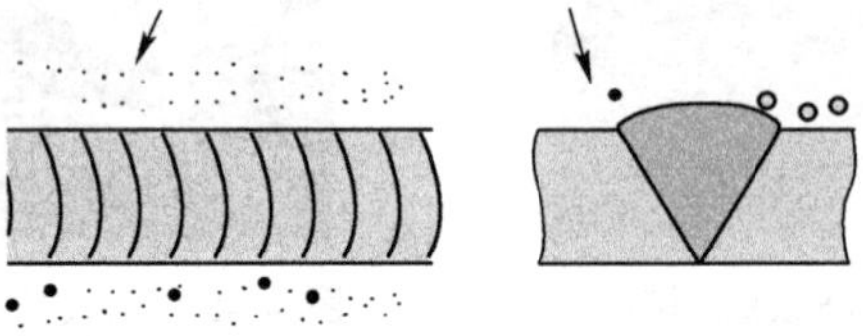

图 4-51 焊接溅出物太多

7．焊缝浅

进行角焊时，在焊缝处容易产生溅出物而且焊缝浅，如图 4-52 所示。产生的原因有：电流太大；焊丝规格不正确等。

8．焊缝不均匀

焊缝不是均匀的流线型，而是不规则的形状。产生的原因有：焊枪嘴口被损坏或变形，焊丝通过嘴口时发生摆动；焊枪不稳定；移动速度不稳等。

9．烧穿

如图 4-53 所示，烧穿的焊缝内有许多孔。产生的原因有：焊接电流太大；两块金属之间的坡口太宽；焊枪移动速度太慢；焊枪到板件之间的距离太短等。

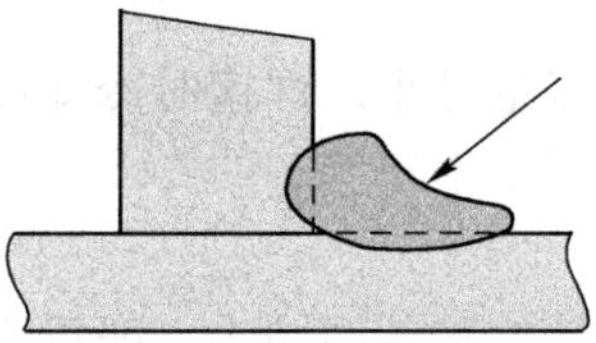

图 4-52 焊缝浅

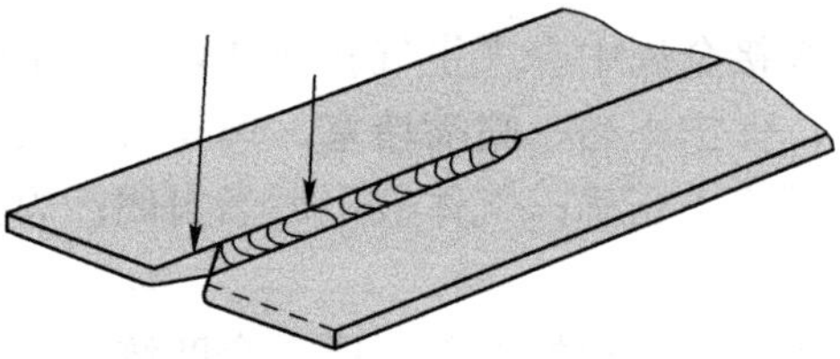

图 4-53 烧穿

4.6.2 影响焊接质量的因素

1．焊接电流

焊接电流的大小会影响板件的焊接熔深、焊丝熔化的速度、电弧的稳定性、焊接溅出物的数量。随着电流强度的增加，焊接熔深、剩余金属的高度和焊缝的宽度也会增大。表 4-1 给出了不同板厚和不同粗细的焊丝所需要的焊接电流。

表 4-1 焊接电流的调整

焊丝直径（mm）	金属板厚（mm）						
	0.6	0.8	1.0	1.2	1.4	1.6	1.8
0.6	20～30A	30～40A	40～50A	50～60A	——	——	——
0.8	——	——	40～50A	50～60A	60～90A	100～120A	——
1.0	——	——	——	——	60～90A	100～120A	120～150A

2. 电弧电压

电弧长度是由电弧电压决定的。电弧电压过高时，电弧的长度增大，焊接熔深减小，焊缝呈扁平状。电弧电压过低时，电弧的长度减小，焊接熔深增加，焊缝呈狭窄的圆拱状。

由于电弧的长度由电压的高低决定，电压过高将产生过长的电弧，从而使焊接溅出物增多，而电压过低会导致起弧困难。不同焊接电压的焊接效果如图 4-54 所示。

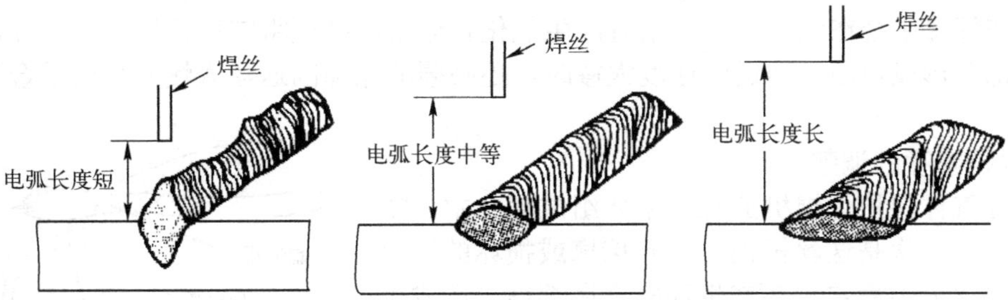

图 4-54　不同焊接电压的焊接效果

3. 导电嘴到工件的距离

导电嘴到工件的距离是高质量焊接的一项重要因素。标准的距离为 7～15 mm。

如果导电嘴到工件的距离过大，从焊枪端部伸出的焊丝长度增加而产生预热，就加快了焊丝熔化的速度，保护气体所起的作用也会减小。如果导电嘴到板件的距离过小，将难以进行焊接，并会烧毁导电嘴。

4. 焊接时的焊枪角度

焊枪角度如图 4-55 所示，都应在 10℃～15℃之间。

5. 保护气体的流量

如果保护气体的流量太大，将会形成涡流而降低保护层的效果；如果流出的气体太少，保护层的效果也会降低。应根据喷嘴和板件之间的距离、焊接电流、焊接速度以及焊接环境（焊接部位附近的空气流动）来调整保护气体的流量。

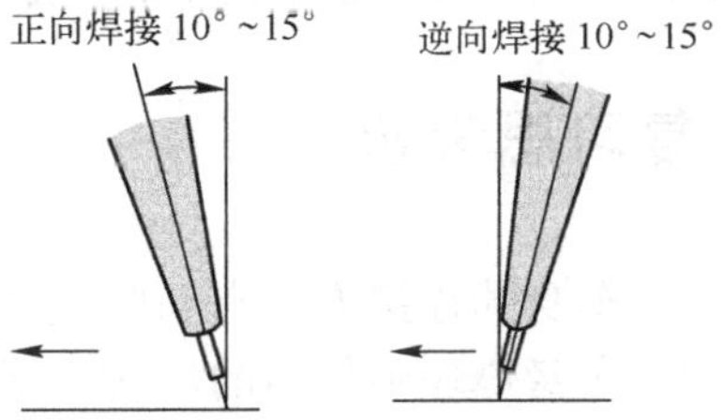

图 4-55　焊接角度

6. 焊接速度

焊接时，如果焊枪的移动速度快，焊接熔深和焊缝的宽度都会减小，而且焊缝会变成圆拱形。当焊枪移动速度进一步加快时，将会产生咬边。而焊接速度过低则会产生许多烧穿孔。一般来说，焊接速度由工件的厚度、焊接电压两种因素决定。表 4-2 给出了不同厚度的板件焊接时的焊接速度。

表 4-2　焊接速度调节

板件厚度（mm）	焊接速度（m/min）	板件厚度（mm）	焊接速度（m/min）
0.6～0.8	1.1～1.2	1.0	1
1.2	0.9～1	1.6	0.8～0.85

7. 送丝速度

如果送丝速度太慢，随着焊丝在熔池内熔化并熔敷在焊接部位，将可听到嘶嘶声或啪啪声。此时产生的视觉信号为反光的亮度增强。当送丝速度较慢时，所形成的焊接接头较平坦。

如果送丝速度太快将堵塞电弧，这时，焊丝不能充分地熔化，焊丝将熔化成许多金属熔滴并从焊接部位飞走，产生大量飞溅。这时产生的视觉信号为频闪弧光。

在仰焊时，过大的熔池产生的金属熔滴可能会落入导电嘴或进入气体喷嘴，导致喷嘴或导电嘴烧损。仰焊操作时，要采用较快的送丝速度、较短的电弧和较小的金属熔滴，并使电弧和金属熔滴互相接近。将气体喷嘴推向工件，以确保焊丝不会向熔池外移动。如果焊丝向熔池外移动，熔化的焊丝将会产生金属熔滴，直到形成新的熔池来吸收这些熔滴。

一般在焊接中会在气体喷嘴的附近产生氧化物熔渣。必须将它们仔细地清除掉，以免落入喷嘴内部并形成短路。当送丝速度太慢时，还必须清除掉因送丝太慢而形成的金属微粒，以免短路。

8．焊枪喷嘴的调整

在惰性气体保护焊焊机的几个主要组成部分中，喷嘴最为关键，其次是送丝机构，受到堵塞或损坏的管道将造成送丝速度不稳定，并产生许多金属熔滴，造成气体喷嘴的短路。

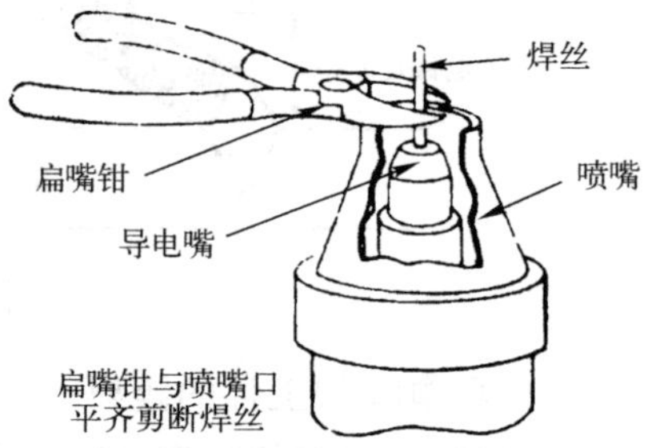

图 4-56　剪掉过长或损坏的焊丝

使用气体喷嘴的注意事项：

（1）距离调整。调整导电嘴到喷嘴的距离大约为 3 mm，焊丝伸出喷嘴大约 5～8 mm。如图 4-56 所示为剪掉过长或损坏的焊丝。

（2）喷嘴溅出物的处理。如果溅出物黏附于喷嘴的端部，将使保护气体不能顺利流出而影响焊接质量，应迅速清除焊接溅出物。可以使用防溅剂来减少黏附于喷嘴端部的溅出物。用一个合适的工具（例如锉刀）清除掉导电嘴上的溅出物，然后检查焊丝是否能够平稳地送出。

（3）导电嘴的检查。坏了的导电嘴应及时更换，以确保产生稳定的电弧。为了得到平稳的气流和电弧，应适当拧紧导电嘴。

复习思考题

1．车身的连接方式有哪些类型？
2．车身修理中使用的焊接方式有哪些？
3．氧乙炔焊接的特点和在整体式车身修理中使用的注意事项是什么？
4．惰性气体保护焊的特点有哪些？
5．惰性气体保护焊的原理是什么？
6．惰性气体保护焊焊机组成及作用？
7．影响焊接质量的焊接参数有哪些？
8．惰性气体保护焊焊接基本方法有哪些？
9．举例说明车身上的板件在修理中用哪种焊接方式进行焊接。
10．进行对接焊操作时应该注意哪些事项？
11．进行塞焊操作时应该注意哪些事项？
12．对铝板进行焊接时要注意哪些事项？
13．电阻点焊的特点有哪些？
14．电阻点焊设备的组成及作用？

第 2 篇 汽车钣金修复

第 5 章　车身损坏分析

知识目标

1. 了解车身损伤的类型
2. 掌握碰撞修复程序
3. 掌握不同部件的定损方法

能力目标

1. 能按照正确方法定损;
2. 能进行碰撞损伤及变形分析。

交通事故引起的车身变形损伤千变万化，各种事故现象尽管不同，但汽车碰撞时车身结构的损伤有一定相似之处，各种碰撞事故大多是单车事故和多车事故。单车事故主要指翻车事故和与障碍物碰撞事故。多车事故主要指两辆以上的汽车在同一事故中发生碰撞，尽管在多车事故中，可能有两辆以上的汽车同时相撞，但讨论其损伤时可只考虑两辆车相撞的情形。在单车和多车事故中，因车身结构的不同和碰撞的部位不同，车身各部件造成的损伤也不同，需要针对受损伤车辆的车身结构特点、损伤部位进行分析。

5.1　板件损伤诊断分析

针对碰撞损伤的具体情况可按照如下步骤进行分析：

（1）了解受损汽车车身结构的类型。

（2）目测确定碰撞的位置。

（3）目测确定碰撞的方向及碰撞力的大小，并检查可能有的损伤。

（4）确定损伤是否限制在车身范围内，是否还包含功能部件或元件的损伤（如车轮、悬挂、发动机等）

（5）沿着碰撞能量传递路线一处一处地检查部件的损伤，直到没有任何损伤痕迹的位置。例如，通过检查车身外部板件的配合间隙来确定内部部件是否损伤。

（6）测量汽车的主要元件。对于小的碰撞，可以通过比较车身尺寸图的标定尺寸和汽车上的实际尺寸来检查，简单的测量检查可以用卷尺或轨道式量规。对于比较复杂的车身损坏，除用卷尺和轨道式量规等工具检查外，还需用三维测量系统检查悬架和整个车身的损伤情况。

5.1.1　损伤的类型

车身在经历碰撞后的损伤状况非常复杂，没有完全相同的损伤，但损伤也有一定的规律性，即同种加强形式的结构件损伤通常是一样的。车身碰撞损伤按照碰撞的损伤位置及损伤情况可以分为直接损伤和间接损伤两种类型。

1. 直接损伤

直接损伤通常以断裂、擦伤和划痕形式出现，用眼睛可以看到。如图 5-1 所示。直接损伤是引起碰撞的物体与金属板上受到损伤的部位直接接触造成的。在所有的损伤中，直接损伤通常只占到 10%～15%，但是，如果碰撞产生了很长一条的擦伤或折痕，将在总的损伤中占到 80%。现在的汽车车身由于板件越做越薄，难以重新再加工，所以对直接损伤较严重的板件以更换为主。

2. 间接损伤

间接损伤是由直接损伤引起的。通常大部分损伤都是间接损伤，大多数碰撞两种损伤都会有。汽车车身上的板件结构在受到碰撞等损伤后，常常会发生弯曲或折损的损伤，如图 5-2 所示。

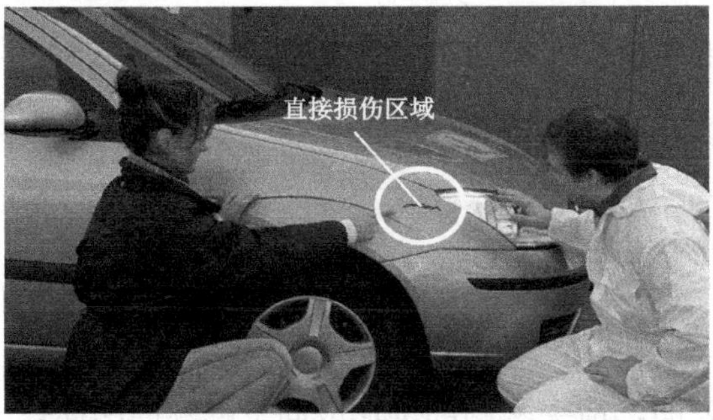

图 5-1 直接损伤

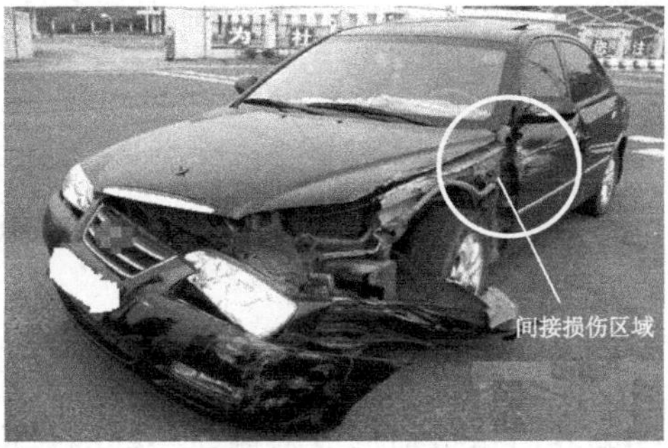

图 5-2 间接损伤

3. 折损类型

折损是金属的弯曲程度超过了其弹性极限的结果，超过弹性极限后，弯曲的金属将不能恢复其原来的形状。对于板件间接损伤的折损包括单纯铰折、单纯卷曲、凹陷卷曲 3 类。

（1）单纯铰折。单纯铰折的弯曲现象像一个铰链一样，沿着其整个长度均匀的弯曲。产生这种变形时，金属上部表面受到拉力而产生拉伸变形，下部表面受到挤压而产生压缩变形。单纯铰折总是形成一条直线形的折损，这种变形以实心金属板居多。如图 5-3 所示。

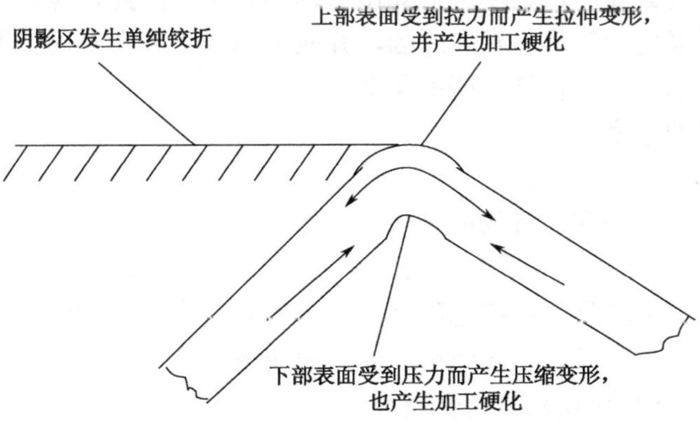

图 5-3 单纯铰折

正确修理方法：沿铰折的碰撞力的相反方向施加拉力将铰折大致展平，在保持拉力的情况下再在铰折部位加工硬化区域沿铰折线用手锤和顶铁做轻敲整形。

（2）单纯卷曲。单纯卷曲：箭头的尖端挤压最为严重，具有很强的加工硬化，两边箭头隆起部位受到压缩力和中间塑性变形形成弹性卷曲变形，变形消失后可以回弹的折损，如图 5-4 所示。

单纯卷曲矫正：只要箭头部位恢复即可恢复，不需太复杂操作。

（3）凹陷卷曲。当车身受到碰撞力产生的折损穿过隆起的加强板件的表面时，由于折损贯穿的是弧形表面，就会形成凹陷卷曲，如图 5-4 所示。

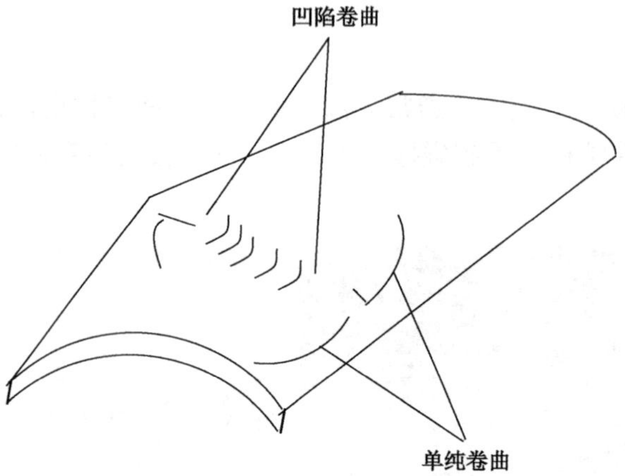

图 5-4　凹陷卷曲和单纯卷曲

凹陷卷曲是折损形成两端箭头样的弧形表面，箭头两侧部位形成向下翻卷的凹面。

凹陷卷曲矫正：在折损区域沿铰折方向的横向施加一定的拉伸力，促使中间凹陷部位回弹已恢复原形状，使用手锤和垫铁即可。

5.1.2　损伤诊断分析

1．影响损伤变形的因素

汽车碰撞时，产生的碰撞力及受损程度取决于事故发生时的状况，通过了解碰撞的过程，能够部分确定出汽车的损伤，定损评估人员可以从顾客那儿得到关于事故状况的信息，这种损伤评估的方法是极为必要的，它便于估算出修理的费用。因此，深入掌握事故信息以后，通常能够分析确定碰撞引起的损伤真实原因，并应考虑以下因素对碰撞变形的影响。

（1）被碰撞汽车的尺寸、构造、碰撞位置。

（2）碰撞时汽车的速度。

（3）碰撞时汽车的角度和方向。

（4）碰撞时汽车上的乘客、货物的数量及位置。

由于碰撞发生前驾驶人会有预先反应，某些类型的撞伤多数会以一定的形式和次序发生，如果驾驶人的第一反应是要绕离危险区，汽车的侧面会被碰撞蹭伤，如图 5-5 所示蹭伤损伤，严重时会引起汽车前部、中部或后部的弯曲变形。

1）碰撞的位置高低对碰撞损伤的影响

当发生碰撞时，驾驶人猛踩制动踏板，则损伤的是汽车的前部，当碰撞点在汽车前端较高部位，就会引起车壳和车顶后移及后部下沉；当碰撞点在汽车前端下方，因车身惯性使汽车后部向上变形、车顶被迫上移。

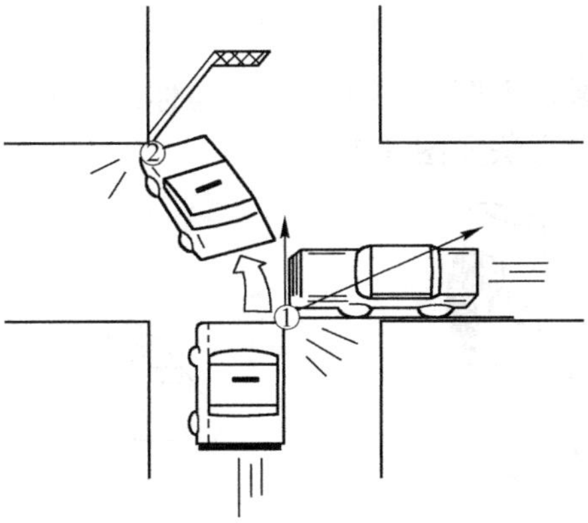

图 5-5　蹭伤损伤

2）碰撞物不同对变形的影响

两辆相同的车，以相同的速度碰撞，当撞击对象不同时，撞伤结果差异就很大。汽车撞上电线杆和撞上一堵墙壁，结果就不大一样，如果撞上墙，其碰撞面较大，损伤程度就较轻，相反，撞上电线杆，因碰撞面积较小，其撞伤的程度就较严重，汽车保险杠、发动机罩、水箱框架、水箱等严重部件都严重变形，发动机也被后推，碰撞的影响还会扩展到后部的悬架等部位。

3）行驶方向对碰撞损伤的影响

当横向行驶的汽车撞击纵向行驶汽车的侧面时，纵向行驶汽车的中部会产生弯曲变形，而纵向行驶汽车除产生压缩变形外，还会被纵向行驶的汽车向前牵引，导致弯曲变形。由此可知，横向行驶的汽车虽然只有一次碰撞但损伤却发生在两个方向。另一方面，也可能因碰撞而损伤发生在一个方向上，如在十字路口汽车碰撞中，这种情况常常见到。

4）车辆的不同对碰撞损伤的影响

不同类型的车辆碰撞时，产生的变形也不一样。碰撞车辆质量越大，被碰撞车辆的变形越大。

一辆汽车与另一辆汽车相撞后，还可能再次发生碰撞损伤，因此就会产生不同损伤类型的组合。在评估之前，应尽可能多地了解事实真相，确定事故实际发生的过程。

2．损伤的诊断方法

判别损伤范围常用的判别方法有：目视判断、用手触摸判断、用直尺判断。

1）目测判断

利用钣件上折射光线来判断损伤范围和变形的程度，判别方法如图 5-6 所示。判断损伤区域时，请移动目视的角度。

图 5-6　目测判断

2）用手触摸判断

从各个方向触摸损伤区域，不要施加任何力量与你的手上，并且注意手的感觉，手要大面积覆盖，包括未受损区域，方法如图 5-7 所示。

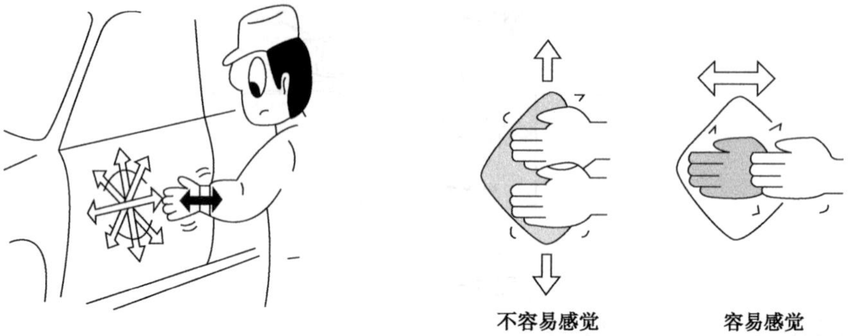

图 5-7　触摸法评估损伤的程度

3）用直尺判断

先用直尺置于未受损的板面，检测直尺与板件间隙，再将直尺置于受损区域，判断间隙差异，如图 5-8 所示。

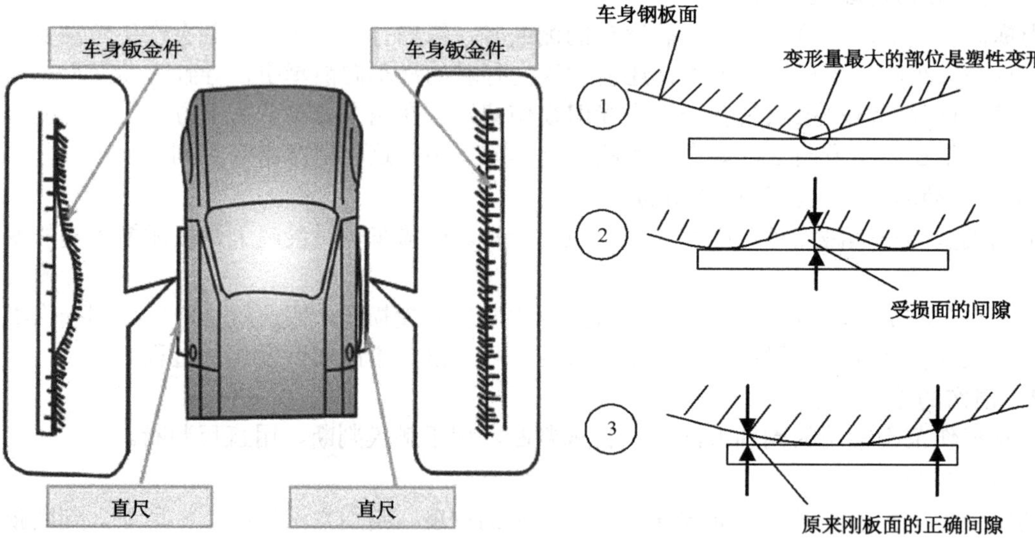

图 5-8　用直尺判断损伤的程度

3．汽车损伤评估时的安全注意事项

在对汽车损伤评估时，应注意以下安全事项。

（1）汽车进入车间后，首先要查看汽车上是否有破碎玻璃棱边及锯齿状金属。锯齿状的金属刃口要贴上胶带纸，但最好用砂轮机或锉刀将其磨平。

（2）如有变速箱油或润滑油等泄露，一定要将其擦净。

（3）在开始焊接和切割之前，务必将储气罐移开，防止气罐漏气引起爆炸。焊接前要断开车载电脑连接，防止焊接大电流损坏电脑。

（4）拆除电气系统时，先要卸下蓄电池负极电缆，切断电路，以免突然点燃易燃气体，同时也保护了电器系统。

（5）在进行碰撞诊断时照明应良好，如果功能件或机械部件损伤，需在举升机或校正台上进行细致的检查。

（6）在车身修理车间进行诊断修复时，还应注意相关的安全规范。

5.1.3 典型板件的损伤分析

车身板件又称车身覆盖钣金件，它们通过螺栓、胶粘、铰接或焊接等方式覆盖在车体表面，起到密封车身、减小空气阻力、美化车辆的作用。承载式车身的覆盖钣金件通常包括可拆卸的前翼子板、车门、发动机盖、行李箱盖和不可拆卸的后翼子板、车顶等。

1. 发动机罩及附件

发动机罩位于发动机舱两侧翼子板之间，用于保护发动机免受灰尘和湿气侵袭，也能吸收发动机噪声。轿车发动机罩大多数采用冷轧钢板冲压而成，少数高档轿车采用铝板冲压而成。冷轧钢板在遭受撞击后常见的损伤有变形、破损，钢质发动机罩是否需更换主要依据变形的冷作硬化程度及基本几何形状程度，冷作硬化程度较少、几何形状程度较好的发动机罩常采用钣金修理法修复，反之则更换。铝质发动机罩通常产生较大的塑性变形需更换。

典型的发动机罩（图 5-9）由一块外板和内板构成，内、外板外部边缘通过折边和点焊连接，内外板的结合面用胶黏剂粘接到一起。

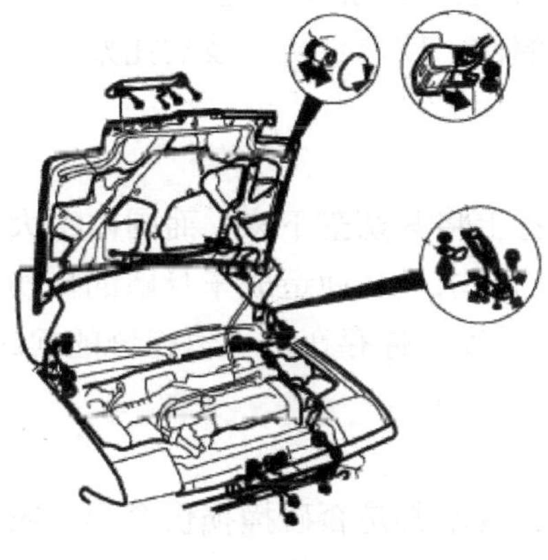

图 5-9　发动机罩

双板结构发动机罩的变形很难校正。当发动机罩必须更换时，原厂件、修复件配件或同类同品质件皆可。

发动机罩的拆卸和更换工时包括拆卸和更换发动机罩、拆卸和安装发动机罩降噪层以及将发动机罩装到铰链上加以调整的工时。

铰链轻微损坏时可以修理，而当铰链严重歪曲或扭曲时就需要更换。

发动机罩锁遭受碰撞变形、破损以更换为主。

发动机罩撑杆有钢质撑杆和液压撑杆两种，钢质撑杆基本上可校正修复，液压撑杆撞击变形后以更换为主。

发动机罩拉线在轻度碰撞后一般不会损坏，碰撞严重会造成折断，应更换。

2. 前翼子板

车辆翼子板用螺栓固定在临近的支撑结构板上。对于承载式车身，翼子板固定在侧围板、护板、散热器支架以及挡泥板上。翼子板与发动机罩、前板和保险杠总成一起形成车身前端的外表面轮廓。

前翼子板的损伤程度没有达到必须将其从车上拆下来才能修复，如整体形状还在，只是中间局部凹陷，一般不考虑更换。损伤程度达到必须将其从车上拆下来才能修复，并且前翼子板的材料价格低廉、供应流畅，材料价格达到或接近整形修复的工时费，才考虑更换。

如果每米长度超过 3 个折曲、破裂变形，或已无基准形状，应考虑更换（一般来说，当每米折曲、破裂变形超过 3 个时，整形和热处理后很难恢复其尺寸）。如果每米长度不足 3

个折曲、破裂变形，且基准形状还在，应考虑整形修复。如果修复工时费明显小于更换费用应考虑以修复为主。

前翼子板的附件有装饰条。装饰条损伤后以更换为主，即使未被撞击，也常因钣金整形翼子板需拆卸饰条，拆下后就必须更换。

3. 车门

车门是最复杂和最昂贵的车身板件之一。典型车门是由内板件和外板件（也叫外壳）组成的（图 5-10）。板件通常由金属薄板制成，但外壳也可用金属材料、玻璃纤维或塑料制成。

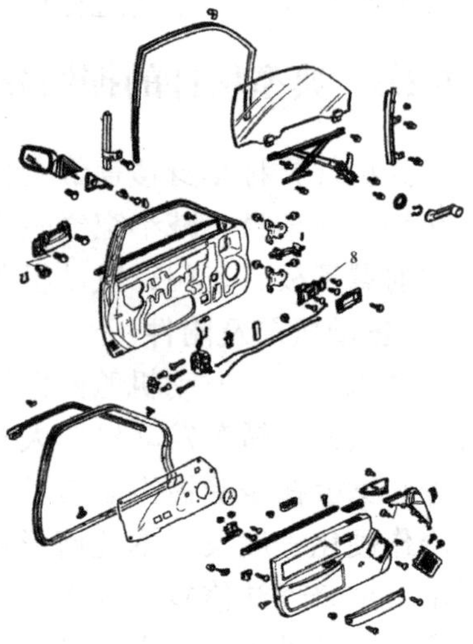

图 5-10　典型车门总成

如果门框产生塑性变形，一般无法修复，应考虑更换。许多车的车门面板是作为单独零件供应的，损坏后可单独更换，不必更换总成。

车门防擦饰条碰撞变形后应更换，车门变形后，需将防擦饰条拆下整形。多数防擦饰条为自干胶式，拆下后重新粘贴上不牢固，用其他胶粘贴影响美观，应更换。门框产生塑性变形后，一般不好整修，应考虑更换。门锁及锁芯在严重撞击后会产生损坏，一般以更换为主。后视镜镜体破损以更换为主，对于镜片破损，有些高档轿车的镜片可单独供应，可以通过更换镜片修复。玻璃升降机是碰撞中经常损坏的部件，玻璃导轨、玻璃托架也是经常损坏的部件，碰撞变形后一般都要更换。

4. 后翼子板

三厢车后翼子板属于不可拆卸件，由于更换它需从车身上将其切割下来，而国内绝大多数汽车维修厂在切割和焊接方面满足不了制造厂提出的工艺要求，从而造成车身新的损伤。所以，后翼子板只要有修理的可能都应修复，而不应像前翼子板一样存在值不值得修的问题，损伤诊断方法与前翼子板相似。

5. 行李箱盖

行李箱盖大多用冲压成形的冷轧钢板经翻边胶粘制成。判断其是否碰撞损伤变形，应看是否要将两层分开修理。如不需分开，则不应考虑更换；若需分开整形修理，应首先考虑工时费与辅料费之和与其价值的关系，如果工时费加辅料费接近或超过其价值，则应考虑更换；反之，则考虑修复。行李箱工具盒在碰撞中时常破损，评估时不要遗漏。后轮罩内饰、左侧内饰板、右侧内饰板等在碰撞中一般不会损坏，其他部位同车门。

6. 车顶

当坠落物体碰到汽车顶部时，除车顶钢板受损外，车顶纵梁、后顶盖侧板和车窗也可能同时被损伤。

在汽车发生翻滚时，车的顶部顶盖、立柱，车下部的悬架会严重损伤，悬架固定点的部件也会受到损伤，如图 5-11 所示。

车顶损伤可通过观察和测量直观判定。

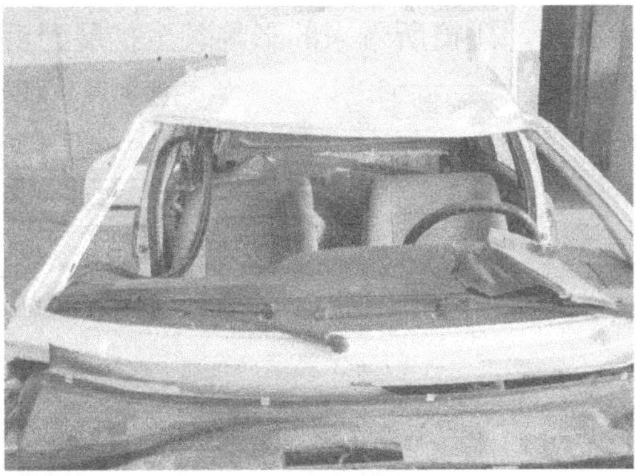

图 5-11　车身顶部碰撞

5.2　结构件损伤诊断分析

5.2.1　汽车碰撞机理

1．碰撞冲击力

在汽车碰撞过程中，碰撞冲击力的方向总是同某点冲击力特定角度相关。因此，冲击合力可以分成分力，通过汽车向不同方向分散。

冲击力造成大面积的损坏也同样取决于冲击力与汽车质心相对应的方向。

一种情况是冲击力和汽车质心不在同一直线，碰撞时车身会发生翻转，如图 5-12（a）所示。

另一种情况是冲击力指向汽车的质心，汽车不会旋转，大部分能量将被汽车零件所吸收，造成的损坏是非常严重的，如图 5-12（b）所示。

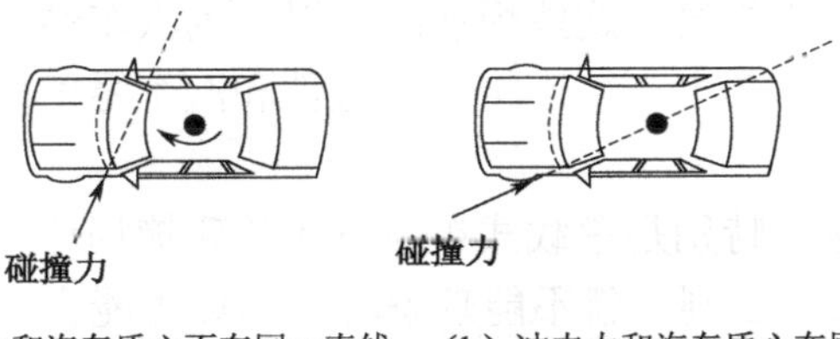

（a）冲击力和汽车质心不在同一直线　（b）冲击力和汽车质心在同一直线上

图 5-12　碰撞方一向与汽车质心的关系

驾驶员的反应经常影响到冲击力的方向，尤其对于正面碰撞。

驾驶员意识到碰撞不可避免时，其第一反应就是旋转方向盘以避免正面碰撞，如图 5-13（a）所示。

驾驶员的第二反应就是试图制动，汽车进入制动状态，使汽车从前保险杠向下俯冲。如图 5-13（b）所示。

2．碰撞接触面积

假设汽车以相同的速度和相近的载货量行驶，碰撞的类型不同，损坏的程度也就不同。

接触面积大，损坏相对较轻。如图 5-14（a）所示，保险杠、发动机罩、散热器、翼子板等会有变形。

接触面积越小，损坏就越严重。在图 5-14（b）中，保险杠、发动机罩、散热器等都发生严重的变形。发动机向后移动，碰撞所带来的影响甚至扩展到后悬架。

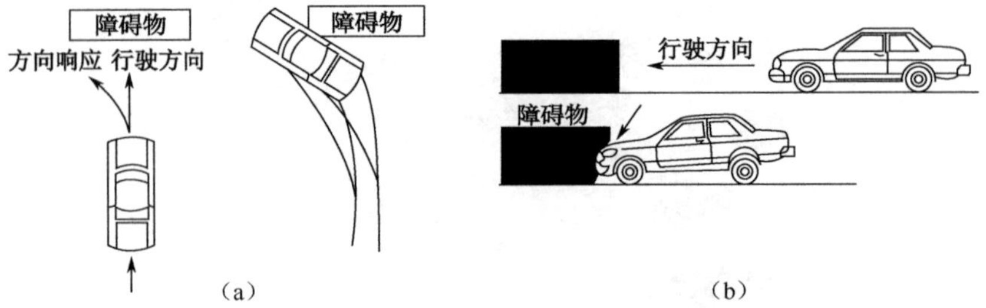

图 5-13　驾驶员方向反应对碰撞方向的影响

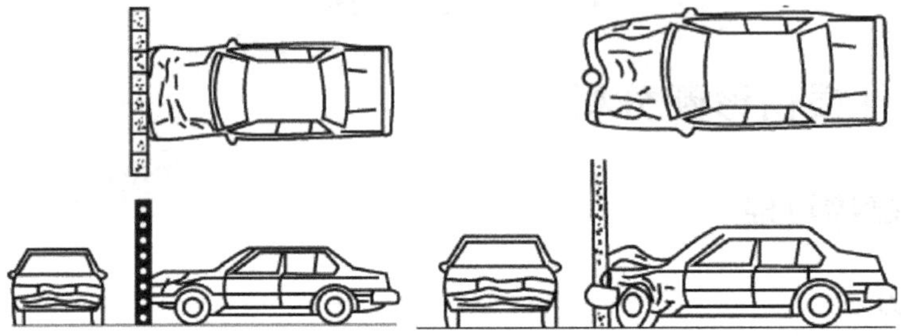

(a) 大接触面积碰撞　(b) 小接触面积碰撞

图 5-14　不同的碰撞接触面积产生的损伤

另一种情况是，一辆汽车撞击另一辆正在运动的汽车。

还有许多其他类型的碰撞和混合碰撞的类型，要作出精确的损失评估，弄清楚汽车碰撞是如何发生的是非常重要的。

3．冲击力的传递原理

现代汽车车身上有许多焊接缝，这些焊接缝可以作为汽车结构的刚性连接点。这些刚性连接点将冲击力传递给整个汽车上与之连接的钣金件和汽车零部件，因此大大降低了汽车的结构变形。

要想完全掌握现代汽车、特别是承载式车身汽车的碰撞损坏，了解汽车的冲击力传递原理是非常重要的（图 5-15）。否则，就不能理解轻微损坏可能会引起汽车在操纵控制和运行性能上发生严重故障的事实。

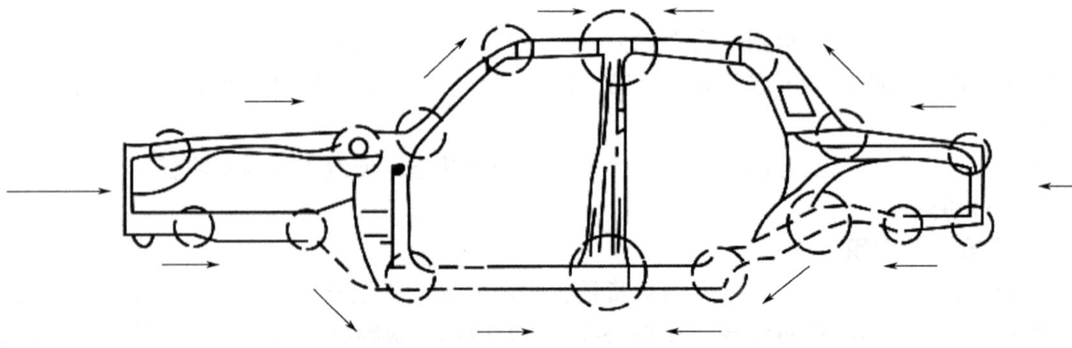

图 5-15　追尾碰撞冲击力分布和碰撞能量吸收区域

5.2.2 结构件碰撞损伤形式

车身结构件主要以箱型截面为主，对于截面是箱型结构金属板底部受到两边的挤压而向中间空心部位凹陷，两侧的金属板被向外挤出形成两个“尖”状的突起，称为凹陷铰折。发生凹陷铰折的部件包括：箱型结构梁、车门槛板、风窗支柱、中心立柱和车顶梁。

矫正方法：采用加热伴随拉伸的方法，用手锤对两侧金属受压突出部位进行敲击复位的方法，矫正上下左右 4 个方向上钢板，对加热矫正无把握时采取更换。

1. 非承载式车身结构的损伤

非承载式车身由车架及围在其周围的可分解的部件组成，如图 5-16 所示。图中车架上圈出的部位为车架刚度较小的部位，主要用来缓冲和吸收来自前端或后端的碰撞能量，车身通过橡胶件固定在车架上，橡胶件同样也能减缓从车架传至车身上的振动效应。但这里需要注意的是，遇有强烈振动时，橡胶垫上的螺栓可能会折曲，并导致架与车身之间出现缝隙。而且，由于振动的大小和方向，车架可能遭受到损伤而车身则没有。

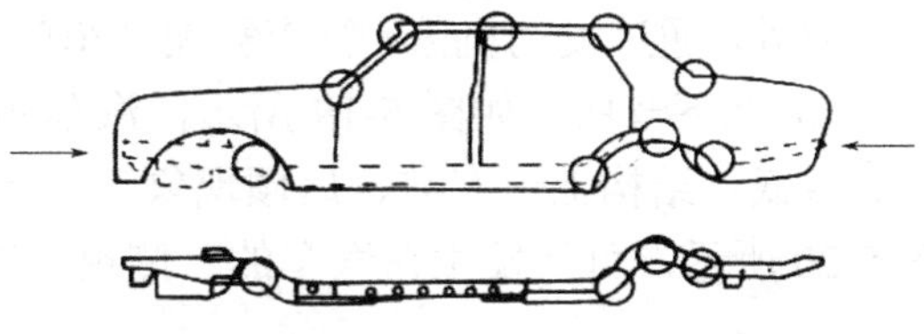

图 5-16　车架上刚度较弱的部位

车架变形的形式

车架的变形大致分为左右弯曲、上下弯曲、皱折与断裂损伤、菱形变形、扭曲变形五种。

① 左右弯曲。如图 5-17 所示，从一侧来的碰撞冲击力经常会引起车架的左右弯曲或一侧弯曲。左右弯曲通常发生在汽车前部或后部，一般可通过观察钢梁的内侧及对应钢梁的外侧是否有皱曲来确定，如图 5-18 所示。

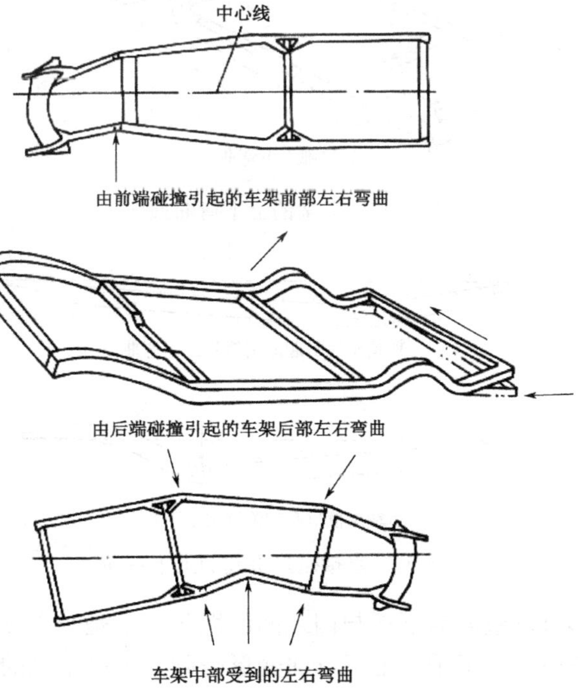

图 5-17　各种不同的左右弯曲变形

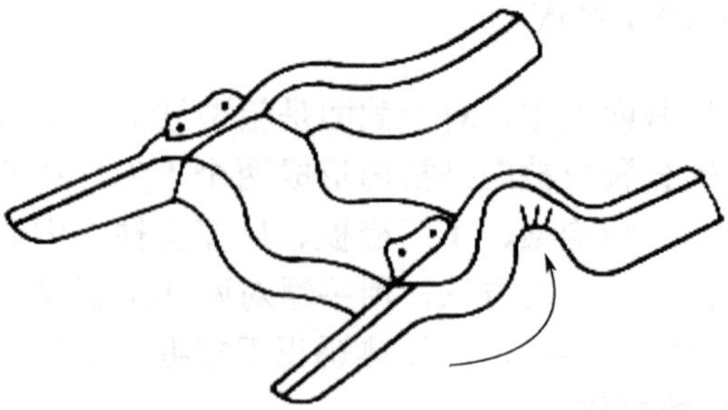

图 5-18　确定车架损伤的常见部位

此外，通过发动机盖、行李箱盖及车门的缝隙、错位等情况都能够辨别出左右弯曲变形。

② 上下弯曲。如图 5-19 所示，汽车碰撞后产生弯曲变形后，车身外壳表面会比正常位置高或低，结构上也有前、后倾现象。上下弯曲一般由来自前方或后方的直接碰撞引起，如图 5-20 所示，可能发生在汽车的一侧也可能是两侧。

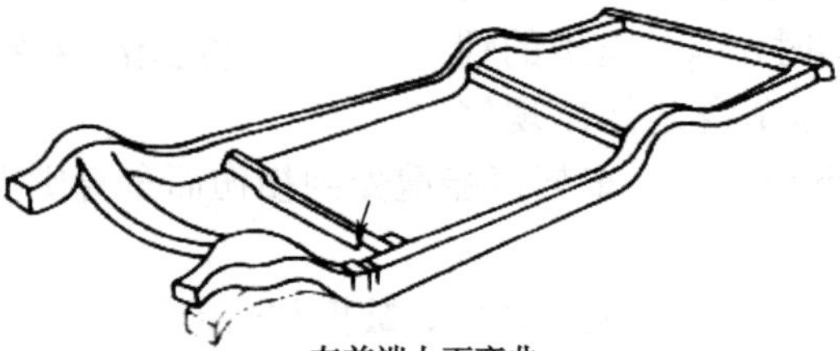

左前端上下弯曲

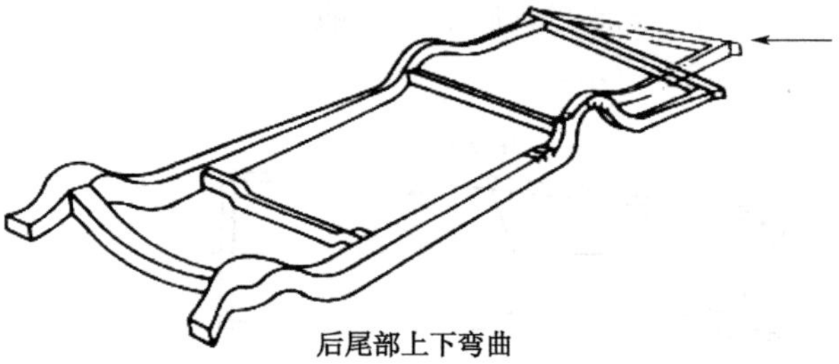

后尾部上下弯曲

图 5-19　车架的上下弯曲损伤

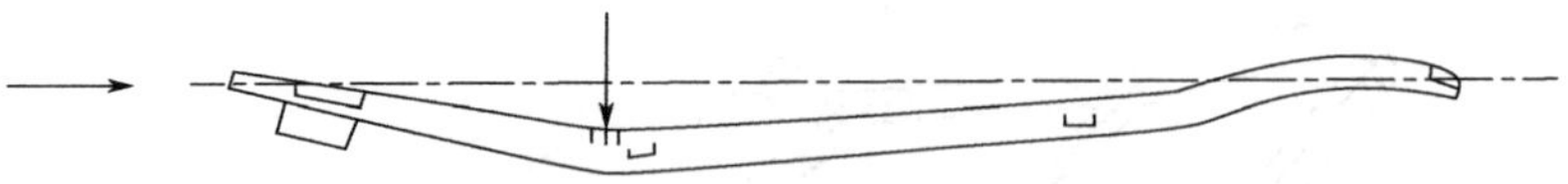

前端碰撞引起的侧钢梁上下弯曲

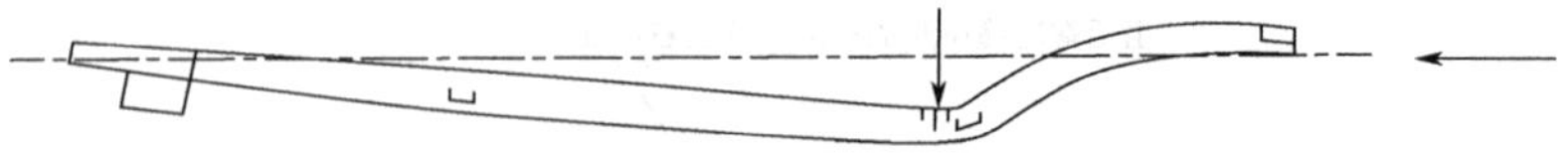

后端碰撞引起的侧钢梁上下弯曲

图 5-20　直接碰撞引起的上下弯曲

判别上下弯曲变形可以查看翼子板与门之间的缝隙上下是否在顶部变窄，而下部变宽；也可以查看车门在撞击后是否下垂。上下弯曲变形是碰撞中最常见的一种损伤，交通事故中常见到这种受损汽车。严重的上下弯曲变形能够造成悬架钢板的弯曲变形损伤。

③ 皱折与断裂损伤。汽车碰撞后车架或车上某些零部件的尺寸会与厂家提供的技术资

料不相符，断裂损伤通常表现在发动机盖前移和侧移、行李箱盖的后移和侧移。有时看上去车门与周围吻合很好，但车架已产生了皱折或断裂损伤，这是非承载式结构不同于承载式车身结构的特点之一。皱折或断裂通常发生在应力集中的部位，如图 5-21 所示，而且车架通常还会在对应的翼子板处造成向上变形。

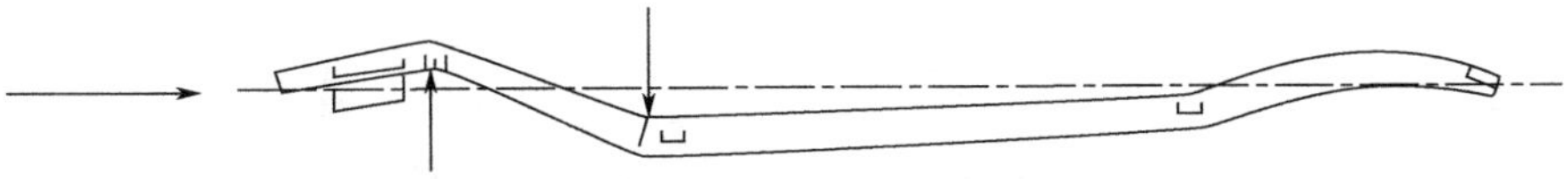

由前端碰撞引起的车架断裂

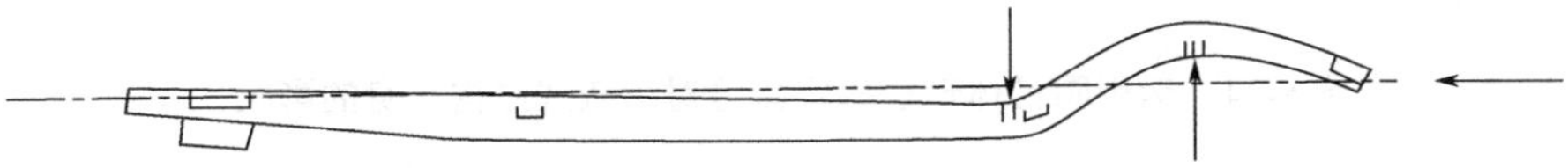

由后端碰撞引起的车架断裂

图 5-21　车架的断裂损伤

④ 菱形变形。如图 5-22 所示，汽车的一角受到来自前方或后方的撞击力时，其一侧车架向后或向前移动，引起车架错位，使其成为一个接近平行四边形的形状，菱形变形会对整个车架产生影响，而不是一侧的钢梁。从视觉上，我们会看到发动机盖及行李箱盖错位，通常菱形变形还会附有许多断裂及弯曲变形损伤的组合损伤。

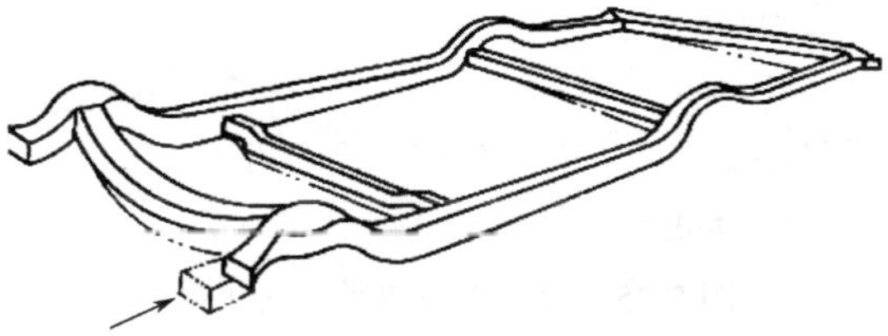

图 5-22　引起整个车架准直的平行四边形变形

⑤ 扭曲变形。如图 5-23 所示，扭曲变形是车架损伤的另一种型式，当汽车在高速下撞击到与车架高度相近的障碍时就时常发生这种变形。另外，汽车尾部受侧向撞击时也时常发生这种变形。受到此损伤后，汽车的一角会比正常情况高，而相反的一侧会比正常情况低。应力集中处时常伴有皱折或断裂损伤。

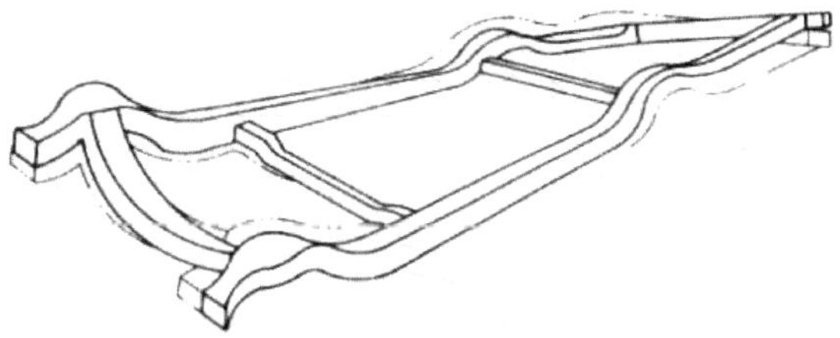

图 5-23　使整个车架发生扭转的扭曲变形

2．碰撞对承载式车身结构汽车的损伤

承载式车身结构变形复杂，需要全方位分析。碰撞力会从碰撞点沿着车身传递，即使前端碰撞后端。

1）承载式车身变形的形式

由碰撞引起的整体式汽车的损伤可以运用图 5-24 所示的圆锥体形法进行分析。

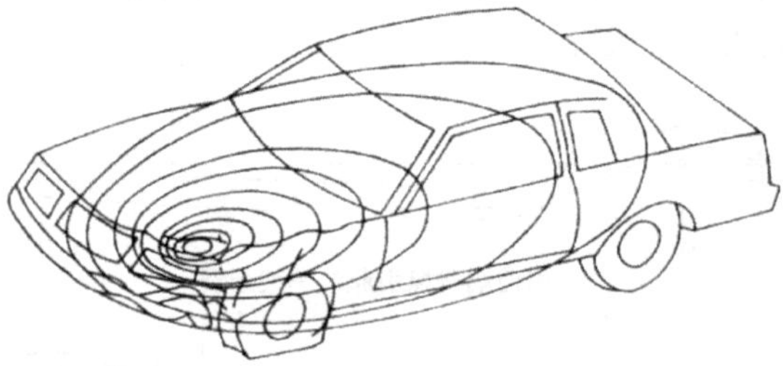

图 5-24　运用圆锥体形法确定碰撞对承载式结构车身的影响

承载式车身结构汽车通常被设计成能够很好地吸收碰撞时产生的能量。这样受到撞击时，汽车车身由于吸收撞击能量而产生变形，撞击能量通过车身扩散，车身结构从撞击点依次吸收撞击能量，使得撞击能量主要被车身吸收。将目测撞击点作为圆锥体的顶点，圆锥体的中心线表示碰撞力的方向，其高度和范围表示碰撞力穿过车身壳体扩散的区域。圆锥体顶点附近通常为主要的受损区域。由于整个车身壳体由许多片薄钢板连接而成，碰撞引起的振动大部分被车身壳体吸收，如图 5-25 所示。

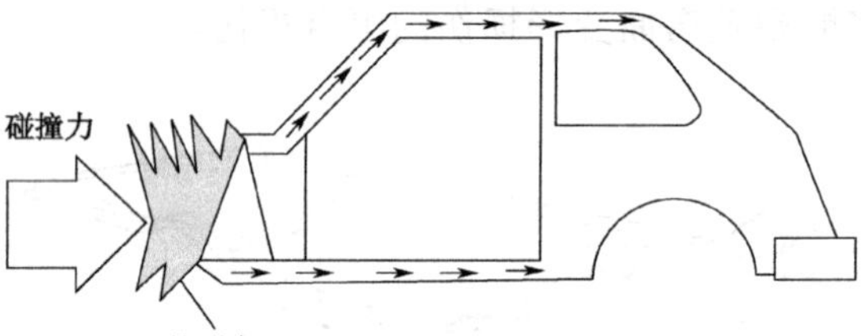

图 5-25　碰撞能量沿着车身扩散

但振动波的影响被称为“二次损伤”，通常，此损伤会影响整体式车身内部零部件和造成相反一侧的车身变形损伤，如图 5-26 所示。

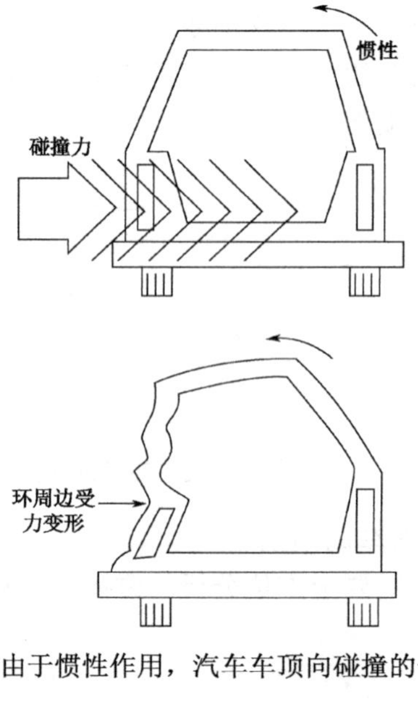

图 5-26　由于惯性作用，汽车车顶向碰撞的一侧移动

为了控制二次损伤变形并为乘员提供一个更为安全的空间，承载式车身结构的汽车在前部和后部设计了如图 5-27 所示的碰撞应力吸收区域。在受到碰撞时，它能按照设计要求形成折曲，这样传到车身结构的振动波在传进时就被大大减小。换句话说，来自前方的碰撞应力被前部车身吸收，如图 5-28 所示。来自后方的碰撞应力被后部车身吸收。如图 5-29 所示。而来自前侧方的碰撞应力被前翼子板及前部纵梁吸收，中部的碰撞应力被边梁、立柱和车门吸收，来自后侧方的碰撞应力被后翼子板及后部纵梁吸收。

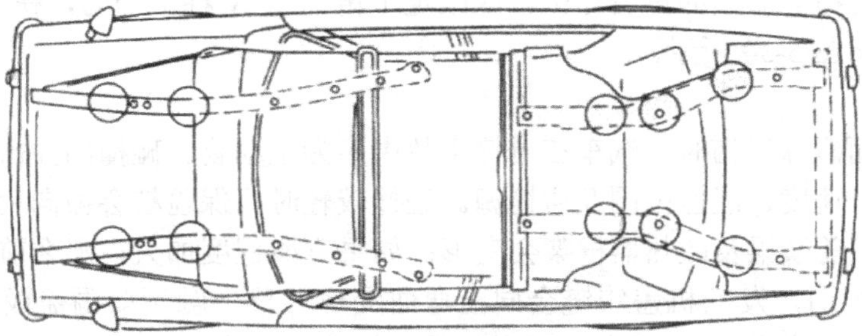

图 5-27　承载式结构车身的横向刚度较弱的部位（应力吸收区域）

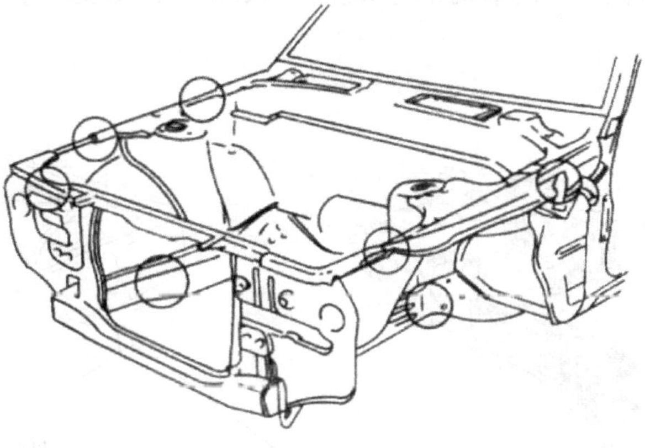

图 5-28　承载式结构车身的前部刚度较弱的部位（应力吸收区域）

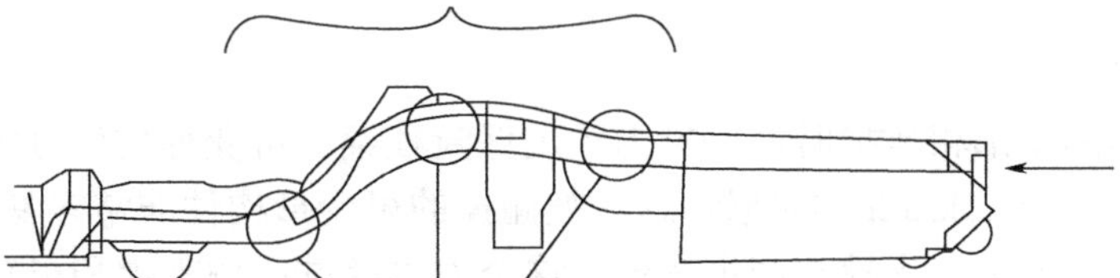

图 5-29　承载式结构车身的后部刚度较弱的部位（应力吸收区域）

2）承载式车身碰撞损伤分析

（1）前端碰撞。

① 碰撞力的传递过程。

在正面碰撞时外力经过保险杠的支架传进车身。固定在保险杠撑架上的抗碰撞件把力又传到发动机支撑座上。它和前桥撑架以及弹簧减震支座一起会产生碰撞后的变形。车和障碍物的碰撞接触面较小的时候，这些力经过横梁从保险杠侧面抗碰撞件，前板和前桥支撑座传导分配到车的左右两面。然后，受的力再同时经过发动机支撑座传导到底板组件，经过发动机到正面板加强板到变速箱通道，经过车轮传到轮罩内的门槛加长件的可变形件，传到A柱加强段和侧面框架上。

同样的重要传导路径是，承受的负荷经过弹簧减震座和轮罩上的支撑座传到侧面框架上。

经过在弹簧支撑座后面的可变形范围区限定了传到在A柱上的力，在A柱周围区间乘客座舱不受力。如图5-30所示。

② 损伤诊断。

汽车前端正面碰撞损伤时，汽车在碰撞事故中多为主动物。碰撞的冲击力主要取决于被评估汽车的重量、速度、碰撞范围及碰撞源。碰撞较轻时，保险杠会被向后推，前纵梁及内轮壳、前翼子板、前横梁及散热器框架会变形；如果碰撞程度加大，那么前翼子板就会弯曲变形并移位触到车门，发动机盖铰链会向上弯曲变形并移位触到前围盖板，前纵梁变形加剧造成副梁的变形；如果碰撞程度更剧烈，前立柱将会产生变形，车门开关困难，甚至造成车门变形；如果前面的碰撞从侧向而来，由于前横梁的作用，前纵梁就会产生变形，如图5-31所示。前端碰撞常伴随着前部灯具及护栅破碎、冷凝器、散热器及发动机附件损伤、车轮移位等。

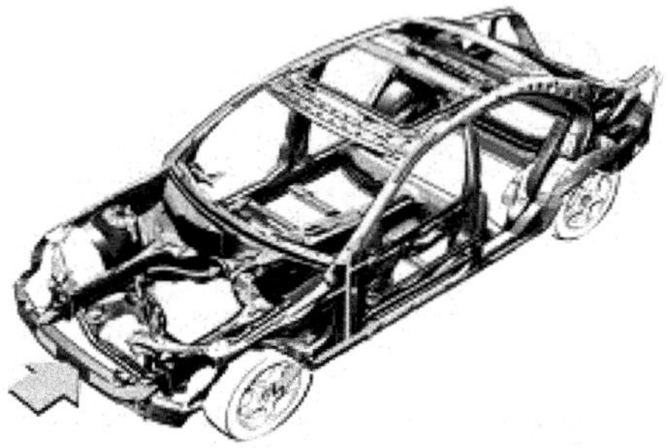

图5-30　正面碰撞时在底车身上的受力的传导

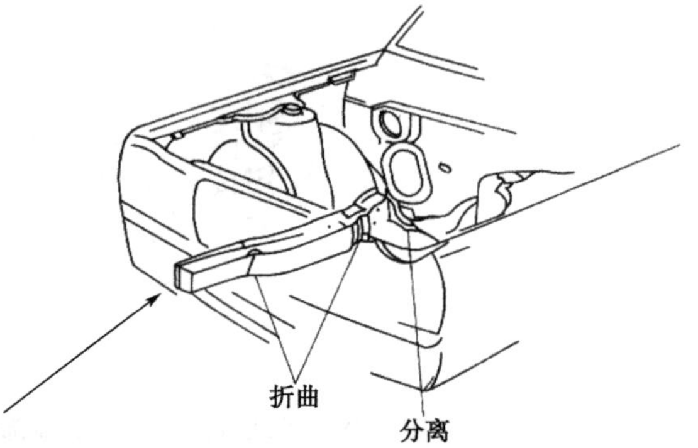

图5-31　承载式结构车身的弯曲及断裂效应

（2）后端碰撞。

在障碍物和车的尾部相碰撞时，碰撞力经过保险杠架子可变形构件分配到车的两边。

在碰撞速度大约是15km/h的时候，这些被碰撞的可变形构件非常容易更换，费用不高。在更高的速度时则会使纵向支撑架产生变形。这个力再经过后桥支撑和车轮子，在全车身宽度上分布，作用在后部底板和门槛成形构件上。

在车身侧板后上部区域有受力分布和力的衰减变化。力传导到C柱上，再到顶棚，一部分传到车门，向前传递。

在侧面框架的高负载区域和后桥支撑架连接处还有附加的加强构件。

还有一部分力要传到万向轴，到发动机和变速箱以及排气装置和电池上面。在万向轴的区间有专门的可变形件。铝制的万向轴在中间轴承上有锥形法兰，但钢制的万向轴带有外罩长管。

由于油箱是在后桥前面的最佳位置，在尾部碰撞时不会对油箱有损坏。如图5-32所示。

图 5-32　在尾部碰撞时在底板上的力的传导过程

汽车后端正面碰撞损伤时，损伤较严重的往往是汽车在碰撞事故中为被动物。汽车遭受后端产生碰撞损伤撞击时，碰撞的冲击力主要取决于撞击物的重量、速度及被评估汽车的被碰撞部位、角度和范围。如果碰撞较轻，通常后保险杠、行李箱后围板及行李箱底板可能压缩弯曲变形；如果碰撞较重，D 柱下部前移，D 柱上端与车顶接合处会产生折曲，后门开关困难，后风窗玻璃与 D 柱分离，甚至破碎。碰撞更严重会造成 B 柱下端前移，在车顶 B 柱处产生凹陷变形。后端碰撞常伴随着后部灯具的损坏等。

（3）侧面碰撞。

如果在侧面碰撞是行驶的障碍物碰撞到车上，首先是碰撞力传到车门加固板和门锁上面，然后传到 A 柱，B 柱和 C 柱上进行分担。在继续变形时再传到在 B 柱和 C 柱的车门加固板的保险挂钩。此外由于构件已经相互挤压也使车门内板压到门槛上，侧面车身面板被压死。这就使框架的座舱内受力变形。

如果这种挤压变形继续加大的时候，门槛上的力就继续传给座位下横梁板，再传给连接板梁，变速箱支撑座和底板板梁直到车身的另外一侧，同时对顶棚也加力了。

对于不带天窗的车身来讲顶棚向另外一侧传力，对于带天窗的车身则是由很高强度的天窗分担了很大一部分力量。

如果 B 柱靠在座椅旁，则高刚度的座椅框架会传到车的另外一侧。如图 5-33 所示。

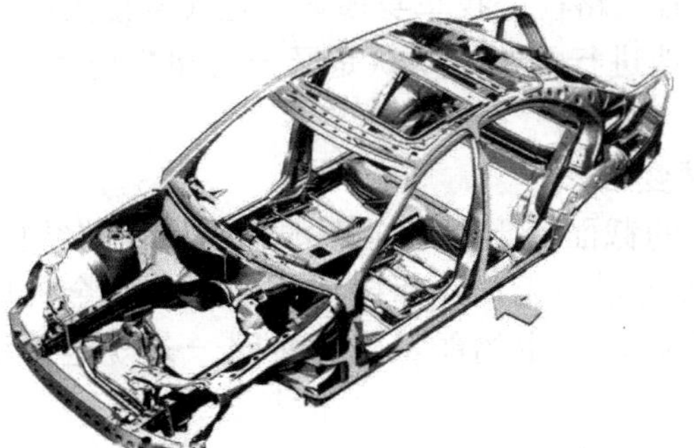

图 5-33　在侧面碰撞时受力的传导

在确定汽车侧面碰撞时，分析汽车的结构尤为重要。一般来说。对于严重的碰撞，车门A、B、C 柱以及车身底板都会变形。当汽车遭受侧向力较大时，惯性会使另一侧的车身产生变形。当前后翼子板中部遭受严重碰撞时，还会造成前后悬架零部件的损伤，前翼子板中后部遭受严重碰撞时，还会造成转向系统中横拉杆、转向机齿轮齿条的损伤。

（4）底部碰撞。底部碰撞常为行驶中路面由于凹凸不平、路面上异物（如石块）造成车身底部与路面或异物发生碰撞，致使汽车底部零部件与车身底板损伤。常见的损伤有前横梁、发动机下护板、发动机油底壳、变速箱油底壳、悬架下托臂、副梁、后桥及车身底板等。

（5）顶部碰撞。顶部单独碰撞的汽车发生的概率较小，单独的顶部受损多为空中坠落物所致，以顶部面板及骨架变形为主。汽车倾覆是造成顶部受损的常见现象，汽车倾覆造成顶部受损常伴随着车身立柱、翼子板和车门变形及车窗破碎。如图 5-34 所示。

车辆翻滚时，车身支柱和车顶板会弯曲，相应的支柱也会被损坏。根据翻滚方式的不同，还可能造成车身前部或后部损坏，其辨认特征是车门及车窗附近发生变形，易于发现。

图 5-34　顶部损伤

5.2.3　损伤诊断分析

在大多数情况下，碰撞部位能够显示出结构变形或者断裂的迹象。用肉眼进行检查时，先要后退离开汽车对其进行总体观察。从碰撞的位置估计受撞范围的大小及方向，并判断碰撞如何扩散。再查看汽车上是否有扭转、弯曲变形，设法确定出损伤的位置以及所有的损伤是否都是由同一起事故引起的。

碰撞力沿着车身扩散，并使汽车的许多部位发生变形，碰撞力具有穿过车身坚固部位最终抵达并损坏薄弱部件，最终扩散并深入至车身部件内的特性。因此，为了查找出汽车损伤，必须沿着碰撞力扩散的路径查找车身薄弱部位（碰撞力在此形成应力集中）。沿着碰撞力的扩散方向一处一处地进行检查，确认是否损伤和损伤程度。具体可从以下几个方面来加以识别。

1．钣金件的截面突然变形

碰撞所造成的钣金件的截面变形与钣金件本身的设计的结构变形不一样，钣金件本身的设计结构变形处表面油漆完好无损，而碰撞所造成的钣金件的截面变形处油漆起皮、开裂。车身设计时，要使碰撞产生的能量能够按照一条既定的路径传递，在指定的地方吸收，如图 5-35 所示。

2．零部件支架断裂、脱落及遗失

发动机支架、变速器支架、发动机各附件支架是碰撞应力吸收处，发动机支架、变速器支架、发动机各附件支架在汽车设计时就有保护重要零部件免受损伤的功能。在碰撞事故中常有各种支架断裂、脱落及遗失现象出现。

3．检查车身每一部位的间隙和配合

车门是以铰链装在车身立柱上的，通常立柱变形就会造成车门与车门、车门与立柱的间隙不均匀，如图 5-36 所示。

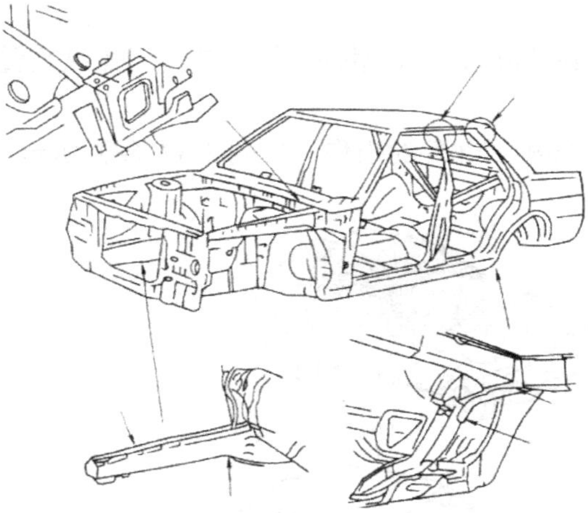

图 5-35　损伤容易出现的部位

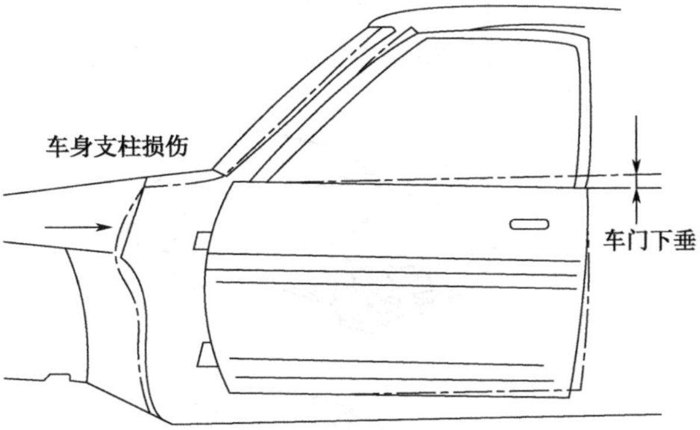

图 5-36　通过车门下垂检查支柱是否损伤

另外，还可通过简单的开关车门，查看车门锁机与锁扣的配合，从锁机与锁扣的配合可以判断车门是否下沉，从而判断立柱是否变形，查看铰链的灵活程度可以判断主柱及车门铰链处是否变形。

在汽车前端碰撞事故中，检查后车门与后翼子板、门槛、车顶侧板的间隙，并做左右对比是判断碰撞应力扩散范围的主要手段。

4．检查汽车本身的惯性损伤

当汽车受到碰撞时，一些质量较大部件（如装配在橡胶支座上的发动机、离合器总成）在惯性力的作用下会造成固定件（橡胶垫、支架等）、周围部件及钢板的移位、断裂。对于承载式车身结构的汽车还需检查车身与发动机及底盘结合部是否变形。

5．检查来自乘员及行李的损伤

乘员和行李在碰撞中由于惯性力作用还能引起车身的二次损伤，损伤的程度因乘员的位置及碰撞的力度而异，其中较常见的损伤有转向盘、仪表工作台、转向柱护板及座椅等。行李箱中的行李是造成行李箱中如 CD 机、音频功率放大器等设施损伤的常见现象。

6．碰撞损伤的检测与测量

碰撞损伤汽车车身尺寸的测量是做好碰撞损失评估的一项重要工作，就承载式车身结构的汽车来说，准确的车身尺寸测量对于损伤鉴定更为重要。转向系统和悬架大都装配在车身上。齿轮齿条式转向器通常装配在车身或副梁上，形成与转向臂固定的联系，车身的变形直接影响到转向系统中横拉杆的定位尺寸。大多数汽车的主销后倾角和车轮外倾角是不可调整的，而是通过与车身的固定装配来实现的，车身悬架座的变形直接影响到汽车的主销后倾角和车轮外倾角。发动机、变速器及差速器等也被直接装配在车身或车身构件支承的支架上。车身的变形还会使转向器和悬架变形，或使零部件错位，而导致车身操作失灵，传动系统的振动和噪声，拉杆接头、轮胎、齿轮齿条的过度磨损和疲劳损伤。为保证汽车正确的转向及操纵性能，关键定位尺寸的公差必须不超过 3mm。

（1）碰撞损伤分区检验。通常将汽车分为 5 个区域，分别是：

区域 1：直接碰撞损伤区，又称为一次损伤区，如图 5-37（a）所示。

区域 2：间接碰撞损伤区，又称为二次损伤区，如图 5-37（b）所示。

区域 3：机械损伤区，即汽车机械零件、动力传动系统零件、附件等损伤区，如图 5-37

（c）所示。

区域 4：乘员舱区，即车厢的各种损坏，包括内饰件、灯、附件、控制装置、操纵装置和饰层等，如图 5-37（d）所示。

区域 5：外饰和漆面区，即车身外饰件及外部各种零部件的损伤，如图 5-37（e）所示。

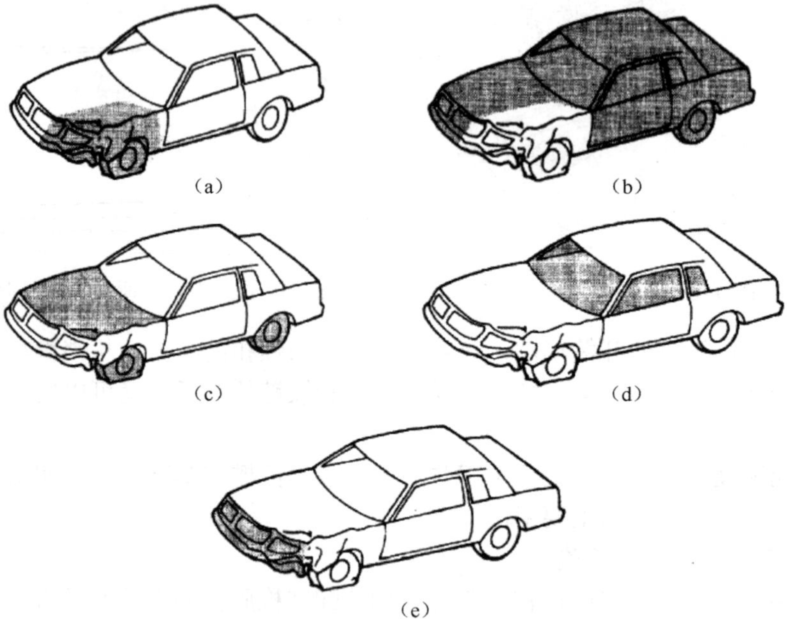

（a）直接碰撞损伤区　（b）间接碰撞损伤区　（c）机械损伤区　（d）乘员舱区　（e）外饰和漆面区

图 5-37　汽车损伤分区

当使用检验区概念时，应遵从下列原则：

① 检查应从车前到车后（在追尾碰撞的情况下，从车后到车前）。

② 检查应从车外到车里。

③ 首先列出主要总成，然后列出比较小的部件以及未包含在总成里的附件。

（2）区域 1（一次损坏区）的检验与测量。该区域系统性检验的第一步是检视，然后列出汽车碰撞直接接触点的车身一次损坏。

在前部碰撞的情况下，检查区域还包括（可能更多）保险杠系统、散热器格栅、发动机罩等。

区域 1 检验应首先检查外板和塑料镶板、玻璃、漆面和外板下的金属结构件，如保险杠、车灯、玻璃、车门、车轮、油液泄漏等。

检查损坏区域时，注意检查裂痕、边缘损坏、点焊崩开、金属变形等各项。应特别注意结构件。

（3）区域 2（二次损伤区）的检验与测量。

二次损伤机理：二次损伤是指发生在区域 1 之外，并离碰撞点有一段距离的损坏。二次损伤是在碰撞力向汽车移动的过程中形成的，也就是碰撞力从冲击区域延伸到车身毗连区，并且碰撞能在向毗邻钣金件移动的过程中被吸收。

二次损伤也可由传动系统和后桥的惯性力造成。由于车辆因碰撞突然停止，惯性质量还向前运动，机械零部件的惯性力全部作用到固定点和支撑构件上。

二次损伤的标志：

二次损伤常见标志有钣金件皱曲、漆面裙皱和伸展、钣金件缝隙错位、接口撕裂和开焊等。

对于遭受猛烈的前部碰撞，应检查前风窗玻璃立柱和车门窗框前上角区域之间的缝隙是否增加。

检查外板是否翘曲，严重碰撞通常会导致车顶盖在中心向后翘曲。

开启发动机罩和行李舱盖，检查漆面是否存在油漆皱纹，覆盖焊点的保护层是否开裂。

二次损伤的测量：

① 测量工具。测量二次损伤部位可使用钢卷尺和量规（图 5-38）进行。

② 车身前部的测量。当车身前部因碰撞损坏时，应测量前部钣金件的尺寸以确定损坏的程度。即使车身只有一侧受到碰撞，但另一侧通常也会损坏，通过测量对称的尺寸，才能进一步确定车身变形的程度。

当用量规检查汽车前部尺寸时，测量点的最好区域应选在悬架系统装配点和机械构件上，因为这些点对正确定位调整至关重要。

③ 车身侧面的测量。车身侧面结构的任何毁坏和变形都能在打开和关闭车门时发现，应注意因变形位置不同而可能造成的漏水问题。因此，一定要采取正确的测量方法。主要用追踪式滑规式测尺来测量车身侧板，如图 5-39 所示。

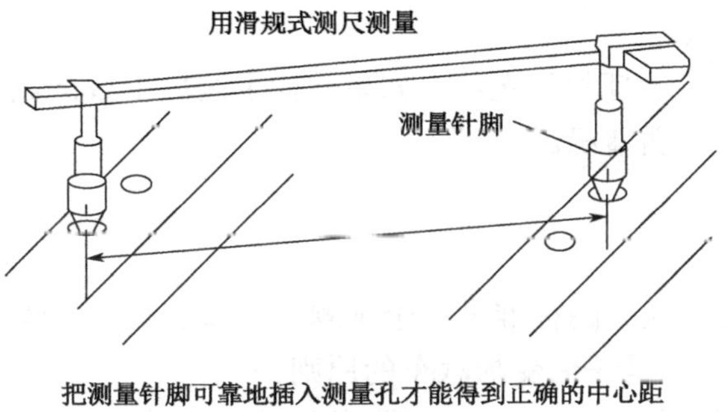

图 5-38　量规

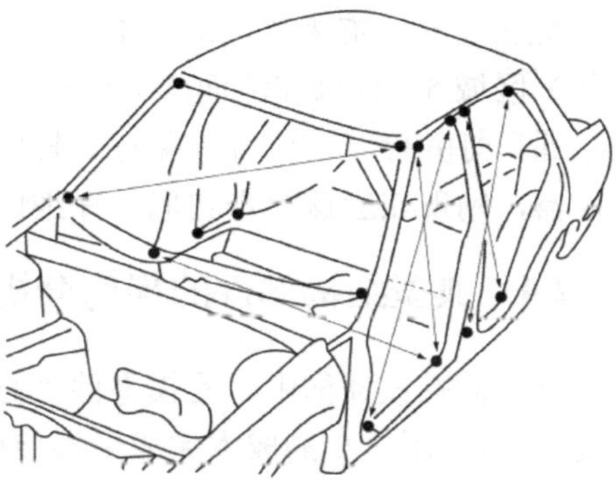

图 5-39　车身侧面测量

④ 车身后部的测量。当打开和关闭行李舱盖时，车身后部的任何损坏都可以通过外形和不对称粗略地加以评估（如拍摄照片）。由于变形位置和可能漏水，因此必须采用正确的测量方法（图 5-40）。

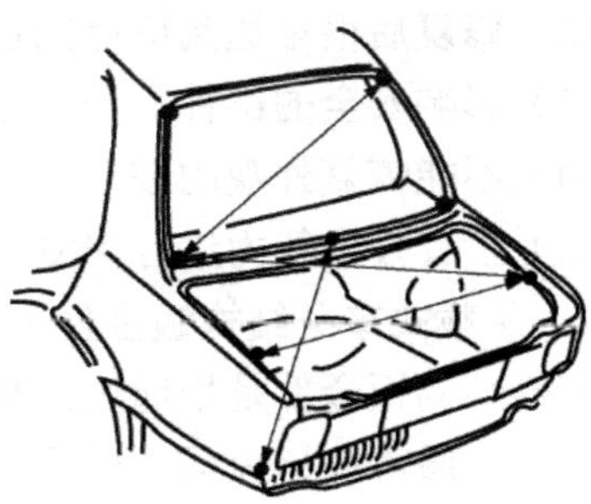

图 5-40　车身后部的测量

当使用量规时，必须注意下列要点：

a. 测量点应为车辆上的装配点，如螺栓、螺塞或孔口。

b. 点到点的测量是两点间的实际测量尺寸。

c. 滑规杆应该与车身平行。

（4）区域 3（机械损伤区）的检验与测量。

完成车身一次损坏和二次损坏的检查后，应把注意力集中到区域 3-车辆机械零部件损伤区。

根据碰撞的严重程度，发动机和变速器也可能会发生损坏。若可能则应启动发动机，并使发动机暖机至正常工作温度。

打开空调并确定是否工作正常。检查仪表灯、充电指示表、机油压力指示灯等。发动机自检指示灯及其他设备也可以指示发动机罩下面是否发生机械和电气故障。越来越多的新式汽车装备了可进行自诊断的发动机计算机控制系统。计算机系统中的自诊断电路已编程，在某些工作条件下会输出故障码。

机械损坏有时不是由直接碰撞造成的，而是二次损伤的结果。

在检查发动机罩下的情况之后，举升车辆并用支架支撑车辆。然后依次检查转向系统零部件和悬挂系统零部件是否弯曲，制动软管是否弯折，制动管、燃料管以及接头是否泄漏。

（5）区域 4（乘员舱区）的检验与测量。

乘员舱损坏可能是碰撞造成的直接结果，如侧面碰撞。内饰和配件的损坏也可能是由车厢内的乘员或物体造成的。

- 检查方向盘是否损坏。
- 检查各把手、操纵杆、挡风玻璃和内饰是否损坏。
- 检查座椅是否损坏。
- 检查车门是否损坏。
- 检查乘员约束系统。如果汽车装备了被动约束系统，则应确定安全带收紧和释放是否完全自如，有无粘滞或滞后现象。

（6）区域 5（外饰和漆面区）的检验与测量。

接通车灯并检查前照灯、尾灯、转向信号指示灯和闪光灯。如果漏检了区域 1 或区域 2 的减震器，则现在应该检查它们。仔细地检视漆面情况。

5.2.4 典型结构部件的损伤分析

在汽车的损失评估中，受损零件“修”与“换”的标准是一个难题。在保证汽车修理质量的前提下，“用最小的成本完成受损部位修复”是评估受损汽车的原则。

在进行零部件的损伤评估时，要决定进行修复还是更换，一般可以按以下依据进行：

（1）修理费用超过更换费用的 75%，一般应更换。

（2）修复后很难达到原有的性能，还可能有漏液跑偏等后遗症的，一般应更换。

（3）影响安全的部件，一般应更换。

（4）不能恢复外观的装饰件一般应更换。

（5）没有技术能力进行修复的零部件一般应更换。

1. 承载式车身结构钣金件的修与换

车身结构钣金件是指通过点焊或激光焊接工艺连在一起，构成一个高强度的车身箱体的各组成件，通常包括纵梁、横梁、减震器塔座、前围板、散热器框架、车身底板、门槛板、立柱、行李箱底板等。

车身结构钣金件碰撞受损后修复与更换的判断原则是“弯曲变形就修，扭曲变形就换”。

零件发生弯曲变形，其特点是：损伤部位与非损伤部位的过渡平滑、连续；通过拉拔矫正可使它恢复到事故前的形状，而不会留下永久的塑性变形。

零件发生折曲变形，其特点是：变形剧烈，曲率半径小于3mm，通常在很短长度上弯曲可达90° 以上；矫正后零件上仍有明显的裂纹或开裂，或者出现永久变形带，不经调温加热处理不能恢复到事故前的形状。

2．车身结构件的损伤分析

在大多数情况下，在碰撞部位能够观察出结构损伤的迹象。用肉眼检查后，进行整体估测，从碰撞的位置估计汽车受撞大小及方向，判断碰撞如何扩散并造成损伤。在估测中，先检查汽车是否有扭转和弯曲变形，再设法确定出损伤的位置及各种损伤是否由同一碰撞引起的。

（1）车身上容易识别的损伤变形的部位。

在碰撞中碰撞力穿过车身刚性部件的传递，如车身前立柱（A 柱）、车顶纵梁、地板纵梁等箱型截面梁，最终传递深入至车身部件内并损坏薄弱部件。因此，要找出汽车损伤，必须沿着碰撞力扩散的路径，按顺序一处一处进行检查，重点检查零件的棱角和边缘，确认出变形情况。

① 开裂部位。检查中要特别仔细观察板件连接点没有错位断裂，加固材料（如加固件、盖板、加强筋、连接板）上有没有裂缝，各板件的连接焊点有没有变形，油漆层、内涂层及保护层有没有裂缝和剥落，以及零件的棱角和边缘有没有异样等，这样，损伤的部位就容易识别出来，如图5-41。

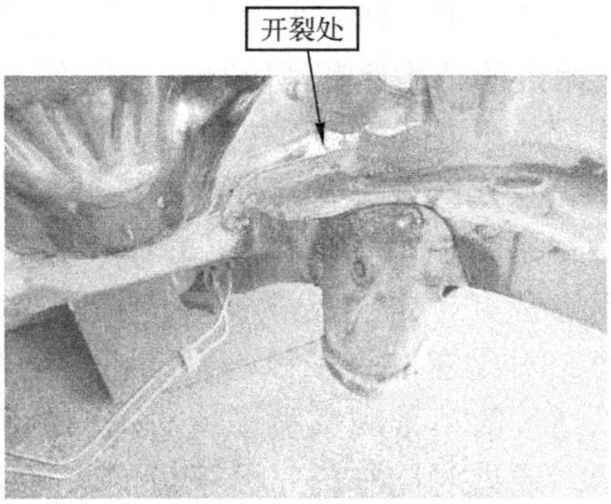

图5-41　纵梁开裂

② 板件的连接部位。加固材料（如加固件、盖板、加强筋、连接板）上的缝隙，板件的连接点等部位在碰撞中容易发生变形，如图5-42所示。

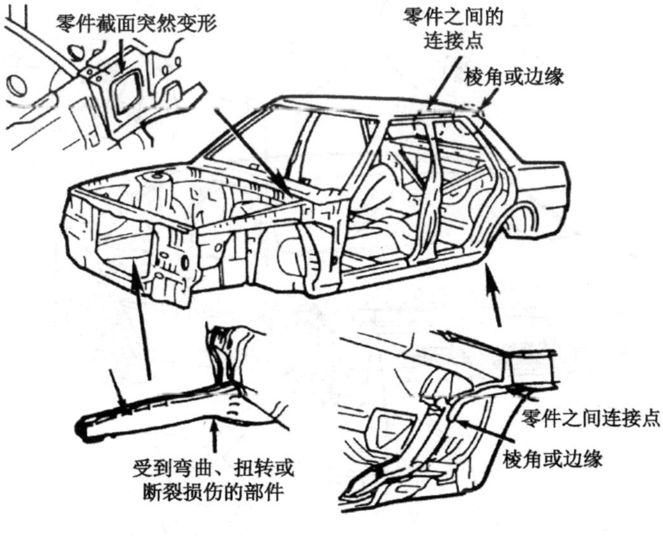

图5-42　板件的连接部位

③ 零件的菱角和边缘。车架部件（如侧边构件）的损伤程度，可以从其凹面上严重的凹痕或扭结形式来判断，而不是以部件凹面的另一面出现翘曲变形来确定，如图 5-43

所示。

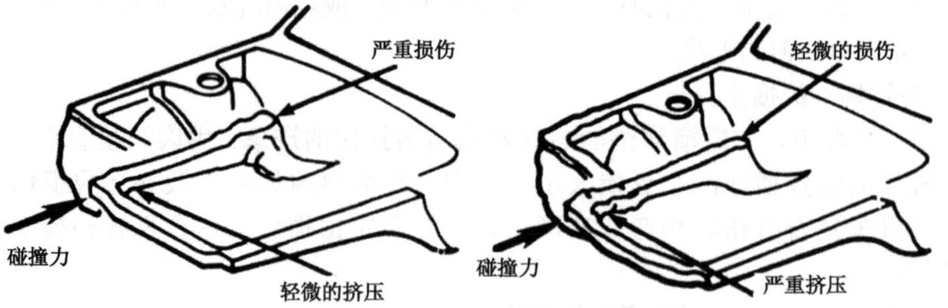

图 5-43　零件的棱角与边缘

此外，还有一点要特别注意的是，同样的碰撞力，若碰撞点部件刚性不同时，碰撞后的损伤情况不一样。当碰撞点部件的刚性较小时，碰撞点附近的损伤迹象比较显著，当能量通过附近的结构逐渐消散时，其损伤迹象很小。反之，有时碰撞点上的损伤迹象虽然很小，而能量却穿过碰撞点而传递到车身内部很深的部位即产生“内伤”。

（2）检查车身部件的间隙和配合。

如图 5-44 所示，在车身上的车门、翼子板、发动机罩、行李箱盖与车灯之间的配合间隙都有一定的尺寸要求，通过观察和测量它们之间间隙的变化可以判定发生了那些变形。对比左右翼子板与发动机罩的间隙情况。翼子板是安装在翼子板骨架上的，这就可以通过简单地观察翼子板与车门的间隙来确定车身是否受到损伤，如图 5-45 和图 5-46 所示。通过对比车门与翼子板间隙来确定车身的损伤变形情况，说明左侧变形严重。

在前部碰撞事故中，了解损伤最重要的是检查后车门与后顶侧板之间的间隙及水平差异；另一个较好的方法是比较汽车发动机罩与翼子板左侧与右侧的间隙。

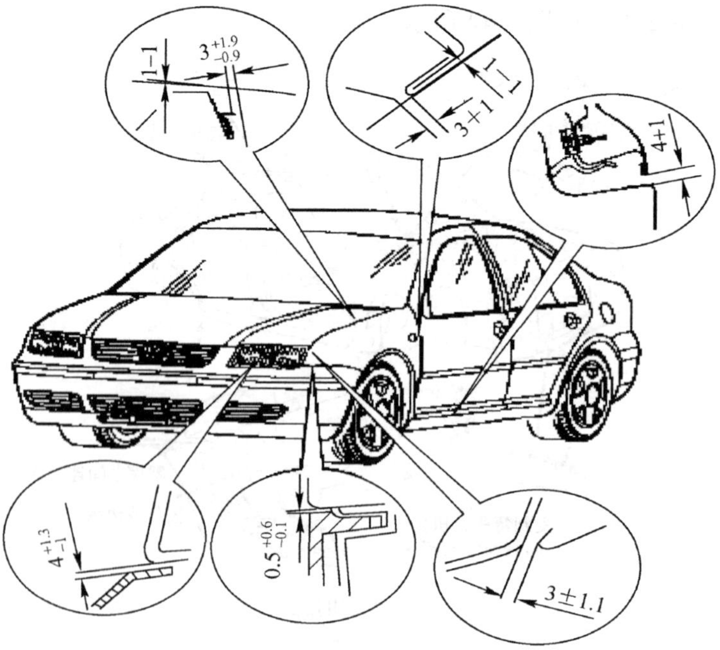

图 5-44　车身前部配合间隙

图 5-45 右翼子板与车门的配合间隙

图 5-46 左翼子板与车门的间隙

（3）检查汽车惯性损伤。

当汽车受到碰撞时，一些质量大的部件（如发动机）的惯性会转化成巨大的作用力，使其向相反方向移动而发生冲击，产生损伤，这就需对固定件、周围部件及钢板进行检查。对于车架式车身，车身安装在橡胶隔垫上以减小其惯性，但是剧烈的碰撞也会引起车身和车架的错位，破坏车身上的隔离件。

此外乘客在碰撞中由于惯性的原因，仪表盘、转向盘、转向支柱和座位靠背将受到损伤。行李箱中的行李也可能成为引起行李箱盖地板、行李箱盖和后顶侧板变形的另一项原因。

（4）梁类零件。

汽车上的梁类结构件一般采用锻造等方式加工而成，如汽车前纵梁、前横梁、后纵梁、车顶纵梁、车顶横梁、车架等。

发生碰撞、翻滚、倾覆等故障后，容易造成扭曲、弯曲、变形、折断等，直接影响了汽车的使用，可以通过整形、焊接的方式恢复其变形，损坏严重的需要更换。

（5）柱类零件。

货车的驾驶室、客车的车身一般都有立柱。在轿车车身上，左右侧自前至后均有三个立柱，依次为前柱（A 柱）、中柱（B 柱）、后柱（C 柱），它们除了起支撑作用外，也起到门框的作用。

汽车的柱类结构件在发生碰撞、翻滚、倾覆等故障时，一般会发生扭曲、弯曲、变形、折断等，直接影响汽车的美观和使用，必须立即修复。修复时可以采用整形、焊接等方式使其外形恢复，损坏严重的需要更换。

5.3 附件的损伤诊断分析

5.3.1 保险杠损伤分析

保险杠横梁，外盖的泡沫塑料和可变形件在这三个区内。可以吸收碰撞能量的泡沫塑料件放在保险杠外护板的后面。

泡沫塑料塞进铝制的保险杠横梁里。保险杠横梁用可变形件和发动机支撑座固定连接。这三个变形区可以把受到的碰撞负载减到最小，这时不会对发动机支撑座有损伤。这些件非常容易更换，这就使事故之后的维修费用很低，如图 5-47 所示为正面碰撞。

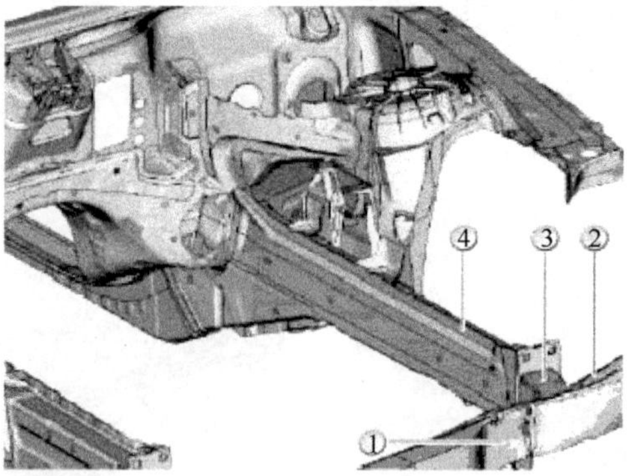

1—可以吸收碰撞能量的泡沫塑料；2—保险杠横梁支撑座；3—可变形的构件；4—发动机支撑座

图 5-47 正面碰撞

1. 前保险杠

保险杠的功能是保护车辆避免因汽车低速碰撞造成车身前部损坏。保险杠如图 5-48 所示，主要起装饰及初步吸收前部碰撞能量的作用，大多用塑料制成。对于用热塑性塑料制成、价格昂贵、表面烤漆的保险杠，如破损不多，可焊接。

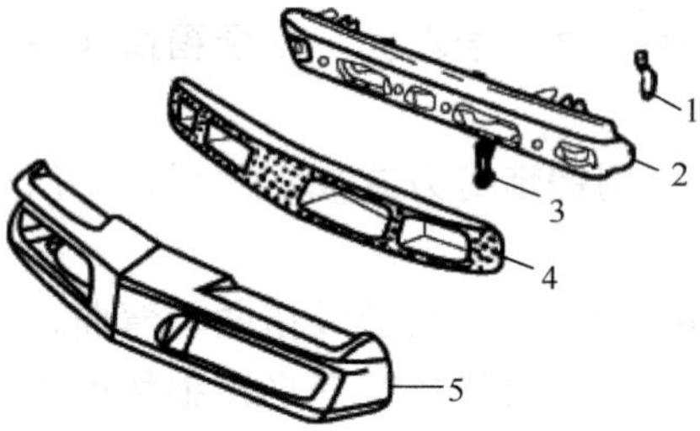

1—垫片；2—保险杠；3—板销；4—吸能区；5—护罩

图 5-48 前保险杠

传统保险杠由厚弹簧钢板材制成并镀铬，镀铬弹簧钢保险杠现在仍用于高级轿车、厢式汽车和货车。但大多数轿车已装备了塑料保险杠，这些塑料可以是氨基甲酸酯、聚合碳纤维或合成材料。

镀铅保险杠损坏时，通常应予以更换。镀铬装饰件承受冲击时容易破裂、碎裂。

钢制保险杠可用碰撞修复设备矫正和修复。铝制保险杠轻微碰撞时也可被矫正。

塑料保险杠损坏时，经常伴随护罩的损坏。这些塑料部件可以用原厂件、拆车旧件或 LKQ 件更换。

保险杠饰条破损后以更换为主。

保险杠使用内衬的多为中高档轿车，常为泡沫制成，一般可重复使用。

对于钢质保险杠骨架，轻度碰撞常采用钣金修复，价值较低的或中度以上的碰撞常采用更换的方法。铝合金的保险杠骨架修复难度较大，中度以上的碰撞多以更换为主。

保险杠支架多为钢质，一般价格较低，轻度碰撞常用钣金修复，中度以上碰撞多为更换。

保险杠灯多为转向信号灯和雾灯，表面破损后多更换，对于价格较高的雾灯，且只损坏少数支撑部位的，常用焊接和黏结修理的方法予以修复。

2．后保险杠

高强度硼钢制造的保险杠横梁安放在保险杠外覆盖件后面，用可变形构件和纵向横梁固定。

这两个变形区接受碰撞能量，也不使纵向梁造成损坏。这些件非常容易更换，这就使事故之后的维修费用很低，如图 5-49 所示为尾部碰撞的损坏状况。

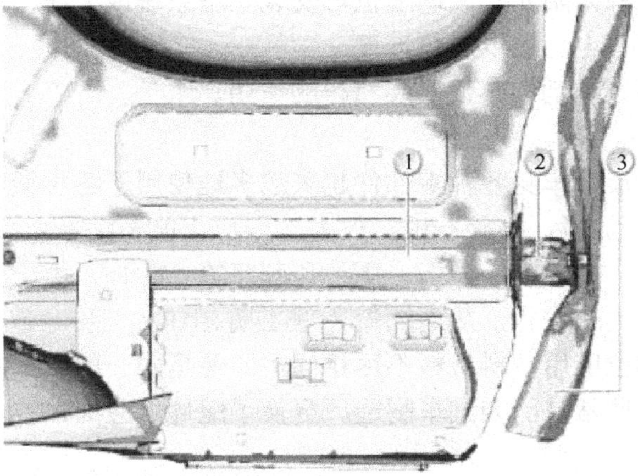

1—纵向梁；2—可变形构件；3—保险杠横梁

图 5-49　尾部碰撞

5.3.2　其他附件损伤分析

1．后搁板及饰件

后搁板碰撞后基本上都能整形修复，严重时应更换。后搁板面板用毛毡制成，一般不用更换。后墙盖板也很少破损，如果损坏以更换为主。高位刹车灯的损坏按前照灯方法处理。

2．仪表台

因正面或侧面撞击常造成仪表台整体变形、皱折和固定爪破损。整体变形在弹性限度内，待骨架校正后重新装回即可。皱折影响美观，对美观要求较高的新车或高级车最好更换。因仪表台价格较贵，老旧车型更换意义不大。少数固定爪破损常以焊修为主，多数固定爪破损以更换为主。

左右出风口常在侧面撞击时破碎，右出风口也常因二次碰撞被副驾驶员右手支承时压坏。

左右饰框常在侧面碰撞时破损，严重的正面碰撞也会造成支爪断裂，以更换为主。

杂物箱常因二次碰撞被副驾驶膝盖撞破，一般以更换为主。

严重的碰撞会造成车身底板变形，车身底板变形后会造成过道罩破裂，以更换为主。

3．玻璃及附件

在许多承载式车身车辆上，风窗玻璃被视为承载式结构的一部分，它使车身更加坚固。这些风窗玻璃用氨基甲酸乙酯胶黏剂固定。

挡风玻璃因撞击而损坏时基本以更换为主。前挡风玻璃胶条有密封式和粘贴式，密封式无需更换胶条；粘贴式必须同时更换。粘贴在前风窗玻璃上的内视镜，破损后一般更换。

需注意的是，后挡风玻璃为带加热除霜的钢化玻璃，价格可能较高。有些汽车的前挡风玻璃带有自动灯光和自动雨刷功能，价格也会偏高。

对车窗玻璃、天窗玻璃，破碎时，一般需更换。

近年来，多数汽车上采用的玻璃不是层压玻璃就是回火玻璃。层压玻璃由两层薄玻璃片和一层位于它们之间的透明塑料组成，用于风窗玻璃。回火玻璃是一单层热处理过的玻璃，破碎时将散落成一些小片。层压玻璃和回火玻璃都可以染色。着色玻璃包括遮光的乙烯树脂材料，可以滤去大部分的太阳光。玻璃上也可安装除霜系统或天线，自动除霜玻璃有导电栅格或看不见，但能够传导电流层以加热玻璃。

车损报告必须包括胶黏剂和其他安装材料的费用。

4．塑料件

随着汽车工业的发展，车身各种零部件越来越多地使用了各种塑料，特别是在车身前端（包括保险杠、格栅、挡泥板、防碎石板、仪表工作台、仪表板等）。许多损坏的塑料件可以经济地修理而不必更换，如划痕、擦伤、撕裂和刺穿等。此外，由于某些零件更换不一定有现货供应，修理往往可迅速进行，从而缩短修理工期。

不同车型、不同部位所用塑料材料不尽相同，即使是同一款汽车或同一部件也有可能使用不同的塑料材料。这通常是因为汽车制造厂更换了配件供应商，或者是改变了设计或生产工艺而致。

塑料件的修与换应从以下几个方面考虑：

（1）对于燃油箱及要求严格的安全结构件，必须考虑更换。

（2）整体破碎以更换为主。

（3）价值较低、更换方便的零件应以更换为主。

（4）应力集中部位，应以更换为主。

（5）基础零件尺寸较大，受损以划痕、撕裂、擦伤或穿孔为主，这些零件拆装麻烦、更换成本高或无现货供应，应以修理为主。

（6）表面无漆面的、不能使用氰基丙烯酸酯黏结法修理的、且表面光洁度要求较高的塑料零件，由于修理处会留下明显的痕迹，一般考虑更换。

5．橡胶及纺织品

汽车上的纺织品、橡胶很多（如内饰、座垫、轮胎等）。发生碰撞时，纺织品的损坏形式一般是漏油污染、起火燃烧、撕裂等。只要纺织品受到损坏，一般需更换，个别污染不太严重的，可通过清洗等方式予以恢复。

橡胶具有良好的耐磨性、柔性、不透水性、不透气性及电绝缘性等，主要用作轮胎、垫圈、地板等，起到耐磨、缓冲、防尘、密封等作用。汽车上的橡胶制品损坏形式一般为老化、破损、烧损等，损坏后，无法修复或没有修复价值的，只能更换。

6．其他常损零件

① 无修复价值的零件。汽车发生事故后，某些损坏的零部件，虽然从技术的角度可以修复，但从经济学的角度考虑，基本没有修复价值了，即修复价值接近或超过零部件原价值的零部件。

② 结构上无法修复的零部件。某些结构件，由于所用原材料的缘故，发生碰撞后，一旦造成破损，一般无法进行维修，只能进行更换。脆性材料的结构件，一般都具有这一特性，如：汽车灯具的损毁，汽车玻璃的破碎等。

③ 安全上不允许修理的零部件。为保证使用安全，汽车上的某些零部件，一旦发生故

障或造成损坏，往往不允许修复后再用，如行驶系的车桥、悬架、转向系的所有零部件、制动系的所有零部件、安全气囊的传感器等。

④ 工艺上不可修复后再使用的零部件。某些结构件，由于工艺设计就存在不可修复后再使用的特点，如：胶贴的风窗玻璃饰条、胶贴的门饰条、翼子板饰条等。这些零部件一旦被损坏或开启后，就无法再用。

复习思考题

1．板件损伤诊断分析的步骤有哪些？
2．板件的折损类型有哪些？
3．影响损伤变形的因素有哪些？
4．板件损伤的诊断方法有哪些？
5．承载式车身的覆盖钣金件有哪些？
6．常损零件更换条件有哪些？
7．塑料件的修与换应从哪几个方面考虑？

第6章　车身测量

知识目标

1. 了解车身测量的常用工具
2. 掌握常用测量工具的使用注意事项
3. 掌握测量基准的选用方法

能力目标

1. 正确识读车身数据图
2. 正确使用测量工具
3. 能进行三维测量

近年来，随着中国汽车工业的迅猛发展，汽车保有量迅速增加，非职业驾驶员的数量急剧增长，大量且频繁的交通事故，致使事故汽车修理的需求急剧增加。由于事故车辆修复是一项技术专业性强、涉及领域多的综合性问题。汽车制造的过程中，有很多的重要测量基准点，这些基准点，既是汽车制造时的基准，也是车身修复的工艺基准和测量基准，如果在车身修复时能使用这些原始的制造基准作为修复时和修复后的测量基准的话，在车身修复时通过测量达到出厂的尺寸标准时，则车身修复将有质的飞跃。

对于局部变形或损坏，一般可以直观的作业判断。车身变形严重时，就必须以正确的测量结果作为判断的依据。

6.1　测量基础知识

6.1.1　车身测量重要性

车身的测量工作是车身修复程序中必须进行的操作，事故车的损伤评估、校正、板件更换安装调整等工序都要用到测量工作。

对整体式车身来说，转向系和悬架是依据装配要求设计的，车身损伤后就会严重影响到悬架结构的安装基础。齿轮齿条式转向器通常装配在车身构件或车身构件支撑的支架（钢板或整体钢梁）上。车身上这些构件一旦变形都会使转向器或悬架工作性能失常，例如减震性能恶化，转向操作失灵，传动系振动或异响，以及拉杆端头、轮胎、齿轮齿条、常用接头或其他转向装置的过度磨损。

为保证汽车使用性能良好，总成的安装位置必须正确，因此在修理后要求车身尺寸配合公差不能超过3mm。

测量点和测量公差要通过对损伤区域的检查来确定。例如，一般引起车门轻微下垂的前端碰撞，其损伤传递不会超过汽车的中心，后部的测量就没有太多的必要。而碰撞发生较严重时，必须进行大量的测量以保证适当的维修调整顺序。

不论车架式车身还是整车式车身，在修理过程中，测量工作都是非常重要的。必须对受伤部位上的所有主要加工控制点对照车身的标准尺寸（生产商提供）进行检查。在对车身进行修理时，车身修理人员使用测量系统应该认真做到以下几点。

（1）准确地进行测量。

（2）要进行多次测量。

（3）重新核实所有的测量结果。

车身测量工作对于成功修复损伤是非常重要的。在车身修理中，测量工作虽然非常频繁，但由于测量系统不断地改进、发展，各种新型的测量系统都在汽车修理中得到应用，现在的测量操作不再是一项烦琐、低效的工作，它能够既快速又精准地测量出车身的所有数据，保证车身修理工作的高质量和高效率。修理中常用的机械式车身测量系统大致可分为三种基本类型：量规测量系统、专用测量系统和通用测量系统。随着现代电子技术的发展，各类传感器和计算机的广泛应用，在各种机械测量系统的基础上，发展出多种电子测量系统，使得车身测量工作变得更准确、更高效。

6.1.2　车身数据图的识读

各汽车公司的汽车都有车身数据，有些数据公司也通过测量来获得数据。不同的数据公司和厂家提供的数据格式可能不同，但要表达的基本内容是一致的，都要提供出车身主要结构件、板件（车门、发动机罩、行李箱盖、翼子板等）的安装位置，机械部件（发动机、悬架、转向系统等）的安装尺寸。我们来看几种数据图，学习怎样通过车身数据来辨别车身上测量的三维数据。

1．车身底部数据图

不同公司提供的数据图在形式上可能有所不同，但是基本的数据信息是相同的，都要反映出车身上测量点的长宽高的三维数据。下面以几种常见的数据图来解读车身数据图中的内容。

如图 6-1 所示，是汽车车身底部的尺寸图，图的上半部分是俯视图，下半部分是侧视图。图的左侧部分代表车身的前方，右侧部分代表车身的后方。要读取数据，首先要找到图中长、宽、高的三个基准。

（1）宽度数据。在俯视图中间位置有一条贯穿左右的线，这条线就是中心面，又称为中心线，它把车身一分为二。在俯视图上的黑点表示车身上的测量点，一般的测量点是左右对称的。两个黑点之间的距离有数据显示，单位是毫米（有些数据图还会在括号内标出英制数据，单位是英寸），每个测量点到中心线的宽度数据是图上标出的数据值的二分之一。

（2）高度数据。在侧视图的下方有一条较粗的黑线，这条线就是车身高度的基准线（面）。线的下方有从 *A* 至 *H* 的字母，表示车身测量点的名称，每个字母表示的测量点一般在俯视图上都显示两个左右对称的测量点。俯视图上每个点到高度基准线都有数据表示，这些数据就是测量点的高度值。

（3）长度数据。在字母 *D* 和 *E* 的下方各有一个小黑三角，表示 *D* 和 *E* 是长度方向的零点。长度基准点有两个，*K* 点是车身前部测量点的长度基准，*O* 点是车身后部测量点的长度基准。

例如我们要找 *A* 点的长、宽、高的尺寸，首先要在图中找出 *A* 测量点在俯视图和侧视图上的表示位置，从俯视图中可以找出左右 *A* 点之间的距离是 968mm，*A* 点至中心线的宽度值是前述距离的一半 484mm。从侧视图的高度基准线可以找出 *A* 点的高度为 282mm。从 *A* 点和 *D* 点的向上延伸线可以找出长度值为 1389mm。

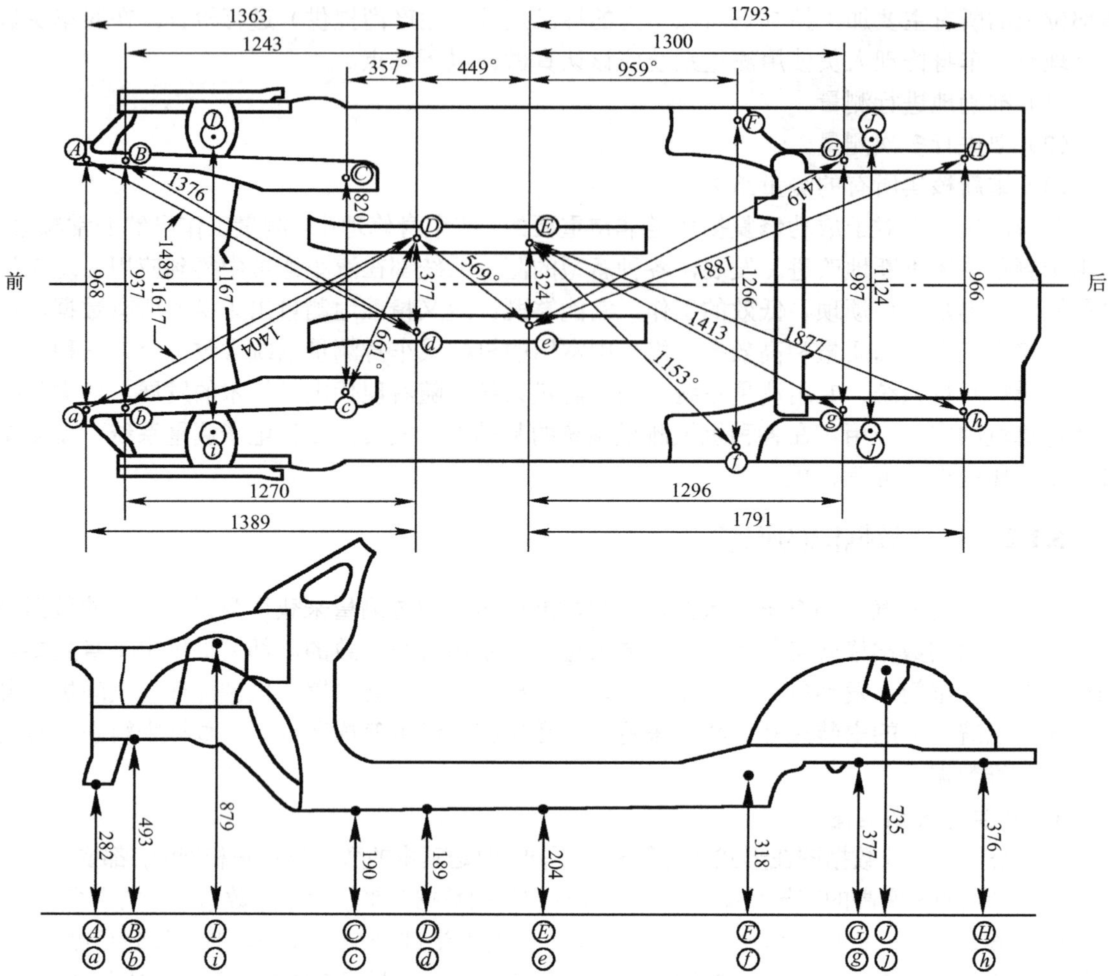

图 6-1　车身底部数据图

要使用这种数据图配合测量系统进行测量时，首先要把测量系统的宽度的基准调整到与车辆的宽度基准一致或平行，然后调整车辆的高度，让车辆的高度基准与测量系统的高度基准平行，长度基准就在车身下部的基准孔位置。找到基准后，可以使用各种测量头对车身进行三维测量了。

如图 6-2 所示中只用俯视图来表达，左侧为发动机室数据图，右侧为车身底部数据图，同样要找到图中表示基准的长、宽、高三个基准。图的左侧部分代表车身前方，右侧部分代表车身的后方。

（1）宽度数据。在俯视图的中心部位有一条线把车身一分为二，这条线就是中心面。车身上的测量点用 1～18 的数字表示，每个数字代表车身上左右两个测量点。分别通过每个测量点到中心面的数据，可以直接读出任一测量点的宽度数据。

（2）高度数据。在数据图的上方有一排图标，有圆圈、六角形和三角形等，内部有 *A*、*B*、*C* 和 *E* 等字母和数字。圆圈表示测量点是一个孔，六角形表示测量点是一个螺栓，三角形表示测量部件的表面。*A*、*B*、*C*、*E* 等字母表示测量时所用测量头的型号。数字表示高度数值，有时同一个点有两个高度值，是因为在测量时有螺栓或拆掉螺栓后高度是不同的。

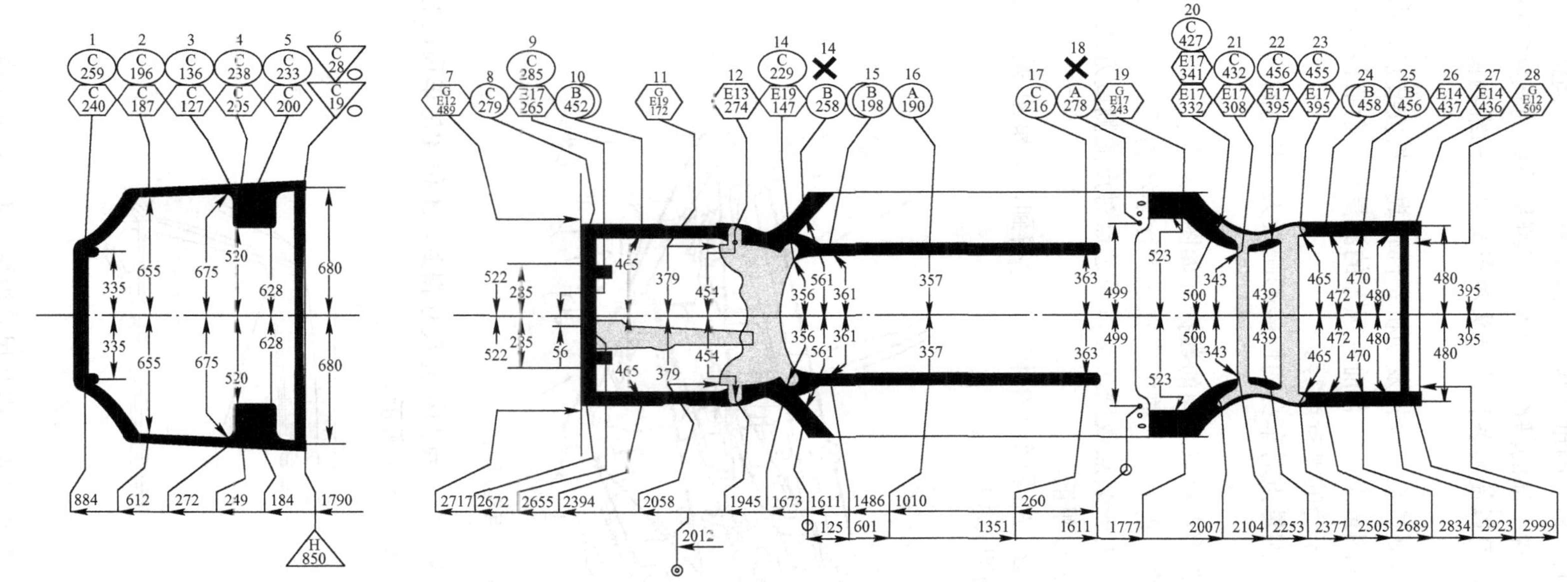

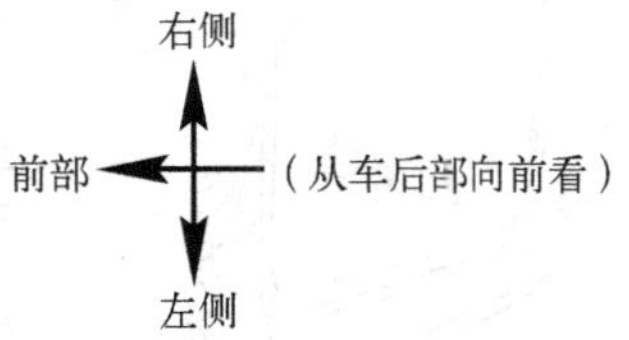

228mm 标尺柱尺寸数据

孔号	尺柱位置	长度	⬡ 高度	◯ 高度
11	X	117	GE19 140	
12	Y	154	E13 242	
13	Z	34	E19 115	C197

长度尺寸设置均以 Y 为基准

螺钉去除后高度变化

孔号	⬡ 高度	◯ 高度
2	C185	C194
7	GE12 492	
10		B454
12	E13 242	
28	E19 115	

极限偏差

长度方向：8mm

宽度方向：5mm

高度方向：5mm

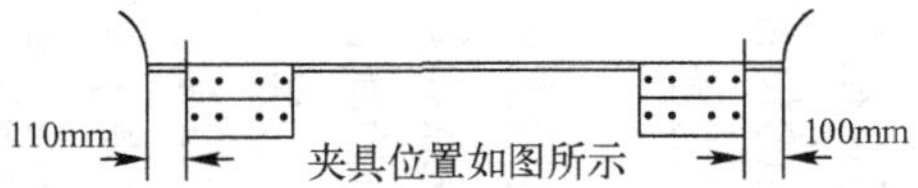

图 6.2　底部车身数据图

（3）长度数据。要使用这种数据图配合测量系统进行测量时，首先要调整车辆的高度到要求的数值，然后把车辆固定在主夹具上。移动测量系统，把测量系统的中心调整到与车辆的宽度中心一致。长度基准的位置就在车身下部的基准孔位置，把测量系统的长度零点设定在此基准孔上。找到长宽高的基准以后，可以使用各种测量头对车身进行三维测量。

2. 车身上部数据图

车身上部数据图主要显示上部车身的测量点。包括发动机室部位翼子板安装点、水箱框架安装点、减震器支座安装点和其他一些测量点，还有前后风窗的测量点，前后门测量点，前、中、后立柱铰链和门锁的测量点，行李箱的测量点等。

上部车身的这些测量点如发动机室的测量点对车身的性能影响很大，其他的测量点数据对车身的外观尺寸调整非常重要。

有些数据图显示的是车身上部测量点的点对点之间的数据，如图 6-3 所示。

车身数据图包括发动机室、前后风窗、前后门、前中后立柱和行李箱的尺寸。发动机室的数据图中显示发动机室部位的主要部件的安装点数据，可以通过点对点的测量方式测量，一般可以使用卷尺、轨道式量规等工具进行测量。

前风窗的尺寸通过测量图中 *A*、*A'*、*B*、*B'* 四个点的相互尺寸得到，*A* 和 *A'* 是车身顶板的拐角，*B* 和 *B'* 是 *A* 柱下端的边缘。如图 6-3 所示。

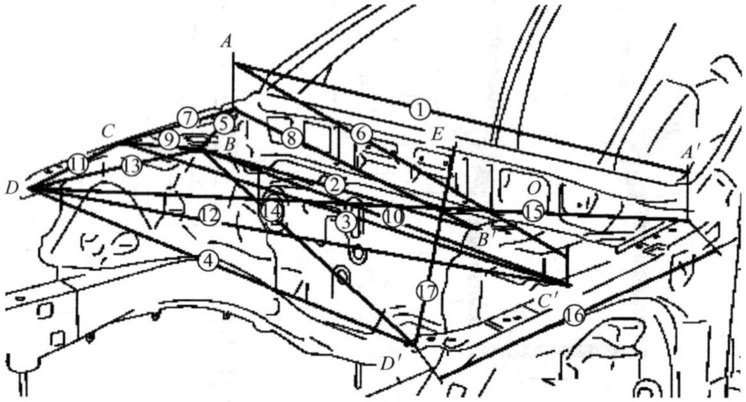

图 6-3　点对点的测量

后风窗的尺寸通过测量图中 *A*、*A'*、*B*、*B'* 四点的相互尺寸得到，*A* 和 *A'*是车顶板的角 *B* 和 *B'*是行李箱电焊裙边上一条搭接缝隙。如图 6-4 所示。

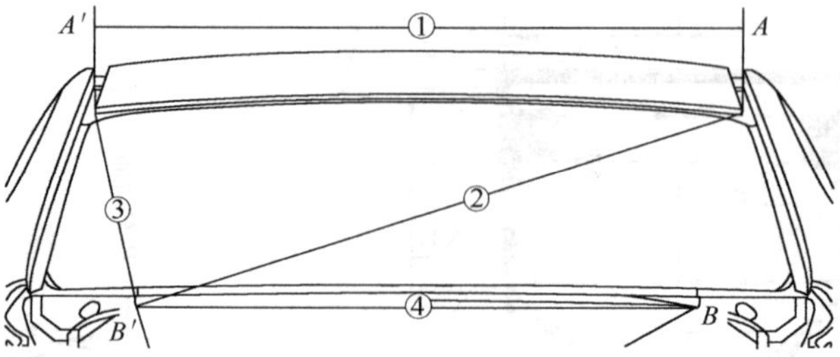

图 6-4　后风窗的尺寸测量

前门的尺寸通过测量图中 *A*、*B*、*C*、*D* 四个点的相互尺寸得到，*A* 点表示风窗立柱上的搭接焊缝位置，*B* 点表示前柱铰链的上表面，*C* 点是中门柱锁闩的上表面，*D* 点中门柱铰链的上表面。如图 6-5 所示。

后门的尺寸通过测量图中 *A*、*B* 两点的尺寸得到，*A* 点表示后柱门锁闩的上表面，*B* 点表示中柱门铰链的上表面。如图 6-6 所示。

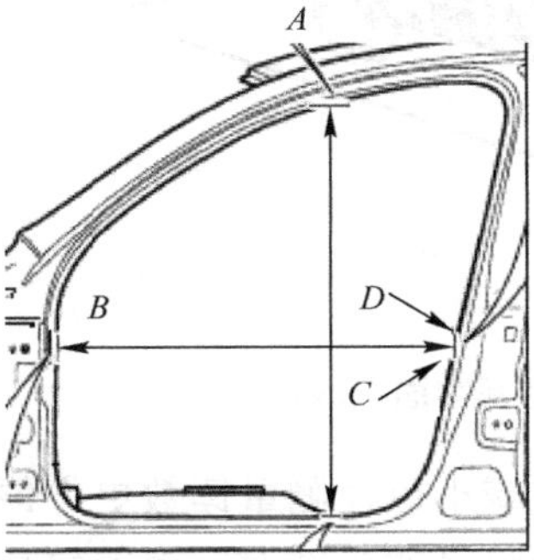

图 6-5　前门尺寸测量

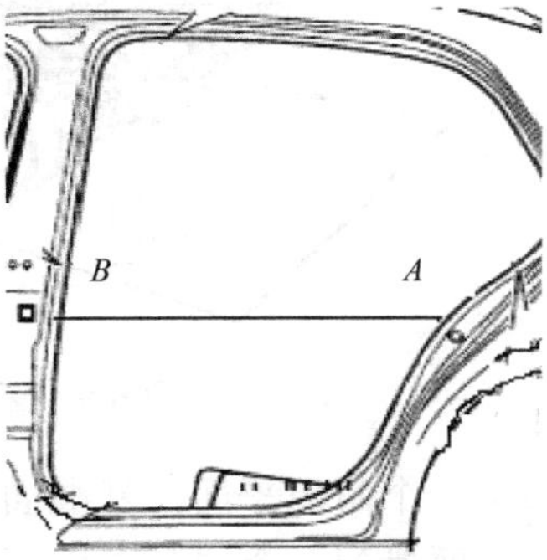

图 6-6　后门尺寸测量

中柱的尺寸可以通过测量图中 *A*、*B* 两点的尺寸得到，*A*、*B* 点都表示中柱门锁闩的上面固定螺栓的中心。如图 6-7 所示。

行李箱的尺寸可以通过测量图中 *A*、*B*、*D*、*E*、*A*'、*B*'、*D*'、*E*'、的相互尺寸得到，*A*、*B*，*A*'、*B*'表示行李箱电焊裙边上一条搭接缝隙，*D*、*E*、*D*'、*E*'表示保险杠上不固定螺钉的中心。如图 6-8 所示。

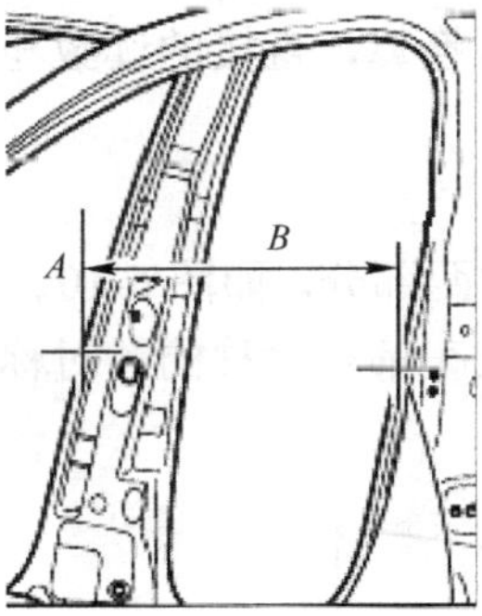

图 6-7　中柱尺寸测量

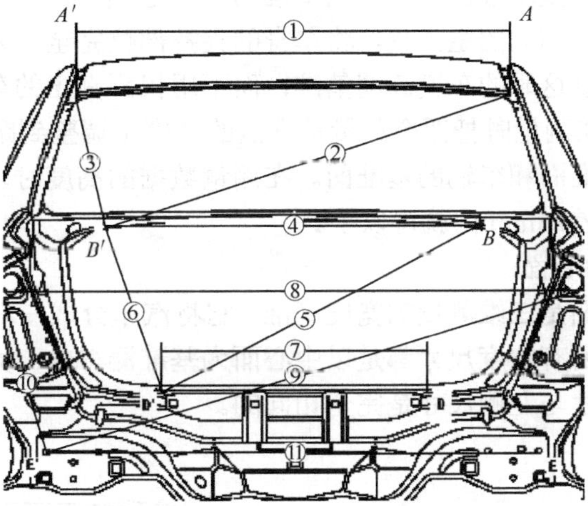

图 6-8　行李箱尺寸测量

6.1.3　车身测量基准

像使用直尺测量数据一样，要有一个零点作为尺寸的起点，同样，车身三维测量也必须先找到长度、宽度和高度的测量基准。只有找到基准，测量才能顺利进行。

1．基准面

基准面是一个假想的面，与车身地板平行并与有固定的距离，如图 6-9 所示，基准面被用来作为车身所有垂直轮廓测量的参照面，汽车高度尺寸数据就是从基准面得到的测量结果。

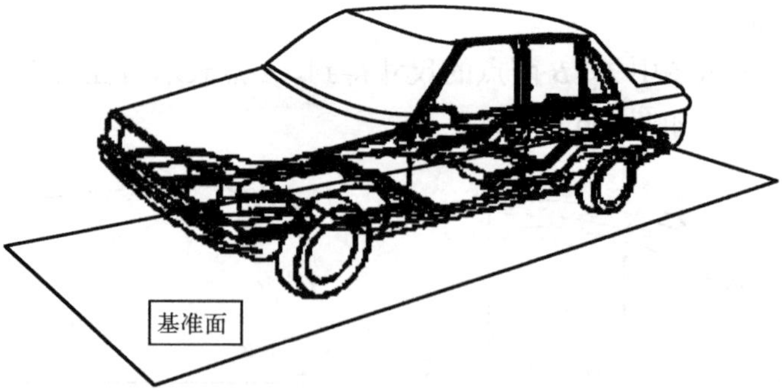

图 6-9　三维测量的高度基准面

由于基准面是一个假想平面，基准面高度增加或减小以使测量读数更方便，因此在实际的测量过程中，只要找到一个与基准面平行的平面为测量的基准面，而读取高度数值时只考虑所有的测量值与标准值的差距变化即可。

使用某些测量系统寻找高度基准时，要在车身中部找到两对对称而没有变形的测量点，通过测量一对测量点的高度，调整另一对测量点的高度，使两对测量点的实际测量值和标准数值的差相等。比如其中一对测量点的实际测量值和标准数值的差也是 50mm，那么整个车身的测量基准面与标准基准面的差距就是 50mm。我们在测量时只需考虑测量点的实际测量数据与标准测量数据的差值是否在 50±3mm 内就可以了，而不用关心基准面在哪里。

由于测量基准面和车辆的基准面不一定相同，为了方便找到测量基准面，一般的做法是用四个高度相同的主夹具，将车身的夹持部位完全落入主夹具钳口内，并且把夹具高度位置锁紧，就以这时的车辆高度基准，而不用找到真正的车辆高度基准。例如奔腾米桥式通用测量系统，在测量时把四个测量基准点的高度都调整到距某一平面 176mm，那么这个平面就是测量的基准面和车辆的基准面。在测量数据的高度时，不用再换算，直接的读数与标准值比较，在误差±3mm 内就可以了。

2. 中心面

中心面是三维测量的宽度基准，它将汽车分成左右对等的两部分，如图 6-10 所示。对称的汽车的所有宽度尺寸都是以中心面为基准测得的。大部分汽车都是对称的，对称意味着汽车右侧尺寸与左侧尺寸是完全相同的。

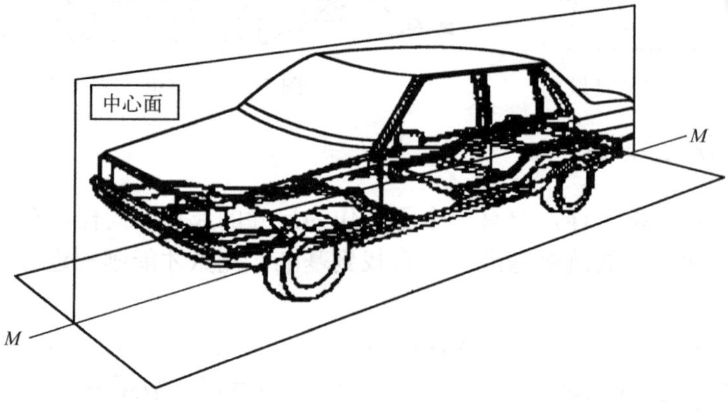

图 6-10　三维测量的宽度基准面

如果汽车不对称，这些尺寸就不同了。因此，校正不对称的汽车车身部件时，要使用车身数据图来不断测量和校正。

使用通用测量系统找中心面时，要在车身中部没有变形的部位找到两个没有变形的测量孔，将底部测量头对准要测量的孔，通过尺上的宽度读数可以知道两个孔到中心线的宽度，调整米桥尺（有时可能需要调整车辆的中心面与测量系统中心面对齐），直到两个宽度读数相同并与标准数据一致。再找另外两个测量孔，重复以上操作，通过两对左右对称的测量点就能把车辆的中心面找到。

有些测量系统在找到中心时需要调整车辆或测量尺，把测量系统的中心与车辆的中心重合，以后测量得到的读数就是实际数值，有时要求测量系统的中心与车辆的中心平行即可，但要知道两个中心面的距离，测量点的宽度数值也要考虑这两个中心面距离的因素，否则可能读数错误。

3. 零平面

为了正确分析汽车损伤，一般将汽车看作一个矩形结构并将其分成前、中、后三部分，三部分的基准面称作零平面，如图 6-11 所示，这三部分在汽车的设计中已形成。不论车架式车身还是整体式车身结构，中部区域可用来作为观测车身结构对中情况的基础，所有的测量及对中观测结果都与中心零平面有关。在实际测量中，零平面也叫零点，是长度的基准。

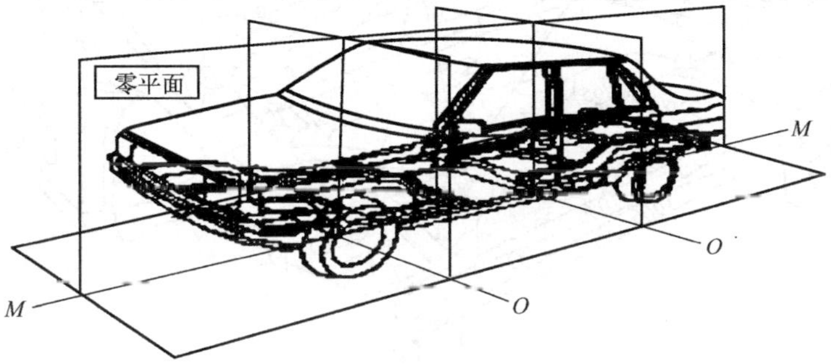

图 6-11　三维测量的长度基准面

首先应该测量中间段。如果中间段不方正，就移到车上未受损伤的一端找到位置正确的三个基准点。注意，要对车身进行准确的测量，必须从至少三个已知确定的尺寸开始测量，这样做的目的是要测量车身的方正情况。如果汽车不对称，那么，为了测量的准确，就要参阅尺寸图表来进行测量。

通过检验损伤的部位，可以确定出需要测量的点的位置和范围。通常，车前端的碰撞会引起车门轻度变形，其损伤范围不会超过中间段，因而无需测量后段。当发生了严重的碰撞时，则应进行多样测量，以便能得到正确的形变状况，但是，测量过多也会引起无谓的混乱。基准点间的距离可以用杆规或卷尺进行测量。

在实际测量工作中，高度基准面我们一般使用车身校正仪的平台平面，宽度中心面是车辆的中心面与测量系统的中心面重合或平行。长度的基准不在平台或测量尺上，而是在车身上，可以找到前或后的零平面作为长度基准，来测量其他测量点的长度数据。

6.1.4 车身测量方法

1．用点对点测量方法测量车身尺寸

（1）车身前部尺寸的测量。车身损伤变形的程度可用导轨式量规或卷尺来确定，其基本测量方法与前述相同。每辆车都有汽车制造厂提供的说明书，上面标出了车身上部最重要控制点的尺寸规格，可以通过测量这些点之间的尺寸检验车身是否有变形或者校正是否到位。

由于受损汽车需进行发动机罩前缘及前端部件调换，在修复的同时进行测量是合理的。即使仅仅车身的前右侧受到碰撞，汽车左侧通常也常常会受到损伤。因此，在测量之前必须检验变形的程度。如图 6-12 所示，给出了典型的前部车身控制点，对照标准数据就可以对其进行检验。

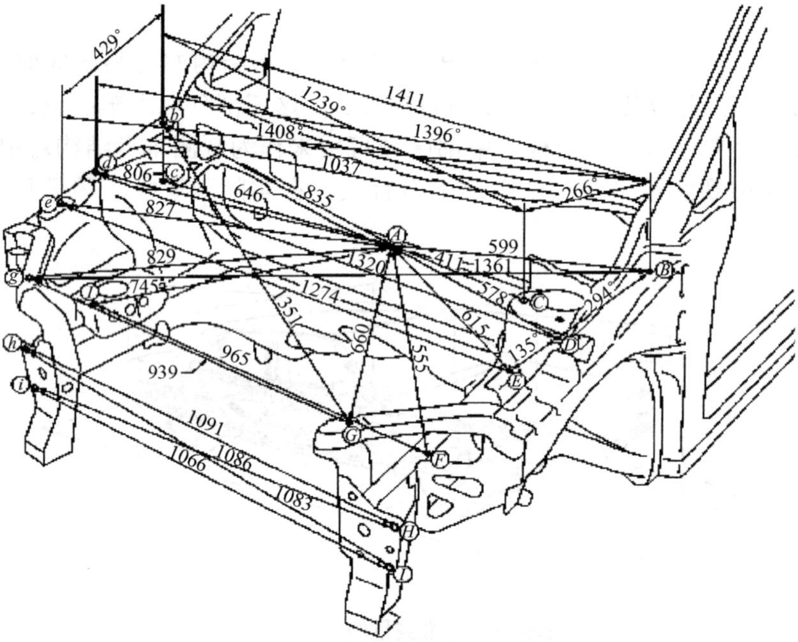

图 6-12　发动机室尺寸

检验汽车前端尺寸时，轨道式量规测量的最佳位置是悬架及机械元件上的安装点，因为它们对中的正确与否很关键。每一尺寸应该对照另外的两个基准点进行检验，其中至少有一个基准点要进行对角线的测量。通常，测量的尺寸越长，其精确度越高。例如，测量从车颈（前车身与中车身的交界处称为车颈）下端至发机底座前部之间的尺寸要比测量车颈下端至另一侧车颈下端尺寸要好，因为它是在汽车较大范围内测得的一个较长尺寸。从每个控制点测得两个或多个数据既保证了更高的精度，又能够帮助辨别出钢板损伤的范围及方向。

（2）车身侧面尺寸的测量。车身侧边结构的任何损伤都可以通过车门开关时的状态或通过检验车门周边缝隙的均匀来确定。找出车身变形所在的位置，应把注意力放在漏水的可能性上。这样，必须进行精确的测量。车身侧板的测量主要使用导轨式量规，其测量点如图 6-13 所示。

在进行点对点测量时，经常要利用车身的左右对称性。运用对角线测量法可检测出车身的翘曲，如图 6-14 所示。在发动机室及下部车身数据遗失、车身尺寸表上没有可提供的数据或汽车在倾翻中受到严重创伤时，都可以使用对角线对比测量方法。

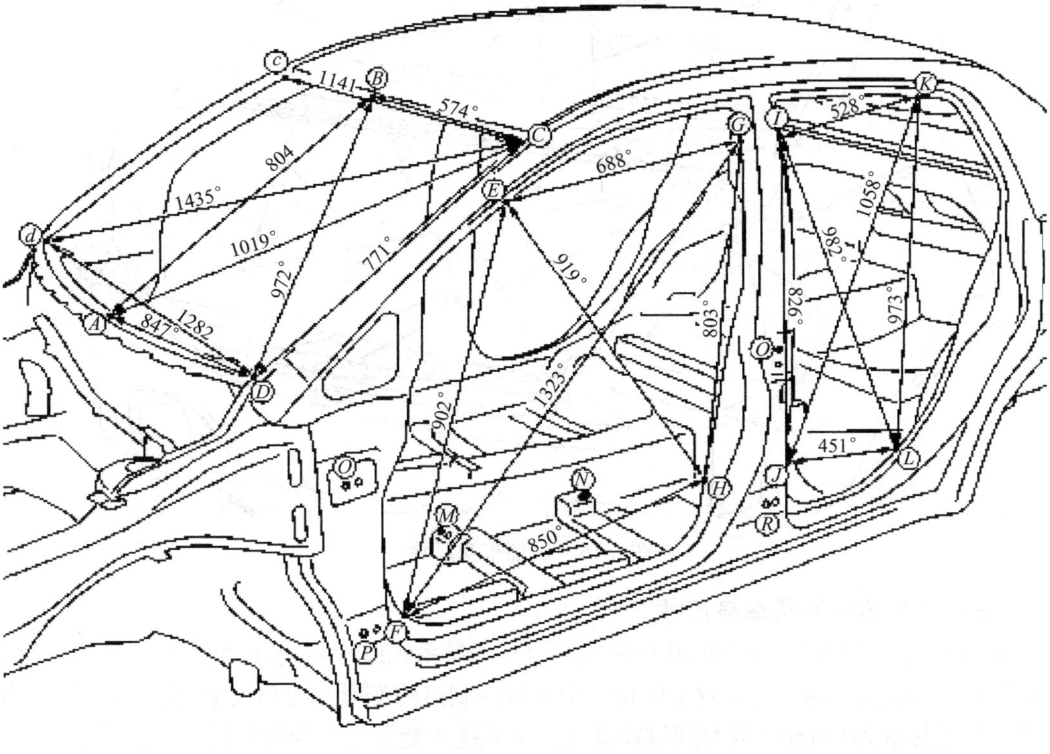

图 6-13　车身侧面尺寸

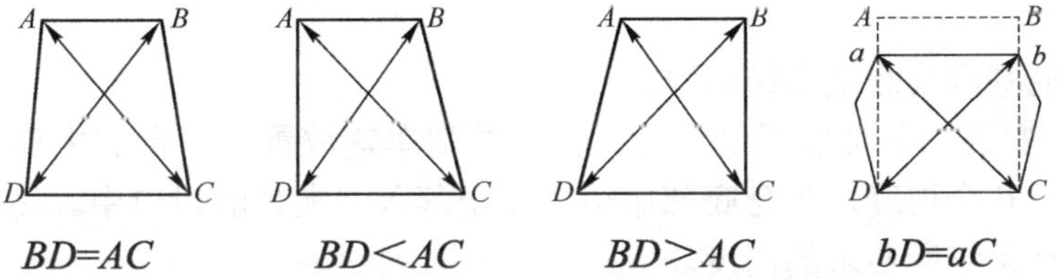

（a）车身没有翘曲　（b）车身向左或向右翘曲　（c）车身两侧发生变形

图 6-14　对角线测量

在检测汽车两侧受损或扭转情况时，不能仅仅使用对角线测量法，因为测量不出这两条对角线的差异。如果汽车左侧和右侧的变形相同，对角线长度相等，此法就更不宜使用了。

在图 6-14 所示中，通过长度 *AC*、*BD* 的测定和比较，可对损伤情况做出很好的判断，这一方法适用于左侧和右侧对称的部位，它还应与对角线测量法联合使用。

（3）车身后部尺寸的测量。

车身后部的变形大致上可通过行李箱盖开关缝隙的变化估测出来。为了确定损伤及漏水的可能性，有必要对图 6-15 所示的测量点进行精确测量。后部地板上的皱折通常都由于后部元件的扭弯，因此，测量后部车身的同时，也要测量车身的底部。

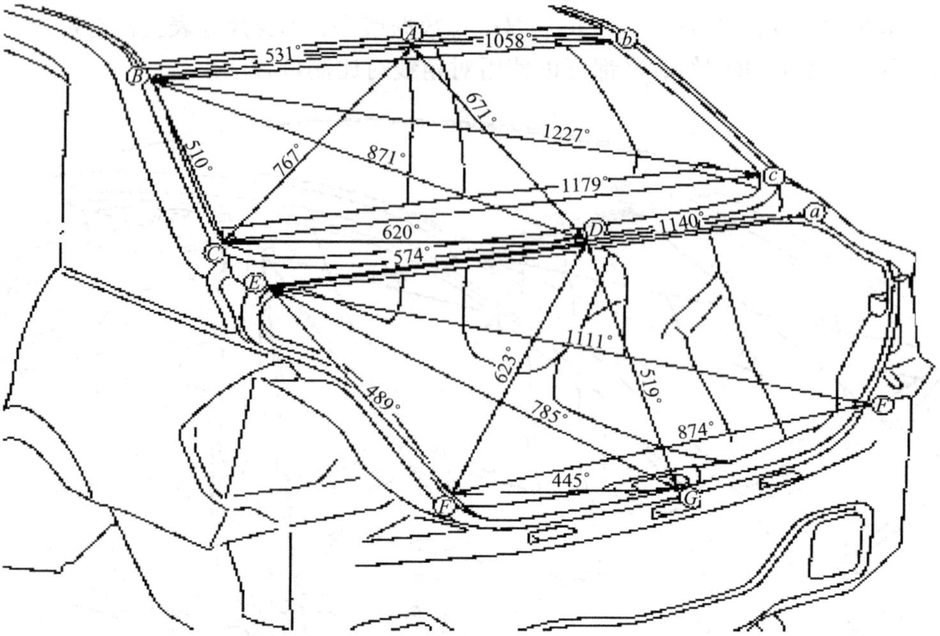

图 6-15　后部车身尺寸

2. 三维测量方法测量车身尺寸

车身的测量可以用以上介绍的几种机械和电子测量系统进行测量。量规式测量系统的测量方式不够精确，不能完全测量出车身上的每一个测量控制点的变形方向和大小。因为现在车身维修后的测量公差标准为±3mm，只有通过精准的测量系统才能够对车身进行精确的测量。

在测量时首先要有所测车辆的标准数据。下面以米桥式通用测量系统为例，说明测量的过程。

（1）调整车辆基准与测量系统基准。

① 事故车被安装在车身校正仪上时，尽量要把车辆放置在平台的中部。调整四个主要夹具的位置和钳口开合程度，车身底部裙边要完全落入主夹具的钳口中。高度的基准按照要求调整到这套测量系统所要求的高度。

② 把测量米桥尺（梯形尺架）放入到车身底部，在长梯上安装固定座和测量头（按照图纸说明选择合适的量锥头），选择车身中部四个测量点，如图 6-16 所示，来进行定位测量。

图 6-16　安装测量标杆尺

③ 测量车身中部前后基准点的宽度尺寸，移动米桥尺（梯形尺架），使得前后两边基准点的宽度尺寸相等。这时说明测量系统的中心线和车辆的中心线是重合的。

④ 根据车辆的损坏情况，选择长度方向的基准点，如图 6-17 所示。如果汽车前部碰撞就选择后面的基准点作为长度基准点；如果汽车后部碰撞就选择前面的基准点作为长度基准点；如果汽车中部发生碰撞，就需要对车辆中部进行整修，直到中部四个基准点有三个尺寸时准确的，然后按照前后损坏的情形选择前面或后面的基准点作为长度基准点。

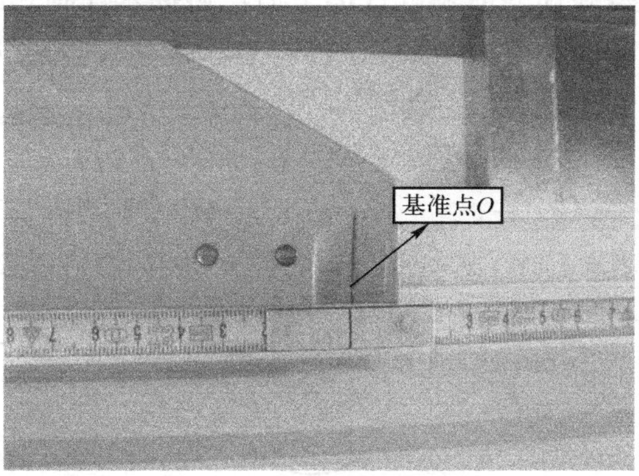

图 6-17　设置长度基准

（2）测量方法如下：

① 根据车辆的损坏情况，确定要测量的点，在车身上到要测量的那个点后，在图纸上找出相应的标准数据。

② 根据数据图的提示，在机柜内选择正确的量杆和量头，安装在中心线杆（横尺）上，把量头与要测量的测量点配合。量头的选择正确与否非常重要，选择错误的量头，那么测量的高度数据尺寸将是错误的。

③ 从梯形尺架上读出长度数据，从中心线杆（横尺）上读出宽度数据，从不同高度的量杆上读出高度数据。那么要测量的点的三维数据就出来了，与标准数据对比就可以知道数据的偏差。

④ 侧面数据的测量。根据图纸的要求把三角立尺放置在长米桥尺上，设置好立尺的长度基准。在立尺上安装刚性量规的安装座，把刚性量规安装好，把标尺安装在刚性量规上，把标尺筒安装在长标尺上，然后根据图纸要求选择合适的测量探头对侧面测量点或测量面进行数据测量和对比测量。

⑤ 上部尺寸的测量。根据图纸的要求把三角立尺放置在米桥尺上，设置好立尺的长度基准。调整上横尺高度的基准，把上横尺安装到位在两个立尺上，然后把刚性量规安装在上横尺上。在刚性量规上安装标尺座，选择合适的标尺筒、标尺柱和量头，然后安装在标尺座上就可以对上部发动机室或行李箱的尺寸进行测量了。

⑥ 拉伸操作中测量。在拉伸测量时，可以把测量头定在标准的宽度、长度和高度尺寸上，拉伸部件，直到要测量的点的尺寸达到标准值。用测量头可以同时测量几组要拉伸的数据，同时监控拉伸中数据的变化情况，保证修理后数据的准确性。

6.2 车身测量工具及使用

6.2.1 常规的车身测量工具及使用

1. 卷尺测量

修理人员常用的基本测量工具有钢板尺和卷尺，卷尺如图 6-18 所示。这两种尺可以测量两个测量点之间的距离，将卷尺的前端进行加工后，再插入控制孔测量时，会使测量结果更为精确。如果各个测量点之间有障碍将会使测量不准确，这就需要使用轨道式量规。

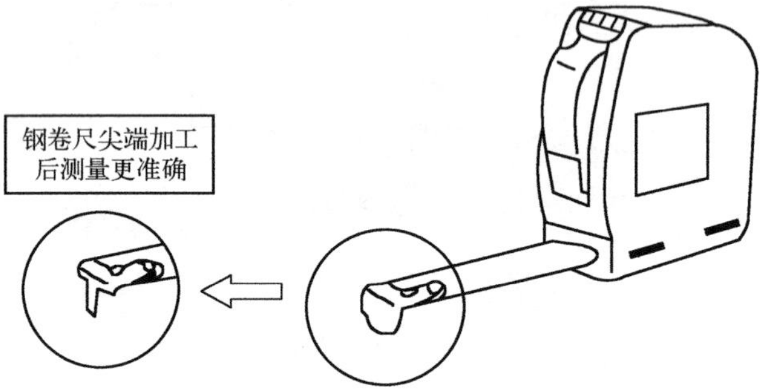

图 6-18 卷尺测量

2. 量规测量

量规主要有轨道式量规、中心量规和麦弗逊撑杆式中心量规等多种，它们既可以单独使用，也可互相配合使用。轨道式量规多用于测量点对点之间的距离，中心量规用来检验部件之间是否发生错位，麦弗逊撑杆式中心量规可以测量麦弗逊悬架支座（减震器支座）是否发生错位。轨道式量规和麦弗逊撑杆式中心量规可作为一个整体使用。

（1）轨道式量规。轨道式量规不仅每次能测量和记录一对测量点，同时还可以和另外两个控制点进行交叉测量和对比检验，其中至少有一个为对角线测定。用轨道式量规测量的最佳位置为悬架和机械元件上的焊点、测量孔等。他们对于部件的对中具有关键性作用。修理车身时，对关键控制点必须用轨道式量规反复测定并记录，以监测维修进度，防止过度拉伸。车身上部的测量可以大量使用轨道式量规来进行，在一些小的碰撞损伤中，用这种方法既快速又有效。用轨道式量规还可以对车身下部和侧面车身尺寸进行测量。

在修理工作中，这些测量点必须多次进行测量并做记录，在进行每一步修复工作时，测量结果都应记录下来，包括刚刚校正过的尺寸。汽车修复的过程和结果能够通过测量数据表得知。

有些轨道式量规上还附有刻度，一般都是公制单位，如果在配合使用经过精度检验的钢尺测量就更为快捷。

用轨道式量规进行点对点测量的方法。在车身结构中，大多数的控制点实际上都是孔、洞，而测量尺寸一般都是中心点至中心点的距离。用轨道式量规对孔进行测量时，一般测量孔的直径比轨道式量规的锥头要小，测量头的锥头起到自定心的作用，如图 6-19 所示。当测量孔径大于测量头直径时，如图 6-20 所示，为了用轨道式量规进行精确测量，在测量孔的直径相同时，就需用同缘测量法，如图 6-21 所示，即两个测量孔直径相同时，孔中心的距离就是两孔同侧边缘的距离。

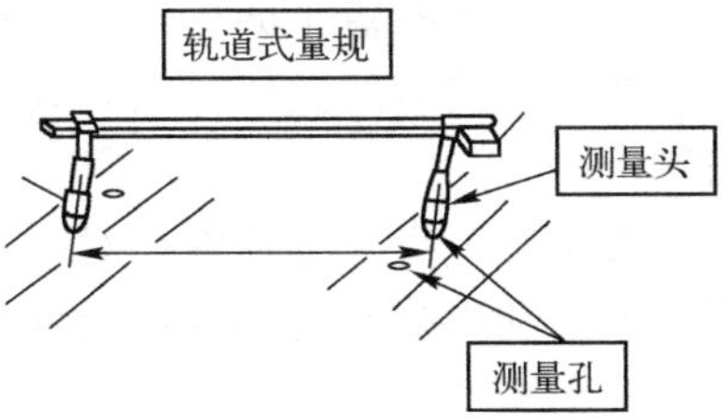

图 6-19　轨道式进行点对点测量

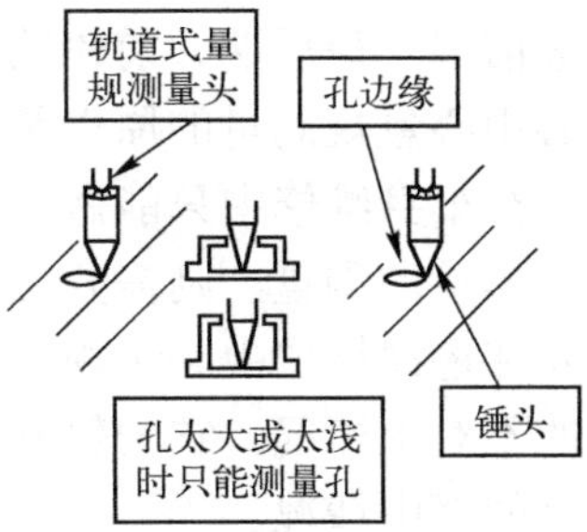

图 6-20　测量头直径小于测量口

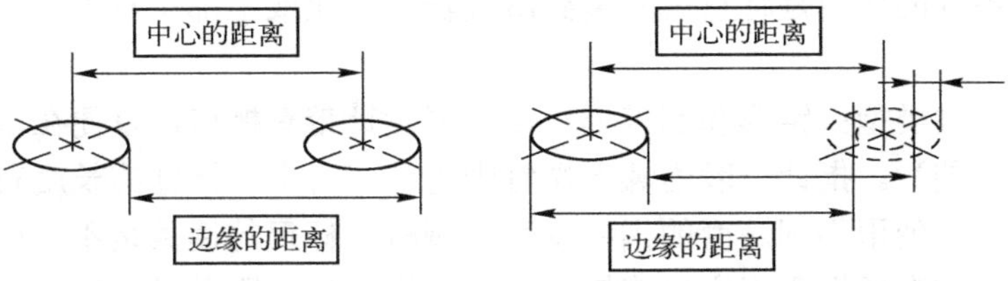

图 6-21　同缘测量法

如果需要测量的孔径不是同一尺寸，有时甚至不是同一类型的孔：圆孔、方孔、椭圆孔等。要测出孔中心点间的距离，就要先测得两孔内缘间距，后测得两口外缘间距，然后将两次测得的结果相加再除以 2 即可。也就是说，孔径不同时，内边缘和外边缘的平均值与孔中心距离相同。例如，有两个圆孔，一个圆孔直径为 10mm，另一个直径为 25mm，测得其内缘间距为 300mm，外缘间距为 336mm，则孔中心距为（300+336）÷2=318mm，即轨道式量规测得的两个测量孔的尺寸为 318mm。

在使用轨道式量规进行测量时，要根据车身的标准尺寸来精准地测量汽车损伤，使车身结构修复至原来的尺寸。如果没有标准尺寸，则可用一辆没有损伤且是同一厂家、同一年份、同一型号的汽车作为校正受损汽车的参照。如果仅仅车身一侧受到损伤而且不严重，那么就可测得未损伤一侧的尺寸并以此作为损伤一侧的对照尺寸。

使用轨道式量规测量的注意事项有：

① 汽车上固定点如螺栓孔的测量位置是中心；

② 点至点测量为两点间直线的距离测量；

③ 量规臂应与汽车车身平行，这就要求量规臂上的指针在测量某些尺寸时要设置成不同长度；

④ 某些标准车身数据要求平行测量，有些则只要求点至点之间的长度测量，而有的则两者都用。修理人员必须使用与车身表述的数据一致的测量方法，否则就很容易发生错误的测量；

⑤ 按车身标准数据测量损伤车辆所有点，损伤的程度通常用标准数据减去实际测量数据来表示。

（2）中心量规。中心量规最常用的是自定心量规，自定心量规的结构同轨道式量规很相似，但它不是用来测量。自定心量规可安装在汽车的不同位置，在量规上有两个由里向外滑动时总保持平行的横臂，可使量规在汽车不同测量孔上安装。量规（通常为 3 或 4 个）悬挂在汽车上后，每一个横臂相对于量规所附着的车身结构都是平行的，将四个中心量规分别安置在汽车最前端、最后端、前轮的后部和后轮前部。

自定心中心量规测量的原理是找到车辆的基准面、中心面和零点平面等基准，找出它们的偏移量，在车身维修中只能做一个大体的分析，它不能显示测量的具体数据。具体到每一个尺寸的变形量的测量，则需要使用三维测量系统来测量。

（3）麦弗逊撑杆式中心量规。可以测量出减震器拱形座或车身上部部件相对中心线平面和基准面的不对中情况。它一般安装在减震器的拱形座上，利用减震器拱形座量规就能观察到上部车身的对中情况。

麦弗逊撑杆式中心量规有一根上横梁和一根下横梁。下横梁有一个中心销，上横梁上有两个测量指针，指针的作用是将量规安装到减震器拱形座或上部车身上。上横梁一般是从中心向外标定的。

测量指针有两种类型：锥形和倒锥形。倒锥形量针带有槽口，以便在车身上安装（如在未拆卸螺栓头上安装）。指针一般用蝶形螺钉固定在套管上。指针的长度有很多种，以适用不同高度的测量。在使用不同高度的指针安装量规时，标尺的读数是不一样的。

在上下横梁之间有两根垂直立尺连接，上、下横梁的间距通过调整立尺的高度来达到。借助标准车身数据，维修人员可以利用连接上、下横梁的垂直立尺将下横梁设在基准面内，以便将减震器拱形座量规调整到正确的尺寸。在下横梁定位好后，上部定位杆应当处于减震器拱形座的基准点处。否则表明减震器拱形座已经受到损坏或者定位失准，维修人员就需要进行校正，以便使前悬架和车轮能正确定位。

麦弗逊撑杆式中心量规一般是用来检测减震器拱形座的不对中情况。另外，它还可以用来检测散热器支架、中立柱、车顶部和后侧围板的不对中情况。

6.2.2 三维测量系统及使用

1. 专用测量系统

（1）专用测量系统的测量原理。专用测量系统的设计原理来源于车身的制造过程，在制造焊接过程中车身板件都固定在车身模具上，车身模具是根据车身尺寸制作的，通过模具可以对板件进行快速定位、安装、焊接等工作。专用测量工具根据车身上的主要测量点的三维空间尺寸，制作出一套包含主要测量控制点的测量头（也称为定位器）。在车身变形后，可以通过车身上每个主要控制测量点，与它专用的测量头配合后，就能够确定测量点的尺寸已经恢复到位。专用测量系统的测量是把注意力放到控制点与测量头的配合上，而不是像其他测量系统那样要测量出数据，然后与标准数据对比才能知道尺寸是否正确。

一套标准的测量头由 4～25 个既可单独使用又可一起使用的专用测量头组成，很多测量头既可以与固定不动的机械部件结合使用，又可以和能够移动的部件结合使用。一套测量头一般可用来测量车身型号相同的汽车。

（2）专用测量头的功能如下：

① 能够通过视觉确定出应该进行检测的测量控制点。如果测量控制点与专用测量头不相配合，就必须对失常的控制点进行校正；

② 可以同时对所有的控制点进行测定，而不需进行具体的测量。所有控制点都校正准确之后，汽车上的转向系统、悬架及发送机装置等也就在正确的位置上了；

③ 再进一步校正，将受损部件调整到正确位置，它们就会与测量头正好吻合。这样就打破了用中心量规、轨道式量规或通用测量系统必须遵照的测量顺序；

④ 专用测量头测量系统可保证在对零件进行焊接之前的定位。

（3）专用测量头测量的方法。在整体式车身上，例如对车身下部钢板和撑杆支柱总成的校正，其工作顺序如下：

将车身下部钢梁钢板固定在定位器上；

将撑杆支柱钢板安置并固定在钢梁上；

将钢板钢梁焊接在正确的位置上。

这类专用测量头最大的优点是专用性，每一款汽车就有一套专用测量头，可以快速精准的修复车身；但它最大的缺点也是专用性，由于一套专用测量头只适用于一个车型，这就限制了它的应用范围。

随着现代汽车竞争的剧烈和车辆个性化的发展，车辆的品种越来越多，专用测量头已经不能满足多样性修理的需要，所以现在越来越广泛地应用通用测量系统。

2．机械式通用测量系统

通用测量系统如门式通用测量系统、米桥式通用测量系统如图 6-22 所示，在现代车身修理中广泛应用。通用测量系统不仅能够同时测量所有基准点，而且又能使一部分测量更容易、更精准。

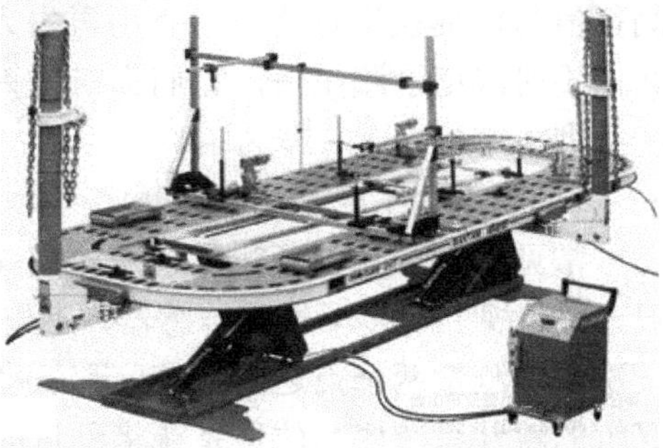

图 6-22　米桥式通用测量系统

在测量时，只要将通用测量系统绕车辆移动，不仅能检查车辆所有基准点，而且能快速地确定车辆上的每个基准点的位置。

正确的安装测量系统的各个部件用测量头来测量基准点，如果车辆上的基准点与标准数据图上的位置不同，则车辆上的基准点可能发生了变形。如果测量头不在正确的基准点位置，则车辆尺寸是不正确的。不在正确位置的基准点必须恢复到事故前的标准值，然后才能对其他点进行测量。

在开始任何测量工作前，要做以下准备工作：

（1）拆下可拆卸的损坏件，包括机械部件和车身覆盖件；

（2）如果损坏非常严重，则对车辆的中部或基础部分先进行粗略地校正，然后将中部基准点的尺寸恢复标准数值；

（3）如果某些机械部件不需要拆除，对这些部件要进行必要的支撑。

米桥式通用测量系统主要由底部的米桥尺、横尺及测量头、门型立尺及上横尺，此外还有许多辅助测量头和安装各种用途量尺的固定器组成。对于机械式测量系统，它的测量精度达到±1mm～±1.5mm 才能作为一个合格的车身测量工具。

在测量时，首先建立起车辆和测量系统的基准，在测量桥或测量架上安装好横尺，将测量头安装在横尺上，就可以同时测量受损车辆上的多个基准点。

该测量系统的各个部件一般都是铝合金制造的，在使用过程中操作必须小心，轻拿轻放，以确保测量系统部件不被损坏。这种测量系统的精确度取决于测量头的位置和精确性。与轨道式量规比较，通用测量系统具有即时读取测量数据的优点。

在实际测量操作过程中，修理人员首先要用测量头来测量基准点。通过各基准点实际测量数据与标准数据相比较，就能很快地确定各个基准点所处的位置是否变形，如果车身上的基准点的数据超过±3mm 的公差，就必须对基准点先进行校正。

基准点找好以后，就可以利用安装在测量架上的测量头来测量车身上的各个测量点，如图 6-23 所示。根据每个车辆的标准数据，通过测量、对比数据的变化来判定车身部件是否变形，校正工作是否准确，或者更换部件的定位是否正确。

图 6-23　通用测量系统测量车身底部数据

3. 电子式车身测量系统

电子测量系统使用计算机和专门的电子传感器来迅速、便捷地测量车身结构的损坏情况，性能好的电子测量系统能够在车身拉伸校正过程中给出实时的测量数据。

在测量系统计算机的数据库中，存储了大量的不同厂家、不同年代的车身数据，这些标准车身数据图可以随时被调出。系统就可以自动地将实际的测量值与标准值进行比较，不用再去人工翻查印刷数据手册或记录测量值，它们都在计算机屏幕上显示出来。车身电子测量系统主要有以下几种类型。

1）半机械半电子测量系统

常见半机械半电子测量系统如图 6-24 所示，它的测量工具是一个类似轨道式量规的测尺，在量规上安装了位移传感器，在测尺上可以电子显示测量的高度、长度两个方面的数值，一次只能测量两个点之间的高度和长度或高度和宽度，然后把数据通过有线或无线传输到计算机的软件系统内，软件系统将测量的数据与系统内标准数据相比，可以得知测量结果。

这种测量系统在测量中每次只能测量一个控制点，不能同时测量多个控制点，同时不能随着测量点数据的变化而及时的反映出来，需要不断反复测量不同的控制点来确定相关的正确性，操作比较烦琐，效率较低。

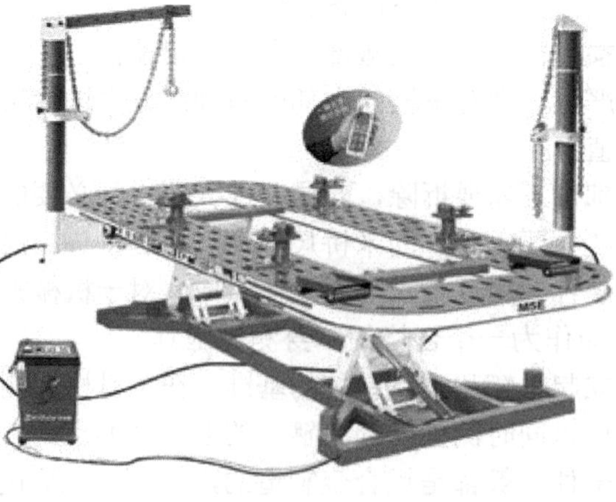

图 6-24　半机械半电子测量系统

2）半自动电子测量系统

常见的半自动电子测量系统，使用自由臂方式进行测量，测量自由臂由一节可以转动的关节连接，每两个臂之间可以在一个平面内 360º 转动，多个臂的转动可以移动到空间的任意一个位置，在连接处有角度位移传感器，任何一个关节转动的任何一个角度会被传输记录到计算机上。自由臂的每个臂长是一定的，计算机会自动计算出自由臂端部到达的空间位置的三维数据尺寸。

自由臂测量系统如图 6-25 所示，只有一个测量臂，在测量中每次只能测量一个控制点，有的测量臂的端部是测量指针，控制点变形后则测量不准确（如测量一个孔的尺寸，它无法直接找到孔的中心，就需要测量孔的三个边缘才能测量出一个孔的尺寸，孔如有变形则测量不准确）。在有些自由臂测量系统中，配备了不同的测量头，测量起来接相对简单一些。

在实际拉伸修复中经常要同时监控多个控制点，而自由臂测量系统不能做到多点同步进行测量。在测量中要不断重复测量不同的控制点，否则有可能在拉伸中导致有些点拉伸数据的失控。每次拉伸后要进行控制点的测量，得到数据而不能随着拉伸的进程随时监控数据变化，容易导致过度拉伸而使修复失败。计算机接收系统在测量前需要进行调平，在测量过程中接收器的任何移动会导致基准变化而使测量数据不准确。

3）全自动电子测量系统

（1）激光测量系统。激光测量系统如图 6-26 所示，包括反射靶、一个激光发射接收器和一台计算机。现代激光测量系统使用起来相对比较容易而且非常精确。它采用激光测量技术，由两个准分子激光发射器发射激光投射到标靶，每个标靶上有不同的反射光栅，通过接收光栅反射的激光束测量出数据并传输给计算机，由计算机通过计算可以得到测量点的空间三维尺寸。

图 6-25　自由臂测量系统

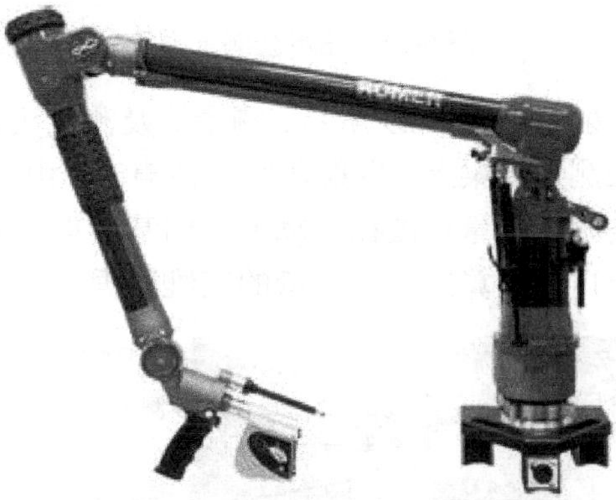

图 6-26　激光测量系统

激光系统提供直接且瞬时的尺寸读数。在拉伸和校正作业过程中，车辆的损伤区域和未损伤区域中的基准点都可被持续监测。

将车辆装到校正架上之后，在车辆的中部下面放置激光发射接收器，然后将激光发射接收器的电缆插到计算机上。调出被修车辆的车身数据尺寸图。车身数据尺寸图可能有一个、两个或三个视图，一些图表还给出了发动机罩下面和车身上部的尺寸。

按照计算机的提示选择合适的数字标靶、标杆和磁性安装头，并安装到车辆上的测量点上。标靶和安装在测量孔上的磁性（或弹簧片）安装头通常存放在机柜里。磁性安装头（标靶座）将标靶固定在指定的位置或车辆的基准点上。弹簧片和可调节的安装头（标靶座），可以张大便于安装在车身不同尺寸的孔上。

为了测量车身上部的各个点，要在悬架拱形座（挡泥板上冲压成形的减震器支座）上安装一个专用支架。在量针接触减震器拱形座上特定的点时，支架底部的标靶反射的激光就可以被激光发射接收器读取。

在车辆上安装好激光发射接收器和标靶之后，使用计算机对系统进行标定，然后再读取车辆的尺寸，通过一系列的计算机命令，测量系统就可以完成对结构损伤的精确测量。

（2）超声波测量系统。全自动电子测量系统中目前应用最广泛的一种是超声波测量系统如图 6-27 所示，它的测量精度可以达到±1mm 以下，测量稳定、精确，可以瞬时测量，操作简便、高效。可以对车辆的预检、修理中测量和修理后检验等工作提供有效的帮助，现在也用在一些二手车辆交易中的车身检验工作。

超声波测量系统由超声波发生器、超声波接收器、控制柜（包括计算机，也称主机）及各种测量头组成，如图 6-28 所示。

图 6-27 超声波测量系统

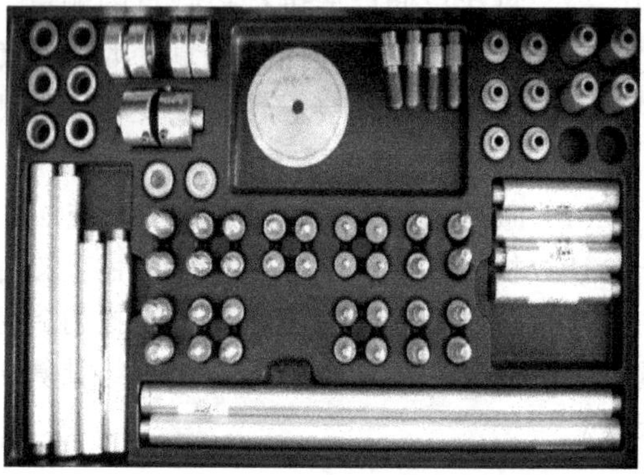

图 6-28 超声波测量系统的组成

发射器如图 6-29 所示、测量头及测量头转接器安装到车身某一构件的测量孔上，接收器装置在测量横梁上，发射器发送超声波，由于声音是以等速传播的，接收器如图 6-30 所示可快速精确地测量声波在车辆上不同基准点之间传播所用的时间。计算机根据每个接收器的接受情况自动计算出每个测量的三维数据。

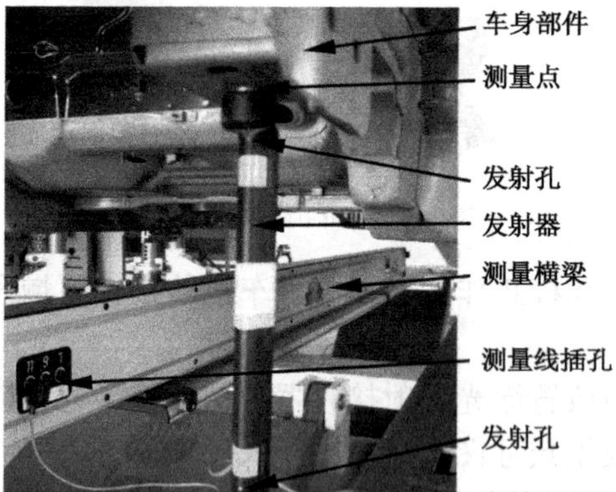

图 6-29 超声波发射器

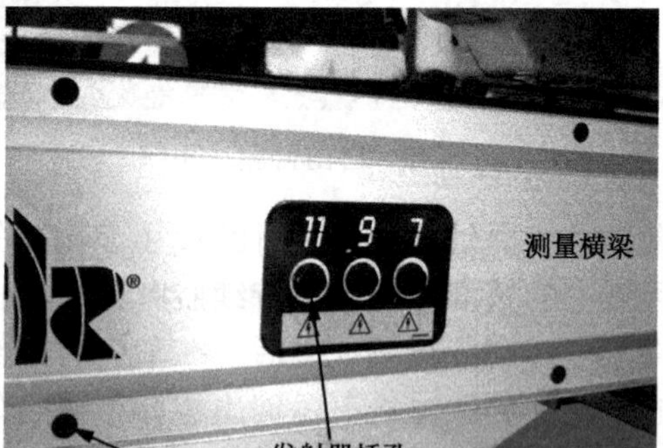

图 6-30 超声波接收器

超声波测量系统操作相对简单，其操作步骤如下：

① 进入系统界面，选择语言的种类。为了方便各国的使用者，系统内安装了包括汉语在内的主要语言种类。

② 记录用户信息，包括车辆的信息和车主的信息，这些信息可以与后面测量的结果一起存储，方便以后再次查询。

③ 根据事故车的类型选择汽车公司、汽车品牌、生产年代，从数据系统内调出符合的车型数据图。

④ 选择测量基准。超声波测量系统在使用时，大大简化了操作过程。由于每个超声波发射器有两个发射源，接收装置也有多个，系统可以自动计算出宽度和高度的基准，不用再去人工调整。根据车辆的损坏情况来选择长度基准，若汽车前端发生碰撞则选择后面的基准点作为长度基准；若汽车的后端发生碰撞则选择前面的基准点作为长度基准；如果车身中部发生碰撞，则要对车身中部进行整修，直到车身中部四个基准点有三点的尺寸被恢复。

⑤ 测量点传感器的安装。根据车身的损坏情况来选择车身上哪些点需要测量，需要测量的点按照计算机的提示选择合适的安装头，计算机还可以显示要测量点的位置图片。把传感器通过合适的安装头来连接到车身，把传感器的连接线连接到选定的接口上。

⑥ 选择测量模式。模式选定后，计算机根据需要能自动地把测量的实际值、标准数值和两者差值显示出来。

⑦ 拉伸校正中的测量。超声波测量系统一次可以测量多个测量点，能同时对几个点测量监控。可以选择持续测量实时监控模式，系统会自动每隔很短时间发射一次超声波进行测量，并把最新的测量结果在显示器上实时刷新。在校正过程中，修理人员可以很直观地注意到车身尺寸的变化情况。超声波测量系统在测量过程中，测量不会相互干扰，系统每隔 1s～2s 会自动重新测量一次，把环境对它的影响减小到最小。操作中不用调节水平，计算机自动找正，而且不会因为发射器、接收器的位置移动而改变数据。可以实现车辆碰撞修理前的预检、测量、定损、修理中的测量监控、修复后的数据存储及打印等工作。

4）简易电子测量系统

简易电子测量系统又称为自由臂式车身电子测量系统，如图 6-31 所示，此系统在测量时不需更换测量杆和测量探头。可以用一个测量头测出车身表面变形、底盘、立柱等各部位的变形尺寸量，同时可以将变形前后的情况通过曲线的形式表现出来。

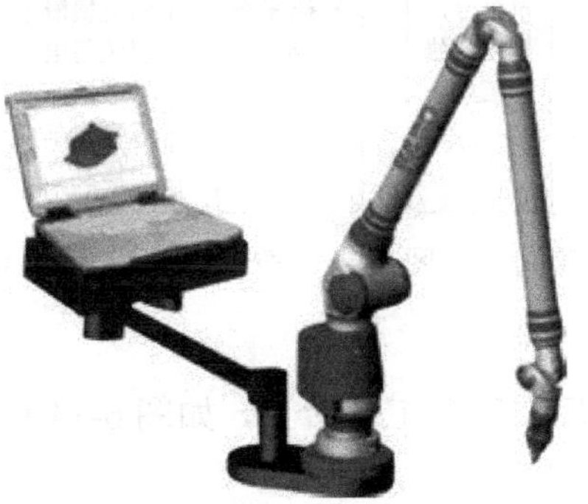

图 6-31　简易电子测量系统

【三维电子测量实例】

以卡尔拉得自由臂式电子测量系统为例，如图 6-32 所示为卡尔拉得自由臂式电子测量系统组成，在车身修复过程中为钣金工作提供底盘各点准确的数据测量，并自动与出厂时的车身数据进行对比，以保证修复后事故车的车身数据与出厂时一致，从而提高车身修复的精度。避免在事故车修复过程中依赖钣金修理经验的做法，使之科学化、合理化，从而提高事故车的维修精度，降低事故车的修理难度，使整个修复过程变得有据可依。

图 6-32　卡尔拉得自由臂式电子测量系统组成

卡尔拉得自由臂式电子测量系统的操作步骤如图 6-33 所示。

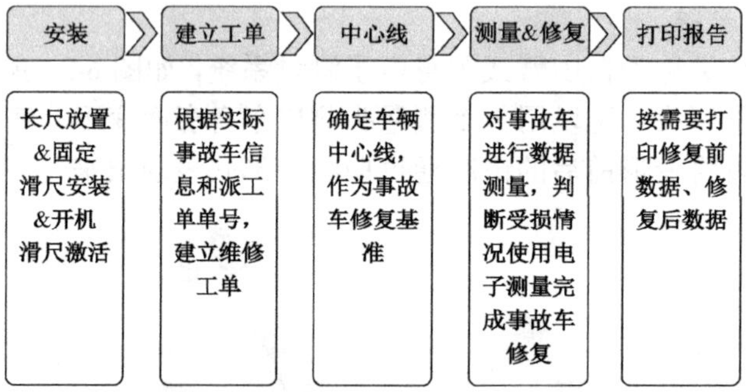

图 6-33　操作步骤

1. 安装

（1）安装长尺。将测量长尺安装在工作台上，如图 6-34 所示。放置时有箭头一侧对准车头，长尺与平台应平行并固定。

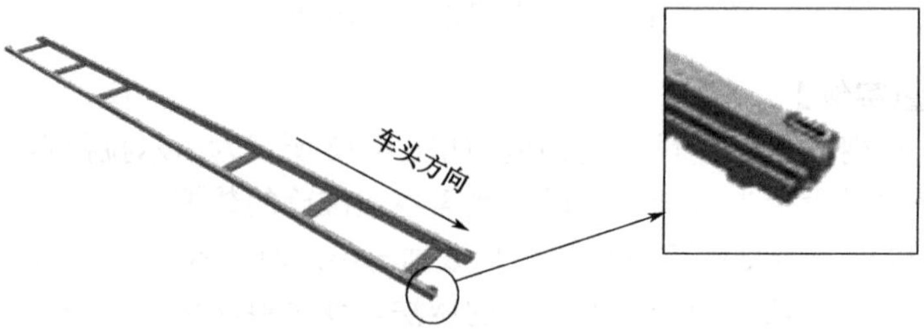

图 6-34　安装长尺

（2）安装滑尺。将滑尺放置在长尺上，如图6-35所示。

（3）打开测量滑臂。转动滑尺上的锁定手柄90º，以打开测量滑臂，如图6-36所示。

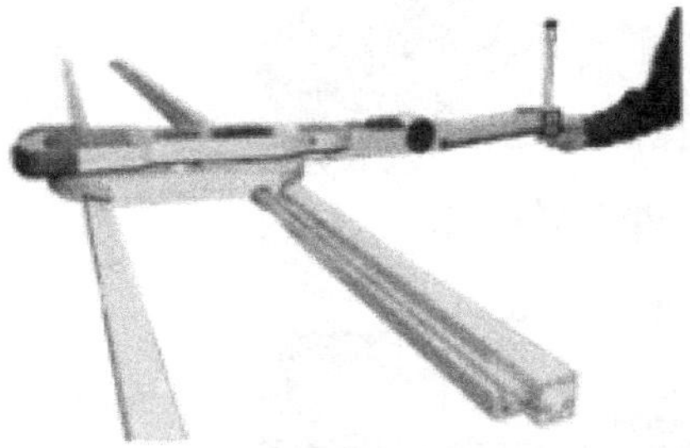

图6-35　安装滑尺

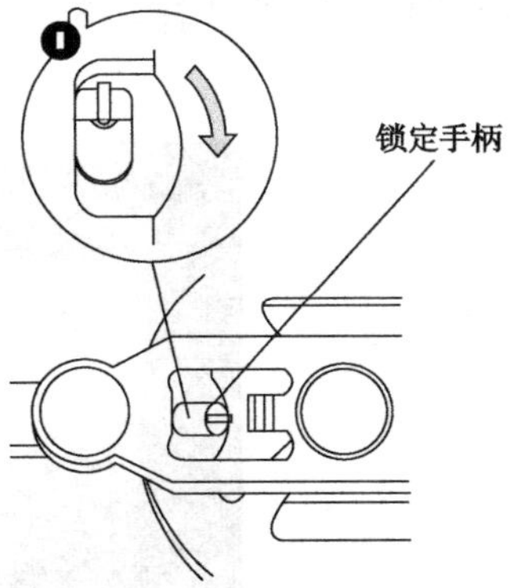

图6-36　打开测量滑臂

（4）激活测量滑尺。按下测量滑尺上的靶心键，如图6-37所示启动测量滑尺，按照如图6-38所示的方向旋转滑尺，激活测量滑尺。

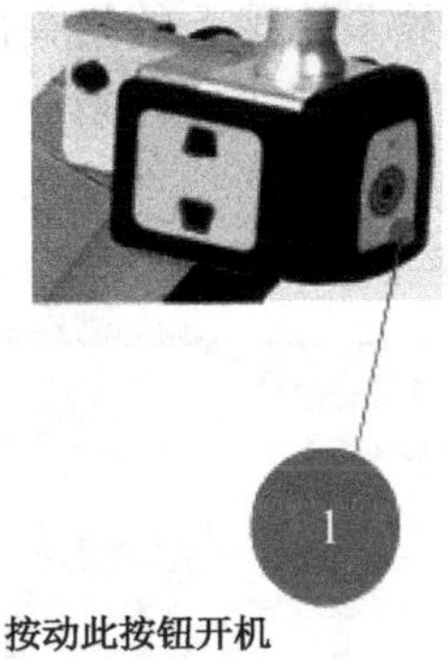

图6-37　启动测量滑尺

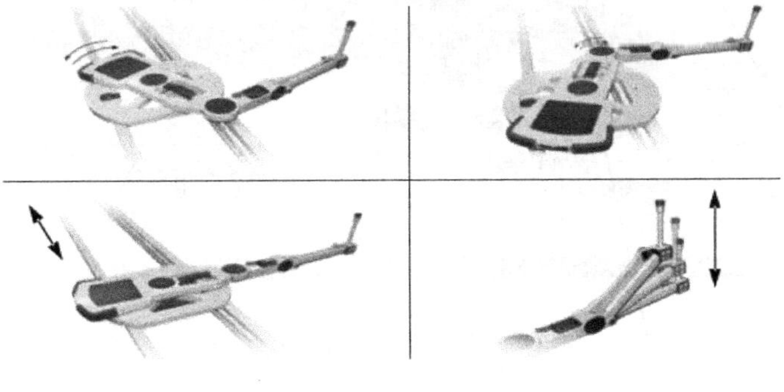

图6-38　激活测量滑尺

【注意事项】

① 开启电脑前，将蓝牙插入USB接口；

② 开机前，插入滑尺电池；

③ 滑尺移出长尺时，应保持滑尺锁定状态，同时滑尺在长尺上时，必须将臂打开；

④ 滑尺接通后，滑尺上的LED灯亮起，绿色显示已激活，红色表示未激活，使用时必

须激活才能用。

2. 建立工单

（1）测量系统界面的选择。开启电脑，打开测量系统应用程序，开启后的界面如图 6-39 所示。

图 6-39　测量系统界面

（2）建立工单。开启后，根据事故车铭牌上的相关信息建立维修工单，并且填写相关车辆和车主信息，如图 6-40 所示，建立维修工单。

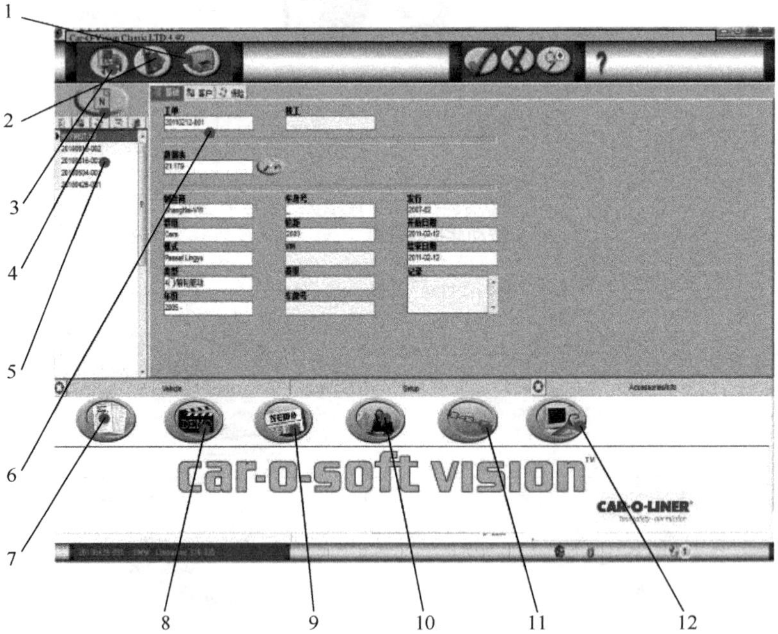

1—打印；2—中心线或测量；3—工单；4—新建工单；5—工单列表；6—工单号；7—数据索引；8—演示；9—新闻；10—支持；11—连接；12—系统功能

图 6-40　建立维修工单

（3）填写维修工单。填写工单编号，在如图 6-41 所示图中①的位置填入工单编号，单击②确认所输入的工单，单击③为取消所输入的工单。

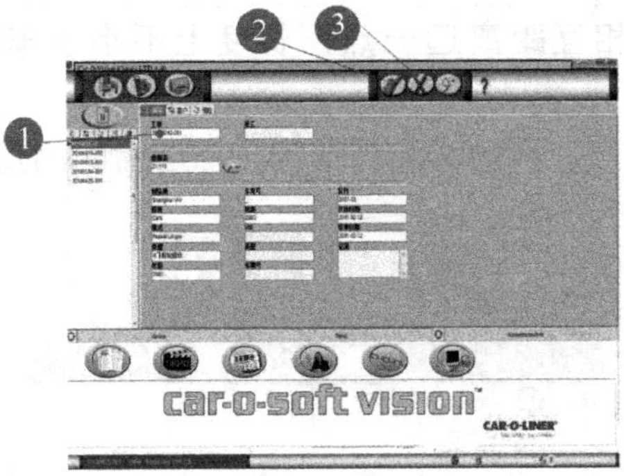

图 6-41　填写工单

（4）选择车型。确认填写工单后，根据维修车辆选择车型如图 6-42 所示，填写完后单击②确认工单。

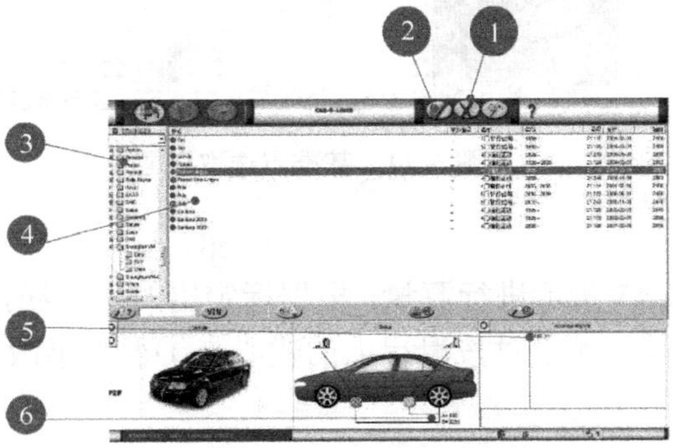

1—取消；2—确认；3—车辆制造商；4—车型；5—车身夹具和特殊测量量头信息；6—前后夹具位置

图 6-42　选择车型

3．中心线确立

（1）建立工单后，根据发动机是否拆装如图 6-43 所示，选择状态并确认。

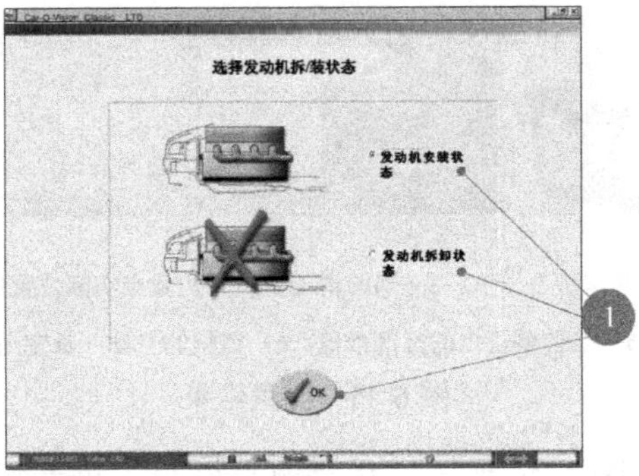

图 6-43　是否拆装发动机

（2）选基准，选基准时注意以下几点：

① 未受损的点；

② 数据表中存在的点；

③ 车身的点；

④ 尽可能多选几点且相互距离远一点，长度上不小于车长的 50%，宽度上不少于 1000mm。

如图 6-44 所示①为基准点，图中②为当前测量点所需的测量头。

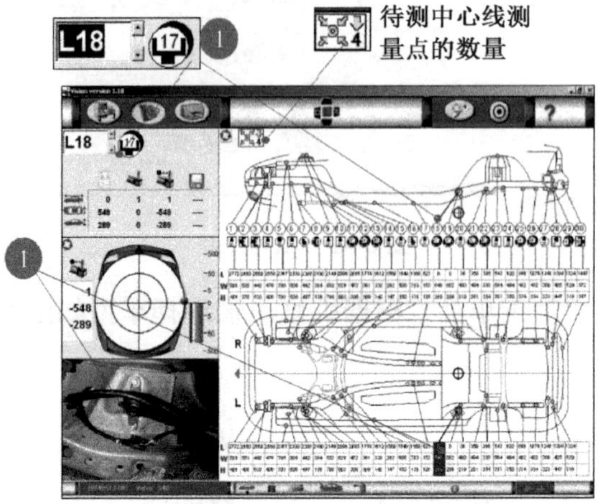

图 6-44　基准点选取

4．测量和修复

（1）测量方法。如图 6-45 所示进行测量，根据标定出的中心线，按照事故车的具体情况，对受损区域或全车进行测量，测量时按滑尺上的靶心点①得出事故车的变形数据，完成碰撞损伤诊断。

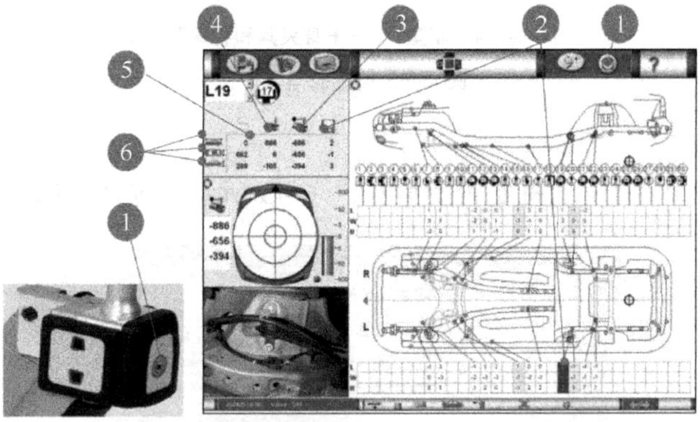

1—测量数据点；2—当前已存储的测量数据值；3—当前滑尺位置与测量点实际位置的差值；4—当前滑尺的数据值；5—当前测量点的标准数值；6—数据的坐标：长宽高

图 6-45　测量结果

（2）制定修复方案。如图 6-46 所示，根据测量结果，推荐矫正力的作用方向。

通过碰撞损伤诊断，制定出事故车的维修方案，以图中第 1 点为例：

右侧第 1 点	左侧第 1 点
长度方向　短了 65mm	长度方向　短了 32mm
宽度方向　窄了 10mm	宽度方向　窄了 10mm
高度方向　低了 5mm	高度方向　低了 2mm

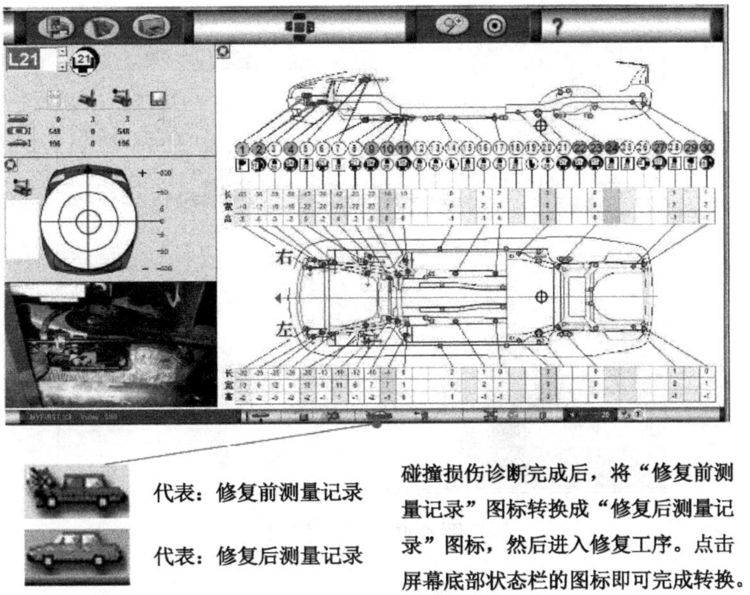

图 6-46　矫正方案

所以需向碰撞力相反方向，按照相应的变形尺寸进行校正，图中红色箭头指碰撞变形方向。按照由未受损区域向受损区域、由已修复区域向受损区域、中间向外侧，由低向高的原则制定修复方案。

（3）拉伸矫正实时监控。按照如图 6-47 所示实时监控拉伸矫正情况，避免出现过拉伸。拉伸时，图中①和②会随着测量点的变化而变化，修复完成后，①在圆圈中心，②会消失。

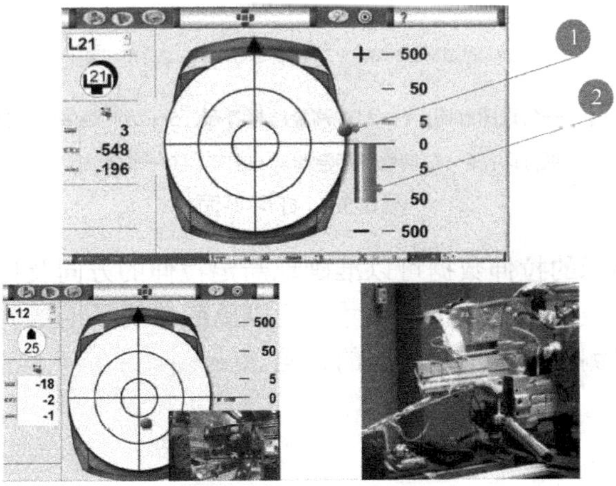

图 6-48　拉伸矫正实时监控

5．打印

（1）进入打印界面。如图 6-49 所示，按图中①位置进入如图 6-50 所示的打印界面。

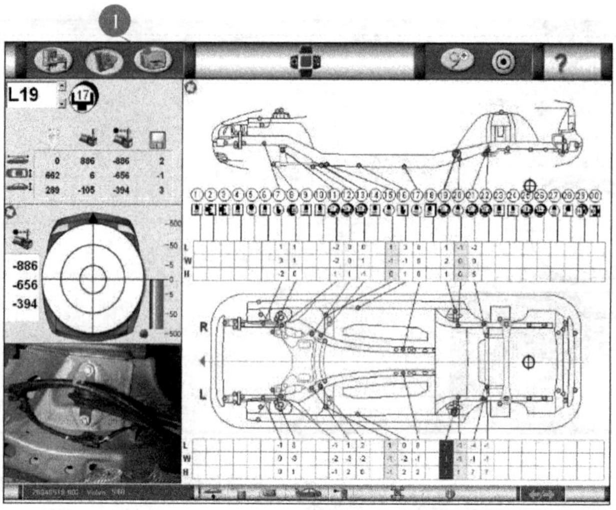

图 6-49　选择打印

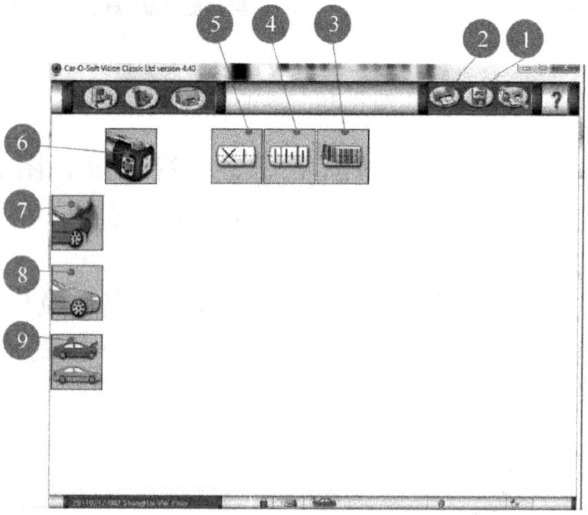

1—以 JPG 格式存储；2—打印；3—矢量图打印；4—相对测量结果打印；5—绝对测量结果打印；6—底盘测量结果打印；7—车辆修复前测量结果打印；8—车辆修复后测量结果打印；9—车辆修复前/后测量结果同时打印

图 6-50　打印界面

修理工通过电脑显示的拉伸数据可以准确地断定拉伸的方向及拉伸的尺寸和力度，通过同步检测显示实时监控拉伸方位和拉伸尺寸，可以更简单明了地帮助修理工控制拉伸方向和拉伸力度，同时能够对测量情况进行很好的存档。

复习思考题

1．车身测量的重要性是什么？
2．车身数据图如何识读？
3．车身测量的基准是什么？
4．如何用点对点法进行车身测量？
5．三维测量法的基准怎么调整和确定？

6．三维测量的方法是怎样的？
7．专用测量头的功能有哪些？如何选取？
8．使用轨道式量规测量的注意事项有哪些？
9．卡尔拉得如何激活电子测量系统？
10．卡尔拉得怎么去判断滑尺是否激活？
11．卡尔拉得的标准操作共有哪几步，分别是什么？

第 7 章　车身校正技术

知识目标

1. 了解车身校正的重要性
2. 掌握常用矫正设备的使用注意事项

能力目标

1. 能正确使用矫正设备
2. 能正确选择夹具

车辆受到严重撞击后，车身的外覆盖件和结构件钢板都会发生变形。车身外覆盖件的损伤可以用锤子、垫铁和外形修复机来修理，但车身结构件的损伤修理仅仅使用这些工具是无法完成的。车架式车身的车架和整体式车身结构件是非常坚固与坚硬的，强度非常高，对于这些部件的整形，必须通过车身校正仪的巨大液压力才能够进行修复操作，使用车身校正仪可以快速精确地修理变形损坏的构件。

7.1　车身校正基础

7.1.1　车身校正的重要性及原理

1．车身校正的重要性

车身的校正和拉伸过程，以前是人力来操作，是一种笨重的体力操作过程。现在已被巨大且平稳的液压力代替，使用现代化的车身校正设备来进行车身维修操作相对来说是比较容易的，车身校正仪如图 7-1 所示。

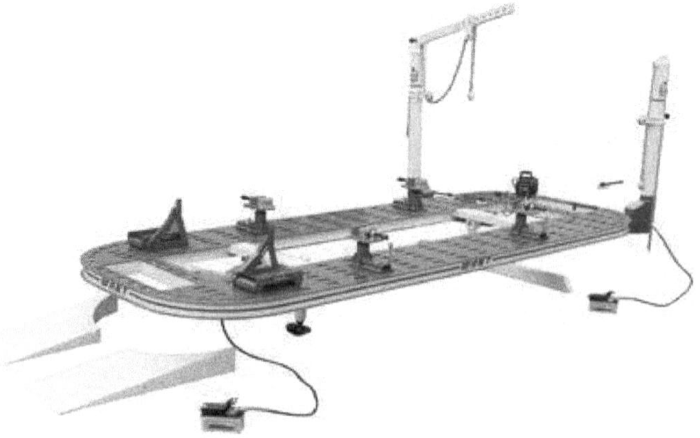

图 7-1　车身校正仪

车身校正的重点是“精确地恢复车身的尺寸与状态”因为车身（特别是整体式车身）是车辆的基础，汽车的发动机、悬架、转向系统等都安装在车身上，如果这些部件安装点的尺寸没有校正到原尺寸，那么就会影响车辆的性能。

对于整体式车身而言，车身尺寸的精确度是车身修复过程中的一个关键因素。如果车身结构尺寸没有整形到位，仅仅通过调整或加垫片等方法把更换的钢板装好，把修整和其他机械方面的问题留给机修人员去做显然是不妥的。机械的调整手段仍然是必要的，但是只能做一些微小的调整，车身修理人员有责任把基本结构全部修复，只能将悬架系统和其他机械系统的微调留给这些领域的专门修理人员去处理。

2．车身校正的基本原理

校正（拉伸）车身时，有一个基本原则，即按与碰撞力相反的方向，在碰撞区施加拉伸力，当碰撞很小，损伤比较简单时，这种方法很有效。

但是当损伤区有折皱，或者发生了剧烈碰撞，构件变形就比较复杂，这时仍采用沿着一个方向拉伸就不能使车身恢复原状。这时因为变形复杂的构件，在拉伸恢复过程中，其强度和变形也随着改变，因此拉伸力的大小和方向就需要适时改变。

因此，建议在校正拉伸时充分利用力的性质（合成、分解、可移性和平行四边形法则等），按与车身碰撞力大致相反的方向拉伸或顶压变形部位，使受损伤的构件得以修复。如图 7-2 所示，矫正力的方向分析。

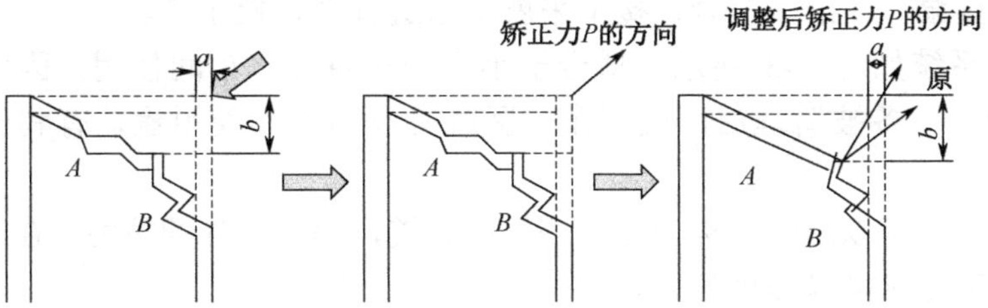

（a）碰撞力 F 形成 A、B 两段弯曲；（b）用与碰撞力相反方向的力 P 拉伸；

（c）如果 A、B 两段的复原率不等，应调整矫正力 P 的方向

图 7-2　矫正力的方向分析

7.1.2　车身校正设备

1．车身修复校正设备的基本要求

车身修理中为了达到比较好的修复效果，必须使用有能力完成多种基本修复功能的校正设备。车身校正设备虽然种类繁多，但并不是每个称为车身校正仪的设备都能高效、精确、安全地修复好汽车车身。为了能够完成好车身修复工作，车身校正设备必须具备以下条件。

（1）配备高精度、全功能的校正工具。

（2）配备多功能的固定器和夹具。

（3）配备多功能、全方位的拉伸装置。

（4）配备精确的三维测量系统。

对于半架式或车架式车身的汽车，悬架系统和传动系统是直接安装在车架上的，如果车架结构已经过必需的校正，它们的安装位置也应该被校正。但是对于整体式车身的汽车，车身是一个整体结构，一些校正参考点位于车身结构的上部，超过了一般的二维车架校正设备的能力范围。另外，车架式结构可以接受反复的拉拔过程，而整体式车身的薄板结构，要求一次就调好位置，反复拉伸会使板件破裂。因此对于整体式的车身修复，其校正设备必须能同时显示：每一个参考点上非准直度（变形）的方向。这也是要求校正设备除了具备全方位

的拉伸功能之外，还要配备一套精准的三维测量系统，能够监控、指导整个校正的过程。只有用这样的设备，车身修理人员才能够精确地确定拉伸校正次序，监控整个校正过程，并确定每个拉力的作用效果。

2．地框式校正系统（地八卦）

在建造维修车间地面时就要把地框系统的锚孔或轨道用水泥固定在车间地板上，车辆可以直接在地框系统上或使用支架固定在地框系统上进行修理。车辆在地框系统上校正拉伸时要进行固定，其紧固力必须满足在拉力的大小和方向上同时保持平衡的要求。地框式校正系统在拉伸校正操作中配有手动或气动液压泵，并且还应配有一些液压顶杆（液压油缸）。用一根链条把顶杆连在汽车和支架上，通过支架把顶杆和链条支撑在槽架上。利用支撑夹钳，将汽车支撑在汽车台架上。车辆要安全地紧固在支座的夹钳上，链条一端连在支承夹钳上，另一端勾住支架或轨道板，用链条拉紧器拉紧（链条拉紧器可以消除支撑链的间隙）。一般在车身下部的四个位置都要进行这样的固定，确保车辆在拉伸校正中保持稳定。

在拉伸时需要将液压顶杆装在顶杆座上，以便液压顶杆能够在需要的方向上施力。液压顶杆升到需要的高度，把链条拉紧并锁紧链条，链条勾在支架上。支架、液压顶杆及汽车上的拉伸点必须与牵拉方向成一条直线。将液压泵与液压顶杆连接，并把空气软管连到气动液压泵上，启动液压泵，使链条拉紧，接下来就可以进行牵拉校正了。

地框式校正系统如图 7-3 所示，适合于小型的车身维修车间使用，因为当顶杆、主夹具和其他动力辅助设备被清理后，校正作业区就可以用作其他用途，有利于车间面积的充分利用。

地框式校正系统可以用一种称为加力塔架的装置，提供额外的拉力。在车身上进行校正操作时，加力塔架随时可以提供拉力。

3．L 型简易校正仪

L 型简易校正仪如图 7-4 所示，牵拉装置装配有液压系统，在可移动的立架和支柱之间用链和夹钳牵拉被损坏的车身部分。因为容易搬运，这种装置很容易安放在损伤部位的牵引方向，但是这种类型的装置只能在一个方向上拉拔。因此，它只适合一些小的碰撞修复，对于复杂的碰撞变形不能进行精确的修复。

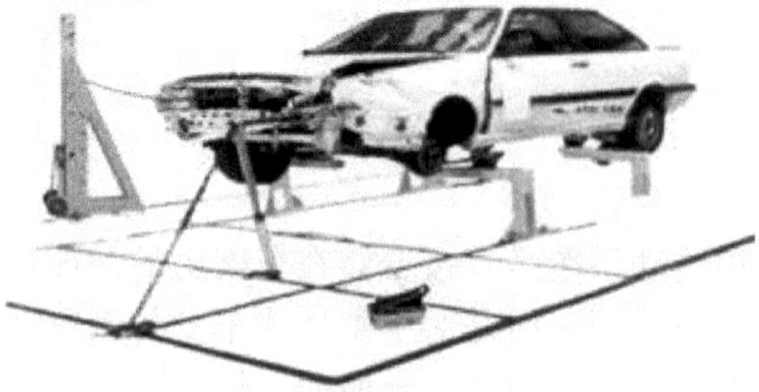

图 7-3　地框式矫正系统

图 7-4　L 型简易校正仪

4. 框架式车身校正仪

在 20 世纪 90 年代之前，车辆的类型比较少，框架式校正仪如图 7-5 所示，使用专用测量头可以快速地把车身变形点拉伸到标准位置，达到修复的目的，在欧洲曾广泛使用。但是，由于现代车辆的多样性，导致了车身形式不断变化，修理时要配备的专用测量头也随之增加，维修的成本随之增高。因此，现在在校正修理中开始越来越多地应用通用型车身校正设备。

图 7-5　框架式车身校正仪

5. 平台式车身校正仪

平台式车身校正仪是一款通用型的车身校正设备，如图 7-6 所示，可以对各种类型、型号的车身进行有效校正。

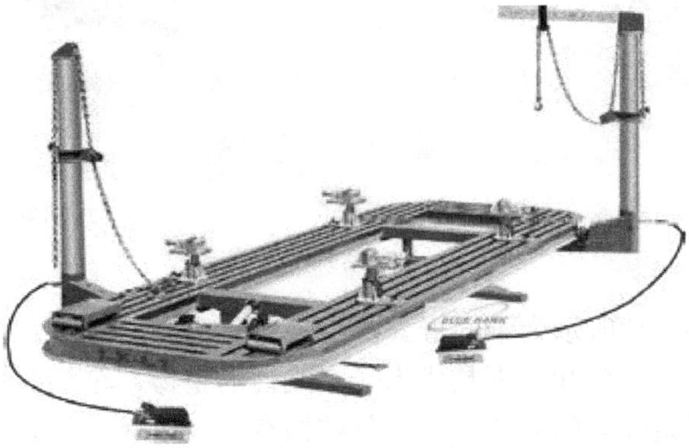

图 7-6　平台式车身校正仪

平台式车身校正仪有多种，但一般配有两个或多个塔柱进行拉伸校正。这种拉伸塔柱为车身修理人员提供了很大的自用度，可在绕车身的任何角度、任何高度和任何方向进行拉伸。其中很多平台式车身校正仪有液压倾斜装置或整体液压升降装置，利用一个手动或电动拉车器，将车身拉或推到校正平台的一定位置。

平台式车身校正仪同时也配备有很好的通用测量系统，通过测量系统精确的测量，可指导拉伸校正工作准确、高效地进行。

平台式车身校正仪主要由以下部分组成。

（1）平台。平台如图 7-7 所示，是车身修复的主要工作台，拉伸校正、测量、板件更换等工作都在平台上完成。

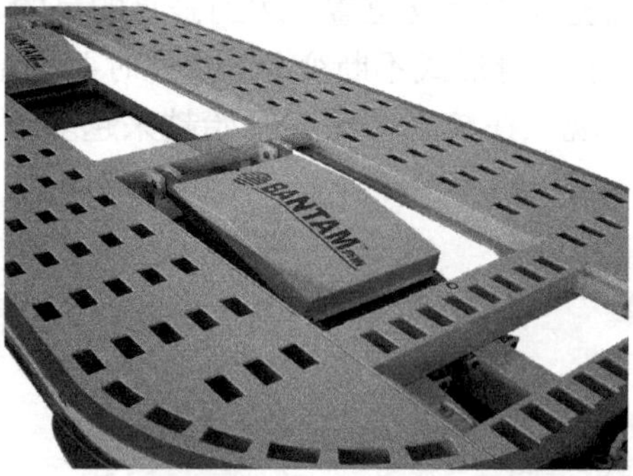

图 7-7　平台

（2）上车系统及升降系统。通过上车系统和平台升降系统如图 7-8 所示，可以把事故车放置在校正平台上。上车系统包括车板、拖车器、车轮支架、拉车器（牵引器）等，通过液压升降机构把平台升起到一定的工作高度。平台的工作高度有固定式和可调式的，固定式的一般为倾斜式升降，高度在 500mm～600mm；可调式平台一般为整体式升降，高度一般为 300mm～1000mm。

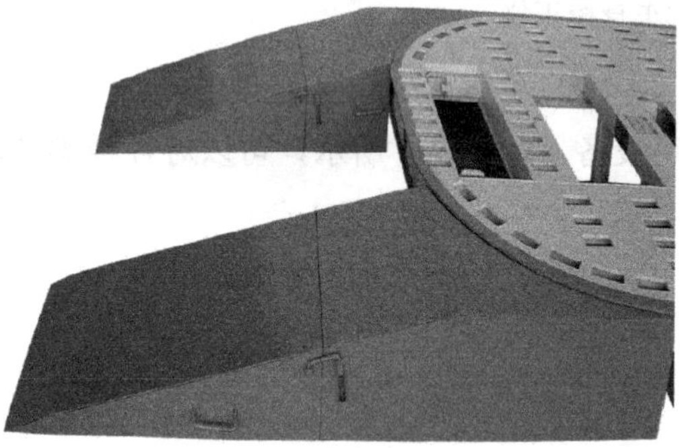

（1）上车系统

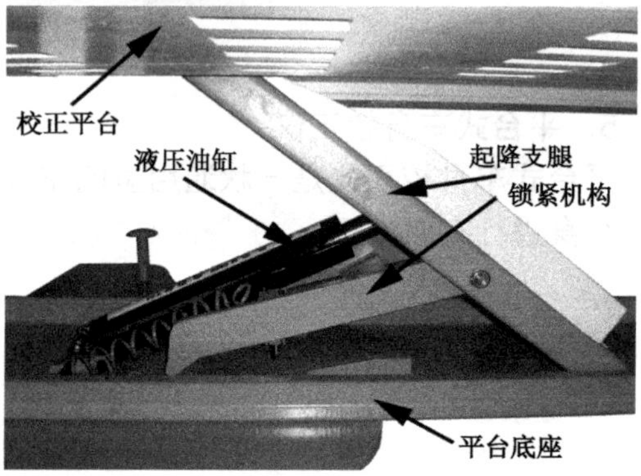

（2）升降系统

图 7-8　上车系统及升降系统

（3）主夹具。如图 7-9 所示为不同形式的主夹具。维修前，固定在平台上的主夹具将车辆紧固在平台上，车辆、平台和主夹具成为一个刚性的整体，车辆在拉伸操作时不能移动。为满足不同车身下部固定位置的需要，主夹具结构有多种，双夹头夹具可以夹持比较宽的裙边部位，防止拉伸中损坏夹持部位；单夹头夹具的钳口开口很宽能够夹持车架。对于一些特殊车辆的夹持部位有特殊的设计，如有些车没有普通车的点焊裙边，像奔驰或宝马车就需要专门的奔驰、宝马夹具来夹持。

（4）液压系统。车身拉伸校正工作是通过液压的强大力量把车身上的变形板件拉伸到位。校正仪上的气动液压泵，如图 7-10 所示，通过油管把液压油输送到塔柱内部的油缸中，推动油缸中的活塞顶出。气动液压一般是分体控制的，而比较先进的电动液压系统一般是集中控制的，由一个或两个电动泵来控制所有的液压装置，这样效率更高，故障率更低，工作平稳。

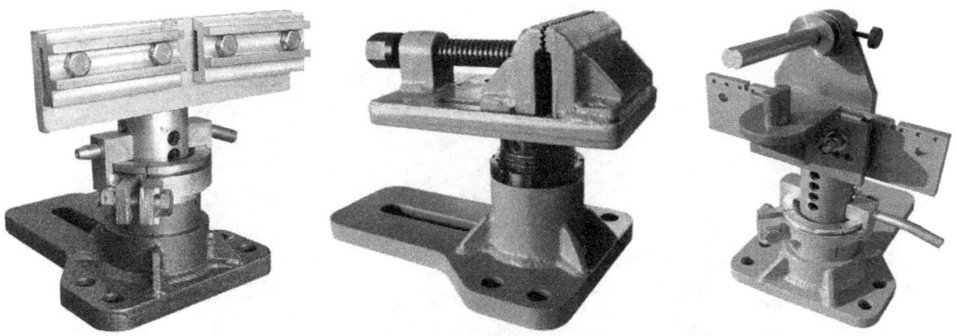

图 7-9　不同形式主夹具

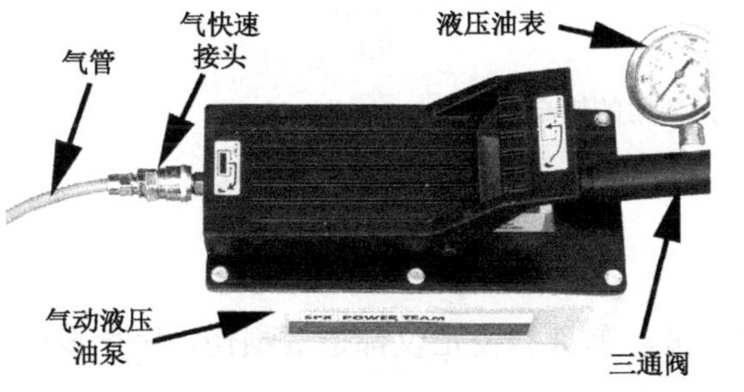

（1）气动液压泵

（2）电动液压泵

图 7-10　液压泵

（5）塔柱拉伸系统。损坏板件的拉伸操作是通过塔柱实现的，如图 7-11 所示。塔柱内部有油缸，液压油推动油缸活塞，活塞推动塔柱的顶杆，顶杆伸出塔柱的同时拉动链条，在顶杆的后部有链条锁紧窝把链条锁紧，通过导向环把拉力的方向改变成需要进行拉伸的方向。导向环通过摩擦力卡在塔柱上。

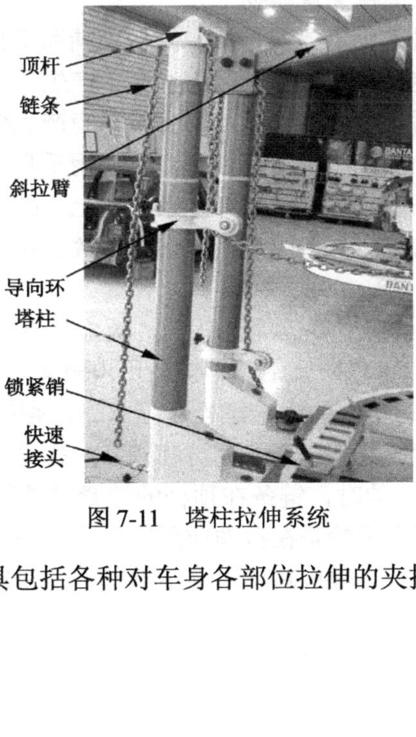

图 7-11　塔柱拉伸系统

（6）钣金工具。钣金工具包括各种对车身各部位拉伸的夹持工具，如图 7-12 所示。

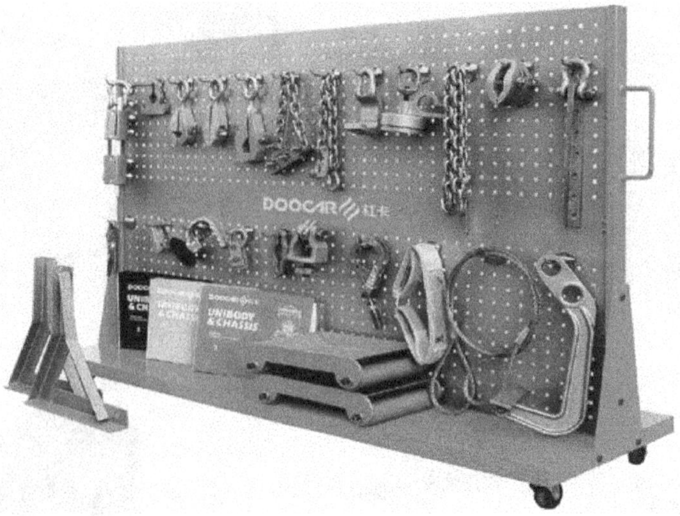

图 7-12　拉伸用的钣金工具

7.1.3　车身校正安全注意事项

1．拉伸操作中的安全事项

使用校正仪时，不正确的操作可能对人员、车身和校正仪都造成损伤，因此要注意以下安全规则。

（1）根据所用设备的说明书，正确使用车身校正设备。

（2）严禁非熟练人员或未经过正式训练的人员操作校正设备。

（3）车辆固定时要保证主夹具夹钳齿咬合非常紧固，车辆被牢靠地固定在平台上。

（4）拉伸前汽车要装夹牢固，检查主夹具固定螺栓和钳口螺栓是否紧固牢靠。

（5）一定要用推荐型号和级别的拉伸链条和钣金工具进行操作。

（6）拉伸时钣金工具要在车身上紧固牢靠，链条必须稳固地与汽车和平台连接，以防在牵拉过程中脱落，避免将链条缠在尖锐器物上。

（7）向一边拉伸力量大时，一定要在相反一侧使用辅助牵拉，以防将汽车拉离校正台。如汽车前端只有一个辅助固定，会在拉伸过程中对汽车产生一个偏转力矩，使车身扭转。而汽车前端通过两个辅助固定后，拉伸过程中就不会对车身产生偏转力矩了。

（8）操作人员在汽车上面和汽车下面工作时，不要用千斤顶支撑汽车。

（9）严禁操作人员与链条或牵拉夹钳站在一条直线上。因为当链条断裂、夹钳滑落、钢板撕断时，特别是在拉伸方向可能会造成直接的伤害事故。在车外进行拉伸校正时，人员在车内工作是很危险的。

（10）用厚防护毯包住链条或用钢丝绳把链条、钣金工具固定在车身的牢固部件上，如图 7-13 所示，万一链条断裂，可以防止工具、链条甩出对人员和其他物品产生损伤。

（11）在拉伸时要把塔柱与平台的固定螺栓紧固牢靠，否则拉伸中塔柱滚轮移动装置会受力损坏，可能导致塔柱突然脱离平台造成人员和物品的损伤。

（12）塔柱使用链条进行拉伸时，链条在顶杆的锁紧窝锁紧，链条不能有扭曲，所有链节都呈一条直线。导向环的固定手轮是在拉伸前固定导向环高度的，当拉伸开始后要松开手轮，手轮松开后，一旦链条断裂，导向环自由向下滑落，防止链条向左右甩出。

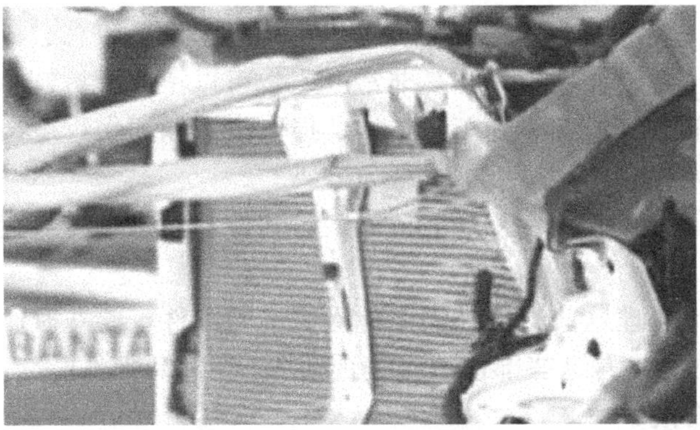

图 7-13　拉伸中安全绳防护

2．拉伸操作中的车身防护

在进行牵拉校正之前，应对车身和一些部件进行保护，其事项如下。

（1）拆卸或盖住内部部件（座位、仪表、车垫等）。

（2）焊接时用隔热材料盖住玻璃，座位、仪表和垫（特别在进行惰性气体保护焊接时，这种保护更为必要）。

（3）拆除车身外外面的部件时，用棉布或保护带保护车身以防擦伤，

（4）如果油漆表面擦破，这部分必须修复好，因为油漆表面的小小瑕疵就可能造成锈蚀。

3．拉伸操作的注意事项

（1）要反复拉伸操作

（2）用 2 夹钳拉伸一部位允许比用一个夹钳时增加一倍的力

（3）已校正的需辅助固定

（4）边拉伸边检验有效性

（5）拉力方向应与通过零部件的原始位置方向相同

（6）高强度钢板只能在棱角或两层板处加热（<200℃）。

7.2　车身校正方法

7.2.1　车身校正前的准备

先要根据测量和损坏分析的结果来制定精确的碰撞修理程序（工艺），然后按照已定好的程序完成车身修理操作。

1．车身损坏分析

特别是对整体式车身应进行详细的测量和车身损坏分析，在损坏分析上多花一点时间，分析得越详细、越彻底，修复计划就做得越完善，整个车身修复的质量、效率就越高。

2．车辆部件的拆除

在拉伸校正开始之前，应该拆去车上妨碍校正的部件。有些外覆盖件需要拆卸，有些机械部件也需要拆卸。因为整体式车身的损伤容易扩散到较远处，经常扩散到一些意想不到的地方，有些甚至就藏在这些部件或系统里面，只有拆除这些部件才能更好地找出损伤。

拆卸汽车零部件要注意以下事项：

（1）只拆卸那些为了接近车身需要修理的部位而必须拆除的部件。如过去将整体式车身

汽车放在校正台之前，要拆去悬架、传动装置、发动机和水箱等总成。不过现在有了定位器和发动机台架等辅助设备，如果损伤不是非常严重，可以不进行拆卸。

（2）在进行修复前，要仔细研究车身结构、损伤位置和损伤程度，决定拆去什么保留什么，以及如何拆卸更为方便。

（3）有时在将汽车放在校正台上之前拆去某些部件，为了更容易接近需要校正的部件和区域。

（4）更换结构件比修理这些结构件需要拆除更多的部件。要花时间认真研究发动机、传动系统和悬架的安装位置，看这些部件本身是否损坏。在拆卸部件时应以单元的形式来拆卸，这样可以减少拆卸的时间。

3．目测

我们可以目测知道一些车身损坏的情况，但是只有通过精确的测量才能够确切知道车身损坏的程度和变形范围。确定了整体式车身结构的损伤程度并完全弄清楚了损伤区域之后，才能够制定出完善合理的修复计划，才可进行牵拉和校正。车身主要控制点尺寸在拉伸中始终要不断进行测量和监控，以保证修复的准确性。

4．制定拉伸程序

制定修理（牵拉）程序时，应遵循两条基本规则，以保证通过最少量的拉伸校正来修复损坏部件的变形，并且不会造成进一步的车身结构损伤。

（1）按与碰撞损坏相反的顺序修理碰撞时出现的损伤（先里后外），即最后出现的损伤要最先修理，最先出现的损伤要最后修理。

（2）以碰撞相反的方向来设计拉伸校正的顺序。

7.2.2　车身校正

1．拉伸操作方式

1）单拉系统（单向拉伸）

整体式车身的拉伸校正和车架式车身的拉伸校正有很大的不同。通过一系列单向拉伸，通常就可以将车架式汽车整平和校直。简单的朝一个方向拉伸，对车架式车身的校正具有相当好的效果。车架式车身的车架金属板厚度在 3mm 以上，可以承受反复的拉伸，一般不会发生拉伸过度或拉断的现象。

在整体式车身损伤较轻的表面可以使用简单的单向牵拉。在牵拉修理结构复杂部件的损伤时，一定要注意防止与其关联的那些未损伤的或已修复的部件受到拉伸，以免造成不应有的损伤，甚至无法修复的结果。为了避免发生这类情况，需要辅助牵拉和定位，使用复合牵拉系统。

2）复合牵拉系统（多点拉伸）

整体式车身特别是大量使用高强度钢板的整体式车身，结构复杂，碰撞力容易扩散到整个车身，而且整体式车身大部分的板件都比较薄，高强度钢板在变形后内部有更多的加工硬化，在修理过程中，这些变形的板件恢复形状需要更大的力，当只用一个拉力拉伸校正变形部件时，变形还没有恢复，但是钢板已经被撕裂了，所以整体式车身的部件在拉伸时要求有更重的拉力。这要求在每次拉伸校正过程中，尽量要找到 2 个或更多的拉伸点和方向。

复合牵拉具有支撑和牵拉的能力。这种能力在修复整体式车身的二次损伤时是很需要的。使用复合牵拉系统，能对任何牵拉进行严格控制，并大大改进牵拉的精确度。

复合牵拉方式可以完成下面一些工作。

① 可以同时从三点或四点上，精确地按所需方向成功地进行牵拉，对整体式车身修复程度进行必要的控制。

② 多点的复合牵拉，极大地减少了每个点上所需的力，大的拉伸力通过几个连接点加以分散，因此减少了薄钢板被拉断的危险。

2. 车身（车架）的定位

1）车架式车身定位

车架式车身的车架定位可以采用在车架的固定孔（位于车架的架梁上）内放置适当的塞钩进行定位。为使塞钩与车架梁对中，需要用垫块进行调整，或者使用链条张紧器调整。为防止牵拉力过大造成损伤，建议在孔上焊接加强垫片后再拉伸。

2）整体式车身的定位

对于整体式车身，必须用多点固定的方式。至少需要四个固定点，根据车身结构及拉伸的部位，有时或许还需要另外的固定点。

在拉伸时可在车身坚固的梁上焊接若干固定夹，并利用这些固定夹将车身辅助固定，以防止与之相连的、不能拉伸的部件损伤。

3）车身校正钣金工具的使用

为了更好地对整体式车身进行拉伸修复，针对车身不同部位的变形修复设计了多种钣金工具，可以对车身进行有效的拉伸修复。

在使用钣金工具时必须注意正确的使用方法，否则会损伤夹具和车身。在拉伸时必须使拉力方向的延长线通过夹齿的中间否则夹钳有可能受扭转的力而脱开，还会对钳口夹持的部位造成进一步的损伤。在设计牵拉夹钳进行多点牵拉时，需要充分发挥想象力和创造力。

在进行牵拉校正准备工作时，钣金工具不可能正好夹持在变形区域，如果遇到这种情况，可暂时在需要拉伸的部位焊一小块钢板，修复之后，再去掉钢板。

3. 拉伸校正

1）拉伸校正的程序

拉伸校正程序就是从混在一起的众多小问题中，找出修理的先后次序，找出第一个需修复的板件开始修复，然后再修复第二个板件，如此循环、继续。

整个拉伸校正的程序在车身损坏分析制定修理计划的过程中已经安排好了，在具体的校正修理过程中可能还需要根据具体情况做相应的调整。

整个车身在修理时，要用“从里到外”的顺序完成修理过程。因为车身尺寸的基准在车身中部，需要先对车身中部进行整修，使中部车身尺寸恢复，以它们为基准再对前部或后部的尺寸进行测量和校正。而不是车身前部损坏就先修理前部部件，后部损坏就先修理后部部件，而是要先对车身的中部（乘客室）进行校正，使车身的中部和底部的尺寸特别是基准点的尺寸恢复到位。

一个部件在受到损伤后，可能存在三个方向的损伤，那么整修的顺序是：

① 校正长度；

② 校正宽度；

③ 校正高度。

整个拉伸校正的过程，具体到每一个变形板件的拉伸校正时，拉伸校正的程度是由损坏部件的尺寸决定的。拉伸前需要知道每个受损部件变形的方向的大小，这需要准确的测量来决定，通过三维测量数据和标准对比可以知道变形的大小和方向。

对一个受损板件进行拉伸校正操作时，要用拉力使金属板件恢复到原先的形状，金属在受到外力时首先发生弹性变形，超过一定力量后才会发生塑性变形。在每一次的拉伸中，即使车身被牵拉至超过预定尺寸，车身部件也会由于弹性变形的存在而只是部分地恢复尺寸。因此，在拉伸时应预先估计其金属回弹、弹性变形量，并在拉伸过程中，留有一定的余量。不要试图一次就把变形拉伸到位（完全回到标准尺寸），变形的金属板内部存在加工硬化（内部应力），如果不把加工硬化消除，拉伸的回弹量会很大，大力的拉伸也会使板件由于加工硬化而破裂。每一个板件的修复需要很多次的拉伸操作，每一次拉伸时，只使受损板件产生少量的变形，然后卸力、测量，检查一下板件变形的程度，还有多少尺寸没有恢复，再重复拉伸，测量、检查的工作过程，直到板件的尺寸恢复到标准尺寸的误差范围内。

2）拉伸校正操作

① 塔柱拉伸。现在的车身校正仪都使用液压的巨大推力通过塔柱内的液压油缸，拉动拉伸链条，导向环变换拉力的方向，通过配备在塔柱上的顶部拉伸杆和下拉式装置可以对车身进行长宽高三个方向的拉伸。使用塔柱的链条对固定在车身上的钣金工具进行拉伸，可以进行多点、多向的拉伸。在拉伸时要注意塔柱必须固定牢靠，不能移动，否则有可能会对校正仪本身产生损害。

② 液压顶杆拉伸。由于校正设备配备情况不同，有些设备只配备有一个或两个塔柱，为了在拉伸校正中实现多点向拉伸，还需要补充一些液压顶杆和链条来进行辅助拉伸。

使用液压顶杆进行拉伸时，拉伸链条、液压顶杆、车身的拉伸点和链条固定点形成一个简单的三角形拉伸图。液压顶杆延长时，三角形的一边增长。因为链条锁紧在液压顶杆上，所以引起顶杆向一个方向倾斜，当顶杆倾斜到新的位置时，受损的部件就会被拉伸。

在拉伸中根据拉伸部位的高度来调整链条和液压顶杆的长度和高度，链条一端固定在汽车的钣金工具上，调整液压顶杆的接管长度，以便达到恰当的高度。如果顶杆与链条固定点之间的链条超过了垂直状态，就必须马上停止拉伸，否则链条端部的固定点和顶杆支撑点部位可能出现过载，导致链条断裂。

4．防止过度拉伸

产生过度拉伸的原因一般有两个。

（1）在修复中没有遵循“先里后外”的拉伸原则，导致修理程序的混乱，修理好的板件在其他变形板件进行修理时会影响其他的尺寸，即原先已经校正好的板件长度又加大了，超过了原始尺寸。

（2）在校正过程中没有经常地、精确地测量拉伸部位的尺寸，没有很好地控制拉伸的程度，这就可能导致过度拉伸。

可以将一块钢板拉长，但不可能通过推压使其缩短。任何损坏的钢板，在拉伸校正之后，超过了极限尺寸，就很难再被收缩或压缩了。过度拉伸的唯一修理方法就是把损坏的板件更换。为了防止产生过度拉伸而损坏整体式车身，在每一次的拉伸校正过程中，都要对损伤部位的校正进程进行测量、监控。

7.2.3　车身校正后应力的消除

1．金属内部的应力

拉伸校正的目的是将损坏的车身恢复到原来的形状，但是恢复到原来形状的金属会由于再一次变形使内部加工硬化（应力）的程度加重，从车身表面上看已经修复好了，但钢板内部的状态并没有恢复。车身恢复的目的也要使金属恢复到原来的状态。

外形和状态是不同的，有些能变回原来的外形，而不能恢复原来的状态。在拉伸校正过程中，需要解决两个问题。

① 恢复车身的原来形状。

② 消除或减少由于事故使车身板件反复变形积累的应力，恢复板件原来的状态。

1）金属内应力产生的原因

平直金属材料中的晶粒轻度变形，就产生应力。压力解除后，如果金属有足够的弹性，晶粒将回到原来的状态。

如果金属在碰撞中弯曲得厉害，板件外侧的晶粒受张力而严重扭曲，内侧的晶粒则受压力而扭曲。由于超过了金属的弹性极限，金属会产生塑性变形。在变形的部位有大量应力存在，以保持住这种状态。

如果拉伸校正的金属板外形恢复后，允许这些有微小变形和不均匀晶粒的存在，而不考虑其状态，晶粒并没有随着板件外形的改变而改变晶粒排列状态，金属内部还会有大量的应力存在。

2）金属内部应力消除

外形修复到与原形接近的金属板，其晶粒仍处于扭曲状态，形成新的扭曲区域。一般用可控制的加热方法（一般在 200℃以下）和锤击，晶粒能被激活，重新松弛后恢复到原来状态。加热和外力使金属板恢复到原来的状态，减少了应力，使金属板尽可能地恢复平直，并且保持它原来的状态。在进行高强度钢板的应力消除时尽量不要采用加热的方式。

2. 应力对车身部件的影响

应力可以看做是一种内部阻力，这种阻力是物质在特定的负载下变形时产生的。在碰撞修理中，应力可定义为一种存在于原材料中的、对维修起阻碍作用的内在阻力。这种阻力（或应力）是由以下原因造成的。

（1）板件变形。

（2）过度加热。

（3）不正确的焊接操作。

（4）不理想的应力集中。

3. 应力消除

用一块型钢或木块以铁锤，可以消除大量应力。大多数应力消除是冷作用，不需要很多热量，假如需要加热，需要加以控制。对现代车身上的高强度钢板上的应力不能用加热的方式来消除。

加热通常会产生某种程度的氧化或一定量的氧化皮，还会产生脱碳作用。氧化皮影响损坏金属的表面光洁度，脱碳作用引起表面软化，严重影响疲劳寿命。氧化皮的量很大程度上取决于加热的时间和温度。加热件背面氧化皮的厚度总是比暴露与火焰的正面要厚一些。火焰层直接接触表面由于有燃烧气体保护，不致氧化，但背面一旦达到适当的温度，就会氧化。同一部位每次重新加热，都会产生更多的氧化皮。

如果损坏部分需要加热，必须严格遵守汽车生产厂家维修手册上的建议。例如，在整体式车身梁上加热时，应仅在梁的角上加热。加热后不能用水或压缩空气冷却加热区，必须让它自然冷却。快速冷却会使金属变硬，甚至变脆。监视加热的最好办法是用热蜡笔或热敏涂料。用热蜡笔在冷件上作标志，当达到一定的温度时，热蜡笔记号就会溶解。热蜡笔相当准确，比维修人员用眼观察颜色变化确定温度要更精确，用热蜡笔的误差为±1%。

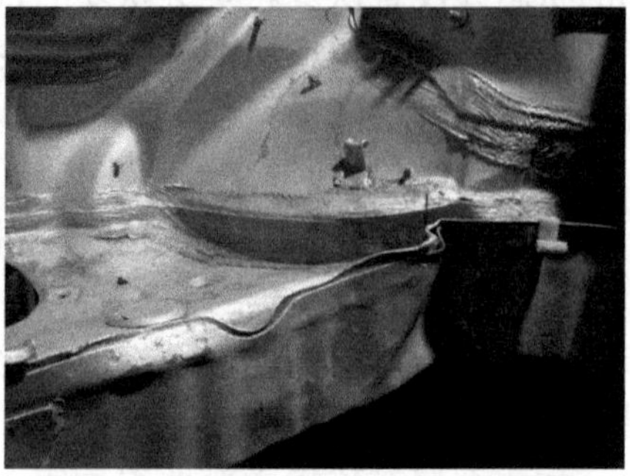
图 7-14　容易发生应力集中的部位

4．车身板件的应力集中

金属结构在某些条件下其强度可能降低，这些条件叫做应力集中。应力集中，顾名思义，就是在负载作用下，应力产生定位凝聚。在整体式车身的设计中，有时设有一些预加应力的零部件，如：捷达车前纵梁，如图 7-14 所示，用于控制和吸收碰撞力，使车身结构损坏减小到最小程度，增加乘客的安全性。所以，不要把原设计的应力集中件拆除掉，只能按照汽车生产厂维修手册的建议，维修或替换掉有预应力设计的部件。只有全面恢复车身部件的功能、寿命和外形，才是正确的修理。

在有些应力没有完全消除时，可能出现下列情况：

（1）由于负载的施加和释放引起悬架和驾驶操作部件的疲劳；

（2）再次遭到相似的碰撞时，较小的碰撞力就会引起同样或更大的损坏，甚至危及乘客的安全；

（3）车身尺寸变形，引起各种操作的困难。

这是因为板件的应力导致应力集中，造成出现以上问题。要解决这些问题，还需要重新放松应力。所以在维修时一定注意板件状态的恢复。

7.2.4　校正操作应用

1．车身前端损坏的整修

1）损坏分析确定拉伸程序

一辆汽车的前端被碰撞损坏，如图 7-15 所示，如果它的前部横梁一侧的前挡泥板损坏严重就需要进行更换，而另一侧的前翼子板、挡泥板和纵梁可能只是受到对面严重碰撞的影响，损坏并不严重，就需要进行修复。一侧的挡泥板和侧梁要进行修复，另一半需要更换部件的支撑连接部件也需要在新板件安装前修复好。

图 7-15　汽车前端碰撞

通过碰撞位置可以分析出车身的左前方受到碰撞，水箱框架和前柱进行牵拉，在前柱尺寸恢复后，需要更换的左前纵梁拆除。然后，再修理右侧挡泥板和纵梁。需要修理一侧的整个挡泥板或纵梁可能仅在右边或左边略有弯曲，在纵向方向没有变形。

2）对前纵梁和挡泥板拉伸校正

在修理时，对发动机室部位的尺寸可以使用点对点测量来对比，校正好其对角线尺寸。有时用钣金工具对挡泥板上加强筋和纵梁同时进行牵拉将更有效。拉伸中最好使用三维测量系统，因为在损坏部位的长度，宽度和高度都发生变化（特别是高度变化）的情况下，使用三维测量可以确保校正尺寸的正确。

如果拉伸校正一侧的损坏对另一侧的部件产生影响，使另一侧的尺寸变化，那么需要将前横梁和散热器的支撑分开，再分别加以校正。在修理纵梁弯曲损坏时，应该夹紧纵梁里面的损坏面，向前拉伸时，在损坏部位要有一个力同时从里向外拉或从外向里压。修理完弯曲部分后，尺寸应与标准尺寸相吻合。

3）对前围和前柱拉伸校正

修理需要更换板件一侧的挡泥板和测梁安装部件时，主要是修理接近前围板和前围上盖板的地方。如果碰撞严重，损坏会扩散到车体前立柱，则车门就关不上。如果维修中简单地夹住挡泥板，对纵梁前缘进行拉伸，则不能修理好侧身前柱或前围板的主要损坏。在这种情况下，应取下挡泥板和纵梁，在前围板损坏处夹紧，然后拉伸并注意车门的吻合情况，用这种方法可以取得最好的效果。在拉伸时如果拉伸效果不好，还可以一边拉伸一边用液压顶杆从里边推压，如图 7-16 和图 7-17 所示。

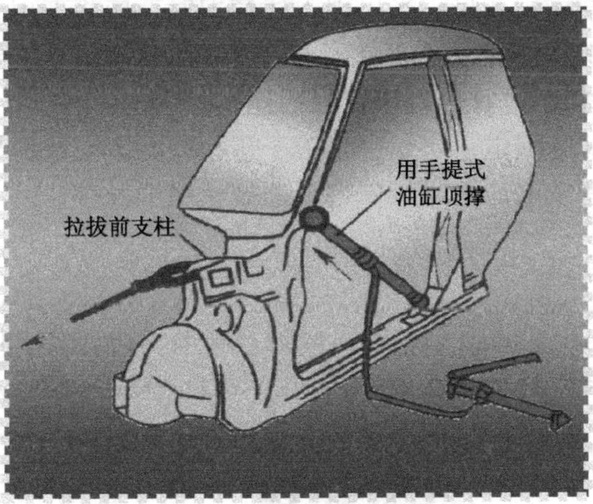

图 7-16　前柱的复合拉伸

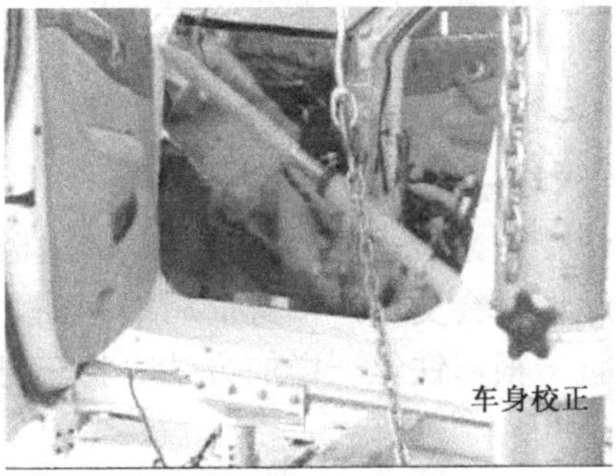

图 7-17　前柱的复合拉伸

4）拉伸校正中重点的测量点

在车身拉伸校正过程中，其修复程度由尺寸测量决定。前地板加强筋上的参考孔和前翼子板的安装孔，都是一些标准的参考点，如图 7-18 所示。在评估损伤时，对这些部位进行测量，确定损伤是否已扩散到这些部位。

如果前纵梁结构遭到十分严重的碰撞，标准测量点的高度就可以发生变化。一般受损部位倾向于向上倾斜。

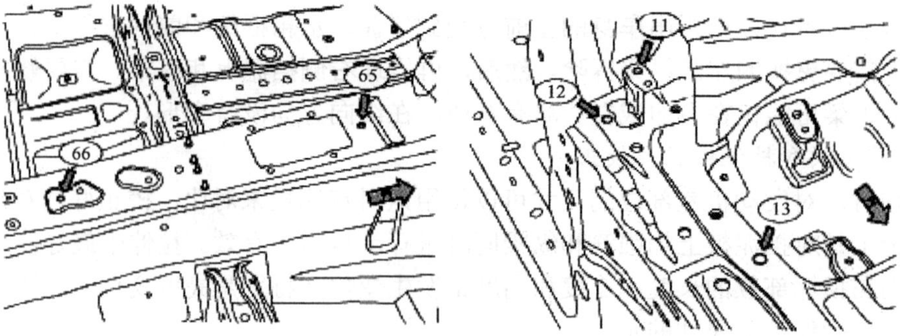

图 7-18　车身板件的参考孔

2．车身后部损坏的修复

与车身前部比较，车身后部的板件结构更复杂，损坏可能扩散得更厉害，因此，对损坏的评估必须更加精确。在后端碰撞时保险杠会被损坏，而且碰撞力通常会通过后部纵梁的尾端或附近的板件进行传送，引起“上弯”部位的损坏。其次，轮罩也将变形，引起后侧围板向前移动，造成部件之间的间隙变化。如果碰撞十分严重，还将影响到车顶、车门或中柱。将钣金工具或钩子固定在后纵梁的后部、后地板或后顶盖侧板后端部分，一边进行拉伸，一边测量车身下面每一部的尺寸，观察车身板件的配合和间隙情况来决定修理程度。

当后纵梁被撞进轮罩，后门有间距误差时，不能对有少量变形甚至没有变形的后顶盖作拉伸，而只能靠拉伸纵梁来消除后顶侧板的应力。如果轮罩或车顶侧边的内板和后部纵梁一起夹紧拉伸，那么车门的间隙就很容易校正到位。

车头部分的碰撞也可能引起车尾部分结构的变形。当出现上述情况时，应将车尾较低部位的结构夹紧在校正台上。初步的拉伸将恢复一些较低的校正点，这时应重新放置夹钳（校正点和固定点的数量也将随之变化），以保护已进行的校正，然后继续拉伸。

一旦修复到位后，要对这些部位进行辅助固定，防止进行下一步拉伸时影响已经校正好的尺寸。在进行初步拉伸后，应拆除损坏严重不能再进行修理而需要更换的部件。

3．汽车侧面损坏的修复

1）损坏分析确定拉伸程序

汽车受到来自一侧的损坏后，车门槛板中心位置受到严重碰撞，如图 7-19 所示，门槛纵梁弯曲，地板会变形，车身前后端弯曲，使车身扭曲成香蕉状。修理这种类型的损伤，可使用与拉直一根弯铁丝一样的方法，将车身的两端拉开，再将塌下去的车身侧面向外拉。

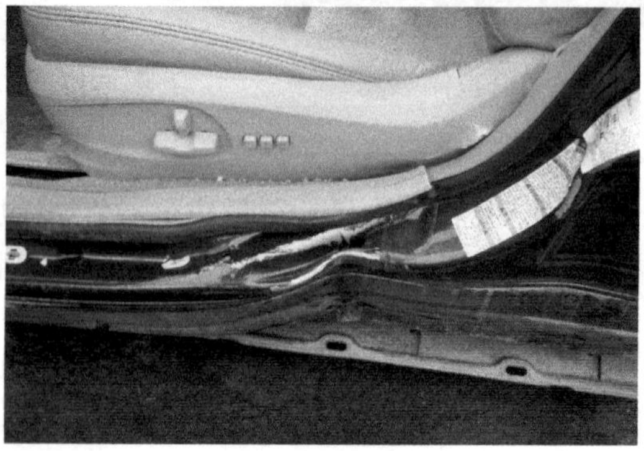

图 7-19　车辆侧面碰撞

2）车辆固定

将车辆用主夹具固定在校正平台上，必要时要在车辆上使用一些辅助夹具来加强车辆定位，如图 7-20 所示。

图 7-20　车辆的固定

3）纵向拉伸车辆的中部

主夹具紧固在车辆的门槛板裙边上，主夹具与平台之间不固定。用液压顶杆顶在两个主夹具上进行中部向两侧的拉伸。同时在中柱门槛上边的裙边上安装两个主夹具进行侧向拉伸。因为中部受损后拉伸力比较大，需要同时进行两个点以上、多个方向的拉伸。

4）拉伸车辆的前端弯曲

由于车辆的前后有弯曲变形，所以要对前端进行校正。通过测量可以看出前纵梁的才尺寸有朝向撞击方向的变形，用尼龙带或其他夹具对前纵梁进行拉伸。拉伸时注意链条导向环和链条的高度要与纵梁平齐，不要太高或太低，否则拉伸时会产生向上或向下的力，使纵梁产生上下弯曲变形。

5）拉伸车辆后端

由于车身后纵梁与前纵梁存在同样的问题，也要根据测量尺寸的结果来进行校正。

6）侧向拉伸车门槛板

在碰撞时车门槛板承受了大量的力，变形量大，有些板件可能需要更换，但必须在进行校正后才能够进行更换。通过大力拉钩向外进行拉伸，注意大力拉钩车辆板件的接触受力点要根据情况选择不同接触面积的垫块，同时注意拉伸的方向，遵循拉伸的方向，遵循拉伸的要点，使应力放松。

7）侧向拉伸中柱

侧身的中柱在碰撞中也会变形需要拉伸。在车门的铰链、门锁安装点、车门裙边的焊接接口处都会有一些尺寸数据，通过测量来确定拉伸的程度。在拉伸中柱下部时，为了防止中柱上部也跟着变形，需要用尼龙带在中柱上部进行辅助牵拉。

4. 校正后的检查

修理（包括所有校正和焊接操作）完成以后，要对车辆进行最后的检查。在检查时，车身维修人员需要绕着汽车周围观察，看看是否有明显的校正错误。如果在车顶线和车门之间出现大的缝隙，就说明还有少量损坏存在。检查修理顺序，看每一项是否都做好了，如果检查中发现问题，应马上将车固定起来，重新进行拉伸，不要等到更多的修理程序完成之后，又发现损坏，再来修理。检查时应该注意以下几点。

（1）检查车门与车门槛之间的空隙（应该是一条又直又窄的缝隙）。

（2）检查整个车身上部所有部位总的平整情况。

（3）然后关车门，如图 7-21 所示，掀、关发动机罩盖和行李箱盖，看是否感觉过紧。

图 7-21　检查车门的配合间隙

最终检查完毕之后，汽车可以留在校正台上，重新装上那些修理前被取下的部件，然后再从校正台上移下来。

5. 其他校正方法

修复车身时，还有其他的一些拉伸校正方法。

1）向上牵拉

汽车车身有些部件受到向下的碰撞力导致向下的弯曲变形，有些校正仪有斜拉臂装置可以完成向上的拉伸校正工作，但是斜拉臂的拉伸力较小，只能拉伸车顶等需要校正力比较小的部位。对于需要拉伸力较大的部位可以用液压顶杆来辅助向上顶伸。

2）向下拉伸（凹陷修复）

汽车车身有些部件会有向上变形，需要用下拉式装置向下进行拉伸。有时拉伸要在车身底下塞上垫块加以支撑，然后通过下拉式装置将车身高端向下牵拉时，塔柱上的链条（导向环）必须在最低位置。

3）扭曲的修复

车身扭曲后车辆的一个对角比另一个对角高或者低，在修复这种类型的损伤时，先要把车辆的中部四个点固定在校正台上，在车身较低一侧的校正台上，用液压顶杆向上拉伸；在车身较高一侧的校正台上用下拉式夹具向下拉伸，必要时再塞上垫块。配合车身尺寸的测量结果把车身的高度校正到位。

4）菱形变形的修复

在菱形变形中，车架是平行四边形。修理时在校正台的每一端都设一个塔柱或液压挺杆，与前面端部拉伸的方法一样，调整牵引链的高度并与汽车相连。将车架的一边固定以防止车身侧向移动，按照变形的方向和大小来拉伸校正车架。

5）减震器支座的拉伸

在有些碰撞中，减震器支座会变形，必须进行校正，否则会影响车辆的行驶性能。将减震器专用夹具固定在减震器支座上，用塔柱、链条、钣金工具或液压顶杆连接来校正。如图 7-22 所示。

图 7-22　减震器支座的拉伸校正

通过测量知道减震器支座的变形方向及大小，然后决定拉伸的方法，配合车身尺寸拉伸，如果两个减震器支座都向左或右倾斜，就可以通过在两个支座上均安装牵引板，并安装上牵引带，来进行牵拉校正。

在实际修理中，维修人员往往对减震器支座的修复重视程度不够，其实减震器支座修理的好坏对整个车身的行使性能非常重要。车轮的定位参数是由减震器支座的这些安装点来决定的，安装点的尺寸变化后，定位参数肯定发生变化，而这仅靠后期的四轮定位仪来调整是不够的。有些修理人员由于在修理中对测量的不重视，或认为仅进行发动机室数据的点对点之间的测量就可以了，实际上那只是进行了二维测量，还有一个高度的测量没有进行。在减震器支座的修理中一定要进行三维测量，否则等车身全部校正完毕后发现车轮跑偏、轮胎异常磨损等现象，再重新检查，就会发现可能由于悬架的安装点尺寸不对导致的，那么就需要重新进行校正，既损失了时间又增加了维修工作量。

6）客车车身校正

客车车身骨架构件目前大多数采用异型钢管或薄板冲压成型制成，车身整体是一个桁架结构。采用了部位撑开，也可以将扩大的部位拉回。操作时要采用拉伸—保持平衡（消除应力）—再拉伸—再保持平衡（消除应力）的方法。并要在操作过程中用样板检验，防止过度拉或撑使构件的材料产生屈服变形，从而使修复无法进行。如经过上述操作仍不能达到校正目的或局部已有明显腐蚀侧应局部或整体更换。

驾驶侧门框、侧窗框的变形可用撑拉器或液压千斤顶顶在变形最大的位置，调节撑拉器丝杆长度直至变形复位。操作时也需要采用拉伸—保持平衡（消除应力）—再拉伸—再保持平衡（消除应力）的方法，并且用样板校正，防止过度拉伸。为了不使门框另一方撑点校正时产生变形，可用垫板增加受力面积。

6. 车身板件修复或更换的原则

车身碰撞中损坏的钢板，在损坏分析和制定维修计划时就要确定哪些件需要修复，那些件必须更换。许多车身维修人员认为如果损伤部件能够校正，都应该进行彻底的修理，实际上，不是所有的板件都可以修复的，对于一些高强度钢和超高强度钢制造的板件，损坏严重后不能进行维修，需要进行更换；有些吸能区部件变形严重，也需要更换而不能维修。

在修理整体式车身时，不要试图切除一部分的损坏部件（如磨损、断裂、弯曲等），然后再在切除部位焊接一个加强补丁来修复。因为现代车身结构中，有些部件如梁，有意设计成能在碰撞中损坏以吸收碰撞能量的变形区。加强补丁可能会影响部件正常的碰撞变形，而失去吸能作用。当断裂、磨损或弯曲的部件在不用补丁就修理不好时，应该更换整个部件。

复习思考题

1．车身校正设备必须具备哪些条件？
2．拉伸操作的注意事项有哪些？
3．拉伸操作中的车身防护有哪些？
4．拆卸汽车零部件要注意的事项有哪些？
5．车身板件修复或更换的原则有哪些？

第 8 章　车身损伤修复

知识目标

1. 了解车身板件的更换要求
2. 掌握车身板件的修复方法
3. 掌握板件修复的注意事项

能力目标

1. 能正确进行板件修复
2. 能正确使用板件修复工具
3. 能进行结构件修复
4. 能进行车身附件修复

在车身修复作业中，有相当一部分作业内容是进行车身板件的更换。能否按要求合理进行板件更换，直接影响车身修复效率，影响修复成本和车身修复质量。对于轿车车身现多为整体车身，整体车身上外部板件和结构性板件更换的要求不同，因此应分别对待，以保证车身修复质量。

8.1　车身板件损伤修复

8.1.1　车身板件的更换

1. 车身上外部板件更换的要求

车身上一些外部覆盖板件受到损伤，当损伤小时，可以对其进行钣金加工处理来消除金属板件上的凸起、凹坑或折皱。但是，当车身上外部板件受损严重、锈蚀严重，无法修复或者没有修复价值时，只能进行更换。当车身外部板件发生以下损坏时，就需要进行切割后更换。

（1）碰撞损坏的车门。碰撞后造成翘曲，在边缘和车身外表有严重的加工硬化现象。

（2）在后侧围板处碰撞损坏严重，需要进行局部切割除去损坏部件。在接缝部位的焊点用钻孔的方法去除。

（3）车身侧板发生损坏，需要切割后更换新的板件，然后将其焊接就位。

（4）对于严重的腐蚀损坏，更换板件通常是唯一的方法。将生锈的金属板件切割下来，在原来的位置上焊接上新的局部板件。对于经常容易产生锈蚀的部位，局部更换板件是常用的方法。

（5）对于一些板件，当已经破损，无法修复，需要进行局部或全体更换。

车身是用机械紧固和焊接两种方法将车身板件连接在一起的，有些装饰板件，例如翼子板、后顶侧板和发动机罩，用螺栓或铰链、铆钉等方法进行连接。在更换这些板件时，不需要进行切割，只要进行拆卸作业，将紧固和连接的部位分解即可。

2．车门面板的更换

车门面板和其他车身板件一样，可以进行整平、牵引复原。但当损伤程度严重时，就需要采取更换车门面板法进行修复。

更换车门面板的步骤如下：

（1）拆卸车门之前，要检查车门铰链是否变形、车门与门洞的位置关系。还要查看面板的固定方式，拆下车门玻璃。

（2）找到车门面板上的连接焊点，用氧气乙炔焊炬和钢丝刷，清除板件边缘焊点上的油漆。

（3）用焊点清除工具剔除焊点。

（4）在门框上贴上标记条，分别测出面板边缘到标记条下边线的距离和面板边缘到门框的距离。

（5）用等离子弧切割机或砂轮机把面板与门框之间的钎焊缝剔除。

（6）打磨面板边缘的翻边，如图 8-1 所示。注意只需磨掉边缘使其断开即可，不要打磨到门框上，也不要用割炬来拆卸，以免造成门框变形或被意外割坏。

(a) 打磨　　(b) 打边切割

图 8-1　面板边缘打磨加工

（7）用錾子手锤分离面板。待面板可以自由活动时，拆下面板，同时要对内部损伤进行平整修理。

（8）在组装前，在所有的点焊区涂刷可焊透的防锈漆，对其他裸露的金属表面先除锈后用防锈底层涂料进行防腐处理。

（9）准备安装新面板。先钻出塞焊孔，用砂纸磨去焊接或钎焊部位涂层。安装隔音板，在新面板背面涂上车身密封胶。

（10）用手锤和托铁将面板的凸缘弯折，折边。如图 8-2 所示。

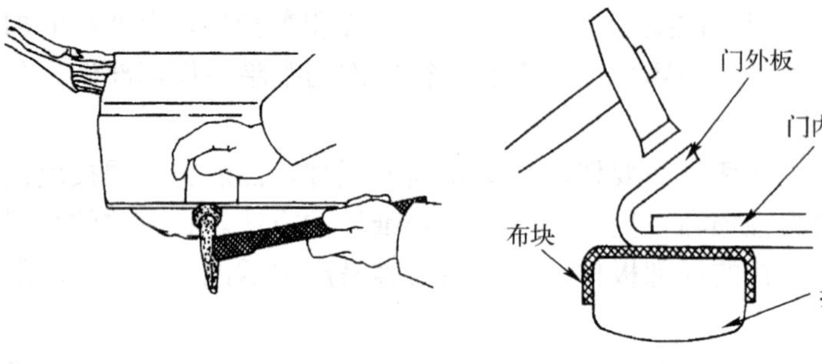

(a) 抵铁的使用　　(b) 折边断面图

图 8-2　车门面板手工折边

（11）当加工凸缘弯至与内面板成 30°角范围内时，最好用翻边钳完成弯边。如图 8-3

所示。

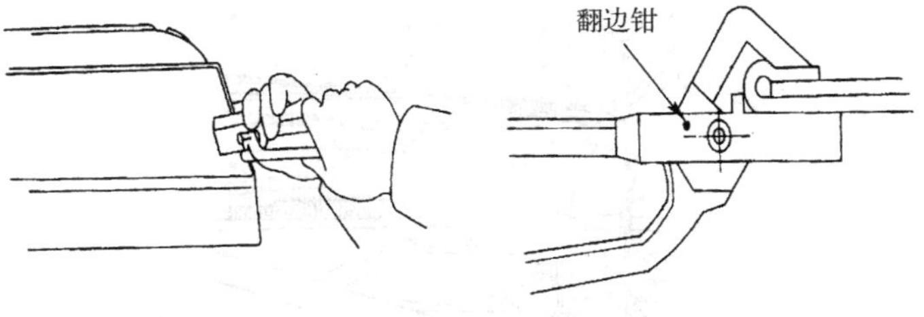

(a) 翻边钳的使用　　(b) 翻边断面图

图 8-3　用翻边钳弯边

（12）找准安装位置，用点焊或塞焊进行焊接。

（13）组合后检查和校准。将车门放入门洞中，检查定位情况，安装好装饰件。

3．翼子板的更换

由于翼子板的特殊安装位置，导致其损伤的几率加大。当翼子板正面严重碰撞，会导致碰撞后产生塌陷与褶皱同时出现。

翼子板出现损伤，应根据其损伤程度，采取相应的修复方法。当损伤严重，修复困难或者没有修复价值，而配件供应又比较容易时，参照车主的意见，可以采用整体更换的方法。

翼子板更换的步骤如下：

（1）拆下前保险杠，拆下翼子板的固定螺钉，卸下翼子板，如图 8-4 所示。

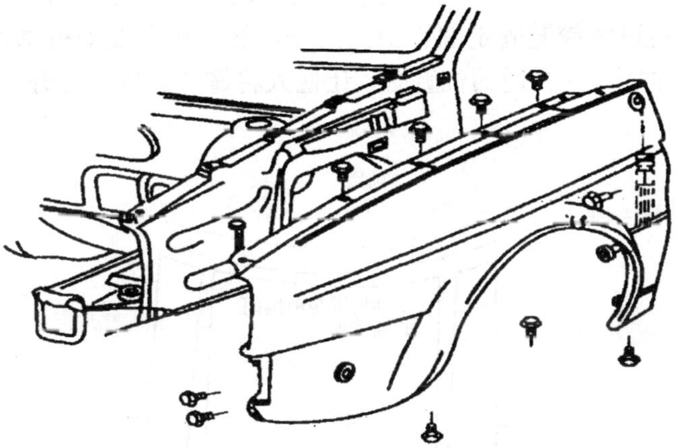

图 8-4　拆卸翼子板

（2）检查新翼子板，应无变形，无划痕。

（3）安装新翼子板，调整好位置，然后正确固定。

（4）装回保险杠。

4．发动机罩的更换

当汽车正面发生严重碰撞时，会使发动机罩出现拱曲、塌陷与褶皱等损伤。如果损伤严重，有时需要整体更换。更换发动机罩的步骤如下：

（1）将挡风玻璃洗涤器喷嘴和软管拆离发动机罩，如图 8-5 所示。

（2）用旋具松开铰链上的紧固螺钉。如果发动机罩上装有气动杆，需要将气动杆拆下。

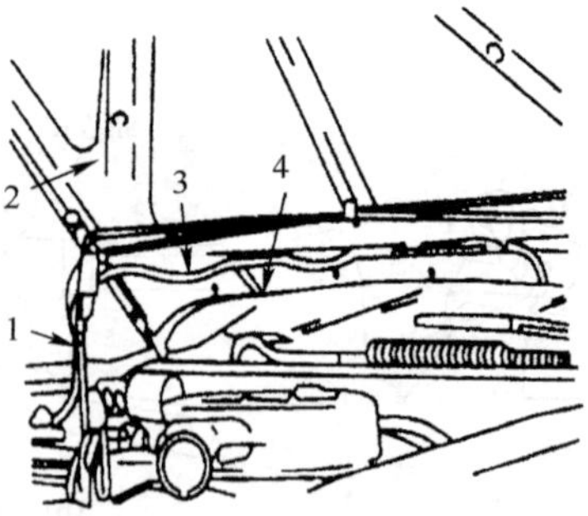

1—发动机罩铰链；2—发动机罩；3—软管；4—喷嘴

图 8-5　玻璃清洗器喷嘴和软管的拆除

（3）检查铰链及铰链支座是否发生损伤和变形，如果发现有损伤和变形，应在更换安装新发动机罩之前进行修理或校正。

（4）检查新发动机罩，在发动机舱上进行比对，如果差异较大，确认是否是型号不对，或者是否是发动机舱变形恢复没有达到要求，如果发动机舱变形没有完全恢复，需要进一步修复。

（5）安装发动机罩。先将后侧两个铰链连接，再将发动机罩总成放到车身原来位置上，拧好铰链紧固螺钉。

（6）调整发动机罩。安装发动机罩后，要检查发动机罩与翼子板及前围之间的各部间隙是否合适，如图 8-6 所示；还要检查发动机罩高度方向是否合适。如果不合适，应及时进行调整，间隙调整时，可以将铰链固定螺钉稍微松开，然后扣上发动机罩。将其位置调整后，轻轻揭开发动机罩，并打开到合适的位置时，让他人将螺丝紧固。当缝隙合适，开关自如时，进一步紧固铰链螺钉。

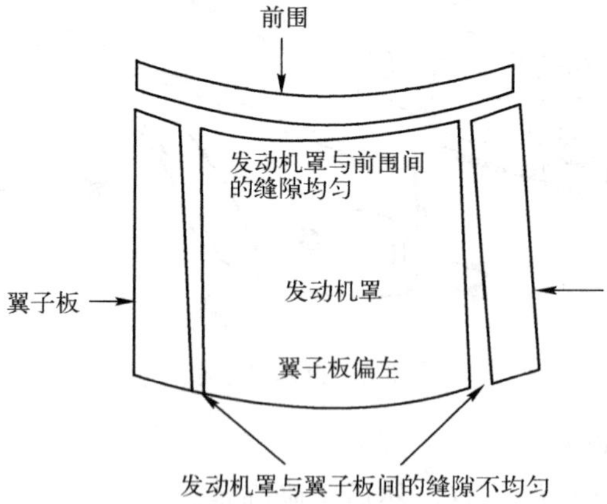

图 8-6　发动机罩与翼子板及前围之间的间隙调整

对于换装的新发动机罩，如果不能简单的通过调整铰链达到调整的目的，应调整发动机罩边缘的曲线，甚至进一步检查并测量发动机舱。

（7）扣上发动机罩进行检查。检查发动机罩能否完全锁牢，如图 8-7 所示。

（8）打开发动机罩检查，如图 8-8 所示。检查发动机罩锁扣是否平稳解脱，罩锁扣钢丝绳工作是否正常，发动机罩的铰链是否有自由行程，发动机罩的支撑杆或者气动杆是否可靠的支起。

图 8-7　发动机罩扣上时的检查

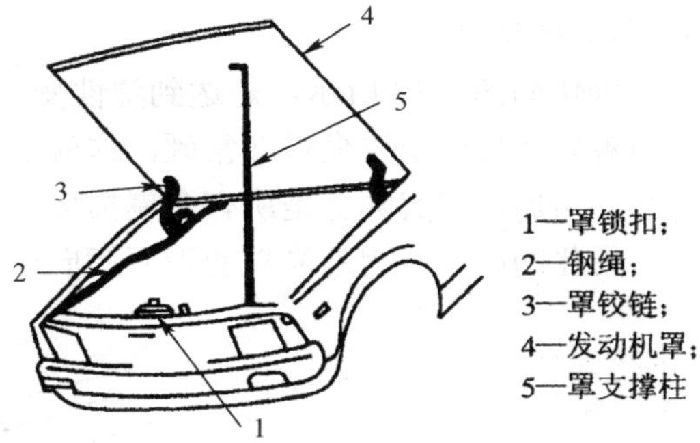

图 8-8　打开发动机罩的检查

（9）安装挡风玻璃洗涤器喷嘴及软管。

8.1.2　钢制板件的修复

1．车身钢板的性能

1）弹性变形

弹性变形是金属受到拉伸后能够恢复到原来的形状的能力，也就是在修理中常见的金属回弹。

在受到损坏的金属板上会发生弹性变形，修理技师可以利用金属的回弹倾向进行修理，任何比较平滑的部位都可能发生回弹，即使它们受到邻近部位的影响而偏离了原来的位置，当临近部位的变形消除后，这些受影响的部位往往会跳到其原来的形状。

2）塑性变形

塑性变形是金属发生弯曲或变成各种形状的能力。

当金属的弯曲超过了它的弹性极限时，它将出现回弹的倾向，但它并不能完全回到原来的形状。

当汽车在碰撞过程中受到损坏时，由碰撞而产生的变形将保留下来，除非将这种变形除去。

产生永久变形的部位周围都会产生弹性变形。

但在这种情况下，弹性变形无法消除，在修理受到这种类型损坏的车身时，应首先排除永久变形，这种弹性变形也会随之消失，使车身恢复到原先的形状。情况如图 8-9 所示。

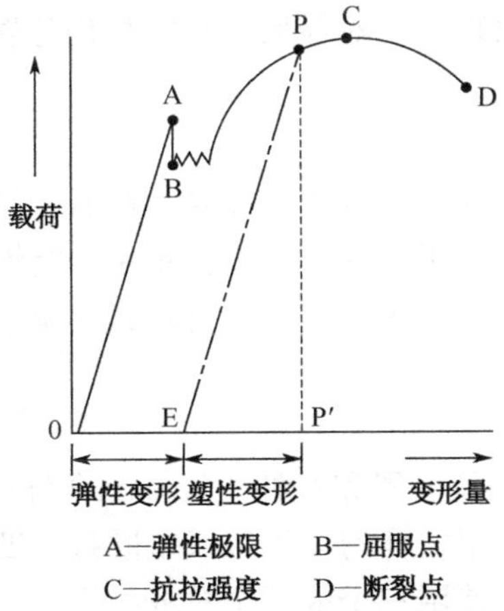

图 8-9　车身钢板的变形

3）加工硬化

加工硬化如图 8-10 所示，是达到塑性变形上限时，金属出现的一种现象。

金属被弯曲过的部位变得非常硬，这就是加工硬化。受弯曲或加工部位的金属产生硬化而造成强度增加，它实际上是所有金属损坏的根源。

加工硬化的产生原因是晶粒变形后倾向于回到原先的位置而产生的应力。

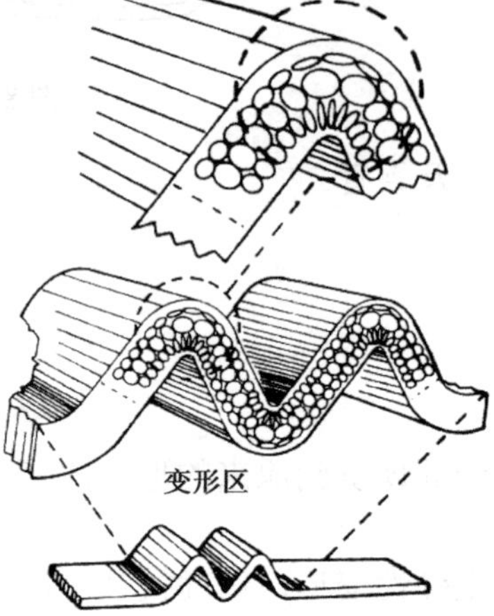

图 8-10 加工硬化

修理加工硬化变形时，把折损区修理好后，弹性弯曲区自然会恢复原状。如果先对弹性变形区进行修理，会对此区域造成损坏。由于对金属的不适当加工，造成了过度的加工硬化，金属将会更加难以加工。

2. 板件损坏部位的修复程序

首先要找到损坏的方向，碰撞损坏的方向应该和碰撞的方向完全相反。

一般通过目测检查即可找出损坏方向。

在修理时，基本的原则是最后的损伤要最先修复，最先的损伤要最后修复。

在损坏部位离直接损坏点最远的位置要最先进行修理，然后还要修复离直接损坏点最远的位置，以此类推把损伤全部修理好，对最后的直接损伤位置可能需要塑料填充剂修理。

3. 板件变形修复方法

1）早期的修复方法

如图 8-11 所示，皱折部位钻或冲几个孔，安装好螺柱，拉出器钩住螺柱后用冲击锤在凹陷拉出器的金属杆上滑动并冲击把手。冲击锤轻打把手，慢慢拉起凹点。使用螺柱拉伸时在面板上产生的孔要用气焊或锡焊封起来，只用车身填料简单修补这些孔，不能提供足够的锈蚀防护。这种方法已经不再使用。

2）现在的修复方法

如图 8-12 所示，现在的凹陷拉出器和拉杆一般都配合外形修复机来使用，在车身的凹陷部位焊接一个焊钉或垫圈，然后用拉杆勾住焊钉或垫圈拉出凹陷。小的凹坑或皱折可以用一根拉杆拉平，大的凹坑可以同时使用三个或四个拉杆拉平。

现在的凹陷拉出器和拉杆一般都配合外形修复机（如图 8-13 所示）使用，在车身的凹陷部位焊接一个焊钉或垫圈，然后用拉杆勾住焊钉或垫圈拉出凹陷。小的凹坑或皱折可以用一根拉杆拉平，大的凹坑可以同时使用三个或四个拉杆拉平。

图 8-11　早期修复方法

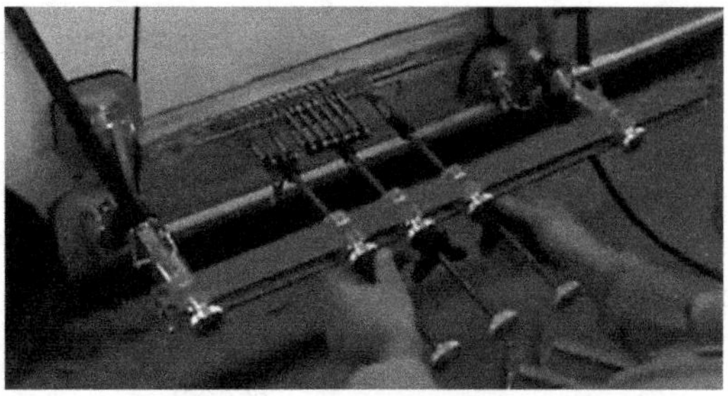

图 8-12　现在的修复方法

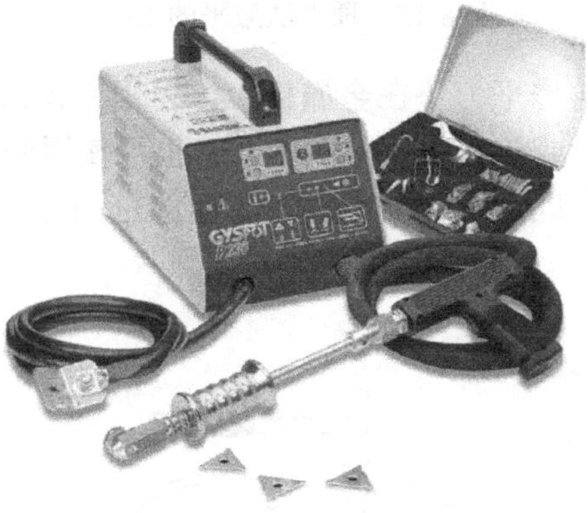

图 8-13　外形修复机

3）修复方法类型

（1）敲击法。使用钣金锤和垫铁配合敲击维修时，每次敲击点的间距为 9 mm～12 mm，直到损坏处得到修复。在用钣金捶敲打到金属板上时，锤子的平面应该与金属板的平面一致，否则会对金属板产生损坏。

铁锤和垫铁的敲击方法如图 8-14 所示。用顶铁法修整可分为“正托”和“偏托”两种方式。“偏托”法是直接用顶铁抵住最大凹陷处，使用木锤或尼龙锤敲击凹陷周围产生的隆起变形，即“深入浅出”地由最大凹凸变形处开始敲平。当局部凹凸变形被修平至一定程度时，应改用“正托”法进一步敲平。

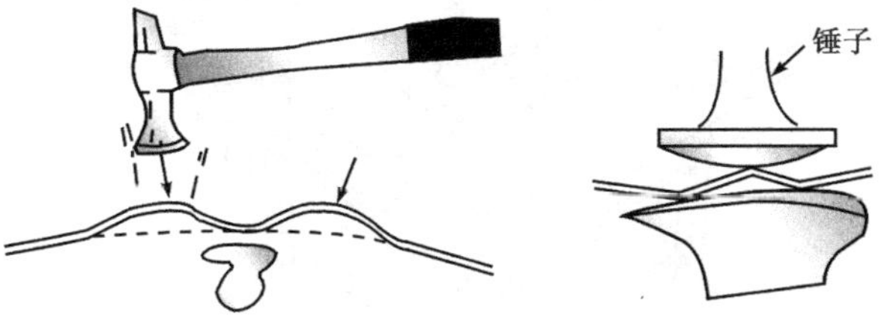

（a）偏托　　（b）正托

图 8-14　敲击方法

顶铁法敲平的工序如图 8-15 所示，所用顶铁的端面形状应与被修正壁板形状吻合。

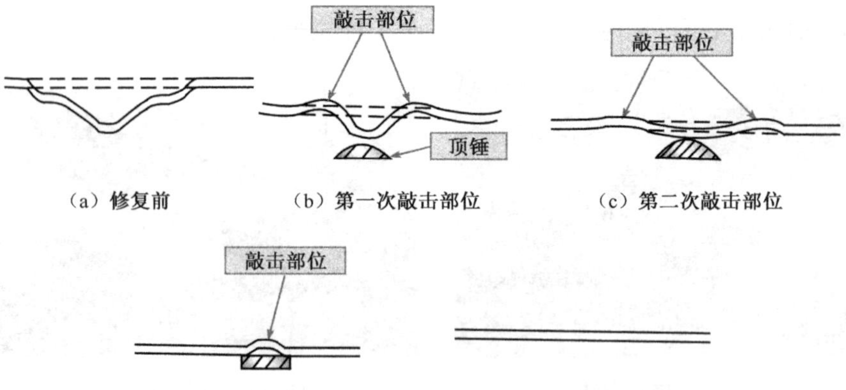

（a）修复前　（b）第一次敲击部位　（c）第二次敲击部位

（d）最后敲击部位　（e）修复后

图 8-15　顶铁法敲平的工序

（2）修平刀修整。可以将修平刀垫在金属板上，再用铁锤或敲击修平刀敲打，可以增加敲击的效果。在大致修整阶段或校正很深的凹陷时，也可使用修平刀，如图 8-16 所示。不同的匙形铁可与不同的面板形状匹配使用，当面板背面的空间有限时，修平刀也可当作顶铁使用，如图 8-17 所示。

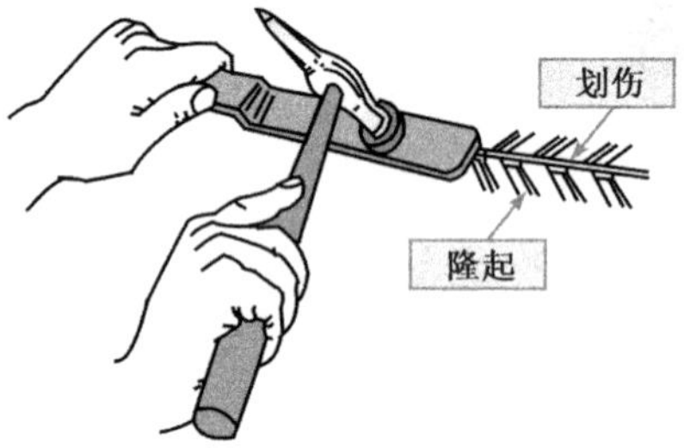

图 8-16　修平刀修隆起

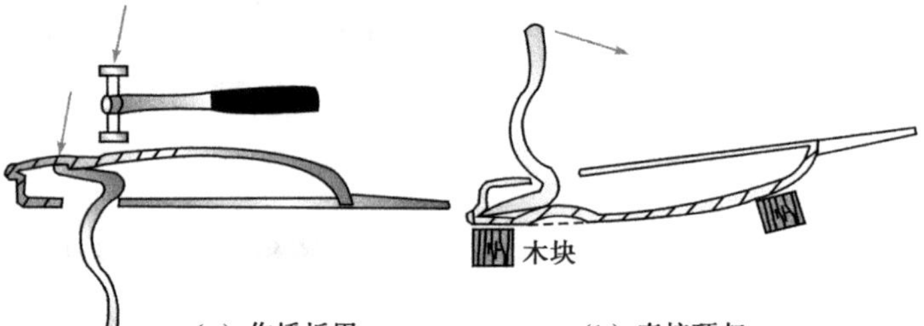

（a）作撬板用　（b）直接顶起

图 8-17　修平刀作顶铁使用

（3）用撬镐等工具修复。金属上的凹陷损伤的修复，如图 8-18 所示可以使用撬镐等（如尖锤、加长的尖锐工具、垫铁的边缘、甚至还有画针等）工具撬起、修复凹陷变形，操作时最好是轻撬几次，效果比重撬一、二次要好。

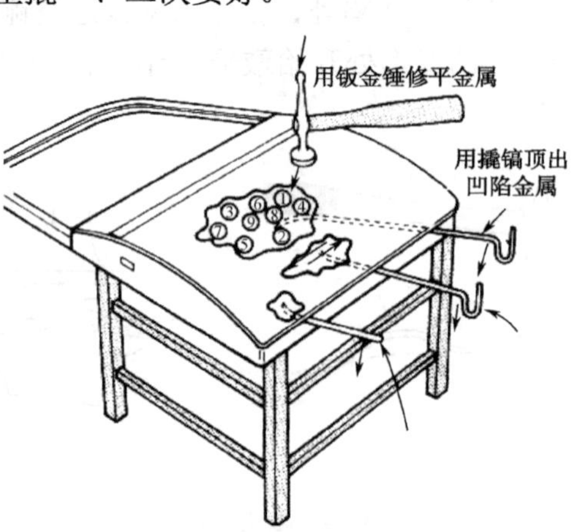

图 8-18　用撬镐修复凹陷

（4）介子焊法修复。在板件的凹陷处焊接介子，然后拉伸介子，达到修复的目的，如图 8-19

所示。

对于车门、门槛板、车顶、后翼子板等一些难于拆卸的板件，以及为了便于维修不许拆卸板件进行维修时采用介子焊法能起到维修快捷、简单、方便、好操作的目的，此外，小范围凹折变形都可以使用此方法进行修复。

使用该方法时，先将需焊接子的部位漆层打磨净，用专门的介子点焊机将金属垫圈焊接在凹陷处，使用凹陷拉出器或动力千斤顶将一个或许多个垫圈向外拔凹陷的校正结束以后，反复拧垫圈使它与板件分离，并去除介子焊的焊疤，板件的背面由于焊接产生的热量会破坏防腐层，所以要进行防腐蚀处理，在内部喷涂防腐剂。

（5）无损修复。如图 8-20 所示无损修复套装，用粘接的方法把介子（衬垫）固定在变形的部位，通过衬垫粘接在变形区域进行拉伸校正，最后通过溶剂把黏合剂去掉，变形区域的变形被修复但是表层的涂层不会受到损伤。

图 8-19　介子焊法

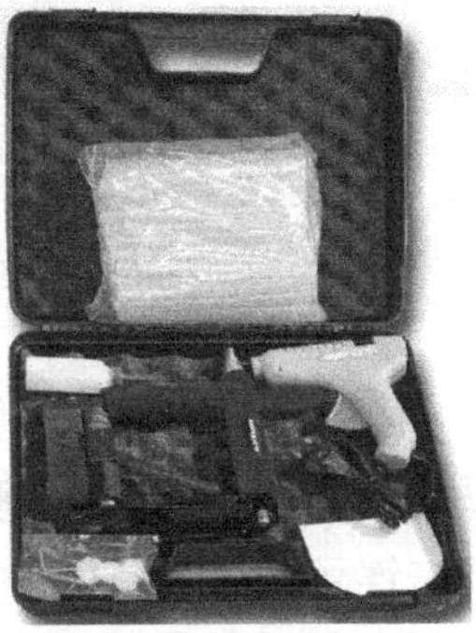

图 8-20　无损修复套装

4．板件隆起的热收缩

1）收缩原理

金属受热膨胀，长度增加，冷却收缩，长度缩短恢复。如果金属棒或板两端被单向固定，对它先加热，然后冷却，金属棒会缩短，原因是加热时，金属棒膨胀，由于两端伸长方向固定，无法纵向伸长，金属棒内部产生很大压力。当温度进一步提高，金属棒受热部分变软，在压力作用下，赤热部分直径增大变粗，而压力消失。加热后突然冷却金属棒收缩，由于原加热部分已加大了，钢棒长度缩短由于两端单向固定，收缩不受阻，从而达到收缩的目的。

对大面积金属收缩时，始终要对最高点加热。加热顺序如图 8-21 所示。

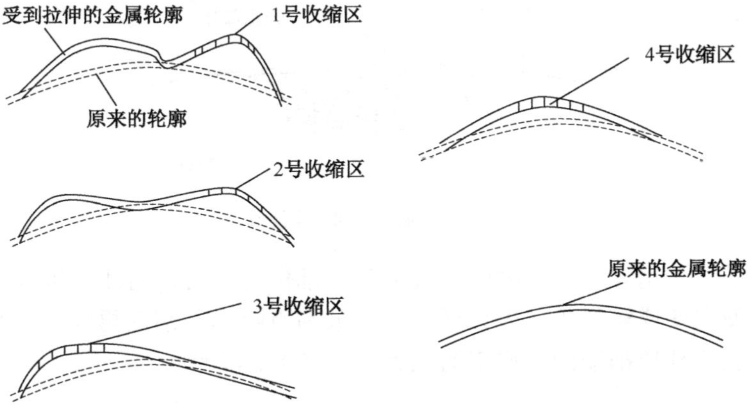

图 8-21　加热收缩顺序

2）收缩的方法

（1）敲击法进行收缩。使用如图 8-22 所示热收缩锤和垫铁敲击，敲击时铁锤要快速轻敲，沿着隆起表面的最低位置开始敲击，逐步朝着隆起的最高位置进行，要保证每次敲击的都是隆起的最低位置。

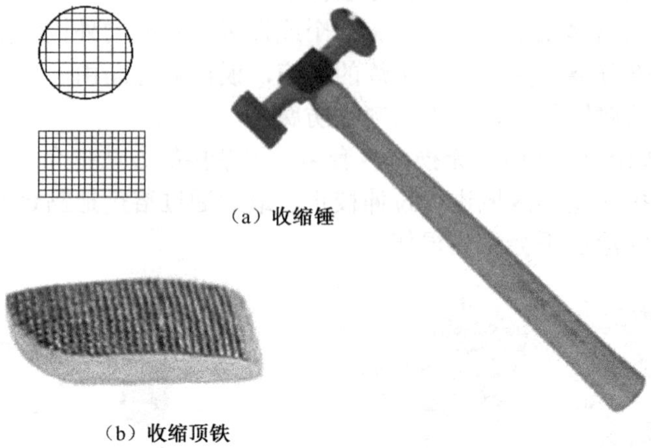

图 8-22　用铁锤和垫铁敲击收缩法

有时可以用敲击锉来代替铁锤。这时可使用较大的力量来压低敲击锉，一般不会损坏金属板，而且敲击锉可以和垫铁同时使用。也可以用敲击锉来“敲打”隆起的部位，由此而产生的锯齿形表面会使延伸的金属得到收缩。

（2）起皱收缩法。如图 8-23 所示起皱收缩法，用铁锤和垫铁在延伸区产生一些“褶”，采用铁锤不在垫铁上敲击法，用尖锤在延伸部位轻敲。给金属打褶将会使金属表面稍有降低。对于打褶后降低的部位，要用塑料填充剂填平，然后锉平并磨光。

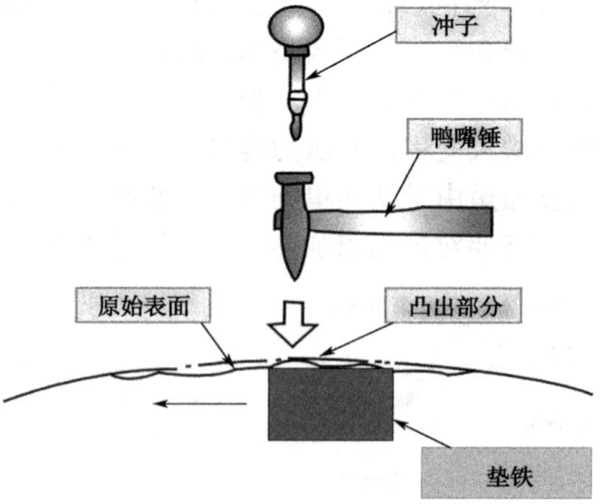

图 8-23　起皱法收缩金属

（3）火焰收缩法。用焊炬或收缩触头收缩某一部位时，可以对压缩区（即隆起处）的一小块地方加热，使它变成鲜红色。先让延伸区的最高点收缩，然后再让下一个最高点收缩，以此类推，直到整个部位都缩回到原来的位置，如图 8-24 所示。

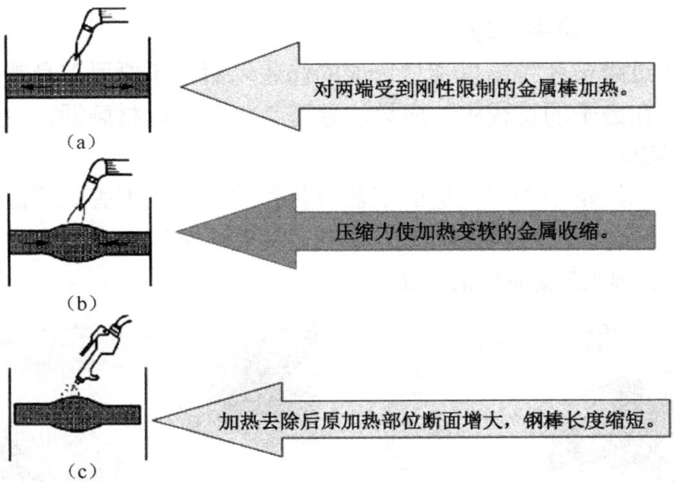

图 8-24　火焰收缩

【火焰收缩的意事项】

① 加热用氧-乙炔的中性焰（3050-3150℃），使用 1、2 号喷嘴。

② 焰心到金属距离控制在 4mm。

③ 加热到金属整个受热部位达到鲜红色（800℃左右），超过鲜红色，金属会熔化。

④ 一般收缩加热范围在 15mm 左右。

⑤ 平面金属板加热范围在 10mm 左右。

⑥ 冷却方式风冷和水冷。

⑦ 火焰加热应避免重复使用。

（4）用外形修复机热收缩。如图 8-25 所示，热收缩的部位用砂轮清除涂料层，焊枪更换热收缩电极触头，搭铁连接到要修复的板件上。调整外形修复机的电流、时间等参数，电极触头接触到隆起的部位，电极通电后在接触部位由于电阻热而使板件变红。待红色消失后，用湿抹布使收缩部位冷却对要收缩部位进行反复收缩操作，直到隆起部位与周围板件高度一致，电极触头收缩时同样会破坏板件背面的防腐层，所以要进行防腐处理，可以使用修复机配备的碳棒对高出区域进行收缩，用碳棒收缩时不用湿抹布冷却，因为碳棒与金属接触的部位的温度不高。

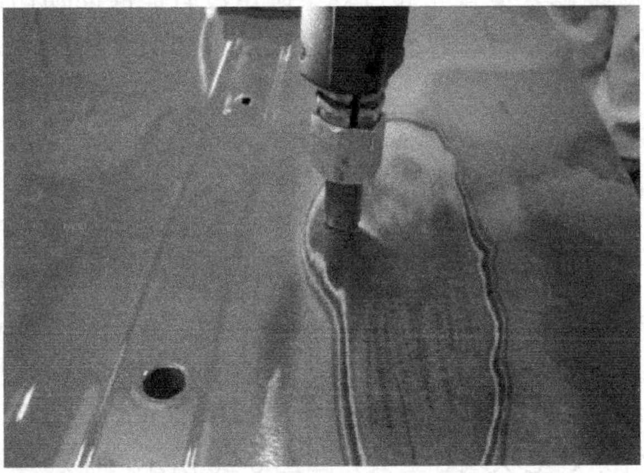

图 8-25　用外形修复机热收缩

5．板件变形修整后的修平处理

被损坏的部位经过敲击和拉出以及尽可能的修整以后，还要用车身锉刀或打磨机来寻找剩余的高点和低点，在磨平的过程中，应该注意避免将车身板材磨漏。

6．无损修复的实例

汽车凹陷修复快修法是指采用先进的工艺设备和技术，在不去除原漆层的情况下，不用钣金、刮腻子、烤漆等传统工序，利用凹陷整平工具直接对损伤部位完成快速修复的一种方法。如图 8-26 所示为凹坑修复前后的效果。

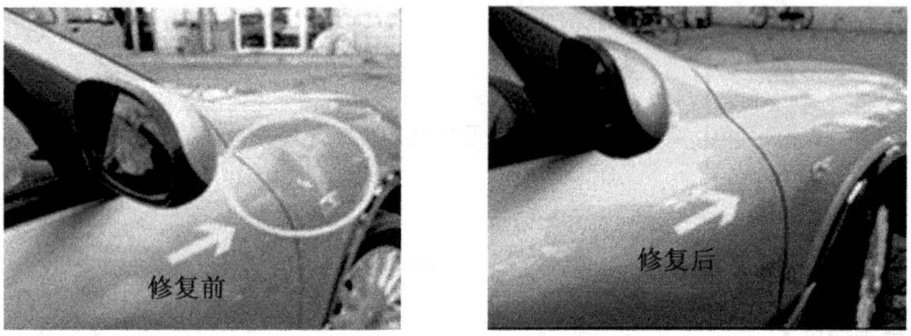

图 8-26　凹坑修复前后的效果

（1）故障现象：车身板件受到石子或外力的撞击产生一些小的凹坑，凹坑位置原漆面未损伤，车主不想因维修破坏原车漆面，因此不愿意做钣金喷漆处理，因此采用免拆卸不需重新喷漆的方法进行凹坑维修处理。如图 8-27 所示为板件修复前的损伤。

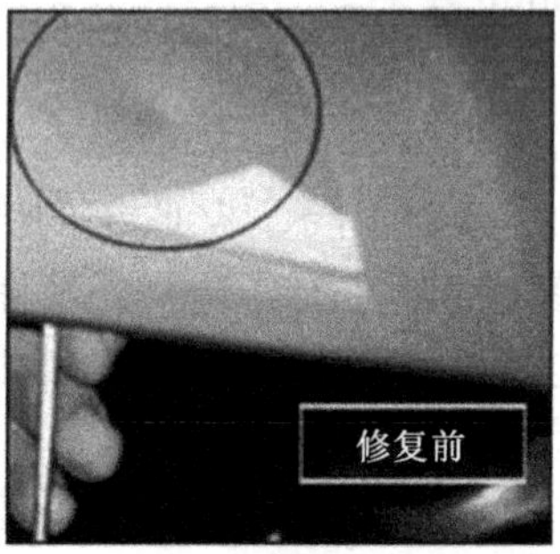

图 8-27　板件修复前的损伤

（2）损伤分析：车身维修人员首先通过观察确定没有原漆面损伤，未出现不可恢复的变形，可以采用不损伤漆面的维修方法。确定维修方法后利用手触摸的方法或直尺测量的方法判断出损伤的区域。

（3）施工流程：

① 施工前整车的清洁。在进行维修前应对待修的汽车进行整车清洁，目的是清除车身的污点、油渍等车身赃物。对于待修补的位置除用车身清洗液进行彻底清洁外，还要对该部位进行除油处理。除油后要进行干燥，彻底干燥后才能进行修复处理。

② 选择工具。采用小凹陷免喷漆专用修复工具进行施工，首先需要根据受损部位以及损伤的面积、损伤的深浅等实际情况选择工具。根据车主的需求，采用免喷漆的方法，根据损伤范围选择与损伤面积相符的塑料转换器进行塑料焊接。在此用到的工具有塑料转接器、微型校正整形架、塑料焊条、电吹风等工具，如图 8-28 所示，在选择塑料转接器时以转接器与车身接触面积小于凹坑面积为宜。

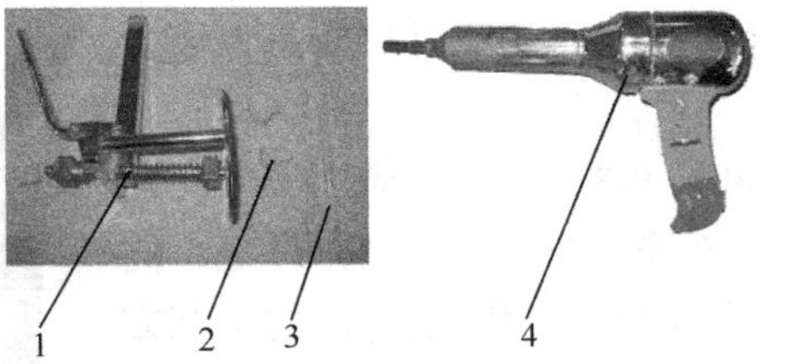

1—微整形架；2—转换接头；3—塑料焊条；4—电热吹风机

图 8-28　维修工具

③ 维修工艺。在车身翼子板、门板、发动机罩等各种板件结构中，出现类似小凹坑，我们都可以利用上面的工具进行维修。在待维修车身表面清洁并干燥后，再对使用的塑料转接器和整形架与车身基础面进行清洁并干燥。将吹风机进行通电使其产生可以融化塑料焊条，之后将塑料焊条融化并均匀涂覆于待修补的损伤凹坑位置，涂覆面积不可以太大，参照使用的塑料转接器与车身接触面积的大小进行涂覆塑料焊条，涂覆时注意不能使电吹风枪产生的高温损伤车身漆膜。涂覆面积以塑料转接器与修补面有75%接触为适宜，厚度以塑料转接器能稳定固定到凹坑中并能够承受一定的拉拔力为适宜。安放塑料转接器时，注意不能使转接器的表面直接接触车身，转接器与车身安放位置要垂直，目的是防止拉拔时损伤车身漆面。安放后塑料转接器如图 8-29 所示。

安装塑料转接器后间隔一段时间，使塑料焊条的融化物彻底凉透，对转接器起到很好的固定作用。操作时，可以等待几分钟后用手左右轻微晃动一下转接器，转接器不摇晃说明固化牢固。转接器固定牢固后使用微型整形架进行逐步校正，校正时，沿着图 8-30 所示力的方向拉几下，放松一下拉力，之后再拉伸，经过几次这样的反复直至外力卸除后将凹坑拉平为止，拆下微型整形架。使用酒精等不损伤车身漆膜的溶剂轻轻喷涂在修复位置，轻轻将塑料转接器取下，并将粘在漆面的塑料物质清除干净，凹坑便修复完成。

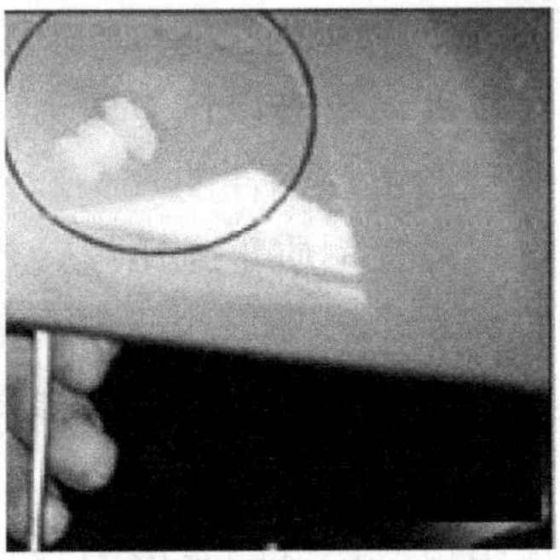

图 8-29　安装塑料转接器

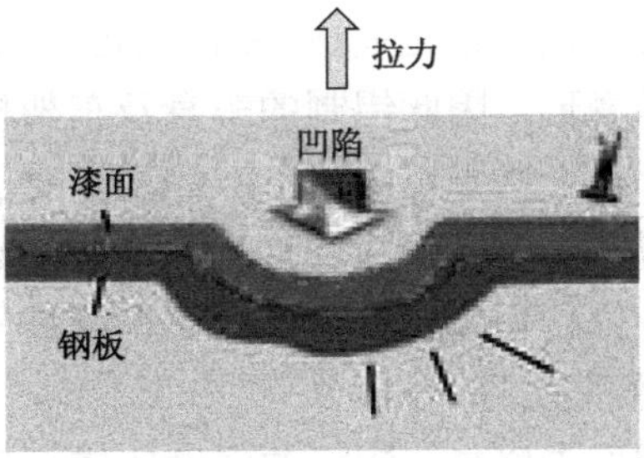

图 8-30　拉伸校正示意图

④ 维修后打蜡处理。通过上面的方法进行车身表面凹坑修复后，为了使经修复后的位置不留下任何痕迹，我们在修复后应对车身进行一次打蜡处理。打蜡时要选择细粒度的海绵垫并根据修补漆的颜色选择相匹配的细蜡。打蜡时应注意以下几个问题。

a．打蜡时不要由于操作上的疏忽对漆面造成不必要的擦伤。

b．打蜡前，应先对车身进行彻底的再次清洁，防止蜡质在进行抛光研磨时损伤漆面。

c．对于修补凹坑的位置应使蜡质涂抹均匀，蜡质应略厚一些，经抛光后应看不出修复的任何痕迹。

d. 打蜡不仅应重点针对修补位置，同时对全车都要进行打蜡抛光处理。

维修打蜡处理后的效果如图 8-31 所示，应用塑料转接器配合微整形架的维修方法对车身小凹坑进行维修，是不同于传统的钣金加喷漆的一种新工艺的应用。这种新的工艺方法，整个维修过程十几分钟就可以完成。而利用传统的钣金配合喷漆的方法不仅耗费的时间长，而且对修补部位需破坏原厂的烘烤漆，越来越被更多的车主所不能接受。而此种维修方法会被越来越多的维修站所广泛采用，希望此种维修方法为我们的汽车维修技术有一定的帮助。

图 8-31　维修后的效果

【无损修复注意事项】

① 将塑料焊条融化到凹陷位置前应对车身修补位置进行彻底清洁并干燥后才可以进行此项操作。

② 融化塑料焊条时不能由于高温损伤漆面。

③ 使用微型整形架进行拉拔时应确保塑料转接器垂直车身并固定牢固，并且塑料转接器不能直接接触到车身漆面，防止拉拔时达不到拉拔效果和损伤漆膜。

④ 在拉拔的过程中，应边拉边放松，反复操作，防止在拉伸时变形部位产生内应力。

⑤ 修复后，对车身进行打蜡处理前一定要对整车进行再次清洁，并干燥后再进行打蜡处理，打蜡时应选择细海绵垫和细蜡，并对整车进行打蜡抛光施工。

8.1.3　铝合金板件的修复

随着汽车技术的发展，汽车的结构设计、制造技术、材料选用等方面进行革新，为了汽车轻型化应首先从材料轻量化入手，由于铝板比钢板轻，易于成型，可用来制造汽车上的各种板件，例如车门板、翼子板、发动罩等。铝合金车身汽车也因其节能低耗、安全舒适及相对载重能力强等优点而备受关注。而当铝受到加工硬化以后，更难以恢复成形。铝的熔点较低，加热时容易变形，因此铝制的车身及车架构件的厚度通常是钢件的 1～2 倍。当然，汽车使用铝材也存在一些不足。在生产铝质车身的汽车时，焊接铝质车身比焊接传统钢质车身能耗增加 60%。而且一旦发生交通事故，铝质车身的维修费用较高。由于铝材的熔点较低、可修复性差，维修技师需要使用专用铝车身修复工具及特殊的工艺方法进行修复。

1. 铝板的修复方法

（1）铝板的敲击修复。铝板的强度比较低，不能使用常规钢板的整形工具。一般使用如图 8-32 所示的橡胶或木制的锤或垫铁来进行维修，可以防止在校正中铝板时敲击过重产生过度拉伸。

若使用铁锤修复时，建议采用铁锤不在垫铁上的敲击法来校正铝板。敲击时，如果锤击太重或次数太多都会拉伸铝板，所以这时应该多次轻敲，而不能只是重敲一、二次收缩锤不可用于铝板，以免使铝板开裂。

（2）铝板凹陷修复。

① 翘起修复。对于铝板上出现的小范围凹陷，用尖锤或杠杆撬起效果很好，注意不能使凹陷处升高太多，也不能拉伸柔软的铝。

② 弹性敲击。可以使用铁锤和修平刀进行弹性敲击，来释放高隆起处的应力，修平刀将敲击产生的力分散到一个较大的范围，使坚硬的折损处弯曲的可能性减小。

③ 用锉修平铝板。由于铝很柔软，应减轻手施加在车身锉上的压力，应使用圆形边缘的车身锉，以免擦伤金属。

（3）铝外形修复机修复。铝外形修复机如图 8-33 所示，铝板焊接的介子是铝焊钉，然后通过介子对铝板进行拉伸，达到修复的效果。铝板外形修复机和钢板外形修复机的结构不一样，铝的电阻大约是钢板的 1/4～1/5，对铝焊接时的电流就需要钢铁焊接的 4～5 倍，很难达到这么大的电流。铝板外形修复机内部没有线圈变压器，里面有十几个大容量的电容，通过所有电容瞬间放电来焊接。铝焊钉的头部有一个小尖与板件接触，接触面积小电阻大，产生电阻热大，容易焊接，铝焊钉是一次性使用的，不能重复再用。

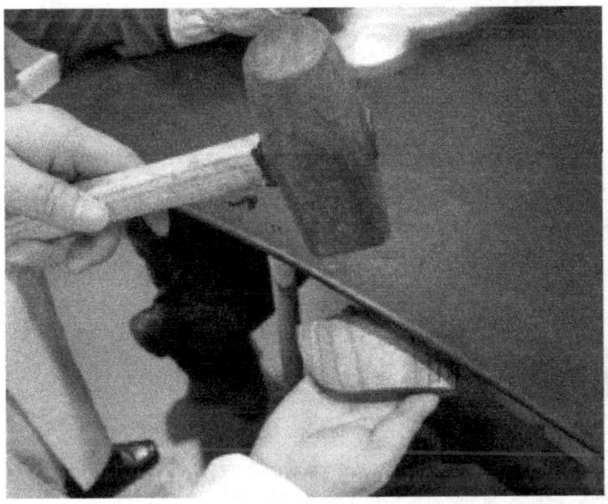

图 8-32　敲击法修复铝板

图 8-33　铝外形修复机

2. 铝外形修复机修复实例

（1）如图 8-34 去除表面涂层及氧化层。

（2）在焊枪上安装焊钉，调整焊接参数，并接通电源，如图 8-35 所示。

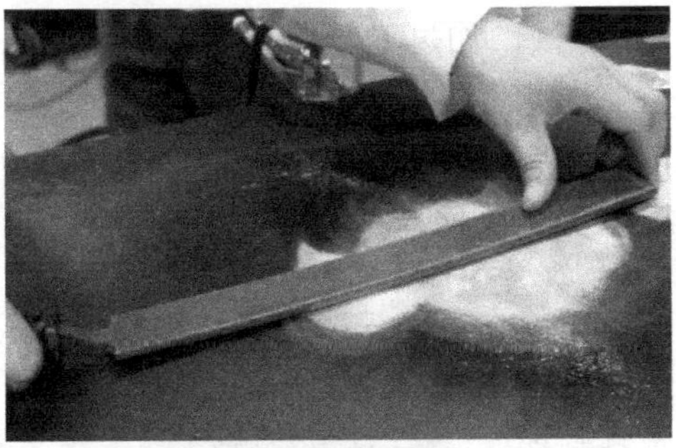

图 8-34　去除旧涂层

图 8-35　安装焊钉

（3）将焊钉焊在打磨好的裸金属上，注意力道适中，焊钉要与板面垂直，通过试焊调整焊接时间，焊接后如图 8-36 所示。

（4）在焊钉上拧上拉伸连接件，如图 8-37 所示。

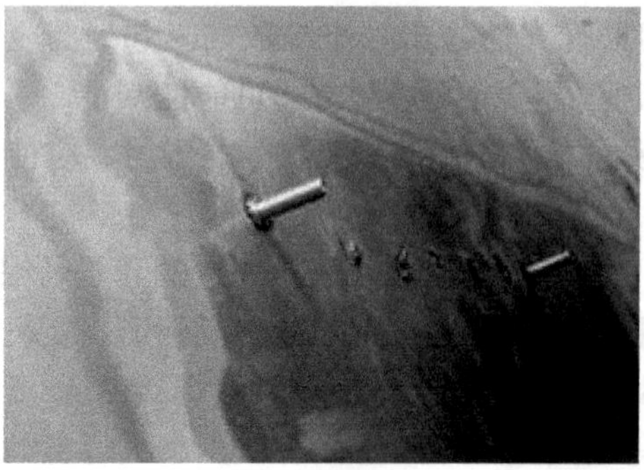

图 8-36　焊接焊钉

图 8-37　拧上拉伸件

（5）使用校正架进行拉伸校正，拉伸时动作要轻柔，力量要慢慢加大，防止局部变形过大，拉伸同时可以用钣金锤对拉伸部位进行敲击整形，如图 8-38 所示。

（6）拉伸完毕后，用尖嘴钳清除焊接在表面的焊钉，如图 8-39 所示，并用打磨工具进行整屏表面。

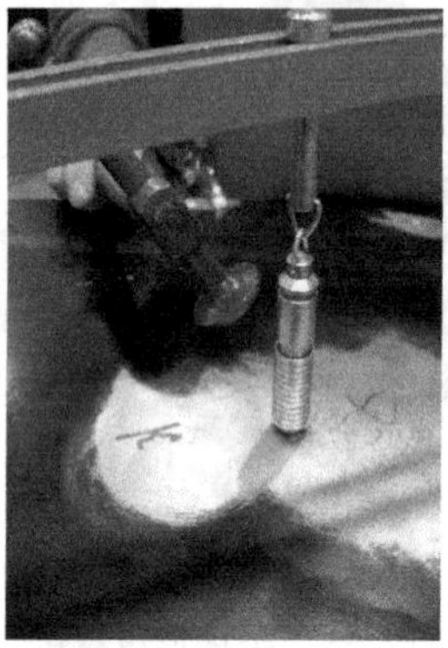

图 8-38　拉伸校正

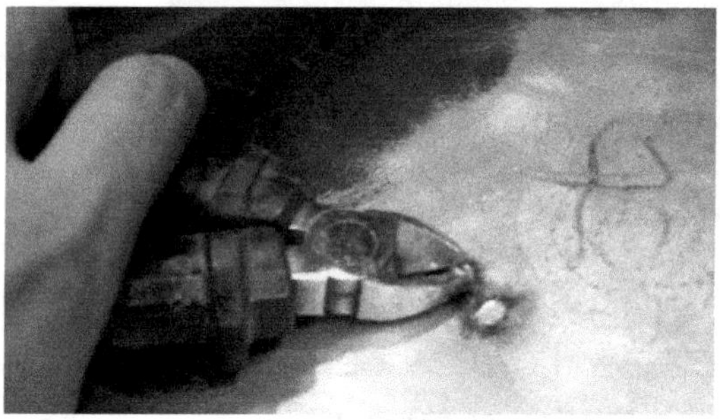

图 8-39　尖嘴钳清除焊钉

3．铝板的收缩

对铝板进行拉伸或敲击时用力过大很容易形成隆起变形，这时就需要对受到拉伸的板件进行收缩处理，恢复正常的板件高度。

（1）用氧乙炔火焰收缩。铝板的强度低、熔点低，加热不能过高，否则会使板件产生更大的变形或熔化，导致修复失败。

（2）外形修复机热收缩。用外形修复机电极触头或碳棒进行，收缩处理的程序和钢板收缩程序类似，如图 8-40 所示。但是避免铝板烧漏。

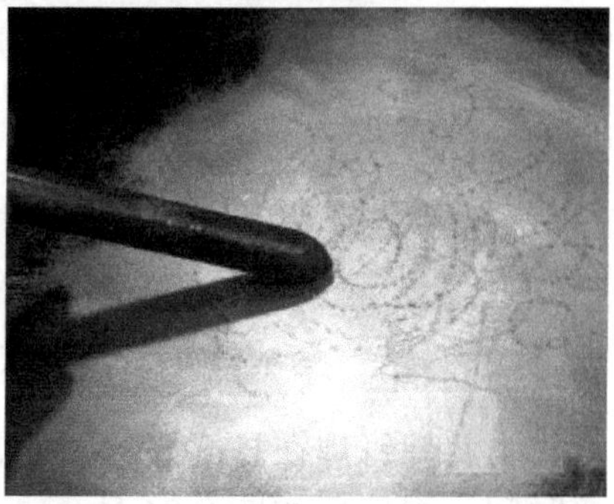

图 8-40　外形修复机热收缩

4．铝板维修操作中的注意事项

（1）铝合金板材的局部拉伸性不好，容易产生裂纹。如发动机罩内板因为形状比较复杂，在车身制造时为了提高其拉伸变形性能采用高强铝合金，延伸率已超过 30%。所以在维修时要尽可能地保证形状不突变，以避免产生裂纹。

（2）尺寸精度不容易掌握，回弹难以控制，在维修时要尽可能采用定位固定和加热释放应力等方法使其稳固不会产生回弹等二次变形现象。

（3）铝比钢软，在维修中的碰撞和各种粉尘附着等原因使零件表面产生碰伤、划伤等缺陷，所以要对模具的清洁、设备的清洁、环境的粉尘、空气污染等方面采取措施，确保零件的完好。

8.1.4 典型板件的损伤修复

1. 车身门槛板损伤的修复

车身不可拆的板件损伤可使用介子焊法进行修复，以门槛板修复为例，故障现象如图 8-41 所示。

（1）首先对损坏门槛板进行分析，分析方法可以使用目测、手摸和直尺测量等方法找出损伤区域凹陷最深的位置。

（2）使用打磨机局部打磨掉需要焊接介子的涂层，如图 8-42 所示。

图 8-41 门槛板损伤

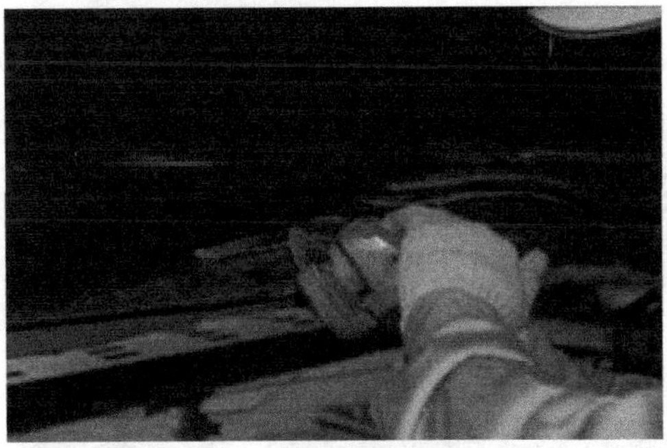

图 8-42 打磨涂层

（3）调整焊机焊接参数如图 8-43 所示，通过焊机的按钮或旋钮调整到焊接模式，然后调整焊接电流的大小，一般调整到数字显示 50 左右，根据焊接时的情况可在 40～60 间调整，电流太大容易烧穿板件，形成孔洞。电流太小垫片焊接不牢固，拉伸中垫片容易脱落。焊接时间一般调整到 3～5 左右。

（4）在车身裸金属部位固定搭铁，在凹陷部位焊接介子，间隔距离在 1 厘米左右，介子要焊在一条直线，方便拉杆的插入，如图 8-44 所示。

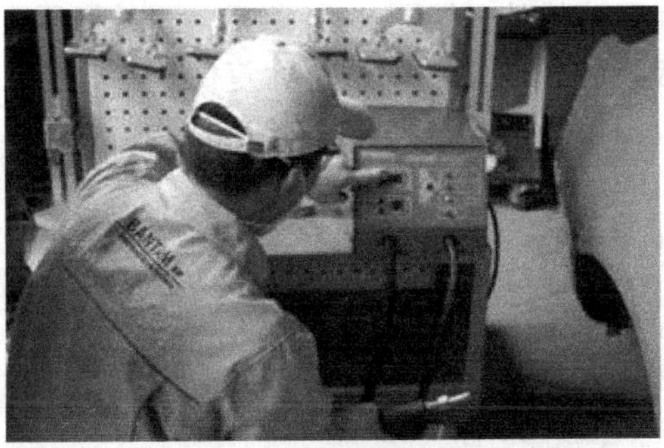

图 8-43 调整焊接参数

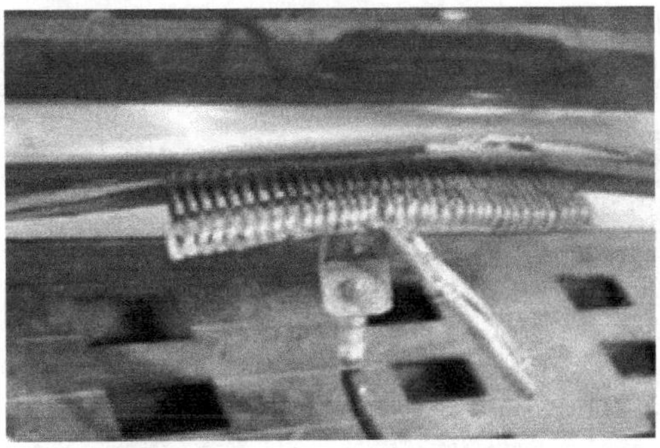

图 8-44 焊接介子

（5）焊接完毕后，选择长度合适的拉杆插入介子的拉孔中，如图 8-45 所示。

（6）选择合适的校正组合工具，根据门槛板位置选择调整支撑座，调整好支座后如图 8-46

所示，向内慢慢拉动把手，可反复拉伸几次。拉钩拉动拉杆把凹陷的板件逐步拉出，注意，每次拉出的高度不要超过 5 毫米。锁止组合工具，用钣金锤不断轻敲周边板件，放松变形板件位置的应力，如图 8-47 所示。通过重复上述动作才能修复完毕，不能一次拉伸太多，导致板件应力太大，拉伸困难或导致板件破裂。

图 8-45 拉杆插入介子拉孔

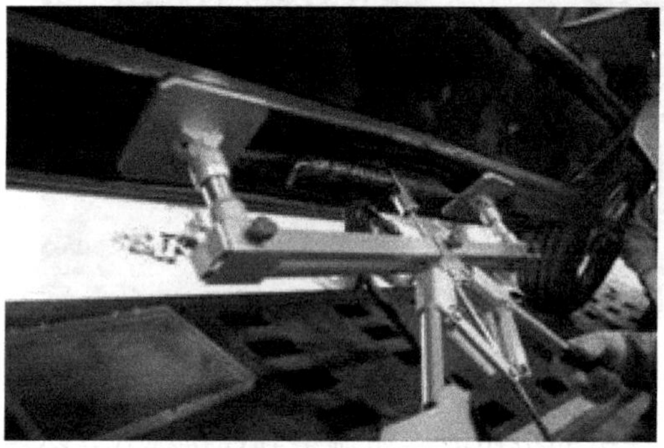

图 8-46 调整组合工具图

图 8-47 使用组合工具拉伸凹陷

2. 车身后侧围板损伤的修复

车身后侧围板是车身不可拆卸的大面积板件之一，在事故中是易损部件，如图 8-48 所示事故现象。

（1）找出几个凹陷较深的折线，用打磨机把凹陷位置最深处板件上的涂层打磨干净，调整焊机合理的焊接参数。在后侧围板打磨的位置焊接垫片，如图 8-49 所示，同时把需要拉伸的部位都焊接焊片，方便与同时拉伸，以确保板件整体变形的部位整体复位。

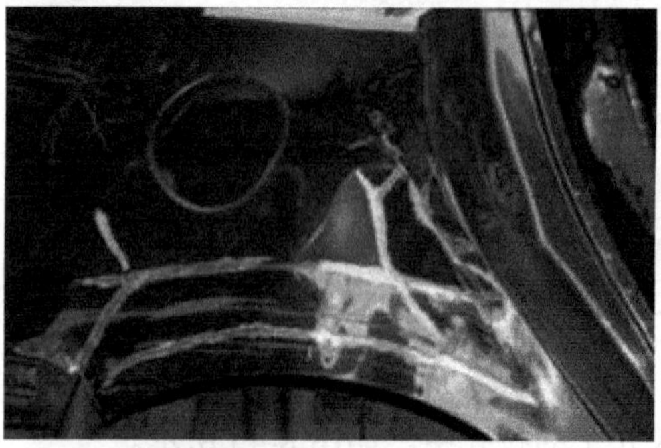

图 8-48 车身后侧围板的损伤

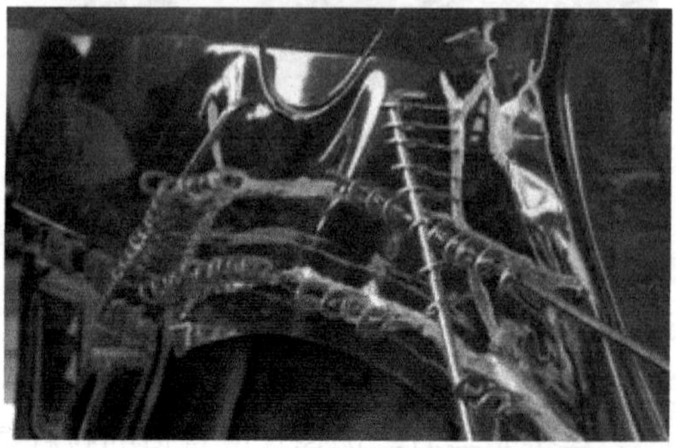

图 8-49 后侧围板损伤漆层的打磨

（2）选取适合的组合工具，安装适合的支腿，调整支腿的宽度。把拉杆插入垫圈的拉孔中，把组合工具螺杆端部的拉钩安装在拉杆上，向内慢慢拉动把手，可反复拉伸几次，直到把手合拢处于锁紧位置，然后用钣金锤敲打拉伸部位周围的板件，使其放松应力。松开把手后调整螺杆的长度，重新进行拉伸，如图 8-50 所示。

重复刚才的动作，直到把所有损伤部位的凹陷都拉出。

图 8-50　拉伸校正

3．车身侧板棱线损伤的修复

车身侧面板件一般都有一、两条从前到后贯穿的棱线，损伤经常发生在这些位置，对于这些位置的修复，可使用棱线拉拔工具进行修复。

（1）使用打磨机打磨棱线位置板件上的涂层，打磨后如图 8-51 所示。

（2）调整合适的焊接参数，在棱线损伤位置依次焊接一排介子垫圈，把拉杆插入垫圈的拉孔中。把组合工具的拉钩安装在拉杆上，把支腿调整到合适的支撑位置，支腿不能支撑在大的平面或弧面位置，要安放在门框或靠边缘的强度较高的部位，如图 8-52 所示。

图 8-51　棱线位置的打磨

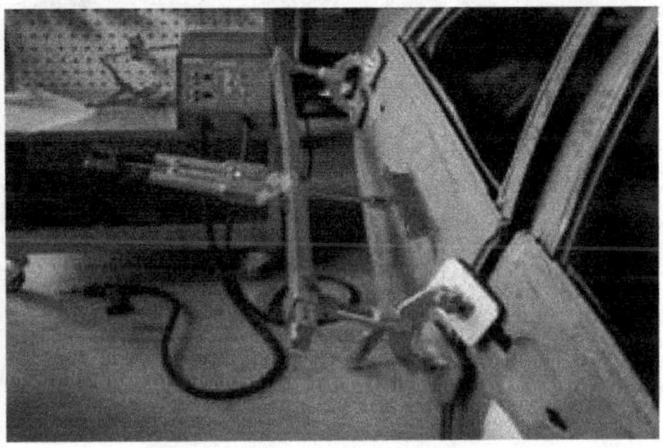

图 8-52　棱线损伤的拉伸

（3）拉动组合工具的把手，逐步拉出凹陷，对于凹陷较深的部位，可分几次拉伸，每次拉伸不能超过 5mm 的高度，要及时放松板件的应力。当凹陷深度要修复好时，把拉伸指针在相邻部位未受损棱线处定位，然后把指针平移到受损部位，松开组合工具，观察受损部位的恢复情况，当深度低于正常高度 1mm 左右时，就可以停止拉伸，如图 8-53 所示。

图 8-53　使用拉伸指针修复棱线损伤

4. 车顶部损伤的修复

对于车顶部部位的损伤，使用常规的拉伸方法操作时很难用力。可选择省力组合工具进行拉伸，合适的支腿安装在组合工具上，安装拉钩。

（1）打磨车顶板凹陷最深的部位涂层。

（2）调整焊机合理的焊接参数，在车顶部损伤凹陷位置上焊接垫片，把拉杆安装在垫片的拉孔中，如图 8-54 所示。

（3）把组合工具的拉钩安装拉杆上，把支腿支撑在车顶边梁的坚固部位上，逐步均匀用力向下撬动组合工具把手，让凹陷部位逐步恢复，当有一定的变形恢复时，一只手继续撬动把手，另一只手拿钣金锤敲击板件周围，让板件的应力放松。反复重复拉伸，直到凹陷部位的变形恢复，如图 8-55 所示。

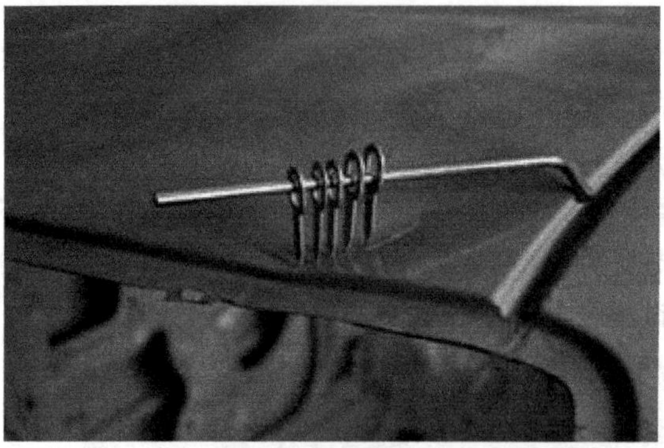

图 8-54　车顶损伤位置焊接垫片

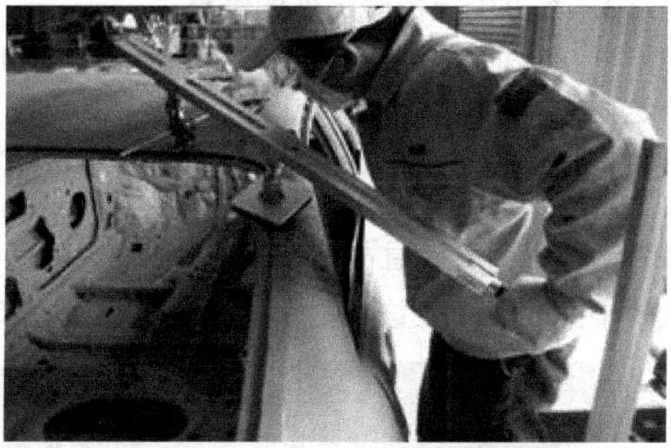

图 8-55　车顶损伤的修复

8.2　车身结构件损伤修复

8.2.1　结构件的更换

1. 车身上结构性更换要求

在整体式车身结构中，所有的结构性板件都焊接在一起（从散热器支架到后断板），构成一个整体框架。整体式板件包括散热器支架、挡泥板、地板、车门槛板、发动机室纵梁、后纵梁、内部的护板槽、行李箱地板等。

结构性板件是车身其他零件和外部板件的安装基础。因此，结构性板件更换后定位的精确性，决定了所有外形的配合和悬架装置的准确性。

更换板件在焊接作业前，安装新板件不能随意调整垫片，结构性板件必须精确定位后才能进行焊接操作。

修理结构性板件时，当需要切割或分割板件时，应完全遵照制造厂的建议。有些制造厂不允许反复分割结构板件，有些制造厂只有在遵循其正确工艺规程时才同意分割（有规定的分割区域）。

所有制造厂都强调，不要割断可能降低乘客安全性的吸能区区域、降低汽车性能的区域、影响关键尺寸的区域。

对于高强度钢板，例如保险杠加强件和侧护板门梁等受损后，不可以用加热来校直高强度钢板。

2. 结构性板件的拆卸

车身结构性板件在制造厂主要是点焊连接在一起，拆卸结构性板件主要是将点焊的焊点分离。对于焊点的分离可以用钻除法、等离子焊枪切除法、錾去焊点或用高速砂轮磨去焊点法等。拆卸电阻点焊板件方法的选择，由焊点的数目、配合的排列以及焊接操作方法决定。当一些点焊区域有多层薄板时，拆卸的工具由焊接的位置和板件的布置来决定。

（1）电阻点焊焊点位置的确定。

为了找到电阻点焊焊点的位置，首先要去除底漆、保护层或其他覆盖物。去除方法可用乙炔焰烧焦底漆，并用钢丝刷将底漆刷除，也可用粗钢丝砂轮磨掉涂料。在去除底漆加热过程中，要注意不要烧透涂层，防止金属薄板变色。对于保护层，也可采用去除底漆的方法，加热软化后用铲刀剔除，也可用砂轮磨削，使焊点露出。

（2）电阻点焊焊点的分离方式。

① 钻头钻除方式。钻头钻除方式是经常用的一种方式。如图 8-56 所示用錾子确定焊点位置，确定焊点的位置后，用普通钻头或钻孔器，切除焊点后将板件分离。

② 等离子切割方式。等离子切割枪可以很快除去焊点。方法是使用等离子切割枪，在各种不同厚度的金属吹出孔洞来清除焊点。但是这种方法的缺点是切割时不能保证下层板件的完整，容易将下层板件损坏，只适用部分部位的分离。

③ 砂轮磨除的方式。对于钻头不能钻除的焊点或者由于塞焊点太大，钻头钻除困难时，可以采用砂轮磨除的方式。在操作过程中，只磨削掉上层板件，而不破坏下层板件。如图 8-57 所示。

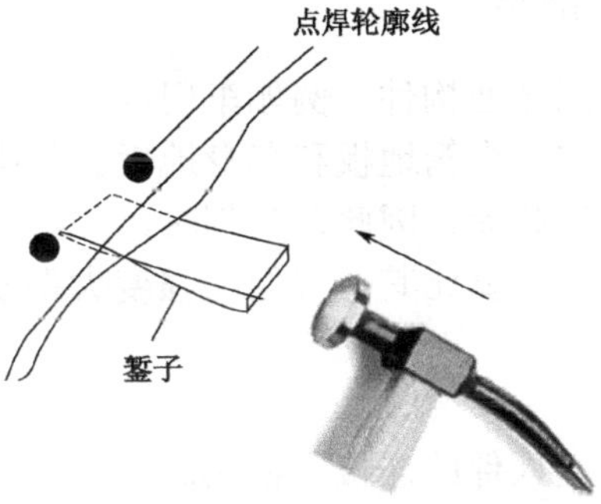

图 8-56　用錾子确定焊点位置

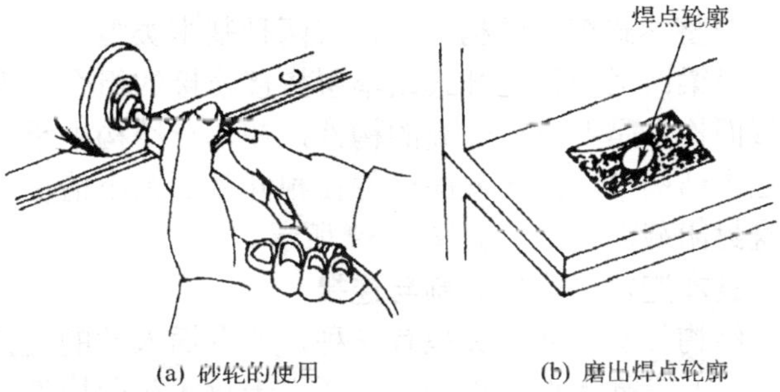

图 8-57　用砂轮剥离焊点

在用砂轮去除焊点时，应一次磨完，中途最好不要换位，否则重新找焊点比较困难。按压砂轮的力度不宜过大，可以用火花飞溅量来判断用力是否合适，火花越多则磨削的效率越高。当见到点焊轮廓时即停止磨削，改用錾子沿板件间錾入将板件分离。

（3）连续焊缝的分离。

在汽车的局部板件连接中，板件是用惰性气体保护焊的连续焊进行焊接的。连续焊接的焊缝长，分离困难。一般要用砂轮或高速砂轮机来分离板件，即用砂轮或高速砂轮机切削连续焊缝，去掉焊缝金属量，进而把板件分离。

在用砂轮分离连续焊缝时，应注意切割的深度。要割透焊缝而不割进或割透板件，否则会导致板件的损伤。操作时，要握紧砂轮机，让砂轮以 45° 角进入搭接焊缝。磨透焊缝后，再用锤子和錾子分离板件。

3. 结构件的分割与连接

整体式车身部件一般在接缝处进行更换，但当有许多必须分离的接缝在车辆未受损的区域时，如果全部更换费用太高，因此，局部分割更换就十分重要。例如，对梁、立柱、车门槛板等进行局部分割更换，可使昂贵的修理费用降低。

在分割结构件时，同时要保证防撞吸能区的完整，保证修理区域强度和撞击以前一样，在以后的碰撞时，依然能具有吸收碰撞能量的能力。

在分割时要考虑车辆的特殊设计，例如，防撞吸能区、内部加强件、制造时的接缝位置，以及理想的分割区域。当分割高强度钢和超高强度钢时，在确认分割不危害车辆结构的完整性时，才能进行分割。

结构性板件的分割和更换的主要部件，如图 8-58 所示。包括车门槛板、后侧围板、地板、前纵梁、后纵梁、行李箱地板、A 立柱、B 立柱等。

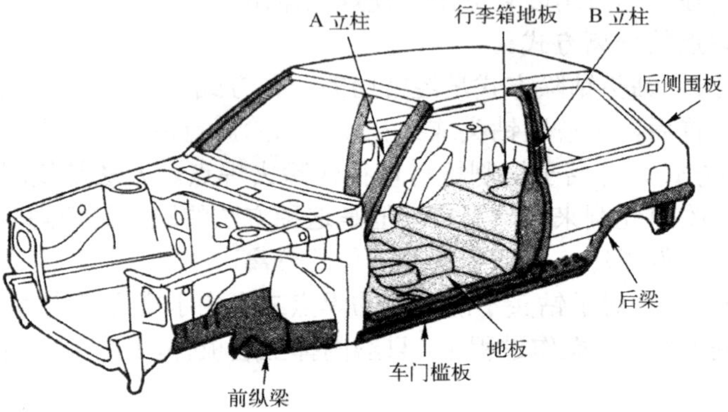

图 8-58　车身板件的分割和更换的部件

在整体式车身结构件中，有两种基本类型：一种是封闭截面构件，例如车门槛板、立柱和车身梁；另一种是开式或单层搭接连接的组合部件，例如行李箱地板和车身地板。其中封闭截面构件是要求比较高的构件，在车身结构中承担主要的载荷，因此在分割时，要特别注意这类结构件。封闭截面构件在相同截面大小情况下，其强度要比其他截面的强度大得多。车身封闭截面板件，如图 8-59 所示。

基本连接形式的分割与连接

结构件基本连接类型有三种，即有插入件的连接、无插入件的连接、搭接。

（1）有插入件的连接。主要用于封闭截面构件，例如车门槛板、A 立柱、B 立柱以及车身梁。插入物使这些构件在装配时保证对中连接，并且使焊接更容易。如图 8-60 所示。

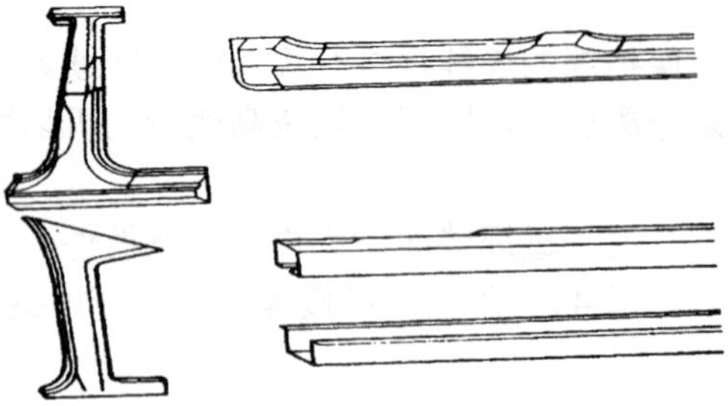

图 8-59　车身板件截面

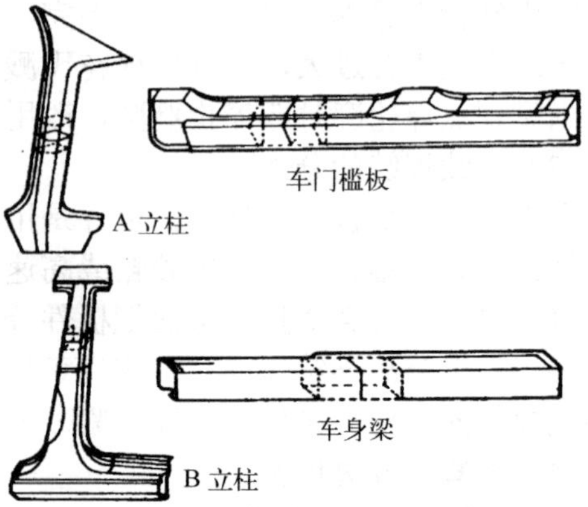

图 8-60　有插入件的连接

（2）无插入件的连接。没有插入件的连接通常采用偏置对接方式，多用于 A 立柱、B 立柱和前纵梁。如图 8-61 所示为无插入件的偏置对接方式。

（3）搭接连接。搭接连接一般用于后纵梁、地板、后备箱地板及 B 立柱。如图 8-62 所示。

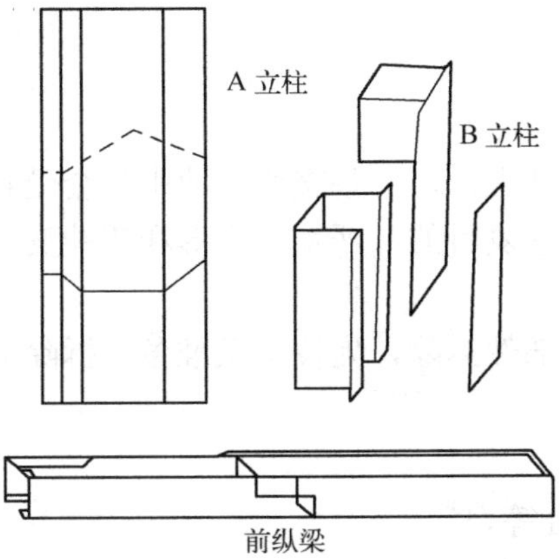

图 8-61　无插入件的偏置对接连接

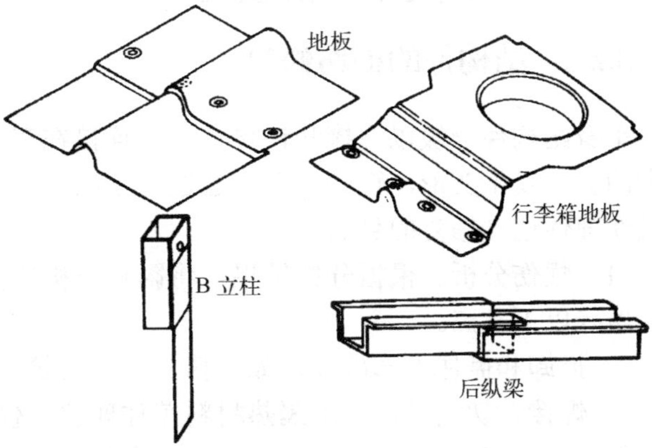

图 8-62　搭接连接方式

在分割基本连接形式时，要避开构件中的一些"孔"。不要切穿任何内部加强件。内部加强件一旦切穿，不可能保证该部位恢复事故前的强度。

在分割基本连接形式时，还要避开支撑点。如悬架的支撑点，坐椅安全带在地板上固定的固定点，以及肩带 D 环的固定点。当切割 B 立柱时，应环绕着 D 环面作偏心切割，以避免影响固定点的加固。

车身有些是组合的连接类型，因此要分别对待，不能以单一方式来考虑切割方案。

4．车身整体分割与连接的注意事项

在维修过程中，经常遇到车身的前部或后部遭受严重的损坏，损坏区域没有修复价值，有时候要通过车身整体分割来切除损坏的部分，然后把另一辆汽车的完好部分连接到需要维修的车身上，这种方式就是整体分割与连接。整体分割与连接与常规的车身修理损坏的方法相比，整体分割更实用，更经济，还可以缩短修理时间，还对防腐性能影响较小。

1）车身整体分割的注意事项

车身整体分割操作，要采用适当的技术和工艺，正确地进行分割、匹配和焊接各个组件。在切割过程中应注意以下事项。

① 所有的修理工艺规程、安装和焊接都需要事先和车主充分说明。

② 重复使用的零部件，必须是同类型、同等质量的。

③ 核实悬架装置、制动装置和转向系统工作是否正常。

④ 切割前要检查前后两部分车身是否对正。如果不能对正，板件的配合间隙不能保证准确，会导致焊缝过大。

⑤ 地板上的加强件有时候需要拆下，但最好留在保留部分的车身上，以便安装时对中。

⑥ 在分割时就要考虑连接和搭接方案。

2）车身整体切割后连接的注意事项

① 在连接前，应对断面进行修整，保证不影响装配质量和装配操作。

② 在连接部位预先要钻好塞焊孔，在电阻点焊部位去除油漆层并涂刷导电底漆。

③ 连接部位应使用插入件进行加强，并保证位置对正准确。

④ 可以先进行定位焊接，待检查定位正确后再实施焊接，并边焊边进行检查，防止焊歪。

⑤ 焊接后要进行防腐处理。

⑥ 要进行密封处理、隔热处理。

8.2.2 结构件的损伤修复

车身结构件一般以焊接和铆接等方式连接在车身主体上，在一些交通事故中常会受到碰撞力的影响发生变形，轻微变形可通过校正的方法达到修复目的，严重的变形和扭曲变形需更换新部件达到修复的目的。

（1）损伤分析。根据分析结果，将影响结构修复的部件拆除，为校正做准备。拆除部件时应做好以下几点。

① 拆卸和盖住内部部件，如坐椅、仪表台等。

② 焊接、切割时，应用隔热材料盖住座位、仪表台等。

③ 拆除车身外部部件时，应做好车身的防护。

（2）将车身固定到校正台上，如图 8-63 所示，车辆上工作台时注意尽量使车的中心和工作台的中心重合。

（3）通过测量如图 8-64 所示，确定维修方案。

图 8-63　固定车身

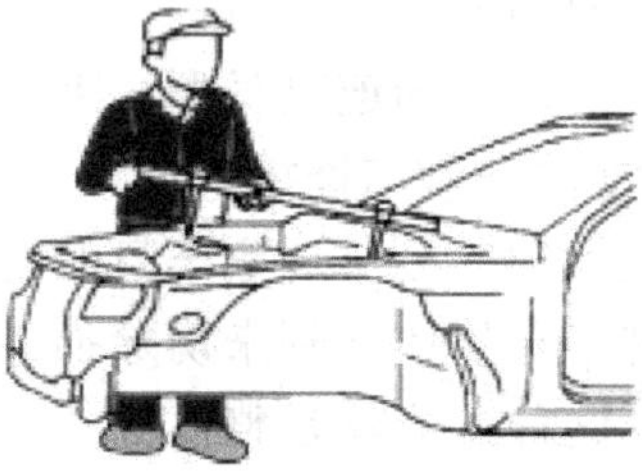

图 8-64　测量

（4）使用大梁校正仪进行校正，对于车身不同的结构件使用不同的夹具进行校正。

① 车身立柱校正。如图 8-65 所示，车身立柱由于侧面撞击时起到主要防护作用，所以用尼龙拉带这种柔性拉接方式进行校正。若侧面变形较大，可以融入图 8-66 所示的液压撑杆进行校正。

图 8-65　立柱校正

图 8-66　液压撑杆校正立柱

② 减震器塔座校正。由于其作用和形状特殊，一般用铸造的方式制作，维修时考虑其性能特点一般用如图 8-67 的方式进行校正。

图 8-67　减震器塔座校正

③ 板类结构件校正。如图 8-68 所示，板类结构件一般用夹钳来进行校正。

图 8-68　板类结构件的校正

④ 门槛的校正。如图 8-69 所示，门槛校正一般用夹钳进行装夹校正，但是需要焊接辅助焊片便于校正，校正时注意校正方式，链条和工件夹具在一条直线上。

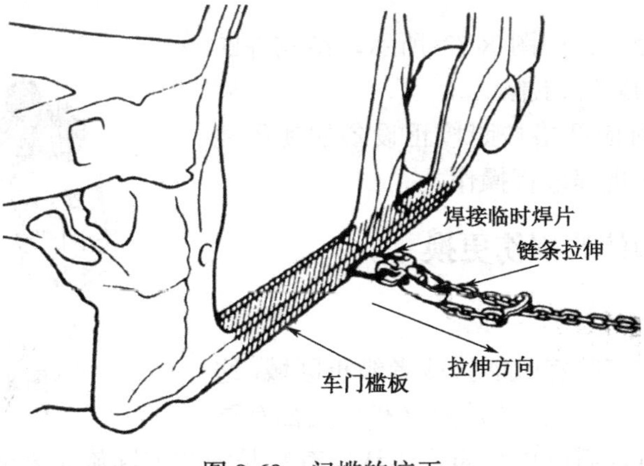

图 8-69　门槛的校正

⑤ 前纵梁的校正。如图 8-70 所示，前纵梁和门槛都属于箱型结构梁，在矫正方法上相似，但校正时需注意焊口位置的变形和开裂。

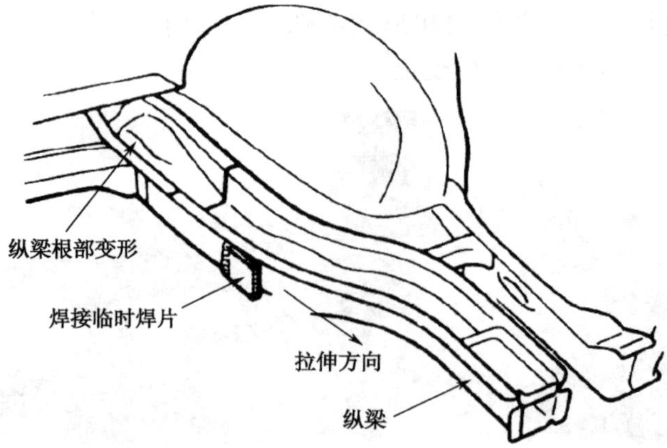

图 8-70　前纵梁的校正

（5）校正过程中应力消除。如图 8-71 所示，校正过程中为了减少应力集中，以防事故车造成二次损伤，应边校正边消除应力集中，同时进行测量以防发生过拉伸。

（6）校正后进行测量检验。

车辆进行校正后，通过测量和安装好相连部件，通过测量配合间隙和各部件的对应尺检验修复效果，如图 8-72 所示。

图 8-71　消除应力集中

图 8-72　检验配合间隙

（7）维修后防腐处理。如图 8-73 所示，结构件的连接处需要做好相应的防腐措施。

车身结构件修复时应严格按照校正设备的使用注意事项和车间安全操作规程进行操作。

图 8-73　防腐处理

8.2.3　典型结构件的损伤更换

1．防撞吸能区的分割

在车身结构设计时有防撞吸能区或者皱折区域，这都是为了在撞击时吸收能量。尤其是前梁和后梁都有防撞吸能区设计，一般可以通过外观即可辨认。有些是波状或回旋状表面形式，有些是凹痕或陷窝形式，有些是孔或缝的形式。如果一根梁遭受较大的损坏，这根梁一般会产生较大的变形，而变形较大的部位往往就是防撞吸能区。

在维修过程中，如果需要切割这些部位，一定要避开防撞吸能区，要按维修手册中指定的位置进行切割，如图 8-74 所示，否则就会改变原来设计的安全目的。

2．车门槛板的分割与连接

整体式车身的车门槛板一般有两层或三层板，如图 8-75 所示为车门槛板的断面。车门槛板不论采用两层还是三层，都可能装有加强件。其中，加强件可以是间断的，也可以是连续的，在更换过程中，要根据损坏情况，可以考虑和 B 立柱一起进行更换，也可单独更换。

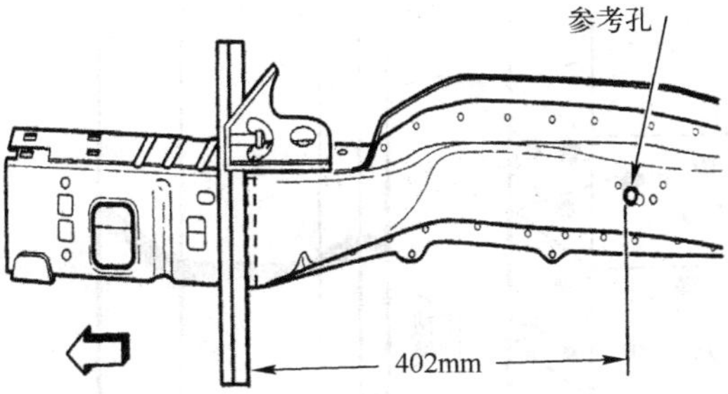

图 8-74　前纵梁的切割区域

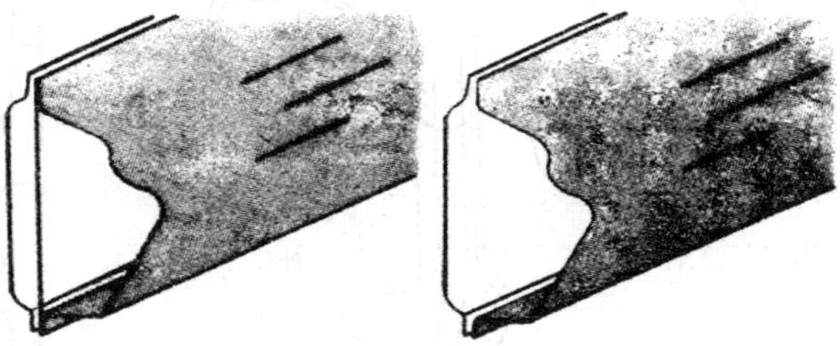

图 8-75　车门槛板断面

在切割门槛板时，一种是纵向切割，用插入件进行对接；另一种是切割门槛板的外件，然后用搭接的方法连接。采用插入件对接方式如图 8-76 所示。

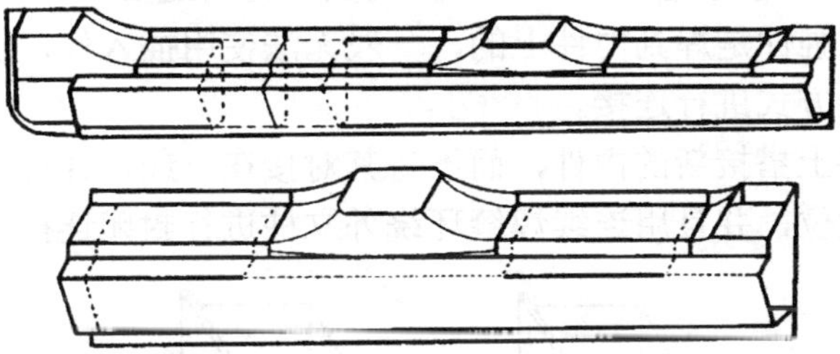

图 8-76　插入件对接的门槛板

在对接时，用塞焊将插入件固定在适当的位置。如图 8-77 所示。

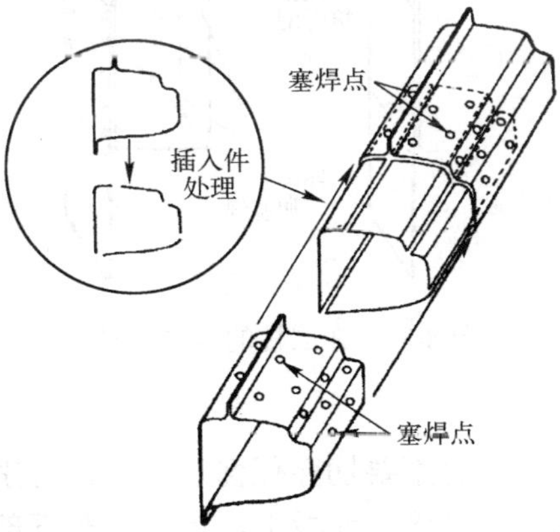

图 8-77　插入件安装门槛板

3．A 立柱的分割与连接

车身的 A 立柱由两件或三件板组成，在上下两端进行加固处理，一般不在中间加固，因此 A 立柱应在中间附近进行切割，以避免割掉任何加固件，如图 8-78 所示。

对于 A 立柱切割，可以采用纵向切割，用插入件进行对接的方式，如图 8-79 所示。也可以用没有插入件的偏置对接。用插入件对接修理时，其插入件的长度应为 100 mm～150 mm 。插入件插入后，用塞焊将插入件固定在适当的位置，并用连续焊缝封闭立柱的周边。

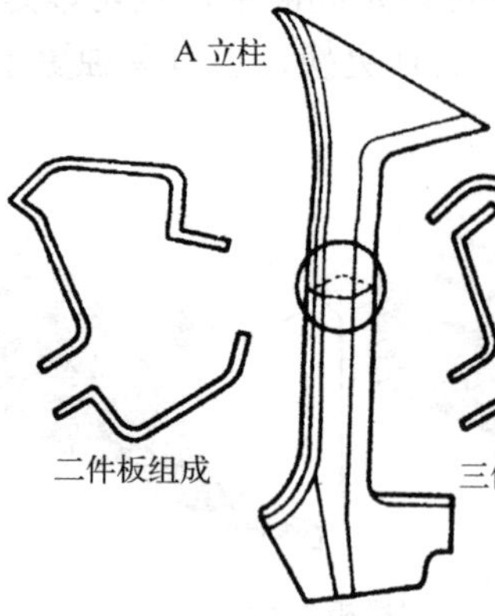

图 8-78　A 立柱构件

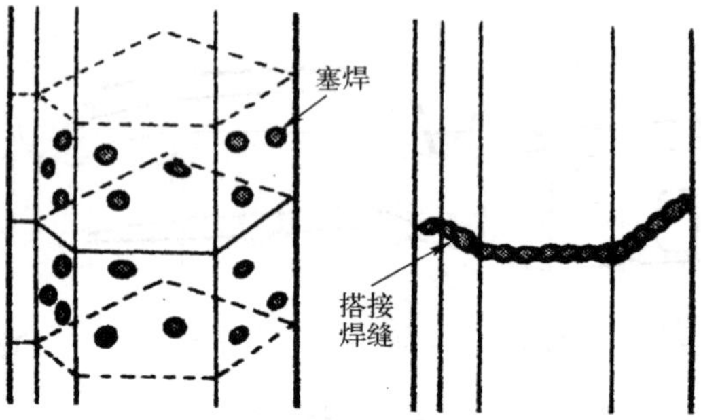

图 8-79　A 立柱插入件对接

4．B 立柱的分割与连接

B 立柱的切割要在 D 环下进行切割，其距离要避免切通 D 环固定点的加强件。对于 B 立柱，D 环的固定点加强件是焊到内件上的，一般无法使用插入件，仅在它的外件使用槽形插入件，应用偏置对接方式进行连接。

首先在现有的内件上搭接新的内件，而不将其对接在一起，并焊好搭接边缘。然后用点焊把槽形插入件焊接就位，并且用连续焊缝环绕外立柱进行封闭连接。如图 8-80 所示。

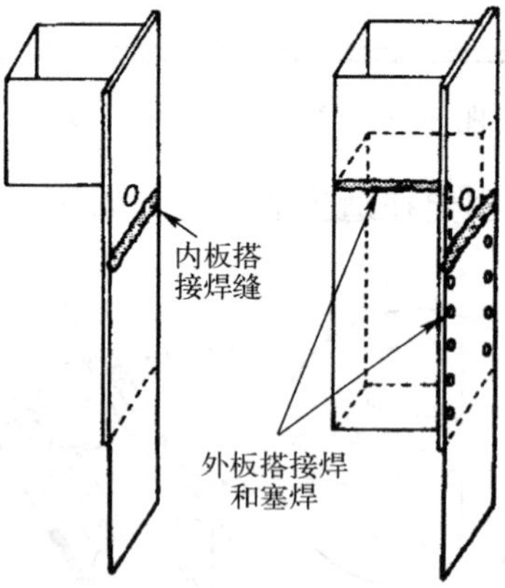

图 8-80　B 立柱的偏置对接

5．地板的分割与连接

地板在进行切割作业时，要注意不要切穿任何加强件，特别是坐椅安全带的固定装置。在进行搭接选择时，要让后部地板搭接到前板上，保证汽车下部地板的边缘总是指向后方。其目的是让地板的搭接边缘不要迎风，从而从前往后运动的道路飞溅物会从底部边缘流出而不会产生迎面撞击。地板搭接板件的分割、连接还要注意以下几点：

（1）用搭接焊接连接所有的地板。

（2）在搭接部位进行塞焊搭接。

（3）用弹性材料堵塞上边和向前的边缘。

（4）在下边，用连续的焊缝搭接焊焊重叠的边。

（5）用底漆、薄层保护层以及外涂层覆盖搭接焊缝，起保护作用和密封作用。

8.3 车身附件的损伤修复

8.3.1 塑料件的损伤修复

为了顺应节能减排的要求，大量的塑料件被应用在车辆上以减轻车身重量。车身上的塑料件包括保险杠、车灯罩、翼子板喇叭口、保险杠左右弧形接板、翼子板、挡泥板、进气格栅开口板、防飞石护板、仪表板、装饰板、燃油管、车门面板、后侧围板和发动机部件等。塑料件使用范围的扩大对碰撞修理提出了新的要求，需要探讨塑料件维修的新方法。塑料件的维修比更换更经济、快捷，甚至可以在不拆卸部件的情况下对擦伤、裂缝、凹槽、撕裂和刺穿等损伤进行维修；一些塑料件在变形之后可以重新修整回原来的形状，省去了等待采购新零部件的时间，使车辆能够更快修复，维修企业也可获得更高的工作效率和经济效益。

1．塑料件识别方法

为了更好地对塑料件进行维修，维修人员需要掌握塑料件的种类及识别方法。汽车结构中常见的塑料件有两种类型，分别是热塑性塑料和热固性塑料，不同种类的塑料件有不同的维修方法。

在对塑料件进行维修前，必须明确需要维修的塑料件的类型，进而决定维修方法。识别未知塑料件类型的方法主要有以下 4 种。

1）编号识别法

塑料件可以通过压印在零部件上的国际标准符号或 ISO 码进行识别（许多制造商使用这些符号，如图 8-81 所示符号或缩略语印制在零部件背面的一个椭圆标记内），必须拆下零件才能读取这些符号。如果无法用符号确定塑料件，可以通过车身维修手册查找车辆所用的塑料件的信息（一般车身维修手册均会列出专用的塑料种类）。

图 8-81　编号识别法

2）燃烧测试法

通过塑料燃烧时产生的火焰和烟来确定塑料的种类，热固性塑料燃烧时不会产生熔滴而热塑性塑料燃烧时会产生熔滴。但是这种测试并不总是可靠的，现在许多塑料件使用含有多种成分的复合塑料，在这种情况下，燃烧测试则不能确定塑料的种类。此外，燃烧塑料会对环境造成污染，因此一般不建议使用此方法。

3）黏接测试法

进行焊条黏附测试或用试凑法在零部件的隐蔽部位或损坏部位进行焊接测试。试用不同的焊条，直到发现一种焊条能够粘接在塑料件上，也就确定了塑料的基本材料。

4）挠性测试法

如图 8-82 所示，用手弯曲塑料件，与塑料件样本的挠性进行比较，然后确定最符合基本材料特性的塑料种类。一般热固性塑料在弯折后不能完全恢复形状，而热塑性塑料弹性较容易恢复形状。

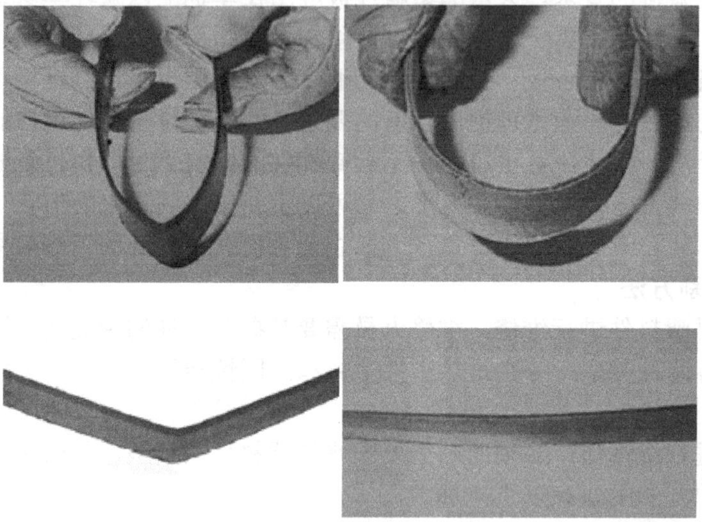

（a）热固性塑料　　（b）热塑性塑料

图 8-82　挠性测试法

2．塑料件的维修

和其他的车身修复工作一样，维修塑料件时先要进行评估，确定该零部件应维修还是更换：如果在弧形接板或大的塑料板上有小的裂缝、撕裂、凹槽或孔，而这些部件又难以更换或更换成本较高，则维修是合理的；如果部件大面积损坏，或如翼子板喇叭口、塑料装饰件等便宜且易更换的部件损坏，则进行更换是合理的。简单来说，修理或更换要由维修人员或评估师来决定。

如果决定修理，必须确定该零件有无从车上拆下的必要。为了高质量地修复，必须能够接触整个损坏区域，如果接触不到，则必须拆下零件，且必须进行表面整修。常用的车身塑料件的维修方法主要有粘接法和焊接法。

1）黏接法

（1）黏接法的种类。粘接法主要包括溶剂粘接法、氰基丙烯酸酯粘接法和双组分胶粘接法。

① 溶剂黏接法。对前照灯支柱、侧灯和小支柱等处的小修可以使用此方法。此方法一般把丙酮或乙酸乙酯滴在结合部位的边缘处，直到材料溶解为止。但在修理聚丙烯（PP）和聚乙烯（PE）的塑料板件时，不能使用此方法，因为丙酮不能溶解这些材料。

② 氰基丙烯酸酯黏接法。氰基丙烯酸酯（CA）是一种单组分快速固化黏接剂，用来维修刚性和挠性塑料件。经常在涂敷最后的维修材料之前使用，当作填料或将各个部分固定在

一起。氰基丙烯酸酯也称为“超级胶”，可以很快地对塑料件进行黏接。

③ 双组分胶粘接法。双组分黏接剂由基底树脂和硬化剂（催化剂）组成，树脂装在一个容器中，硬化剂装在另一个容器中。混合后，混合剂可以在零件上固化并与基底材料连接。在许多塑料件的维修过程中，双组分黏接剂可以代替焊接，而且比单组分的氰基丙烯酸酯强度更高。

（2）粘接法的修理步骤。

① 必须将塑料件表面的蜡、灰尘或油脂清除干净。

② 清洗后，用黏接剂工具包对损坏区域进行预处理，这个工具包应含有速凝剂和黏接剂，将速凝剂喷涂在裂缝的一侧，然后在同一侧涂上黏接剂。

③ 小心地将划伤或裂缝的两侧恢复到原来的位置，然后快速地用力将它们压在一起（压够 1 min，以获得良好的粘接强度）。然后，让维修处硬化 3h～12 h，或者根据标签上的说明，以获得最大的强度。

④ 如果原有的漆面没有损坏，并且修理部位定位准确，就没有必要重新喷漆。

【黏接修复注意事项】

① 不同的产品系列不能混用，选定一个产品系列，在整个维修过程中不能更换。

② 大多数产品系列都有两种以上的黏接剂，可用于不同种类的塑料。

③ 产品系列通常包括粘接促进剂、填充剂和挠性涂料，应根据说明使用相应的产品。

④ 一些黏接剂产品系列适用于特定的基底材料。

⑤ 许多塑料填料和黏接剂都含有粘接促进剂，使用时需仔细查看其说明书。

2）焊接法

塑料件焊接是利用热源把塑料焊条和塑料件熔化后连接在一起的方法。塑料件的焊接和金属的焊接有相似之处，两者都使用热源、焊条和类似的技术（对焊、搭焊等）。焊接接头的准备几乎相同，并且都要进行强度评估。

焊接塑料件时，塑料在适当的热量和压力作用下熔合在一起。成功的焊接需要压力和热量都保持恒定且比例平衡。焊条上压力过大往往会拉伸焊缝，温度过高则会使塑料烧焦、熔化或变形。

（1）塑料焊接的类型。塑料焊接维修方法主要有以下几种。

① 热空气塑料焊接。热空气塑料焊接使用电热工具产生热空气（232℃～345℃），通过喷嘴喷到塑料上（空气一般由维修车间的空气压缩机供给）。热空气塑料焊机组成如图 8-83 所示，有三种焊头类型如图 8-84 所示。

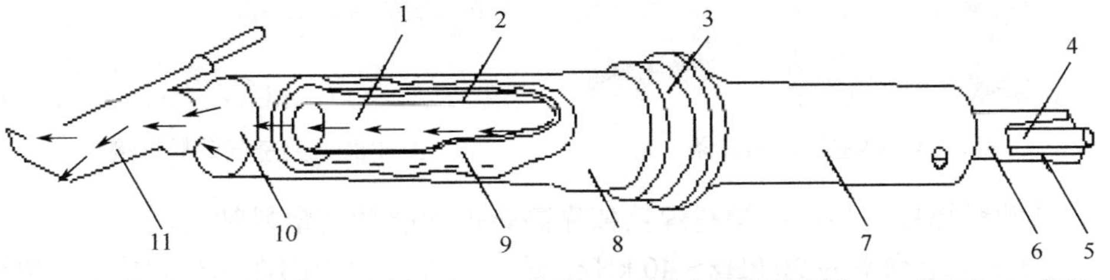

1—加热元件；2—加热腔；3—固定螺母；4—电缆；5—压缩空气或惰性气体；6—空气管；7—把手；8—外套管；9—内套管；10—热空气；11—焊嘴

图 8-83　热空气焊机的组成

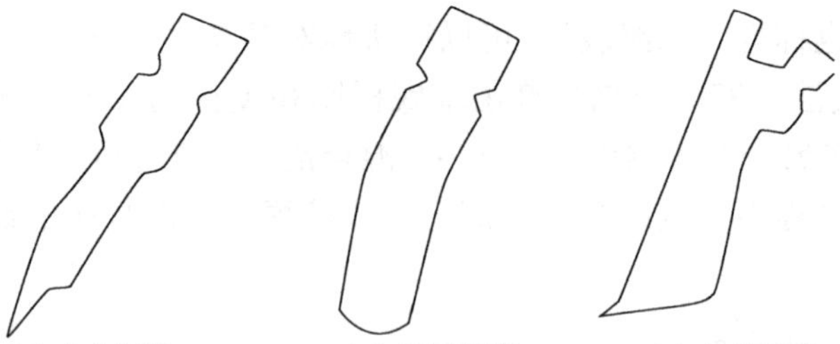

（a）定位焊嘴　　（b）圆形焊嘴　　（c）加速焊嘴

图 8-84　热空气焊头

定位焊嘴。用来在焊接之前对塑料件的断开部位进行临时点焊。如有必要，临时点焊处可以轻易地断开重新定位。

圆形焊嘴。用来进行短焊或焊接小孔、尖锐拐角及难以触及的部位。

加速焊嘴。可以固定住塑料焊条向前递送并自动预热。这种结构可使焊条进入基底材料，从而加速焊接，主要用于长而直的焊接处。

使用热空气焊接时，焊条直径常常超过焊接板件的厚度，这样会导致焊条熔化前板件过热，为了避免由此产生的修复后板件翘曲等问题，建议使用直径较小的焊条。

一般的塑料焊机的焊接厚度小于 3 mm，以防塑料件变形，对薄的塑料件进行焊接时，可选如图 8-85 所示的热空气塑料焊条。

② 无空气塑料焊接。无空气塑料焊接如图 8-86 所示，利用电热元件熔化直径为 3 mm 的较小焊条，不从外部供给空气。用较小的焊条进行无空气焊接有助于解决板件翘曲和焊条过度堆积这两大难题。在焊接前需确定焊条和待修复塑料件的材料相同，否则无法成功进行焊接（许多制造商提供了焊条应用表）。选定正确的焊条后，最好在焊接之前用一小段焊条穿过焊机清理焊头，然后再进行焊接。焊接时可根据需要调整无空气焊机的温度调节旋钮。焊机完全加热通常需要约 3 min。

图 8-85　热空气塑料焊条

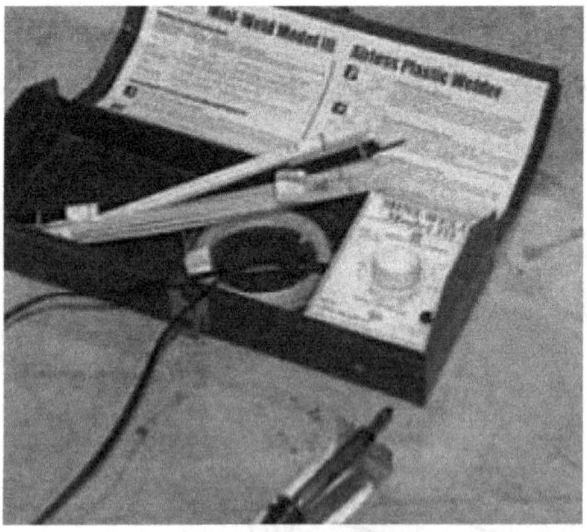

图 8-86　无空气塑料焊接

③ 超声波塑料焊接。超声波塑料焊接依靠高频振动能量使塑料粘接，而不必熔化基底材料。手持装置的可选频率为 20 kHz～40 kHz，适用于焊接大的部件和空间狭窄难以到达的区域，可以在单点或多个位置上连接塑料件，因此在多数情况下，不需要进行连续焊接。焊接时间通过电源可以进行控制，焊接周期短，几乎不超过 0.5 s。超声波栓焊沿着螺栓的圆周发生，其强度与螺栓直径或焊接处的深度有关，当焊接深度等于螺栓直径的一半时达到最大

抗拉强度。

【塑料焊接的注意事项】

为了保证塑料件的良好焊接，一定要注意以下几点。

① 焊接前需要测试焊条与基底材料的兼容性，测试时，将焊条熔化在损坏部位的隐蔽处，然后使焊条冷却，试着从焊接部位上拉离焊条，如果焊条兼容则会粘在上面。

② 不同的塑料有不同的焊接温度，应合理调整焊机的温度设置。温度过高会使塑料烧焦、熔化或变形；温度过低则无法将基底材料和焊条熔透。

③ 焊接压力应大小相宜。

④ 焊接时应匀速焊接，保证焊接面良好。

⑤ 开始无空气焊接之前，先用一小段焊条穿过焊机，将焊头清理干净。

3．塑料保险杠维修

1）故障现象

车身保险杠在整车中起到安全防护和美观的作用，但是在交通事故中常易受到碰撞而破损或产生裂纹，如图 8-87 所示损伤。这种撕裂开口在很多交通事故中常常会发生。若不及时修复则影响美观，再者损伤会沿着裂口位置继续扩散影响行车安全。若更换会增加维修成本且不环保，在维修中我们可以采用如下工艺进行修补。

图 8-87　前保险杆裂口维修前

2）维修方法

（1）塑料件焊接维修工艺：

① 维修前清洁。首先我们针对维修部位进行清洁，可以使用专用的塑料清洁剂进行清洁除油处理，以准确确定损伤区域。

② 维修工具的选取。根据损伤情况和维修方法，我们需选取电钻、单作用打磨机、塑料焊枪、塑料焊条等维修工具，如图 8-88 所示。

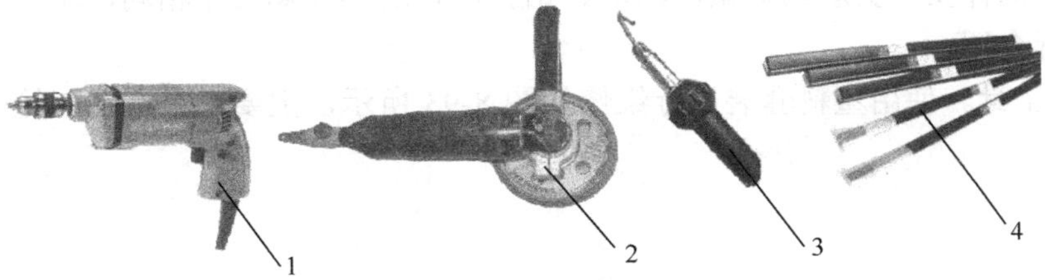

1—电钻；2—单作用打磨机；3—塑料焊枪；4—塑料焊条

图 8-88　维修工具

③ 打磨前钻孔。根据损伤诊断确定的范围，在距离裂纹根部约 1cm 左右的位置用电钻钻孔，以防止裂纹继续扩散，如图 8-89 所示。

④ 打磨。在维修时我们需要对维修部位使用玻璃纤维进行包边修复，因此裂纹部位的正背面均需进行打磨，一般选取单作用打磨机，P80 的砂纸进行打磨，由于有裂纹，打磨时需针对裂纹位置进行坡角打磨，常常打出 30° 左右的坡角，如图 8-90 所示的打磨效果。

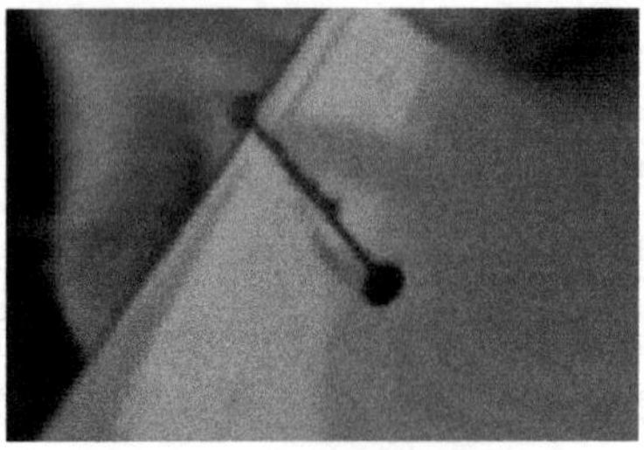

图 8-89　钻孔后的效果

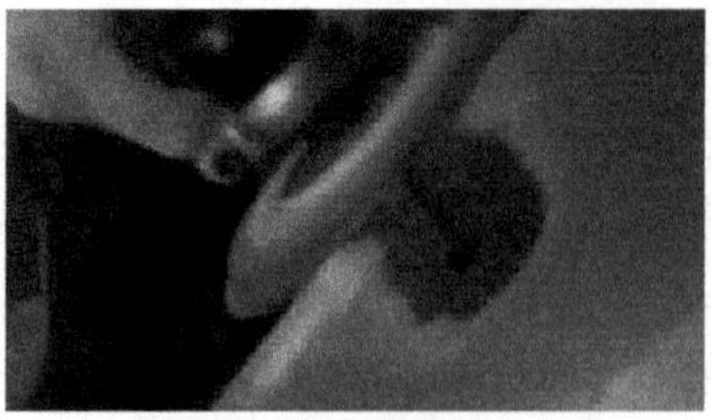

图 8-90　坡口打磨

⑤ 焊接。打磨后的损伤部位经清洁除尘后，用玻璃纤维布进行包边维修，维修时根据损伤的范围裁剪合适大小的玻璃纤维，在保险杠内侧包有小块，大面积包裹在外侧，利用塑料焊枪将玻璃纤维固定在打磨修复区域，如图 8-91 所示。之后用塑料焊条将待修补区域填平，塑料焊条的选取应根据保险杠自身材料相同，否则难达到维修效果。

塑料焊条经融化后，将待修复部位完全填满，并略高出其他部位以备磨平时不会有凹坑出现，维修后如图 8-92 所示。通过这种办法维修的塑料保险杠的强度和使用安全性不会降低，而且使用寿命和美观性也不会受到影响。此种方法属于同种材料修补维修，维修后不会像腻子刮平法那样维修不当易产生喷漆咬底等缺陷。

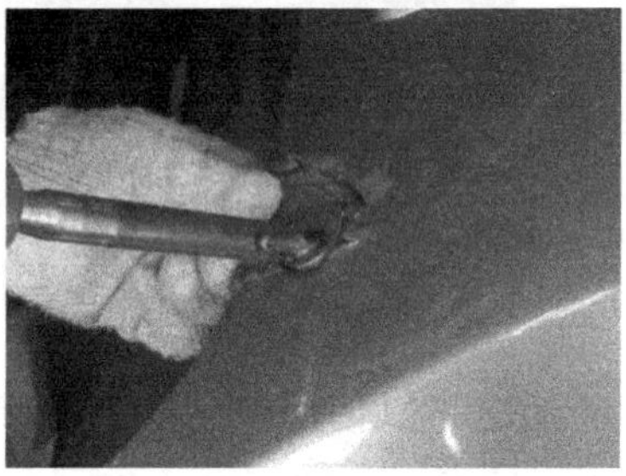

图 8-91　固定玻璃纤维

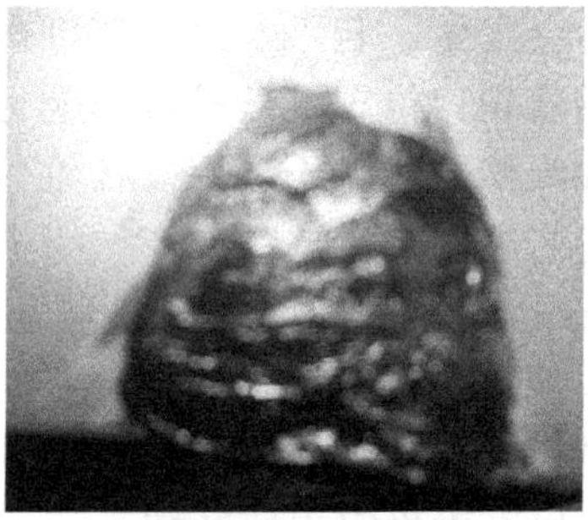

图 8-92　维修后的效果

（2）塑料修复套装维修。用塑料维修套装进行维修与焊接法维修的差别在于不受材料限制，且能达到同样安全美观的效果。清洁、钻孔、打磨等前期工序相同，现将使用工具和维修不同点进行介绍。

① 维修工具。使用塑料套装进行维修如图 8-93 所示，主要工具有挤胶枪、胶、挤胶头和玻璃纤维。

1—挤胶枪；2—胶；3—挤胶头；4—玻璃纤维

图 8-93　塑料维修套装

② 黏接维修。将经清洁、钻孔、打磨后的保险杠放到工作台上，裁剪合适大小的玻璃

纤维，该玻璃纤维垫在防透塑料膜上，如图 8-94 所示将胶涂覆在裁好的玻璃纤维中间。将玻璃纤维带有胶的一侧贴到保险杠的背面，并如图 8-95 所示进行固定，尾端多余部分上翻，包住保险杠边缘并粘牢，并填满修复粘胶。之后一种方法是利用裁剪合适的防透塑料膜压到粘胶上，并用手反复挤压直至里面没有气泡，去除塑料膜如图 8-96 所示，待彻底干燥后磨平为涂装工序作准备。另一种方法是在正面用胶填满并按如图 8-97 所示方式用刮刀进行均匀平整，通过刮涂使胶起到腻子填充和黏结的双重作用，刮涂手法和刮涂腻子几乎相同，涂满整个区域并略高出修补区，待胶完全干透后打磨平整。

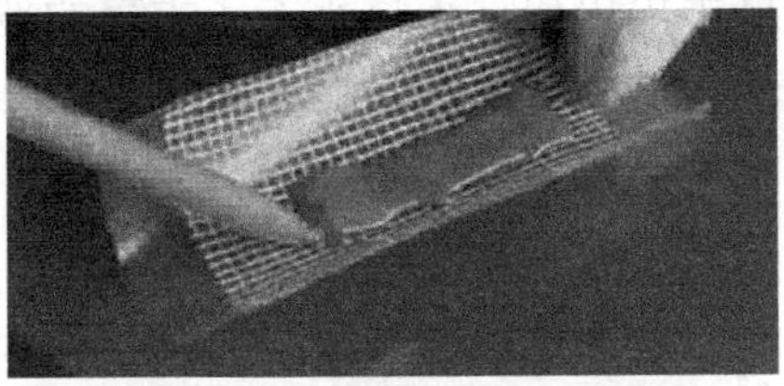

图 8-94　在玻璃纤维中心涂胶

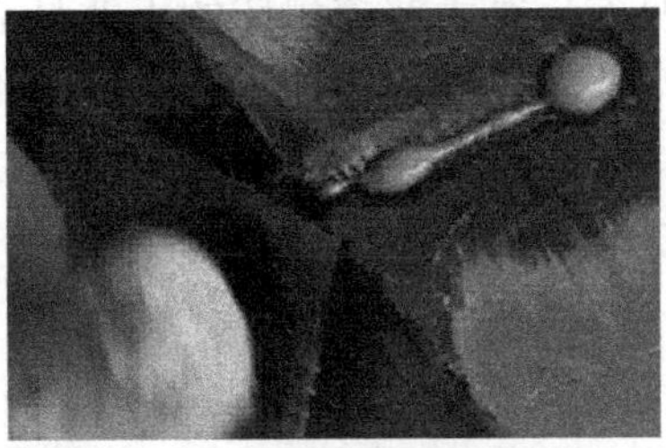

图 8-95　固定玻璃纤维

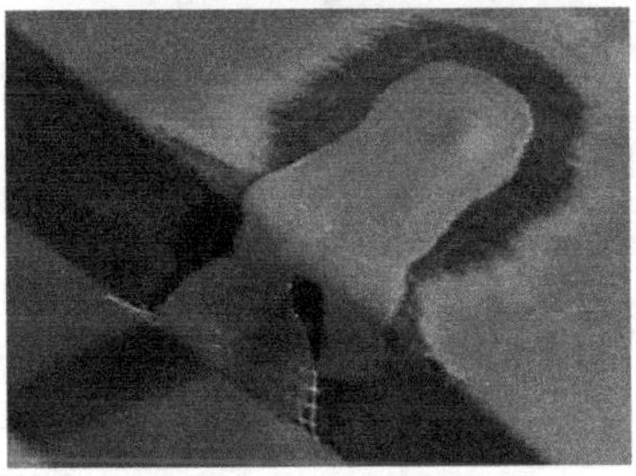

图 8-96　去除塑料膜

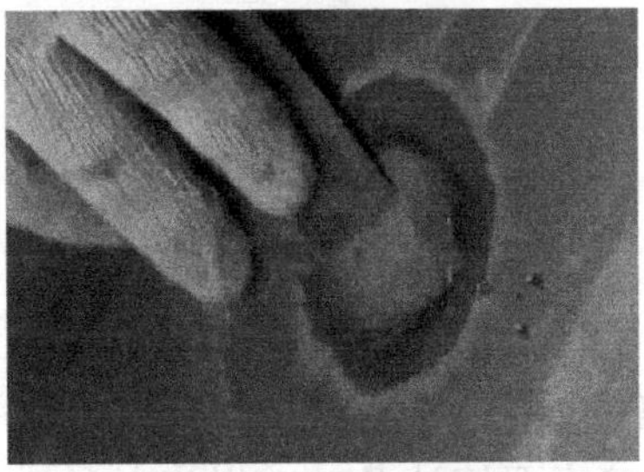

图 8-97　刮平粘胶

待修补区域胶完全干透后我们可以选择 P180～P240 之间的砂纸进行磨平，打磨平整如图 8-98 效果后可以进行下一步的涂装工序。

维修注意事项：

① 打磨区域应超出损伤范围大约 10cm 左右。

② 对于裂纹修补时一定要在裂纹根部钻孔，以防裂纹继续扩张，引发碰撞中的二次损伤。

③ 使用塑料焊接时注意焊条的选取应和待维修材料一致。

④ 使用塑料修复套装维修前应先对待维修部位进行彻底清洁除油和干燥。待修补表面不能有水分，否则维修达不到预期的效果。

⑤ 胶涂覆于玻璃纤维网上时应涂满，不应有空孔，以防打磨时有凹坑需进一步修补，增加维修工艺。

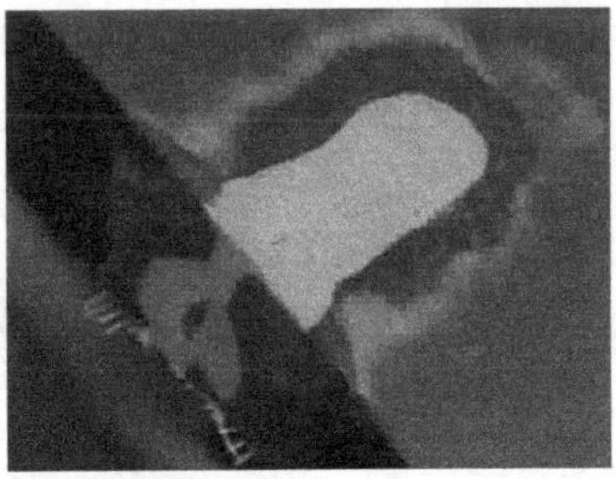

图 8-98　修补打磨后效果

8.3.2　玻璃的损伤修复

目前汽车上的玻璃主要分为两种材质，夹层玻璃和钢化玻璃。夹层玻璃是两层玻璃中间有一层胶状膜，在发生损坏破裂时不会完全裂开和扩散。即便发生严重撞击，依靠中间的胶状膜也可以在受损严重的情况下保证玻璃不会脱落和部分散落，仍然保持相对整体性。正因为这样的特性，为了保证在出现撞击后给驾驶员留出尽量完整的视线和安全性，夹层玻璃被要求配备在前挡风玻璃上使用。

钢化玻璃在受到损坏后，会迅速扩散成无数小颗粒，并且很容易出现脱落现象，在危急时刻可以方便逃生，并且车侧面和后面受到石子撞击的概率要小于前风挡，因此钢化玻璃普遍运用在除前风挡以外的其他部位。

1．玻璃的修复条件

通常情况下，造成玻璃损坏的无非是高速驾驶中旁车卷起来的小石子，虽然石子不大，但是速度快并且形状不规则，经常能瞬间将玻璃击出碎块。不过小石子击碎的裂痕范围通常不大，一般直径会在 5mm 左右，如图 8-99 所示，这种情况下，可以进行玻璃修复。当破损范围超出了 20mm 的范围通常选择更换。

图 8-99　玻璃破损

2．玻璃修理工艺

（1）玻璃表面清洁及玻璃抛光前的准备工作。

① 先将要修复的玻璃周围用胶带围住，以免玻璃抛光时弄脏汽车与周围环境，如图 8-100 所示。

② 要认真清洗玻璃与玻璃抛光纸的表面，不能有任何灰尘，或沙子等附着。

③ 在玻璃抛光前，先用麦头笔在玻璃背后圈出要修复的部位，避免挪位。

④ 玻璃抛光纸切削能力的顺序分别为：绿色→水红色→蓝色→褐色→白色。

（2）使用绿、蓝、红色的玻璃砂纸消除玻璃划痕，如图 8-101 所示。

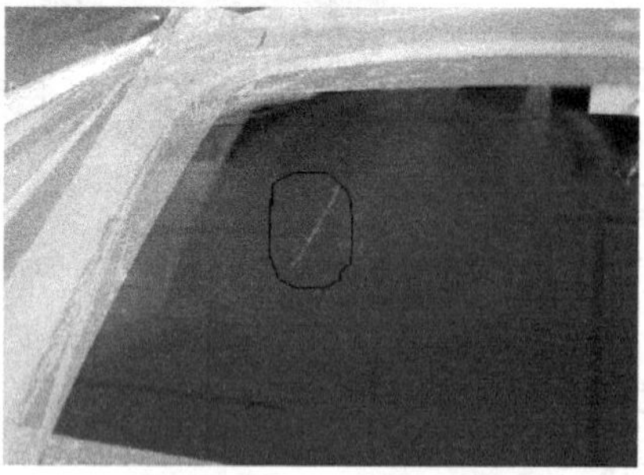

图 8-100　维修准备

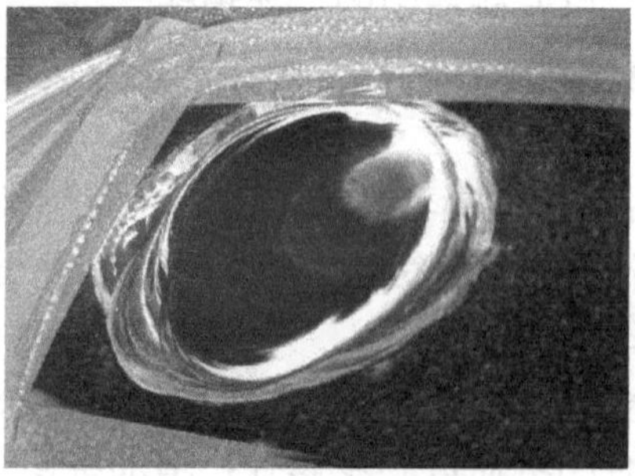

图 8-101　研磨损坏玻璃

① 如使用 35μ 玻璃砂纸（绿色），则此步必须使用 10μ（兰色）。

② 10μ 的细抛光应足够达到抛光前要求，但需一定熟练技巧，5 微米（褐色）的细抛光可作为保险用。

（3）用褐、白色的玻璃砂纸还原玻璃表面原有的清晰度与透明度，如图 8-102 所示。

① 使用褐色与白色的抛光片。

② 开始抛光时，应平放抛光盘，开机后，应前后慢慢移动，几秒后，形成白色浆料，继续抛，直至抛干，并抛去浆料出现玻璃应有的光泽。

③ 如光泽欠佳，则重复上述步骤。

【注意事项】

① 整个过程应保持一定的水量，以避免玻璃表面过热。

图 8-102　修复后效果

② 使用白色抛光纸抛光时，呈浆料后，应避免缺水而抛干浆料，从而产生新的划痕。

8.3.3　车身其他附件损伤修复

1．前风窗附件的更换

（1）拆卸前雨刮摇臂护盖。用一个在刀口包有保护胶带的起子如图 8-103 所示，拆卸前雨刮摇臂护盖。

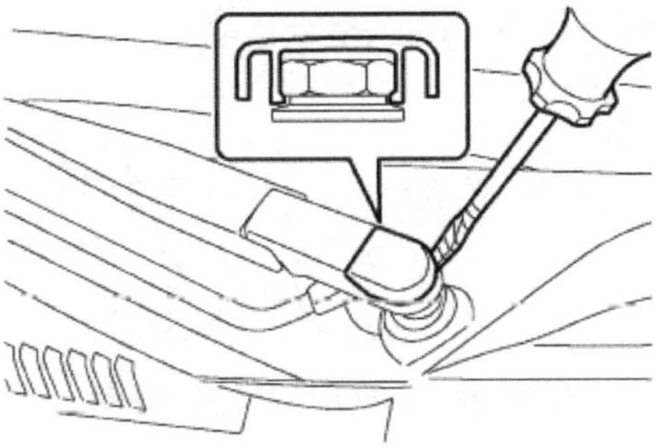

图 8-103　拆卸前雨刮摇臂护盖

（2）拆卸前雨刮摇臂。运行前雨刮，使其停留在雨刮电机自动回位的位置。卸掉螺母和前雨刮主臂，拆开辅助摇臂和前雨刮电机及支架总成的啮合，如图 8-104 所示。

【注意】在拆卸的时候不要把辅助摇臂弄弯变形。

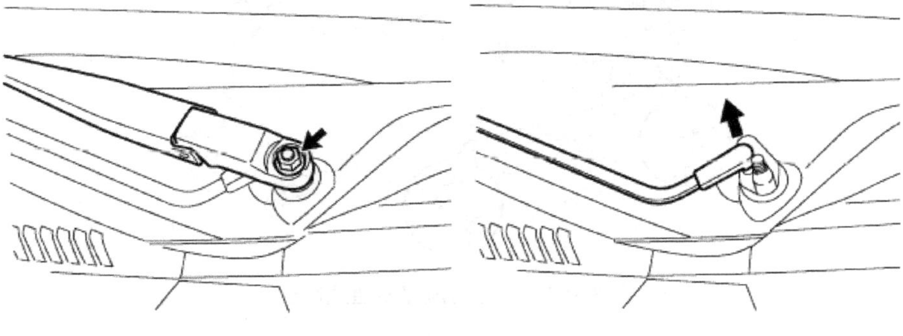

图 8-104　拆卸前雨刮摇臂

（3）拆卸发动机罩密封条。先拆掉 8 个发动机罩密封条卡扣，然后移去发动机罩密封条，如图 8-105 所示。

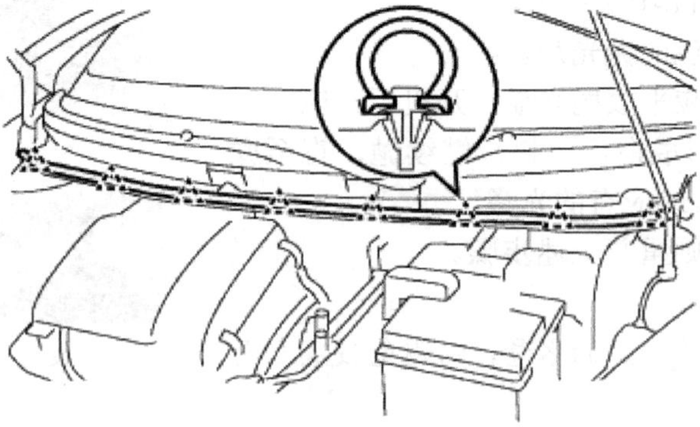

图 8-105　拆卸发动机罩密封条

（4）拆卸前风窗左通风盖板。卸掉通风盖板固定子母扣，脱开 9 个卡爪，然后移除前通风盖板左盖板，将洗涤软管从其上分离，如图 8-106 所示。

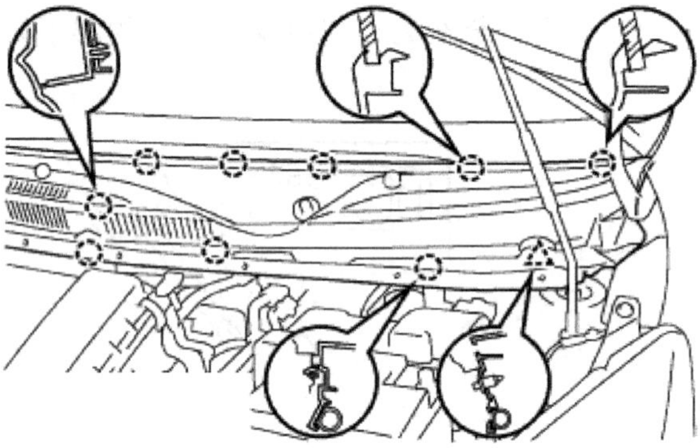

图 8-106　拆卸前风窗左通风盖板

（5）拆卸前风窗右通风盖板。卸掉通风盖板固定子母扣，脱开 8 个卡爪，然后移除通风盖板右盖板将洗涤软管从其上分离。如图 8-107 所示。

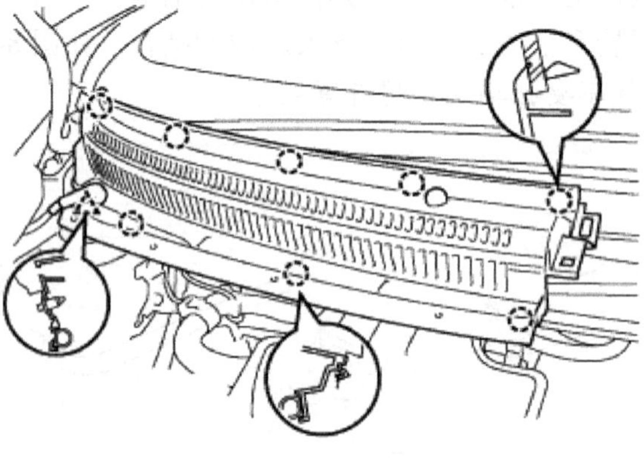

图 8-107　拆卸前风窗右通风盖板

（6）拆卸前雨刮电机和支架总成。卸掉两个组合螺栓。拔开接插件然后移除前雨刮电机和支架总成，如图 8-107 所示。

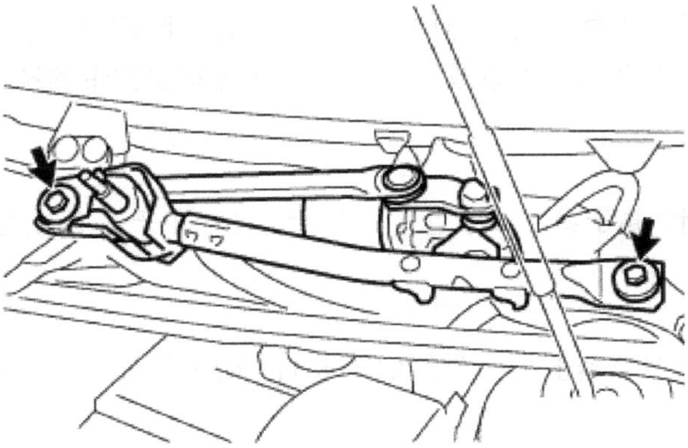

图 8-108　拆卸前雨刮电机和支架总成

（7）拆卸前雨刮刮片。握住前雨刮臂和刮片总成稍微抬起，按下锁扣然后移除刮片，如图 8-108 所示。

【注意】从前雨刮臂和刮片总成上拆卸刮片的时候不要损伤风窗玻璃的表面。

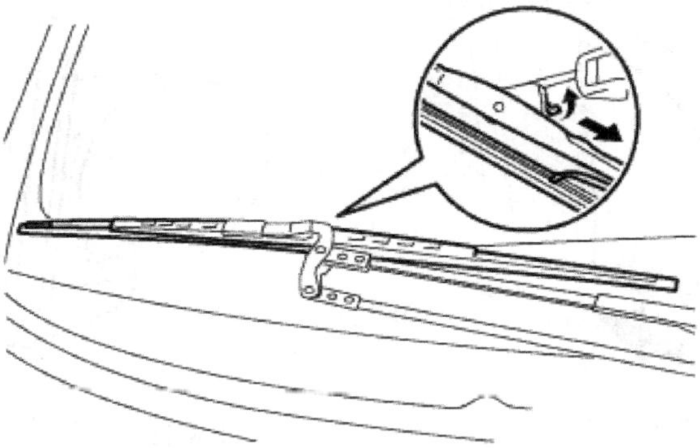

图 8-109　拆卸前雨刮刮片

2．前门玻璃升降器和前门玻璃总成的更换

（1）从蓄电池上断开负极电缆。

（2）拆卸门扶手装饰盖。用保护带缠裹的起子，脱离 2 个卡爪来除去门把手。

（3）拆卸内扣手装饰盖

卸下 2 个前门内扣手装饰盖安装螺钉，脱离 4 个卡爪，如图 8-110 所示。

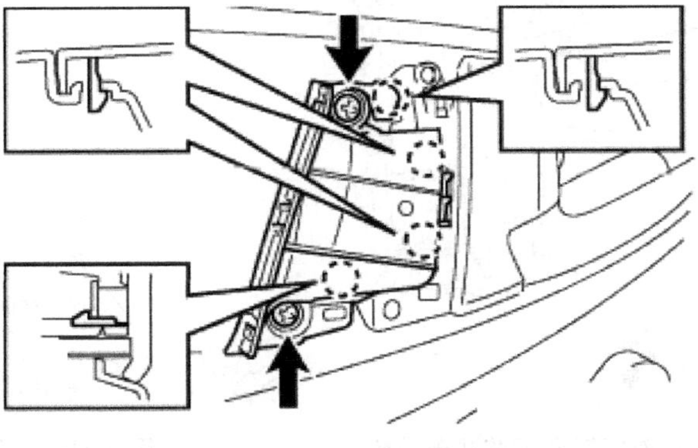

图 8-110　拆卸内扣手装饰盖

（4）拆卸前门内护板上体。拆卸掉门上体安装螺钉，脱离 15 个门护板安装卡扣，移去前门内护板上体。拆除电动窗开关总成，用一个尖端包有保护带的螺丝起子，拆开 2 个卡爪并拆开前门电动窗开关。

【注意】

拆除电动窗开关时，起子尖端必须包有保护带，同时在开关周围盖上具有保护作用的布，以免起子使副仪表板破损。

（5）断开接插件。

（6）拆卸外后视镜调节器上装饰盖。如图 8-111 所示箭头方向滑动卸掉左外后视镜调节器下装饰盖。

（7）拆卸外后视镜调节器下装饰盖。卸掉 2 个外后视镜调节器下的装饰盖安装螺钉，脱离 2 个外后视镜调节器下装饰盖的安装卡扣。

（8）卸掉 3 个螺栓，移除左外后视镜，如图 8-112 所示。

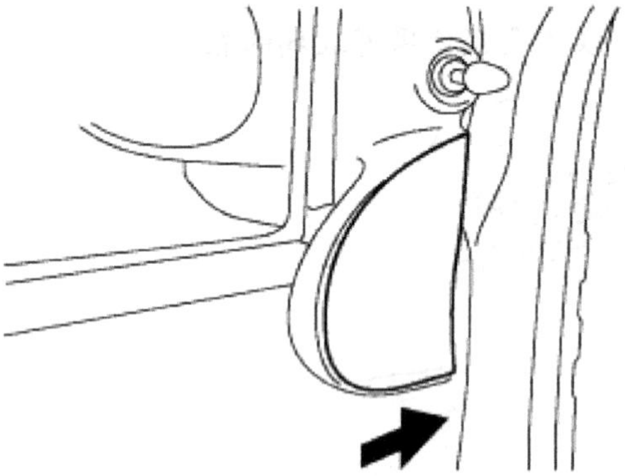

图 8-111　拆卸外后视镜调节器上装饰盖

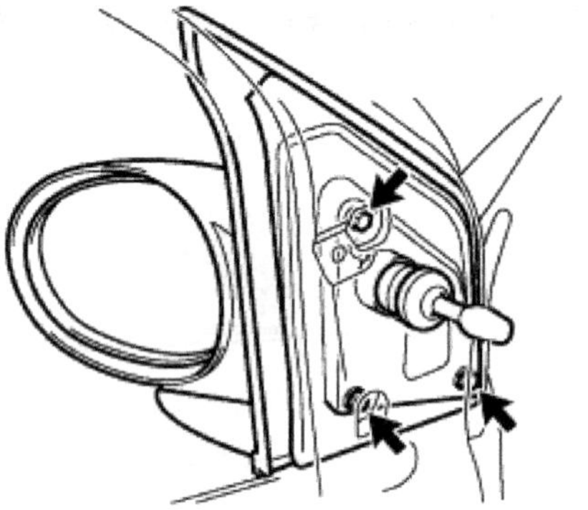

图 8-112　拆卸外后视镜总成

（9）卸掉前门钣金工艺孔覆盖膜。

【注意】清除干净剩余在门内板上的不干胶。

（10）拆卸前门外压条。如图 8-114 所示，在外压条外表面贴上保护带，使用外压条专用工具，脱离 5 个卡扣，移除外压条。

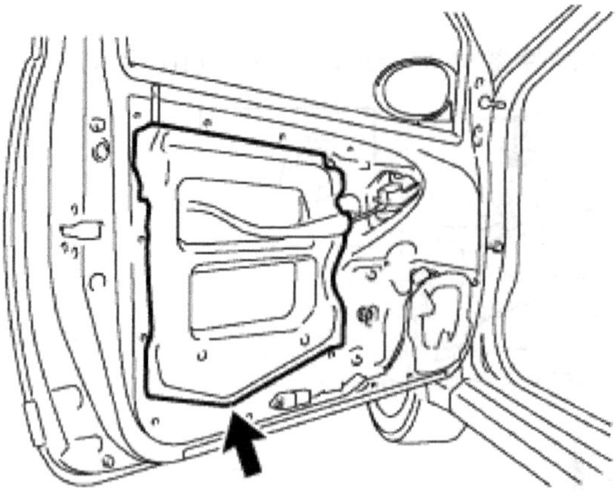

图 8-113　卸掉前门钣金工艺孔覆盖膜

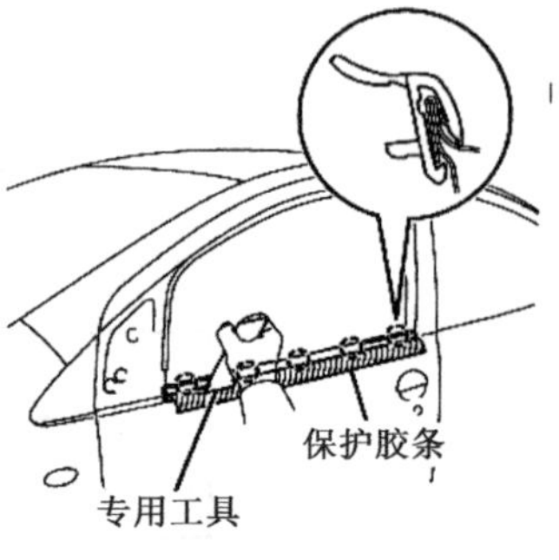

图 8-114　拆卸前门外压条

（11）拆卸前门玻璃总成。接通玻璃电动升降器开关，把玻璃降到其安装螺栓时对应的车门内板的两个安装孔处，拆卸掉两个螺栓，然后移出玻璃。

【注意】拆卸螺栓时，不要使玻璃掉下或破损，断开玻璃升降器开关 。

（12）拆除前门玻璃电动升降器总成。如图 8-115 所示，分离电器接插件，拆除 3 个安装螺母，卸下电动玻璃升降器总成。

【注意】当拆卸螺母时，请勿使电动玻璃升降器掉落。

（13）拆除前门锁。如图 8-116 所示，卸下螺栓和玻璃前导轨，脱开卡爪 A，按图示箭头方向移动前门内扣手总成，这样可以松开卡爪，顺利取下内扣手总成。

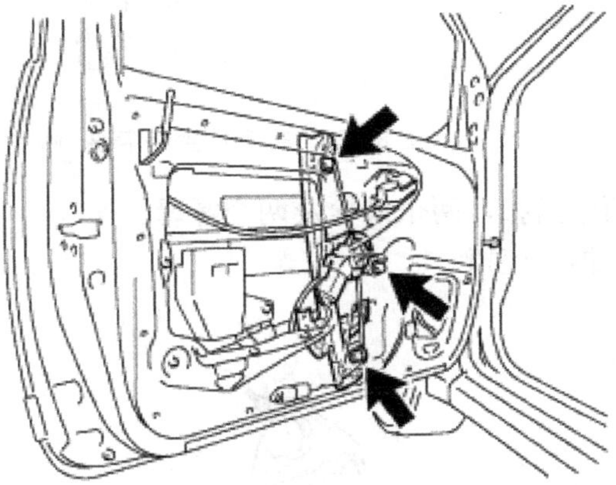

图 8-115　拆除前门玻璃电动升降器总成

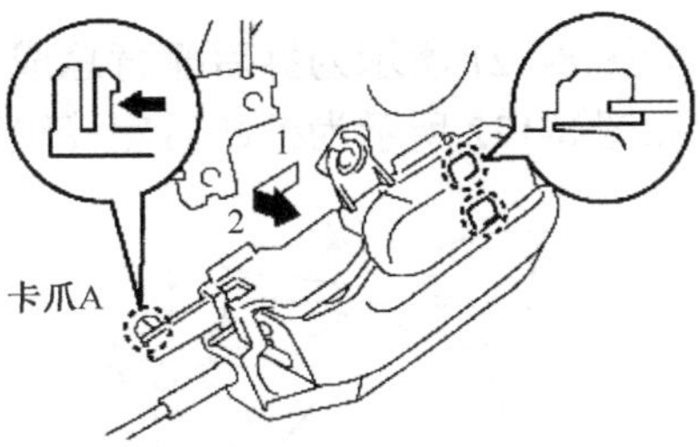

图 8-116　拆除前门锁

3．座椅拆卸

（1）前排座椅及前排安全带卡套拆卸。如图 8-117 所示，断开座椅安全带扣开关接插件的连接，拆卸驾驶员座椅总成，松开线夹。

断开带扣开关接插件，用套筒拆卸 4 个安装螺栓，卸下前座椅。卸下左前安全带卡套的安装螺栓即可拆掉卡套，如图 8-118 所示。

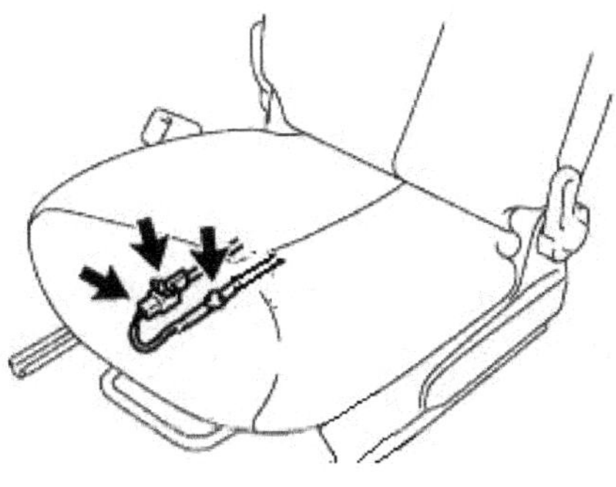

图 8-117　前排座椅及前排安全带卡套拆卸

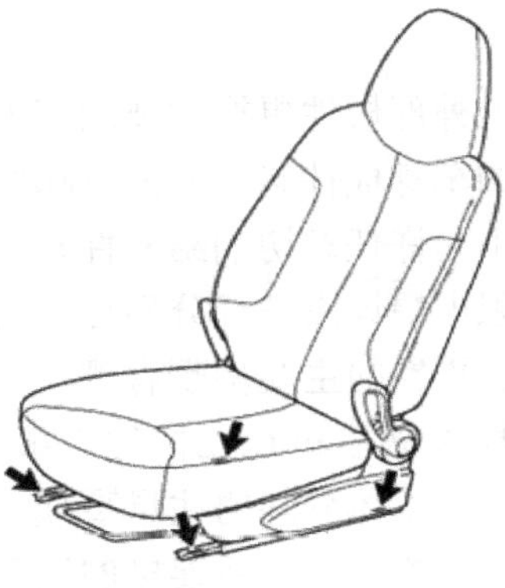

图 8-118　拆卸滑道

【注意】与拆卸驾驶员座椅总成相同。右座椅上的右前安全带卡套不带线束。

（2）后座椅拆卸。拆后坐垫总成，取下四个钩子就可以卸下后坐垫，如图 8-119 所示。如图 8-120 所示为拆卸后坐垫卡座。

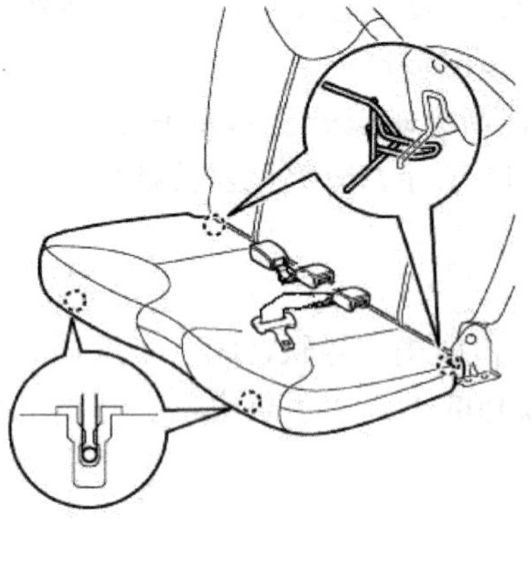

图 8-119　拆后坐垫总成

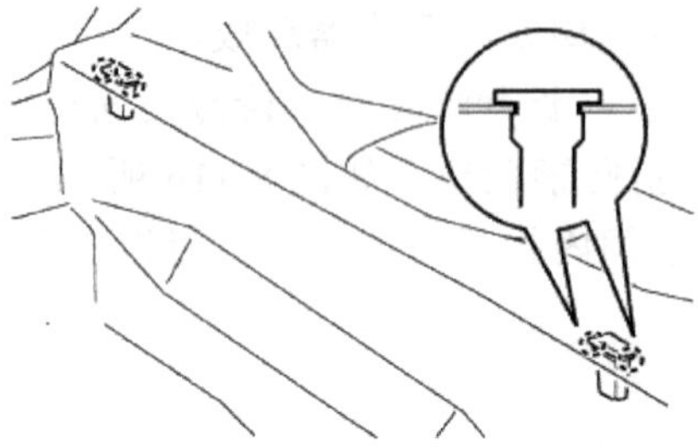

图 8-120　拆卸后坐垫卡座

如图 8-121 所示为拆后靠背总成，取下两个搭扣，两个螺栓及两个螺母。

如图 8-122 所示为拆卸后座椅锁环，进而拆下座椅。

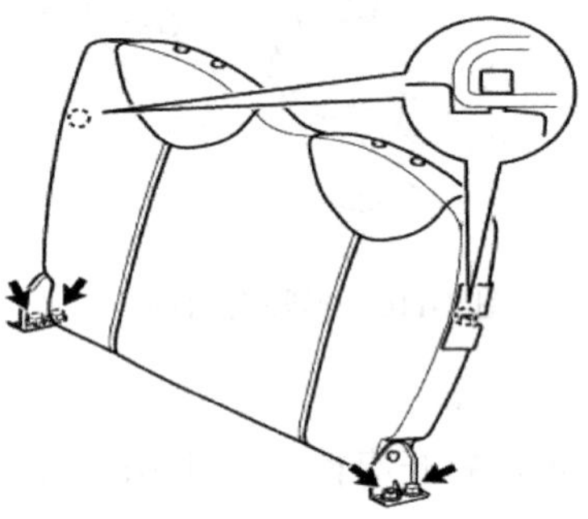

图 8-121　取下两个搭扣

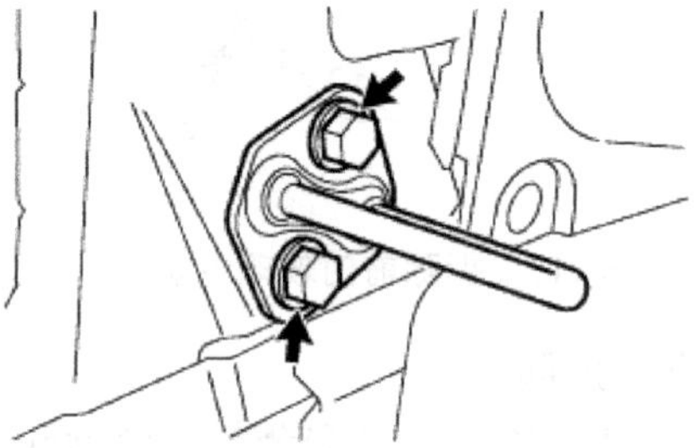

图 8-122　拆卸后座椅锁环

复习思考题

1．车身上外部板件更换的要求有哪些？
2．现在的车身板件修复方法有哪些？
3．为何不允许任意切割结构件？
4．对电阻电焊焊点进行分离可以使用哪些工具？
5．车门板更换的主要步骤有哪些？
6．在切割 A 立柱和 B 立柱时有哪些注意事项？
7．简述车身整体分割的注意事项。
8．简述车身整体切割后连接的注意事项。
9．结构件基本连接形式有哪几种？
10．简述车身无损修复的步骤及注意事项。
11．简述车身铝板修复的步骤及注意事项。
12．简述车身介子焊法修复的步骤及注意事项。
13．简述车身结构件修复的步骤及注意事项。
14．简述塑料件黏结修复的注意事项。

15．塑料焊接的类型有哪些？
16．什么是热空气塑料焊接？
17．塑料件焊接修复注意事项有哪些？
18．简述车身保险杠修复的步骤及注意事项。
19．玻璃的修复条件有哪些？
20．玻璃的修复步骤有哪些？
21．列举车身附件有哪些？

第 3 篇 汽车车身涂装修复

汽车车身因事故损伤进行修复后，或者车身表面产生腐蚀、划痕、涂层脱落，以及由于个性需要或特殊需要，进行车身表面颜色更换时，都需要进行车身涂装修复，以恢复车身表面到原车出厂的表面状态，从而达到美化车身外表，隔离外界腐蚀性介质对车身表面的腐蚀，延长车身使用寿命的目的。

第 9 章　涂料的基础知识

学习目标

1. 了解涂料的分类及性能
2. 掌握辅助材料的功能
3. 熟知汽车常用涂装材料的作用和性能
4. 能正确选用涂料和安全使用涂料
5. 掌握喷枪的分类及组成

9.1　涂料的基本知识

涂料是涂在物体表面能形成具有保护、装饰或特殊性能的固态涂膜的一类液体或固体材料的总称。在汽车涂装修复中，所用的涂料品种较多，而且随着科学技术的发展，涂料新品种也不断出现，涂料的选择和涂层的质量决定着汽车车身涂装质量，因此有必要掌握涂料产品的分类、命名和编号。

9.1.1　涂料的分类与性能

涂料按其属性分为两大类：有机涂料和无机涂料。有机涂料广泛应用于金属、木材、塑料等材料表面的保护和装饰；无机涂料主要用在土建领域。汽车涂装用涂料为有机涂料。

1．涂料的组成

涂料主要由五大类材料组成，如表 9.1 所示。

表 9.1　涂料的组成

<table>
<tr><th>涂料的组成</th><th>组成材料名称</th><th>类　别</th><th>品 种 名 称</th></tr>
<tr><td rowspan="5">主要成膜物质</td><td rowspan="3">油　料</td><td>干油性</td><td>桐油、亚麻油、锌油等</td></tr>
<tr><td>半干油性</td><td>豆油、葵花籽油、玉米油等</td></tr>
<tr><td>不干油性</td><td>蓖麻油、椰子油等</td></tr>
<tr><td rowspan="2">树　脂</td><td>天然树脂</td><td>虫胶、松香、天然沥青等</td></tr>
<tr><td>合成树脂</td><td>酚醛、醇酸、氨基、环氧、丙烯酸等</td></tr>
<tr><td rowspan="3">次要成膜物质</td><td rowspan="3">颜　料</td><td>着色颜料</td><td>钛白、氧化锌、氧化铁红、铬黄、炭黑等</td></tr>
<tr><td>防锈燃料</td><td>红丹、锌铬黄、偏硼酸钡等</td></tr>
<tr><td>体质颜料</td><td>太白粉、钛白、重晶石粉、滑石粉等</td></tr>
<tr><td rowspan="3">辅助成膜物质</td><td rowspan="2">溶　剂</td><td>助溶剂</td><td>二甲苯、松节油、乙醇、丁醇等</td></tr>
<tr><td>稀释剂</td><td>石油溶剂、脂、酮、混合溶剂等</td></tr>
<tr><td>辅助材料</td><td>添加剂</td><td>固化剂、催干剂、流平剂、防老化剂、
催化剂、增塑剂、防结皮剂、湿润剂、悬浮剂、紫外线吸收剂、防潮剂等</td></tr>
</table>

油料和树脂是涂料组成中的基础，是涂料的主要成膜物质。其作用就是起固着黏结作用，能把颜料等其他成膜物质黏结起来形成涂层，起到保护表面和装饰作用。涂料的许多特性，主要取决于这两个部分的性能。

颜料是涂料的次要成膜物质，是不挥发物质之一，使涂料具有一定的着色能力，显现一定的颜色，增加涂层的厚度和提高遮盖力，起到调色、装饰和标志作用。颜料分着色颜料、体质颜料和防锈颜料三类。

溶剂是辅助成膜物质，包括助溶剂和稀释剂两种。溶剂能溶解并稀释涂料中的成膜物质，改善涂层的性能。稀释剂的主要作用是用来调整涂料的黏度，有利于形成均匀光滑的涂层。

辅助材料也是辅助成膜物质，又称助剂。其主要作用是辅助成膜物质改善涂料的性能、延长储存时间、扩大涂料的应用范围、改进和调节涂料的施工的性能、保证涂装品质等方面起到很大的作用。辅助材料有些是在涂料制造时就添加到涂料之中的，如悬浮剂、紫外线吸收剂等；有些需要根据施工情况进行添加，如防潮剂、流平剂、减光剂等。在使用涂料的过程中，最主要的是施工中添加的辅助材料，必须要根据使用情况合理添加，否则会影响涂层质量。

（1）催干剂。催干剂是一种能加速涂层干燥的物质，多应用于醇酸树脂涂料中。催干剂能促进涂膜中的树脂进行氧化——聚合作用，大大缩短涂膜的干燥时间。尤其在冬季低温施工环境下，由于涂膜干燥很慢，加入催干剂后，在环境温度不变的情况下，干燥时间也会明显缩短。

（2）固化剂。固化剂多为酸、胺、过氧化物等物质。固化剂与涂料中的合成树脂发生反应而使涂膜干燥固化。该类型的涂料在未加入固化剂时，一般不会干燥结膜，而与固化剂混合后，在常温下即可发生化学反应而干燥固化，如果能适当加温则效果更好。不同的树脂涂料所用的固化剂的成分也不同，例如聚酯树脂用过氧化物作为固化剂；环氧树脂用胺类作为固化剂；丙烯酸聚氨酯类用含异氰酸脂类作为固化剂等。在使用中应按要求选用。

（3）防潮剂。防潮剂也叫化白剂、化白水，由高沸点的脂类、酮类溶剂组成。将防潮剂加入硝基漆等自然挥发型涂料中，可防止涂膜中的溶剂挥发时产生的泛白现象。另外，施工环境温度过低时，或者空气湿度过高以及喷涂用的压缩空气含有水分过多时，也会引起泛白，在涂料中加入适量的防潮剂后，由于高沸点的溶剂增多，可减缓溶剂的挥发速度，减少水分凝结现象的发生。

（4）紫外线吸收剂。紫外线吸收剂对阳光的紫外线有较强的吸收能力，将其添加到涂料中，可减少紫外线对涂膜的损害，防止涂膜粉化、老化和失光等。

（5）悬浮剂。悬浮剂主要用来防止涂料在储存过程中产生结块。在涂料中加入悬浮剂后，可使涂料稠度增加，并且松散容易调和。

（6）流平剂。流平剂主要作用是降低涂料的表面张力，防止缩孔的产生，增加涂膜的流平性能。在喷涂时，由于被涂表面清洁不够彻底，有残存油脂、蜡渍等，或者由于压缩空气中含有未过滤的油分，会由于该部分涂膜表面张力增大而产生缩孔现象。出现此种现象，可在涂料中适量加入流平剂，其缩孔现象就会大大改善。

（7）减光剂。减光剂具有降低涂膜光泽的作用。在实际应用过程中，有些特殊的部位，如保险杠等，需要得到亚光效果，就需要加入适量的减光剂以达到所需的要求。

2. 涂料的分类

国外的涂料产品都是根据各国的具体情况进行分类的，没有统一的国际标准，使用不同国家和不同品种的涂料，应先了解其涂料的产品类别，防止出现影响涂装质量的事故发生。

（1）按涂料中主要成膜物质分。我国化工部 1988 年制定的以涂料基料（涂料的基本构成物）中主要成膜物质为基础的分类方法。当主要成膜物质为混合树脂时，则按在漆膜中起主要作用的一种树脂为基础作为分类依据。这样就可以根据其类别、名称了解其组成、特性及施工方法等。根据此分类方法，将涂料产品分为 18 大类，具体如表 9.2 所示。

在这 18 类中，表中前 4 类使用植物油和天然树脂作为主要原料，产品性能和质量不高，通常称为油性涂料（油漆或涂料）；后 13 类采用合成材料作为原料的比重比较大，有的甚至完全是以合成树脂作为主要成膜物质，通常称为合成树脂涂料。第 18 类涂料为辅助材料类，包括稀释剂、助溶剂、催干剂、防潮剂、催化剂、固化剂、脱漆剂等。辅助材料的代号如表 9.3 所示。

表 9.2 涂 料 分 类 表

序号	类 别	代 号	主要成膜物质
1	油脂	Y	天然植物油、鱼油、合成油等
2	天然树脂	T	松香及其衍生物、虫胶、乳酪等。动物胶、天然漆及衍生物等
3	酚醛树脂	F	酚醛树脂、改性酚醛树脂、二甲苯树脂
4	沥青	L	天然沥青、煤焦沥青、石油沥青
5	醇酸树脂	C	甘油醇酸树脂、改性醇酸树脂及其他醇类的醇酸树脂等
6	氨基树脂	A	三聚氰胺甲酸树脂、聚酰亚胺树脂
7	硝基纤维	Q	硝基纤维素、改性硝基纤维素
8	纤维脂 纤维醚	M	醋酸纤维、乙烯纤维、苯基纤维、乙基纤维、羟甲基纤维、乙酸丁酯纤维等
9	过氯乙烯树脂	G	过氯乙烯树脂、改性过氯乙烯树脂
10	烯类树脂	X	聚二乙烯基乙炔树脂、氯乙烯树脂、聚酯酸乙烯共聚物、聚乙烯醇类树脂、含氟树脂、氯化聚丙烯
11	丙烯酸树脂	B	丙烯酸树脂、丙烯酸共聚物及其改性丙烯酸树脂
12	聚酯树脂	Z	饱和聚酯树脂、不饱和聚酯树脂
13	环氧树脂	H	环氧树脂、改性环氧树脂
14	聚胺脂树脂	S	聚氨基甲酸脂
15	元素有机聚合物	W	有机硅、有机钛、有机铝
16	橡胶	J	天然橡胶及其衍生物、合成橡胶及其衍生物
17	其他	E	除以上成膜物质外的成膜物质
18	辅助材料		稀释剂、防潮剂、催干剂、固化剂、脱漆剂等

表 9.3 辅助材料分类表

序号	代号	类别
1	X	稀释剂
2	F	防潮剂
3	G	催干剂
4	H	固化剂
5	T	脱漆剂

（2）按固化机理分。可将涂料分为溶剂挥发型和化学反应型两大类。

① 溶剂挥发型。这类涂料是靠溶剂的挥发而干燥成膜，构成涂料的树脂分子在涂料状态时已经是高分子，在成膜过程中，只有溶剂挥发，树脂分子本身不发生化学反应。

这类涂料包括硝基纤维素涂料、热塑性丙烯酸树脂涂料以及各类改性丙烯酸树脂涂料等。

② 化学反应型。构成这种涂料的树脂分子，在涂料状态时分子量较小，形成涂膜的过程中，需要产生化学反应，逐步结成分子量很大的高分子。

化学反应型涂料一般可分成四种类型，即氧化固化型、热固化型、双组分固化型、催化固化型。

氧化固化型涂料的干燥主要在常温空气中，靠自身的氧化和聚合反应而形成坚硬的漆膜。包括醇酸树脂涂料和丙烯酸改性醇酸树脂涂料等。

热固化型涂料干燥是靠成膜物质在高温作用下起交联反应固化而成膜。这类涂料包括热固性丙烯酸涂料、热固性环氧树脂涂料等。

双组分固化涂料的两种活性组分分开包装，施工时将两种活性组分按比例进行混合，活性基团交联反应而固化成膜。固化速度与环境温度和固化剂加入量有关，如果固化剂加入过多，某些涂料的干燥速度反而降低，而且涂膜的脆性加大，因此，必须按比例配比。这类涂料包括丙烯酸——环氧树脂涂料、丙烯酸——聚氨酯树脂涂料等。

催化固化型涂料主要包括有机过氧化物、氨蒸气和湿气的催化物质固化的涂料。由于这类涂料需要特殊的催化剂干燥，施工工艺比较复杂，所以应用较少。

（3）按涂料的组成中是否有颜料分。按涂料中是否含有颜料，可将涂料分为三种类型：

① 清漆。涂料的组成成分中，没有颜料或体质颜料的透明体，称为清漆。

② 色漆。在涂料的组成成分中，加有颜料和体质颜料的有色漆，称为色漆。

③ 腻子。加有大量体质颜料的稠厚浆状体，称为腻子，学名为原子灰。

（4）按溶剂构成分。按溶剂构成情况，可分为以下三种类型：

① 无溶剂涂料。在涂料的组成中，没有挥发性稀释剂，称为无溶剂涂料。其中呈粉末状的称为粉末涂料。

② 溶剂涂料。涂料的组成中，以一般有机溶剂作为稀释剂的，称为溶剂涂料。

③ 水性涂料。在涂料的组成中，以水作为稀释剂，称为水性涂料。

除了按以上几种分类方法外，还有其他的分类方法，例如按施工方法分，有刷漆、喷漆、烘漆、电泳漆、粉末涂装漆等；按涂料作用分，有底漆、面漆、罩光漆、腻子等；按涂料的作用效果分，有绝缘漆、防腐漆、防锈漆等。

3．涂料的命名及型号

我国对涂料的命名规定如下。

（1）涂料的命名原则。涂料的名称由三个部分组成。

涂料全名＝颜色或颜料名称＋成膜物质名称＋基本名称

涂料名称是将颜色（颜料）放在成膜物质前面，再加上基本名称。如果颜料对漆膜性能起显著的作用，则可以用颜料的名称代替颜色的名称。例如铁红醇酸底漆、锌黄酚醛防锈漆、白色丙烯酸磁漆等。

涂料名称中的成膜物质名称应适当简化，如聚氨基甲酸酯简化成聚氨酯等。

如果基料中含有多种成膜物质，则选取其中起主要作用的一种成膜物质命名，必要时也可以选取两种成膜物质命名，主要成膜物质名称在前，次要成膜物质名称在后，例如环氧硝基磁漆、硝基醇酸磁漆等。

对于名称中的基本名称，仍采用我国广泛使用的名称，如清漆、磁漆、调和漆等，涂料基本名称及代号如表 9.4 所示。

表 9.4　涂料基本名称及代号

代号	基本名称	代号	基本名称	代号	基本名称
00	清油	22	木器漆	53	防锈漆
01	清漆	23	罐头漆	54	耐油漆
02	厚漆	30	（浸渍）绝缘漆	55	耐水漆
03	调和漆	31	（覆盖）绝缘漆	60	耐火漆
04	磁漆	32	（绝缘）磁漆	61	耐热漆
05	粉末涂料	33	（黏合）绝缘漆	62	示温漆
06	底漆	34	漆包线漆	63	涂布漆
07	腻子	35	硅钢片漆	64	可剥漆
09	大漆	36	电容器漆	66	感光涂料
11	电泳漆	37	电阻漆、电位器漆	67	隔热漆
12	乳胶漆	38	半导体漆	80	地板漆
13	其他水溶性漆	40	防污漆	81	鱼网漆
14	透明漆	41	水线漆	82	锅炉漆
15	斑纹漆	42	甲板漆、甲板防滑漆	83	烟囱漆
16	锤纹漆	43	船壳漆	84	黑板漆
17	皱纹漆	44	船底漆	85	调色漆
18	裂纹漆	50	耐酸漆	86	标志漆、马路划线漆
19	晶纹漆	51	耐碱漆	98	胶液
20	铅笔漆	52	防腐漆	99	其他

基本名称编号采用 00～99 两位数字，其中基本名称代号划分如下：

00～13　代表涂料的基本品种

14～19　代表美术漆

20～29　代表轻工用漆

30～39　代表绝缘漆

40～49　代表船舶漆

50～59　代表防腐漆

60～79　代表特种漆

80～89　代表其他用途漆

在成膜物质和基本名称之间，必要时可在成膜物质后边加以标明专业用途及特性的词语，如过氯乙烯防腐漆、醇酸导电磁漆、白硝基外用磁漆等。

凡是须烘烤干燥的漆，名称中应加上“烘”或“烘干”字样，如环氧树脂烘漆等。如果没有标出则表明该漆是常温干燥或烘烤干燥均可。

（2）涂料的编号原则。为了区分同一类型的各种涂料，在涂料名称前还加有型号。

涂料型号由三个部分组成。第一部分是成膜物质，用汉语拼音字母表示（见表 9.2）；第二部分是基本名称，用两位数字表示（见表 9.4）；第三部分是序号代号，用于区别同一类型的不同品种，如表 9.5 所示。在前后两组数字之间加一短横将基本名称代号和序号代号分开。

例如：

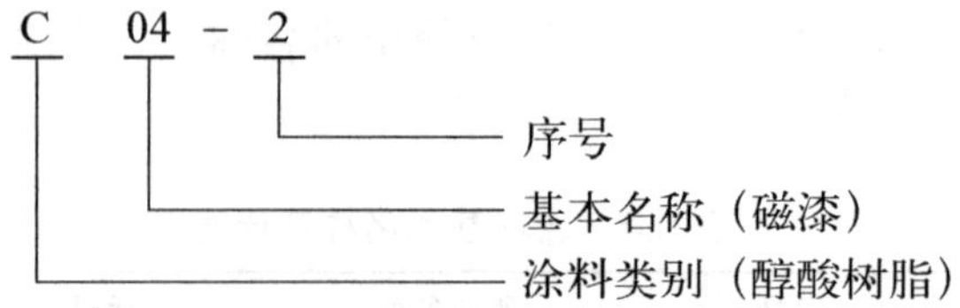

表 9.5　涂料产品序号代号

涂料品种		代号	
清漆、底漆、腻子		自干温度/ ℃	烘干温度/ ℃
		1～29	30 以上
磁漆	有光	1～49	50～59
	半光	60～69	70～79
	无光	80～89	90～99
专业用漆	清漆	1～9	10～29
	有光清漆	30～49	50～59
	半光清漆	60～64	65～69
	无光清漆	70～74	75～79
	底漆	80～89	90～99

辅助材料型号由两部分组成。第一部分为辅助材料种类；第二部分是序号，用以区别同一类型的不同品种。由于各国对涂料制订的标准不一样，其名称及型号的含义也有所不同，使用时要仔细阅读涂料说明书。

辅助材料型号例如：

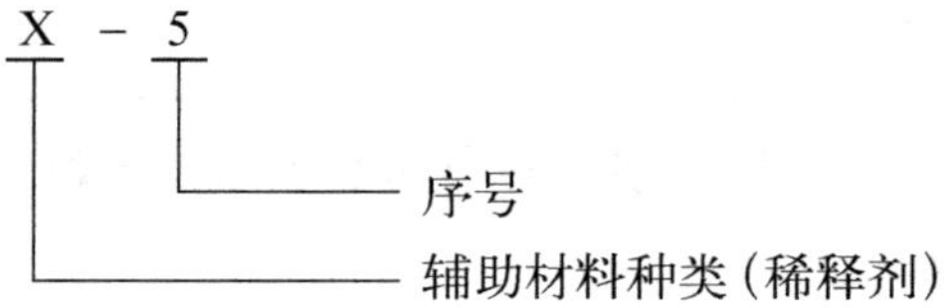

4．涂料的性能

涂料的物理和化学性能取决于组成涂料的成分，成分不同，性能各有不同。

（1）油脂类涂料。油脂类涂料是以各种干性油脂作为主要成膜物质，再加入催干剂和其他辅助材料混合而成的一种涂料。其特点是：具有较好的渗透能力，附着能力强；与空气中的氧作用自行干燥成膜；干燥后涂层柔润性好，气味和毒性小；耐候性强、防锈能力好等。可调配成腻子。

（2）天然树脂类涂料。天然树脂类涂料是以天然树脂，加上各种干性植物油混合炼制后，再加入催干剂、有机溶剂、颜料等组成的一类涂料。这类涂料的成膜性好、外观光亮丰满、色泽鲜艳、装饰与保护性能好，但耐久性差，在空气中使用不长时间就会失去光泽，并容易发生龟裂、粉化等。另外，这类涂料的抗水性、耐热性也较差。

（3）酚醛树脂类涂料。酚醛树脂类涂料是用酚醛树脂和改性酚醛树脂为主要成膜物质，加入了桐油和其他干性油混合炼制后，加入颜料、催干剂、有机溶剂和其他辅助材料混合而成的一类涂料。这类涂料涂层坚硬、光亮、易干燥，有良好的电绝缘性能和防腐性能。这类涂料的不足之处是涂层易泛黄，且耐水性和机械性能差。

（4）醇酸树脂涂料。醇酸树脂涂料是由多元醇、多元酸及脂肪酸经缩合而成的醇酸树脂和改性醇酸树脂为主要成膜物质的涂料。这类涂料中有短、中、长油度的干性、半干性、不干性等三种醇酸树脂为主基料配制的多种品种，是合成树脂类涂料中最重要的一种类型。这类涂料具有优良的附着力、耐候性好、不容易老化、涂层光泽好、保光保色性好、涂层坚硬耐磨、机械性能好、耐油性能好等多种优点。

（5）氨基树脂类涂料。氨基树脂类涂料是以氨基树脂与醇酸树脂混合制成的。这类涂料经烘烤成膜，所形成的涂层附着力强、色泽鲜艳、机械强度高、光泽好，保光保色性好，具有耐油、耐水、耐碱、耐溶剂、耐热、抗老化等优点。缺点是涂层必须烘烤才能成膜，且烘烤温度不能过高，否则涂层会变色、变脆，导致涂层性能下降。

（6）硝基类涂料。硝基类涂料是以硝化纤维类、改性醇酸树脂、增韧剂，加入各种颜料及有机溶剂混合而成的一类涂料。在常温 25℃左右能快速自干，低温也可烘干。形成的涂层坚硬耐磨，经抛光打蜡后光泽发亮能延长使用寿命。但漆膜薄，耐水、耐温变、耐腐蚀性能较差。

（7）乙烯树脂类涂料。乙烯树脂类涂料是以含双键的乙烯及其衍生物本体聚合或共聚形成的乙烯树脂为主要成膜物质，再加入其他辅助材料调制而成。该类涂料可自干或烘干。乙烯树脂涂料的共同特点是：涂层柔韧性好、色泽艳丽、保色保光性好、耐久不变色、不泛黄、附着力强、耐磨。其缺点是涂层耐溶剂性能差，涂层薄。

（8）聚酯树脂类涂料。聚酯树脂类涂料的主要成膜物质有饱和聚酯树脂和不饱和聚酯树脂两类。其中以不饱和聚酯树脂制成的涂料品种较多，这类涂料形成的涂层能自干也可烘干。涂料含溶剂少，涂层较厚、光亮丰满、保色保光性能好、坚硬耐磨、耐弱酸、耐弱碱等。缺点是涂层附着力差，涂层较脆，涂料稳定性差，难以保管。

（9）环氧树脂类涂料。环氧树脂类涂料是以环氧树脂和改性环氧树脂为主要成膜物质的一类涂料，这类涂料干燥成膜后其涂层坚硬耐磨、柔韧性好，耐水、耐热、耐腐蚀，附着力好，电绝缘性好。其缺点是不耐紫外线，室外使用时涂层容易失光、龟裂和粉化。

（10）聚氨酯树脂类涂料。聚氨酯树脂类涂料是以聚氨基甲酸酯树脂为主要成膜物质。有优良的附着力，涂层光滑平整、坚硬而柔韧，色泽鲜艳装饰性能好，能耐油、耐酸、耐碱腐蚀，保色保光性好。缺点是涂料必须现用现配，在潮湿的情况下进行涂装，涂层易起泡，涂层毒性大。

9.1.2 涂层的技术指标

涂层质量是指涂料形成涂层后的各种机械物理性能和化学性能。

1．涂料的黏性

液体在外力作用下流动时，液体分子间的内聚力会阻碍分子相对运动，即分子之间产生一种内摩擦力。液体这种内摩擦力抵抗流动的特性就称为液体的黏性。

在规定的条件下采用特定的黏度计测出的液体黏度称为相对黏度。我国采用恩氏黏度，没有单位，只是一个比值。

涂料的黏度不合适，会引起各种涂层缺陷，所以应正确选用涂料。

2．涂层附着力

涂层附着力是指涂膜与被涂物体表面的结合力，表示它们之间的牢固程度。涂层附着力有七个等级，1 级最佳，7 级最差，一般涂层的附着力均要求在 3 级以内。

各种底漆、防锈漆的附着力为 1～2 级，硝基底漆、过氧乙烯底漆在 2 级左右，硝基二道底漆为 3 级，醇酸底漆、环氧底漆等都达到 1 级；各种磁漆附着力在 1～2 级，醇酸磁漆、酚醛磁漆、氨基磁漆、丙烯酸漆等均是 1 级。

3．涂层的颜色和外观

涂层的颜色和外观是反映涂料的物理性能，体现装饰性的重要技术指标。普通面漆的颜色应符合国家规定的技术允差范围，外观应平整、光滑。

4．涂层的柔韧性

涂层的柔韧性反映涂膜受到冲击或受力发生弯曲延伸时不发生破坏的极限程度。在某种程度上也表示了涂层的附着力指标。一般以涂膜的弯曲直径来表示，最好为 1mm，最差为 15mm。

5．涂层的抗冲击强度

涂层在高负荷作用下抵抗变形的能力即为抗冲击强度，是涂层受到机械冲击后不发生裂纹、皱纹及剥落等破坏现象的极限强度。

6．涂层光泽

涂层的光泽用涂层正反射量之比的百分数来表示。一般情况下，涂层的光泽越高，涂层的装饰性也就越好。

普通油基磁漆的光泽可达 90%以上；各类清漆可达 95%～100%；各类硝基磁漆为 70%～90%；各类烘漆可达 90%以上；各类半光磁漆的光泽在 30%±10%之间；各类无光漆都小于 10%。

7．涂层的耐水性

涂层的耐水性是指涂层浸泡水中时，能保持原状，不发生起泡、失光、生锈或从水中取出有变色现象，但过一定时间能恢复原状的性能。浸泡的极限时间就是涂层的耐水指标。

酚醛漆耐水性比醇酸漆好。氨基漆和聚氨酯漆耐水性比酚醛漆好。

8．涂层的耐热性

涂层在高温条件下，在一定时间内不发生破坏现象的性能，就是涂层的耐热性。用极限温度来表示。

9．涂层的耐腐蚀性

涂层的耐腐蚀性是指涂层抵抗酸、碱、盐等化学物质侵蚀的性能。一般将涂层浸泡在一定浓度的酸液碱液或盐溶液中，把不发生涂膜破坏的极限时间作为该涂层的耐腐蚀指标。

10．涂层的“三防”和耐候性

在湿热地区使用的涂层，抵抗湿热、盐雾、霉菌侵蚀的能力称为涂层的“三防”性。在某种程度上也反映涂层的防腐性。

涂层的耐候性是反映涂层在户外使用的寿命，对装饰性涂层十分重要。户外装饰要求越高，对耐候性要求也就越高。

涂层耐候性指标分为优、良、中、差、劣五个等级，户外中、高级装饰涂层的耐候性要求在优、良级。

9.1.3 涂料的合理选用与安全防护

汽车涂装作业所需的涂料因为种类繁多，各种底漆、中涂涂料和面漆涂料，其性能各不相同。有的相互之间可以配套使用，有的不可能一起使用，否则，可能导致涂膜质量降低，甚至使涂料报废或涂装工程返工。因此，在选用涂料时，要合理配套，这是一项很重要的工作，也是保证涂膜质量的关键。

在涂装车间，除合理选用涂料外，还应该保证整个作业过程安全可靠，这是保证涂装作业顺利完成，保证人身及财产安全必须要做到的事项。

1．涂料的选择原则

（1）底漆的选择原则：

① 要满足基本材料（金属和塑料）对底漆的要求。

② 要满足车辆使用地域气候条件的特殊要求。

③ 要满足各种车辆不同档次对底漆的要求。

④ 要在车辆维修中，满足面漆对底漆性能的要求。

（2）中涂层涂料的选择原则：

① 中涂层涂料要满足与底漆和面漆附着力的要求。

② 在保证涂装质量的条件下，要求施工方便，生产率高，效益好。

（3）面漆的选择原则：

① 应满足与中涂层和底漆结合力的要求。

② 要满足各个档次汽车外表的不同要求。

③ 要满足地区环境对面漆的“三防”要求。

④ 在保证面漆性能质量的前提下，要求面漆施工方便，涂装效益好。

2．金属对底漆的选择

不同的金属对底漆的要求不同，在选用底漆时应予以注意，如表 9.6 所示。

表 9.6　金属对底漆的要求

金属种类	适用底漆品种
黑色金属	铁红醇酸底漆、铁红纯酚醛底漆、铁红酚醛底漆、铁红脂胶底漆、铁红过氯乙烯底漆、沥青底漆、磷化底漆、各种红丹防锈漆、铁红环氧底漆、铁红硝基底漆、富锌底漆、氨基底漆、丙烯酸底漆
铝及铝、镁合金	锌红纯酚醛底漆、环氧底漆、钙黄丙烯酸底漆、磷化底漆、锌黄醇酸底漆、锌黄酚醛底漆
锌金属	锌黄纯酚醛底漆、磷化底漆、钙黄丙烯酸底漆、环氧富锌底漆、环氧底漆、醇酸底漆、酚醛底漆
镉金属	锌黄纯酚醛底漆、环氧底漆
铜及铜合金	氨基底漆、磷化底漆、铁红环氧底漆、醇酸底漆、酚醛底漆
铬金属	铁红环氧底漆、醇酸底漆
锡金属	铁红醇酸底漆、环氧底漆、磷化底漆
铅金属	铁红环氧底漆、醇酸底漆
镉铜合金	铁红纯酚醛底漆、环氧底漆、磷化底漆、醇酸底漆、酚醛底漆、丙烯酸底漆
钛合金	钙黄氯脂---氯化橡胶底漆
镁及镁合金	锌黄纯酚醛底漆、锌黄环氧底漆、丙烯酸底漆、锌黄醇酸底漆、锌黄酚醛底漆

3．环境对面漆的选择

在不同的环境气候条件下，对面漆的选择如表 9.7 所示。

表 9.7 各种环境条件下面漆的选用

环境条件 \ 涂料品种	油性漆	脂胶漆	沥青漆	酚醛漆	醇酸漆	氨基漆	环氧漆	有机硅漆	过氯乙烯漆	丙烯酸漆	聚氨酯漆	硝基漆	乙烯漆
在一般大气环境下使用，对防腐和装饰性要求不高	△	△		△									
在一般大气环境下使用，但要求耐候性好，装饰性好	△				△							△	
在湿热条件下使用，要有“三防”功能				△		△	△		△	△	△		
在一般大气环境下使用，但要求防潮、耐水性好			△	△			△				△		△
在化工大气环境下使用，或者要求耐化学腐蚀性较好时使用			△	△			△		△		△		△
在高温条件下使用								△					

注：△号表示可选用。

4. 底漆和面漆的配套性

底漆和面漆在使用时，一定要考虑其配套性，具体如表 9.8 所示。

表 9.8 底漆和面漆的配套性

底漆 \ 面漆	醇酸	酚醛醇酸	乙烯醇酸	乙烯	乙烯丙熔酸脂	催化的环氧	环氧脂	环氧沥青	氧化橡胶	油酚醛	聚氨酯	聚酯玻璃片
醇酸	√	√	×	×	×	×	×	×	×	√	×	×
沥青（铝粉）④	×	×	×	×	×	×	×	×	×	×	×	×
乙烯/醇酸①	√	√	√	△	△	×	√	×	×	×	×	×
乙烯	√	√	√	√	√	×	×	×	√	×	×	×
环氧脂	√	√	×	×	×	×	√	×		√	×	×
催化的环氧②	×	×	△	△	△	△	△	△		×	△	△
无催化的环氧②	√	√	√			√	√			√	×	△
环氧锌粉	×	×	×	△	×	√	√	√	√	×	×	×
油/酚醛	√	√					√			√		
乙烯/环氧	√	√	√	√	√	×	√	×	√	√	×	×
环氧沥青	×	×	×⑤	×	×	△	△	△	×	×	×	×
氯化橡胶	√	√	√	×⑤	√	×	√	×	√	√	×	×
后固化无机锌粉③	×	×	×	△	×	△	△	△	×	×	×	×

注：√—正常可配套使用的；△—需经认真表面处理则可配套；×—一般情况下不推荐；
空格—不配套。

① 需用乙烯洗剂洗涤底漆。

② 可用喷砂后的底漆。

③ 可在没有面漆下使用。

④ 用本身做面漆或防污漆。

⑤ 可用乙烯防污漆。

5．常用进口汽车底漆、腻子和面漆的合理配套

目前，汽车用面漆多以硝基漆、热塑性丙烯酸漆以及聚氨酯双组分漆为主，而且都是国外大型涂料公司生产的，基本上都有配套使用的底漆、中涂层漆和面漆，并在产品说明书上有比较详尽的技术要求等。一般包括施工条件、产品质量检验方法等。这样，就给合理配套选用提供了方便条件，在使用过程中就更可靠，但是在选用时，也应该注意以下要求：

（1）在选择时，最好选择同一个国家的同一个厂家的系列产品。要选用配套的底漆、中涂层漆和面漆，甚至包括稀释剂、固化剂、防潮剂等辅助材料也应该一同选择。

（2）对于不同厂家生产的涂料，可根据同类型原料相同性能产品互换选用，但必须注意产品的使用要求，并认真阅读涂料产品的使用说明书，确保涂料产品正确选择，做到合理配套使用。

6．涂料使用安全防护

在涂装施工过程中，容易产生的安全问题，一般表现为涂料及其溶剂所引起的火灾、爆炸和中毒现象。涂料中含有有毒的添加剂、颜料和易燃的溶剂、各种树脂等物质，在施工过程中，这些有毒物质容易导致施工人员中毒，并会造成对大气、水源及施工环境的污染。易燃物质容易引起燃烧、爆炸的危险，因此必须引起足够的重视，做好安全防护工作。

1）防火安全

① 施工场地必须设置防火设备，如要有足够的灭火器、石棉毡、沙箱等灭火工具。每个工作人员应会使用防火设备，懂得各种灭火方法。

② 在涂装场地严禁烟火，不准携带各种火种进入施工现场。

③ 擦拭涂料用的棉丝、棉布等物品应集中，并存放在贮有清水的密封桶内，不要放在暖气或烘房附近。

④ 施工操作时，应避免金属之间因敲打、撞击、摩擦等，产生火花而引起火灾。

⑤ 涂料、稀释剂等易燃物品应存放在贮藏柜内，由专人管理，不得存放在施工现场。

⑥ 清洗工具后的稀释剂，应集中存放，不得倒入下水道或随意倾倒。

⑦ 各种电器设备都应该使用防爆型电器，并设在专门的配电间，有专人管理和维修，防止漏电和产生电火花而引起火灾。

2）防毒措施

① 因为施工中，涂料会散发很多有毒的气体，往往会引起慢性中毒。因此车间内必须有良好的通风、防毒、除尘设备，力求降低空气中有毒气体的含量，减少有害气体对人体的伤害。

② 操作人员在涂装作业时应戴好各种防护用品。

③ 皮肤上沾上涂料时，不要用苯擦洗，要用肥皂及少量松香水等及时擦洗，再用清水冲洗干净。

④ 聚氨酯漆中含有游离异氰酸根，氨固化环氧涂料用乙二胺、二乙烯三胺等，均能引起中毒，使用时一定采用预防措施，严禁吸入或与皮肤接触。

⑤ 在涂装含铅的涂料时，不要采用喷涂工艺，防止铅中毒。

⑥ 操作人员要注意清洁卫生，工作后要及时洗手，每天工作后应洗澡，工作服要勤换洗，经常更换失效的口罩。

⑦ 工作人员即使在通风良好的环境中工作时，也应戴好口罩。不论在何处工作，都应戴好防护眼镜。

9.2 车身涂装常用工具和设备

9.2.1 压缩空气供给系统

压缩空气供给系统用于提供充足的达到预定压力值的压缩空气，以确保喷涂车间所有的气动设备都能有效的工作。系统的规格从小型的便携式装置到大型的安装在车间内的设备应有尽有。这些系统的基本配置和安装要求都有以下相同点：

① 一台或一组空气压缩机，有时也称之为“气泵”。

② 动力源，一般为电动机，室外工作时可使用便携式汽油机驱动的压缩机；

③ 一只或一组用于调节压缩机和电动机工作的控制器；

④ 规格合适的储气罐或容器，如果规格小将导致压缩机频繁启动，从而使电动机负载过重，过大则造成浪费。

⑤ 分配系统是压缩空气系统连接的关键，分配系统是指从空气容器到需要压缩空气的分配点的软管和固定管道，或者软管和固定管道的组合，包括规格合适的软管或固定管道、接头阀、油水分离器、气压调节器、仪表和其他能使特定的气动工具，以及喷涂设备有效工作的空气与流体控制装置。

1．压缩空气供给系统的组成

1）空气压缩机

空气压缩机是所有空气系统的心脏，它将空气的压力从普通的大气压升高到某一更高的压力值，是提供压缩空气的设备，如图 9-1 所示。除了喷漆需要用压缩空气外，所有的气动工具和设备都要利用有一定压力和流量的压缩空气作为动力。

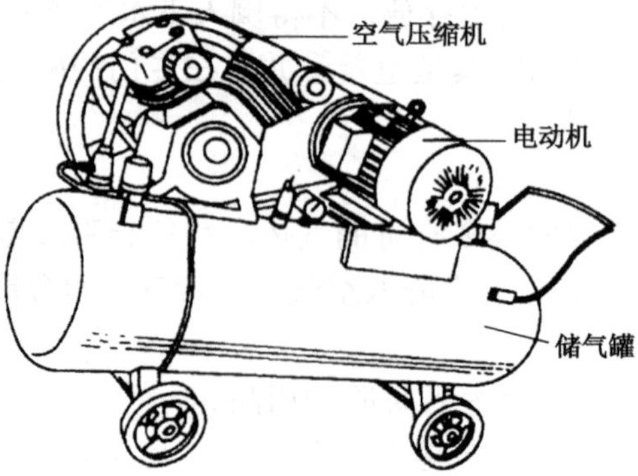

图 9-1　空气压缩机

2）储气罐

压缩空气含有压缩热，不能直接利用，为了分离油分、水分，必须存入储气罐。

3）气压调节器

气压调节器是用于降低从空气压缩机进入主输管道气流压力的装置。它能够自动地维持需要的气压，并且使波动最小。

4）油水分离器

油水分离器是一种多功能的仪器。它可将油、脏东西和水从高压气体中分离出来；过滤和分离空气；显示调节后的空气压力；以及为诸如喷枪、吹尘枪、打磨机等气动工具提供多头空气输出口。

5）空气冷冻干燥器

空气冷冻干燥器主要用于降低压缩空气的温度，它既可以吸收气流的热量，又可以清除杂质和残余的油、水。空气冷冻干燥器如图 9-2 所示。

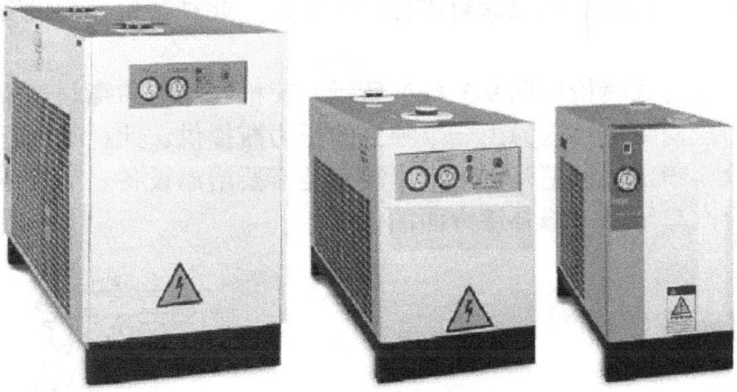

图 9-2　空气冷冻干燥器

6）管路

空气压缩机和气动设备之间的管路可以用硬管，也可以用软管。有固定工位的设备一般先用硬管输送到固定位置，再用软管接到气动设备上使用。

2. 供气系统的维护

为了供气系统能有效工作，延长系统部件的使用寿命，要按规定的维护方案进行日常维护。供气系统的维护分为日维护、周维护和月维护。

（1）日维护。放掉储气罐、油水分离器内的冷凝水，特别是在空气湿度比较大时，每天要多放几次；检查曲轴箱的润滑油面，应充足但不要过高，以避免润滑油消耗过多。

（2）周维护。

① 拉开安全阀上的拉环，使其打开。先检查安全阀再排气。排气的要求是：若安全阀装在储气罐或单向阀上，则在罐内存有高压气时排气；若安全阀装在压缩机内置冷却器上，则在压缩机工作时排气。

② 用手指将拉出来的杆推回去。当安全阀不能正常工作时，应立即维修或更换。

③ 清洗空气滤清器的毛毡或海绵等过滤件，用防爆溶剂清洗干净之后，晒干重新装好。如果滤清器太脏，就会降低压缩机的效率和增加润滑油的消耗。

④ 清洗或吹掉气缸及其他容易集灰尘或脏东西的空气压缩机及其附属设备部件上的小颗粒。干净的空气压缩机工作时的温度较低，而且使用寿命也较长。

9.2.2 喷枪的使用及日常维护

1．喷枪的分类

喷枪的种类很多，一般常用的分类方法是按涂料的供给方式分为重力式、虹吸式和压力式，如图 9.3 所示。

（1）重力式。重力式也称上壶式，如图 9-3（a）所示。喷枪的涂料杯位于喷枪嘴的后上方，喷涂时利用涂料自重和涂料喷嘴尖端产生的空气压力差使涂料形成漆雾。杯内涂料的黏度的变化对喷出量影响较小，而且杯的位置可由喷涂工人任意调节，但是它的容量小（约 0.5L），仅适用于小物件的涂装，且随着杯内涂料的减少，喷涂的稳定性降低，同时不宜仰面喷涂。

（2）虹吸式。虹吸式也称下壶式、吸力式，如图 9-3（b）所示。虹吸式喷枪的涂料杯位于喷枪嘴的后下方，喷涂时利用气流的作用，将涂料吸引上来，并在喷嘴处由压力差而产生漆雾。喷涂时出漆量均匀稳定。当进行大面积喷涂时，可以换掉料杯，将抽料皮管直接连接到储有涂料的容器中，从容器抽取涂料进行连续工作。此种喷枪当黏度变化时，容易引起喷出量的变化。

（3）压力式。压力式喷枪如图 9-3（c）所示。喷枪的涂料喷嘴与气帽正面平齐，不形成真空。涂料被压力压向喷枪，压力由一个独立的压力瓶提供。此种喷枪适合连续喷涂，喷涂方位容易调整，涂料喷出量调整范围较广。缺点是需要增添设备、清洗也比较麻烦、稀释剂损耗较大，不适合汽车维修时修补漆方面的使用。

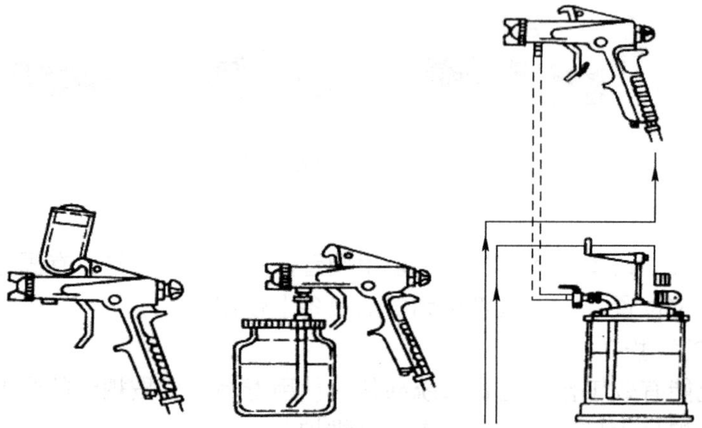

（a）重力式　　（b）虹吸式　　（c）压力式

图 9-3　喷枪的分类

2．喷枪的雾化原理

空气喷枪是指利用空气压力将液体转化为注液滴的喷涂工具，该过程称为雾化过程。雾化过程是喷枪工作过程，雾化使涂料成为可喷涂的细小且均匀的液滴。当这些小液滴被以正确方式喷到汽车表面上后，就会形成一层厚度极薄的平整的漆膜。喷枪的雾化分为三个阶段进行。

（1）第一阶段。涂料从喷嘴喷出后，被从环形口喷出的气流包围，气流产生的气旋使涂料分散。

（2）第二阶段。涂料的液流与从辅助气孔喷出的气流相遇时，气流控制液流的运动，并进一步使其分散。

（3）第三阶段。涂料受到从空气帽喇叭口喷出的气流作用，气流从相反方向冲击涂料，使其形成扇形的液雾。

3．喷枪的组成及各部分的作用

（1）组成。典型的喷枪由枪体和喷枪嘴组成，如图 9-4 所示。枪体由空气阀、漆流控制阀、控漆阀、雾形控制阀、压缩空气进气阀、扳机、手柄等组成。喷枪嘴由气帽、涂料喷嘴、顶针组成。

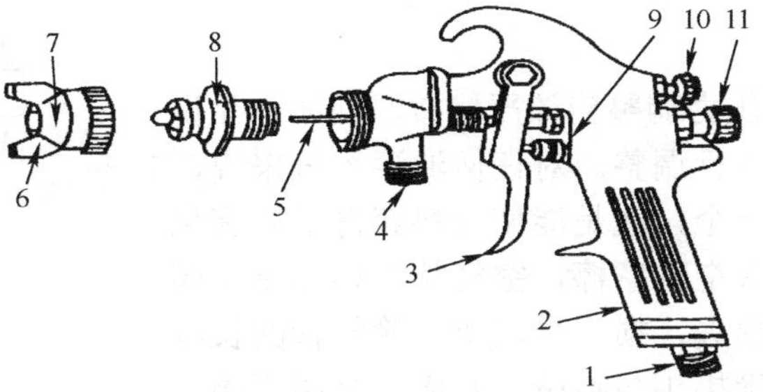

1—压缩空气进气阀；2—手柄；3—扳机；4—控漆阀；5—顶针；6—气帽角；7—气帽；8—涂料喷嘴；9—空气阀；10—雾形控制阀；11—漆流控制阀

图 9-4　典型喷枪的结构组成

（2）喷枪各部件的作用。

① 气帽。气帽把压缩空气导入漆流，使漆流雾化，形成雾形。

② 涂料喷嘴。涂料喷嘴上有很多小孔，如图 9-5 所示，每个小孔的作用都不同。中心孔也称主空气孔，作用是形成真空，吸出漆液；侧面空气孔有 2～4 个，它借助空气压力控制雾束形状；辅助空气孔有 4～10 个，它主要促进漆液雾化。辅助空气孔对喷枪性能有明显的影响。孔大或多，则雾化能力强，能以较快的速度喷涂大型工件；孔小或少，则需要的空气少，雾形小，涂料雾化程度差，喷涂量小，但是方便于小工件的喷涂或低速喷涂。

涂料喷嘴有各种型号，可以适应不同黏度的涂料。涂料喷嘴的口径越大，涂料的喷出量越大，因此防锈底漆等底层涂料喷涂一般选用大口径的涂料喷嘴。

③ 顶针。顶针与涂料喷嘴的作用都是控制漆流量，并把漆流从喷枪中导向气流。涂料喷嘴内有顶针内座，顶针顶到内座时可以切断漆流。从喷枪喷出的实际漆量由顶针顶到内座时涂料喷嘴开口大小决定。控制阀可以改变扳动扳机时顶针与内座的距离。

连接顶针的尾部有一个螺母，用来调整顶针的伸缩幅度，这也是喷枪调整的最基本的操作。

④ 雾形控制阀。控制漆雾的雾形。控制阀关上，雾束呈圆形，控制阀打开，雾束呈椭圆形。

⑤ 漆流控制阀。扳动扳机时控制液体涂料的流量。当其全关时，即使扣死扳机也没有液体涂料流出；当其全开时，液体涂料的流量最大。是调节喷枪的最重要的元件之一。

⑥ 空气阀。空气阀的开关由扳机控制。打开空气阀所需要的扳机行程可由一个螺钉调节。扳机扳到一半时空气阀打开，再扳动扳机，喷漆嘴才打开。

扳机一般为两段式转换操作，扣下扳机一半时，空气阀先打开，从空气孔以高速喷出的压缩空气在涂料喷嘴前面形成低压区。再进一步扣动扳机时，涂料喷嘴才开口，吸引涂料从喷嘴喷出。

喷枪的性能取决于涂料喷出量与空气消耗量的关系，即涂料喷出量少而空气消耗量大时，涂粒较小，涂料喷出量多而空气量少时，涂粒大而粗，涂膜的成效较差。通常涂料喷出量小型喷枪为 10～200 mL/min，大型为 120～600 mL/min，空气使用量小型为 40～290L/min，大型为 280～520 L/min。涂料喷出量越大，空气使用量也须越大。

4．喷枪的使用

1）喷枪的检查

① 检查喷杯上的气孔，应无污垢和堵塞。

② 喷杯上密封圈应无渗漏等。

2）喷枪的调整

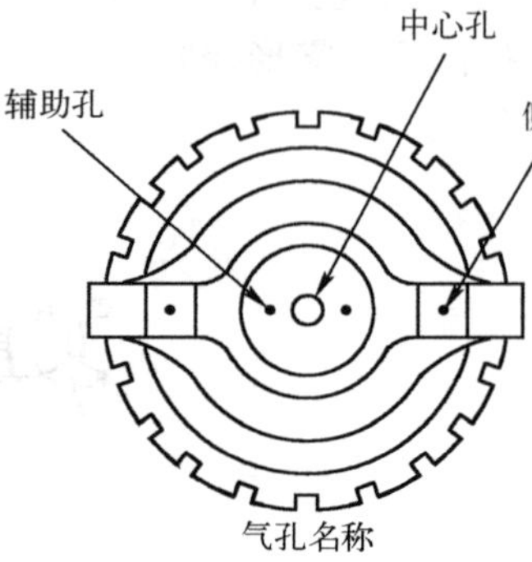

图 9-5　气孔的名称

① 压力调整。喷枪压力调整应该严格按照油漆产品说明书所提供的施工参数进行调整。对任何油漆系统来说，最适当的空气压力只有一个，就是能使涂料获得最好雾化的最低空气压力。由于有空气摩擦，空气从干燥器调压阀流动到喷枪时会有压力损失，损失量取决于输气管的长度和直径。所以最好在软管接头与喷枪之间接一个调压阀，用来检查和调整喷枪压力。压力太高会因飞漆而浪费大量的涂料，抵达构件表面前溶剂挥发快而导致流动性差，容易产生橘皮等缺陷；压力太低会因溶剂滞留增多而造成干燥性差，漆膜容易起泡和产生流挂。不同的涂料在喷涂时所需的空气压力应参阅涂料的使用说明书。

② 雾束大小、方向调整。如图 9-6（a）所示。

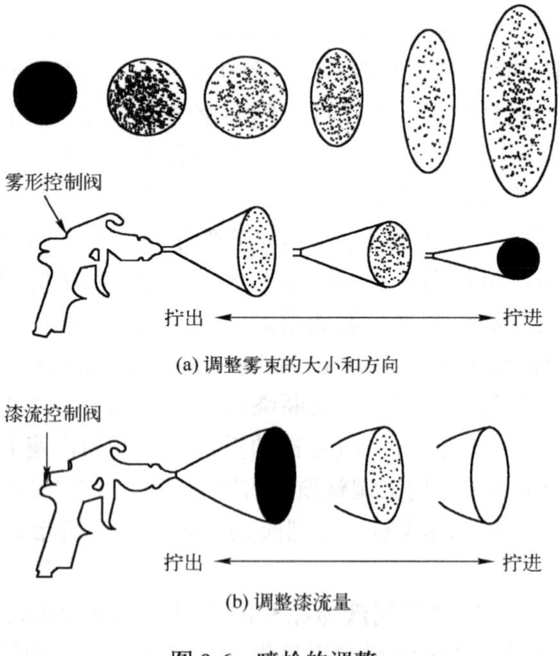

图 9-6　喷枪的调整

雾束的大小。把雾形控制阀全拧进去可得到最小的圆形雾束，把旋钮全拧出来得到的雾形最大。

调整雾束的方向。调整空气帽可调整雾束的方向。将空气帽的犄角调整成与地面平行，喷出的雾束呈平面且垂直地面，称垂直雾束，这种方式使用的最多；如将空气帽犄角调整成与地面垂直，喷出的雾束呈平面且平行地面，称水平雾束，这种方法在施工中少见，但在大面积施工进行垂直扫枪时使用。

③ 漆流量调整，如图 9-6（b）所示。用漆流控制阀按选定的雾形调整漆流量，方法是将控制阀拧出，漆流量大，反之，将控制阀拧进，漆流量减少。

5．喷枪的日常维护

（1）喷枪的清洗。喷枪使用后，应立即清洗喷枪及其附件。在使用过程中，由于不注意维护和清洗喷枪是喷枪发生故障的主要原因。

在清洗虹吸式喷枪时，应先卸下涂料罐，将吸料管留在杯内，接着松开空气帽 2～3 圈，用一块叠好的抹布挡住空气帽，然后扣扳机，如图 9-7 所示。这样能使喷枪内的涂料流回涂料罐里（注意，使用的气压要低，当涂料罐还装在枪上时，不要进行上述操作，否则会导致涂料从罐内飞溅出来）。然后将空气帽重新拧紧，并把涂料罐中的涂料倒出。用溶剂和稀毛刷清洗杯内和杯盖，用一块浸过溶剂的抹布擦掉残留物。然后向杯内倒入少许的清洁剂，扣动扳机，将清洁剂喷出，清洗输料管，如图 9-8 所示。

然后将空气帽卸下，泡在稀释剂或溶剂中，用像圆头牙刷样的软刷子清洗堵塞的小孔，但不可用铁丝或铁钉类的东西清理小孔，防止将这些精加工的孔通大。

图 9-7 利用压缩空气使枪内的漆流回涂料罐

图 9-8 用稀释剂冲洗喷枪

目前，为了提高清洗效果，减少清洗喷枪时间，维修厂开始配备并使用喷枪自动清洗机，结合人工手工清洗喷枪，清洗效果好。方法是将需要清洗的设备（包括喷枪、料杯、搅拌器、滤网等）放到清洗机的桶内，盖上桶盖，然后开动清洗设备，使需要清洗的部件在桶内被清洗液清洗。

现在新型的超声波清洗机的清洗效果更好，只要在清洗机内注入清洗液，将零件放入容器内，设定好清洗时间，打开清洗开始开关即可完成清洗。

（2）喷枪的润滑。喷枪最好每天工作后都及时进行润滑，用轻机油润滑各个部件，如图 9-9 所示。喷枪在正常使用过程中，由于磨损和老化，密封圈、弹簧、针阀和喷嘴必须定期更换。更换要按生产厂家的说明进行。在润滑时，机油过量会流入涂料杯和机油通道，造成喷涂缺陷，因此润滑时必须非常小心，机油和涂料混合后就会降低喷涂质量。

不可把整把喷枪长时间泡在洗液中，这样会使密封圈硬化，并破坏润滑效果。一般情况下，为了获得最佳的修补效果，应该在不同的涂层和情况下使用不同的喷枪。建议每个人配备四把，一把用于底漆、中涂层的喷涂；一把用于面漆、清漆层的喷涂；一把用于银粉漆的喷涂；还有一把小修补喷枪用于斑点修补时使用。将这些喷枪进行良好的清洗和润滑，保持良好的技术状况，合理按顺序使用，就可以节省大量的换枪时调整和清洗时间。

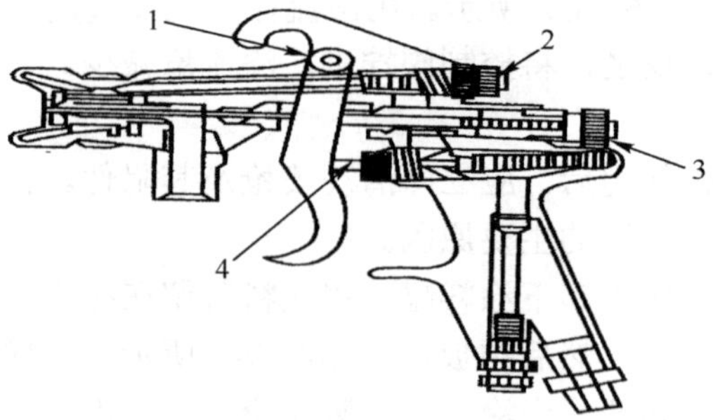

1—扳机转轴；2—雾形控制阀调整钮；3—涂料控制旋钮；4—空气阀

图 9-9　喷枪需要润滑的部位

6．新型专用喷枪

（1）带搅拌的虹吸式喷枪。为了防止金属闪光漆、珍珠漆在施工过程中产生沉降，从而保持喷涂表面上各个部位的色相一致，国外开发了一种以带搅拌为特征的新型喷枪，如图9-10所示。

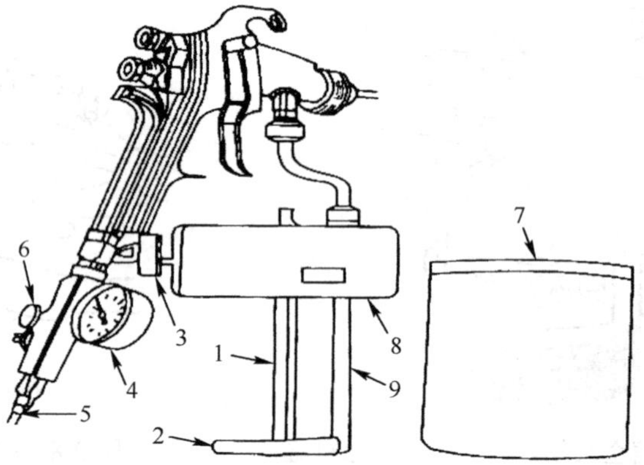

1—搅拌轴；2—搅拌叶片；3—搅拌进度控制阀；4—压力表；5—空气软管接头；

6—压缩空气控制阀；7—喷杯；8—喷杯盖；9—送漆管

图 9-10　带搅拌的虹吸式喷枪

带搅拌的虹吸喷枪的主要特征是：

① 进入喷枪的压缩空气一部分在喷枪的手柄部位分成两股，一股像传统喷枪一样，进入空气帽供雾化涂料用，另一股则进入喷杯，驱动喷杯内的搅拌器叶片进行搅拌。从而克服涂料配方中有比重较大的颜料在施工时黏度产生沉降的弊端。

② 喷杯中搅拌器的速度能很方便地由操作者手工调整，刻度显示，操作方便。

③ 喷枪上的压力表直接与枪体内的空气回路相通，容易控制喷涂时压缩空气的压力状态。

（2）含珠光颜料的专用喷枪。该种喷枪的主要特质是：

① 高微粒化、薄膜型扇面，特别适合含珠光颜料的施工；

② 由空气帽喷出的空气压力、由喷嘴喷出的涂料的量以及漆雾的扇面大小均可以预先设定；

③ 在操作时，还可以方便地通过喷枪上的调节阀进行调整，各调节阀上都设有刻度盘；

④ 喷嘴和控制阀均采用不锈钢制造，所以适用于几乎所有品种的涂料；

⑤ 喷枪虽然设计为大供气量，但由于枪体较轻，操作非常方便。

这种类型的喷枪最大缺点是：供漆量小，不适合大面积的涂装施工。

（3）HVLP（High Volume Low Pressure）空气喷枪。它是一种大流量低压力的新型喷枪，主要特征是：

① 上漆率高，节省涂料，污染小；

② 扇面均匀，在高级轿车之类对装饰性要求较高的表面施工时，非常容易获得接近镜面的效果；

③ 特别适合喷涂金属闪光漆，闪光效果明显、均匀、侧视效果好；

④ 压缩空气压力低，一般在喷嘴处测得的气压不应超过 0.07MPa；

⑤ 采用旋转式空气帽，每一把枪都可以配置不同的空气帽、喷嘴、顶针，以适应不同场合的要求；

⑥ 由于上漆率高，可以选择较小孔径的喷嘴。

（4）双组分涂料专用喷枪。在市场中应用较多的丙烯酸聚氨酯涂料、聚酯-聚氨酯涂料为经常被采用的双组分涂料。这类涂料使用中给用户带来不便的就是使用期有限，至多就 6～8h，必须当天配漆，当天用完，即使出现停电、机械故障等不可抗拒因素也都如此，否则所配涂料就会凝胶甚至固化。给清洗带来很大麻烦。为此国外发展了双组分涂料的喷枪，如日本旭化成公司开发的 AGW110、200 型喷枪就特别适合使用期较短的双组分的产品。

这种喷枪采用了甲乙两个组分在喷枪体内混合的方式，无须在喷漆前将涂料进行预混合均匀。

9.2.3 喷漆房及烤漆间

1．喷漆室

在喷涂作业中，大部分漆雾飘浮在空气中，污染大气，对人体产生危害，并且当喷雾浓度达到一定程度，还会造成火灾或爆炸。另外，空气中有尘埃会黏附到刚喷好的尚未达到表干的涂层上，影响涂膜效果。因此，操作要在具有一定条件的喷漆室内进行。特别是当工件量多或尺寸较大时，则一定要在喷漆室内进行。

1）对喷漆室的基本要求

① 进入喷漆室的空气，必须经过过滤保证无尘。在严冬季节还需要对空气进行适当加温；

② 空气在室内的流动方向，必须按重力的方向，即从天花板倒流向地面；

③ 能完全清除漆雾、溶剂等有碍人体健康的物质；

④ 保证室内是微正压状态，防止外界尘土进入室内，并迫使废气下行排出；

⑤ 喷漆室内噪声不超过 85dB。

⑥ 喷漆室内应使用“消色差”的灯光，以免影响配色；

⑦ 喷漆室内应有灭火装置，要符合油漆厂安全防火的要求。

2）喷漆室的类型

① 按抽风形式分为侧抽风式和下抽风式。侧抽风式现在已经趋于淘汰，下抽风式原理如图 9-11 所示。

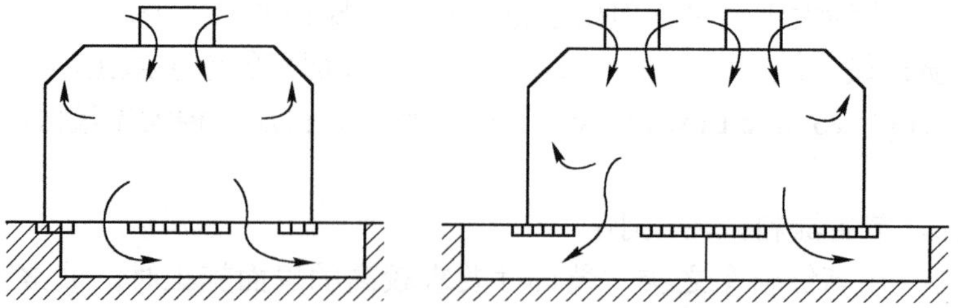

图 9-11　喷漆室的下抽风形式

② 按结构形式分为室内喷漆室、通过喷漆室和敞开式喷漆室。

③ 按过滤装置的结构分为干式过滤和湿式过滤。干式过滤分为折流和滤网式；湿式过滤分为喷淋式过滤、多级水帘式过滤和水旋式过滤。

如图 9-12 所示为多级水帘式过滤装置示意图。

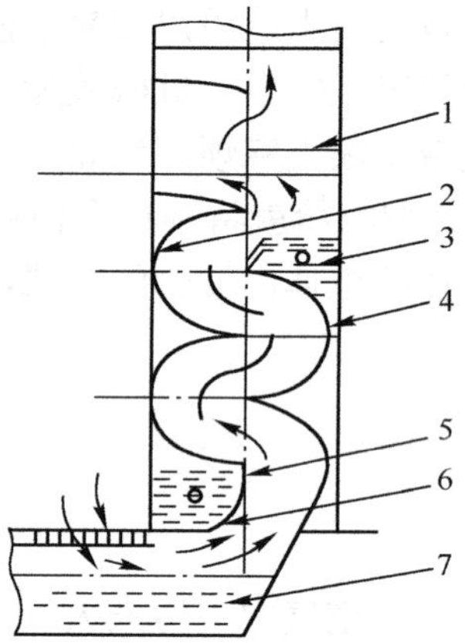

1—挡水板；2—活动半圆筒；3—上溢水槽；4—固定半圆圆管；5—下溢水槽；6—栅板；7—水池

图 9-12　多级水帘式过滤装置示意图

2．烘漆室

烘漆室是用来固化、烘干涂膜或加快自干漆涂膜的固化设施。

目前，汽车喷涂中，许多高质量的涂料在喷涂后都需要经过烘烤才能固化。如氨基醇酸涂料、热固性丙烯酸涂料、聚氨酯涂料等，都需要在一定温度下进行固化。为了提高生产效率和保证喷涂质量，在较大的汽车维修厂，都采用具有相应性能的烘漆室。

（1）烘漆室的分类。根据干燥方式，可分为热空气对流干燥、红外线辐射干燥和紫外线干燥等。

在目前，我国的汽车维修业中，以热空气对流干燥和红外线辐射干燥应用最为广泛。

（2）红外线辐射干燥室。红外线辐射干燥室主要由室体、辐射器和燃料热力转换器等组成。红外线辐射器或远红外线辐射器，安装在烘室内部。热力转换器，是用油或煤气或电等能源转换而来。目前远红外线辐射器比红外辐射器优越得多，可以节能 30%～50%。烘干时间可缩短 50%。另外温度容易控制、使用寿命长、操作简单、维修方便。因此，远红外线辐射器在新建烘干室中被广泛采用。

组合式红外干燥设备如图 9-13 所示，移动式干燥设备在汽车局部维修干燥中广泛使用，如灯式远红外干燥设备、板状厢式远红外干燥设备等红外干燥单元（又称烤灯），如图 9-14 所示。

图 9-13　组合式红外线干燥设备

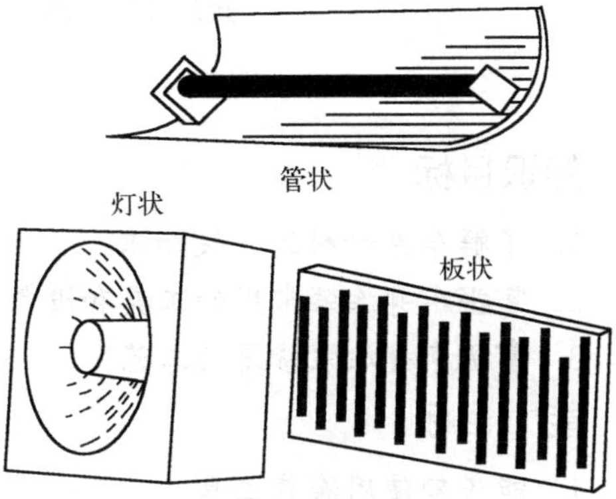

图 9-14　红外线干燥单元

复习思考题

1．常用的涂料品种有哪些？
2．常用的辅助材料品种有哪些？
3．固化剂的作用是什么？
4．涂料使用中如何防火？
5．涂料使用中如何防毒？
6．涂料的选择原则有哪些？
7．简述喷枪的种类和特点？
8．喷枪调整的项目和调整方法是什么？
9．喷涂的操作要领有哪些？
10．怎样对喷枪进行日常维护？
11．对喷漆室的要求有哪些？

第 10 章　涂装的工艺方法

知识目标

1. 了解车身涂料的一般知识
2. 掌握车身涂装常用的工具和设备
3. 掌握车身涂装修复的工艺

能力目标

1. 能正确使用涂装工具
2. 能鉴别漆面的类型
3. 能进行腻子刮涂
4. 能正确进行打磨
5. 能进行底漆和中涂漆的喷涂

20 世纪 80 年代中期，我国汽车保有量不足 100 万辆，截止到 2014 年，我国汽车保有量达到了 1.4 亿辆，在短短 30 年时间，得到了几番的增长。随着汽车保有量的快速提高，各种交通事故频发，在各种交通事故中，漆面都会有不同程度的损伤，因而漆面的损伤修补得到了人们的关注，并成为今天的热门行业。在汽车修补中，颜色的调整是漆面修补效果好坏的重要因素。

10.1　涂装前处理

10.1.1　涂装前处理概述

1．汽车修补漆与原厂漆的区别

1）原厂漆

原厂漆的涂装为了使修补后的漆面更好地接近原厂漆面效果。我们首先了解一下汽车原厂漆和修补漆的区别。汽车原厂漆的涂装一般是在生产线上，对纯金属裸车身进行的涂装作业，此时汽车并不包含各种塑料附件。汽车原厂漆的涂装方法多数采用阴极电泳涂装，这种操作工艺下的车身涂装对金属有钝化作用，同时有较好的防腐蚀性能。原厂漆的涂装干燥方法采用 150 摄氏度以上高温烘烤的方式，整个过程是由阴极电泳涂装（CED）、电泳后清洗、吹干（或脱水）和涂膜固化（高温烘漆）等一系列工序组成，各工序的功能、工艺参数及管理要点等是在自动化生产线上完成的。对整车所用涂料有专门要求，因而生产漆的企业对汽车生产厂家也要进行涂料特殊供应。

原厂漆的涂装工艺如下：

前处理→电泳漆涂装→烘烤→中涂层静电喷涂（ESTA）→烘烤→湿沙磨→底色漆层 ESTA＋ 空气（air）→晾干、红外/普通→清漆喷涂线 ESTA→烘烤。

2）汽车维修厂的修补漆

汽车维修厂的修补漆主要目的是修补因事故损伤或因使用多年涂层老化（如涂层开裂、

变色、失光、粉化等）造成的外表损伤。修补涂装是针对各种复杂情况进行修补或重新涂装，故而又称为修补漆。具体讲，修补涂装与生产线涂装有着本质的不同，没有单一的作业形式。由于被修补车辆的车型、损伤位置、损伤车辆的颜色、损伤车辆所用的漆等都各不相同，故而不能按规定的工序顺序进行作业。而且修补漆的烘烤温度最高不能超过 60 摄氏度，否则会破坏车身的一些塑料附件。因此，汽车维修厂家的修补涂装作业是需使用不同的涂料类别，且在修理厂内进行，利用不同的设备和工具来完成涂装作业。各生产厂家的修补漆涂装工艺都有各自的流程，而要想使修补后的车漆与原车漆面效果接近或相似，主要依靠漆的调色来满足。

修补漆的工艺如下：

清洗→鉴定损坏程度→表面处理→喷底漆→涂中间涂料→干燥打磨→喷底色漆→干燥→喷清漆层→干燥（烤漆）→抛光、清洗 →交车。

2．表面前处理

表面前处理是指翻修被损坏的或被更换的车身钣金件，以便为表面涂装提供适应底基的所有作业的总和。

1）目的

① 保护底板金属，防止生锈、起泡；

② 提高涂层间的附着力；

③ 填补凹穴和划痕；

④ 封闭表面，防止吸收面漆中的涂料。

2）步骤

① 清洗；

② 旧漆的清除；

③ 除锈；

④ 表面磷化和钝化处理；

⑤ 非金属表面处理。

10.1.2 车身清洁及评估

车辆喷涂前板件表面预处理是车身涂装修复的第一道工序，也是涂装修复的一项基本内容，主要目的是为了提高涂层的防腐性，增强涂层的附着力。这是直接影响涂层使用寿命和装饰效果的重要环节，如果涂装表面预处理不彻底，将影响涂层的附着力、防护能力及涂层的硬度和车身的光洁度等。

车身板件表面预处理就是将车身在制造、运输、储存和维修过程中残存在表面上的各类杂质进行处理，例如氧化皮、锈蚀、各种油类物质、酸碱化学物质、焊渣和尘土等机械污物和原有的旧漆层或塑料等硬质有机物涂层等。

1．车身清洁

1）底材清洁注意事项

① 底材清洁时，由于底材属性不同，应根据实际情况，使用不同的清洁剂。

② 非水溶性污染物可以用有机溶剂清洁剂去除。

③ 水溶性污染物，用肥皂水和水溶性清洁剂去除。

④ 硅脂、蜡、油脂和油渍可用专业化学清洁剂去除。

2）洗车

洗车如图 10-1 所示，可以用电脑洗车机，也可以用人工高压水清洗，车辆仅在清洗后才能进入预处理区，可以防止污染物进入车间 。

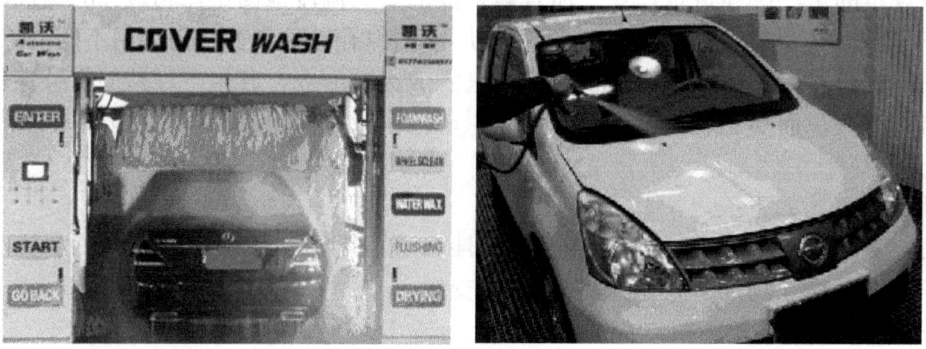

（a）电脑洗车　　（b）高压水洗车

图 10-1　洗车

① 全车清洗。

虽然涂装操作可能是车身的某一块板件或板件的某一部分，但仍需要彻底清洗整车上的泥土、污垢和其他异物，如图 10-2 所示，全车清洗应注意的部位尤其注意门边框、行李箱、发动机罩缝隙和轮罩处的污垢，如果不清除干净，新油漆的漆膜上就可能会沾上很多污点。一般使用纯净水冲，再用车辆清洗剂清洗，然后用水彻底冲净。

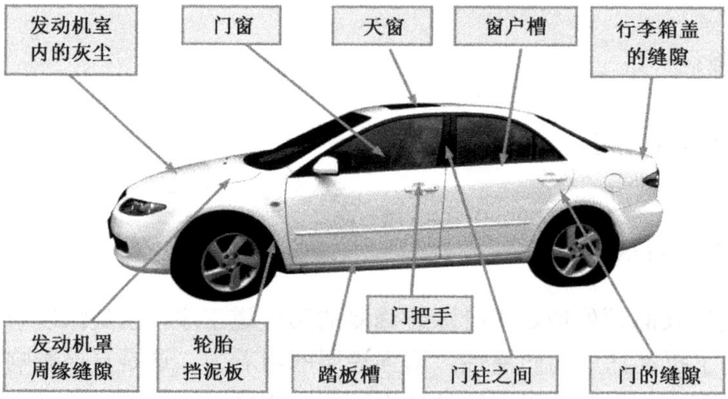

图 10-2　全车清洗应注意的部位

② 全车清洗步骤：

① 取出内室地毯清洗、晾干，清理烟灰盒、沙发坐垫等物品。

② 内室清洗后，关好车门窗。

③ 在外部清洗前先将车身表面整体喷淋，去除表面砂石等悬浮性污渍。

④ 针对车身污渍情况进行清洗。

⑤ 用软海绵进行车身逐一擦拭，按照车顶、挡风玻璃、发动机盖、保险杠、灯具、侧面、车轮顺序进行。

⑥ 整车冲洗，直至车身干净。

⑦ 用压缩空气吹干车身，尤其是缝隙位置，并用鹿皮巾擦拭干净。

（3）局部清洗。车身待涂装表面的清洗主要采用有机溶剂清洗。它的作用是溶解和去除油脂、润滑油、污垢、石蜡、硅酮抛光剂以及手印等。

① 一般清洗。用干净的白布蘸清洗剂擦洗待涂表面及其周围。

在汽车待涂表面未干时，用清洁的白布擦干。注意要随时更换干净的抹布。

② 清洗硅酮类化合物。用干净的白布蘸清洗剂擦洗待涂表面，如果有必要应进行多次擦洗。用砂纸打磨表面。再次用干净的白布蘸溶剂擦洗表面，然后用干净的白布擦干。

【注意】绝不允许采用清洗剂擦洗塑料密封胶的表面；在对热塑性丙烯酸面漆（面漆的一种）表面进行清洗时，所用的溶剂说明书上一定要有“本清洗溶剂可以安全地在热塑性丙烯酸面漆上使用”的标志。

（4）表面清洗效果的检查。金属表面主要是脱脂处理，脱脂效果的好坏，直接影响喷涂质量，因此清洗后必须进行检查。检查的方法很多，一般有目视法、水浸润法、比色法、荧光法、残余油分析法等。在实际生产施工中，最简单适用的方法是水浸润法，其方法是将脱脂清洗后的工件浸入清洁的水中，或者用清洁的水喷洒清洁过的待涂表面。然后观察水洗后表面水膜连续完整情况。对于充分脱脂清洗的工件表面，其水膜应完整连续，没有水珠垂挂、滴落。对于不能达到清洗效果的情况，应找出原因，重新进行清洗。

2. 车身涂装前检查

1）检查整个车辆

清洗车辆后目测，找出如图 10-3 所示需要修补的损坏处，以及工作单中没有记录到的其他损坏，并将未记录的损坏记录，汇报。

图 10-3　损坏区域检查

2）检查维修区域

① 检查维修区域时，确定维修区域的底材以及相应工作步骤，流程和产品，以及需要使用正确的清洁剂。

② 修理损坏之处时，应尽量保持较小的处理表面积，如图 10-4 所示，以便能在损坏的面板内进行过渡混色修补，可利用压条或面板造型线边缘，完成后如图 10-5 所示。

图 10-4　保持小面积的修理区域

图 10-5　面板上完成工作

3）检查修复区域的注意事项

① 侵蚀部位需要彻底处理，不能有遗漏。

② 凹痕部位需要清洁彻底，利于后续工序的操作。

③ 石屑应彻底清洁干净。

④ 刮痕不能有检查遗漏。

⑤ 损伤部位是否进行过重新修补漆。

⑥ 检查底材的材料类型。

⑦ 评估该修理区域是否可进行过渡混色喷涂方法。

3．涂料的鉴别与评估损坏程度

1）鉴别涂料

鉴别车身钣金件上的涂料类别，在重涂工艺中是非常重要的。如果涂膜没有正确鉴别，在施涂面漆时会出现严重的问题。

判断汽车是否经过重新喷涂的方法。

① 打磨法。打磨需要修补部位的某一边缘，直到露出金属，如图 10-6 所示。

② 测量涂层厚度法。将旧涂层剥开，直到露出底材，测量涂层断面的厚度。

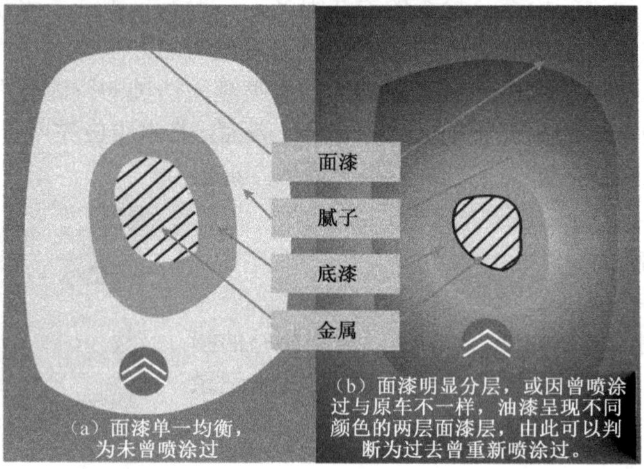

图 10-6　采用打磨的方法确定原有漆层类型

2）评估损坏程度

正确地评估损坏程度，是确定维修成本，保证涂装质量的关键因素之一。

① 目测评估。根据光照射钣金件的反射情况，以评估损坏的程度及受影响面积的大小。稍微改变人的眼睛相对于钣金件的位置，即可看到微小的变形，如图 10-7 所示。

图 10-7　目测评估

② 触摸评估。如图 10-8 所示。戴上手套（最好为棉质薄手套），从各个方向触摸受损的区域，但不要用任何压力。

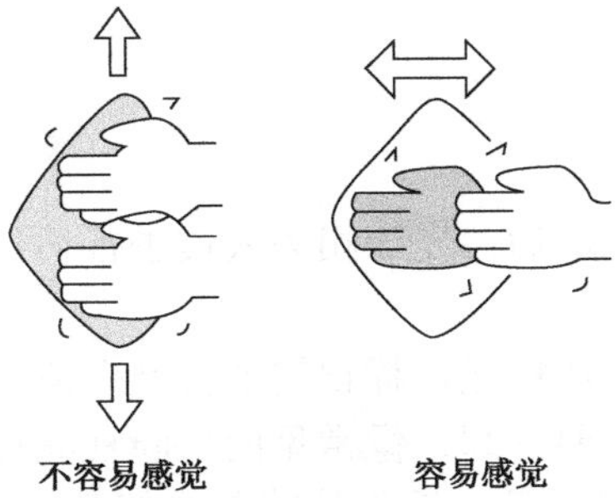

图 10-8　触摸法评估损坏程度

③ 直尺评估。如图 10-9 所示，将一把直尺放在车身另一边没有被损坏的区域上，检查车身和直尺间的间隙；然后将直尺放在被损坏的车身钣金件上，评估被损坏的和未被损坏的车身钣金件之间的间隙相差多少。

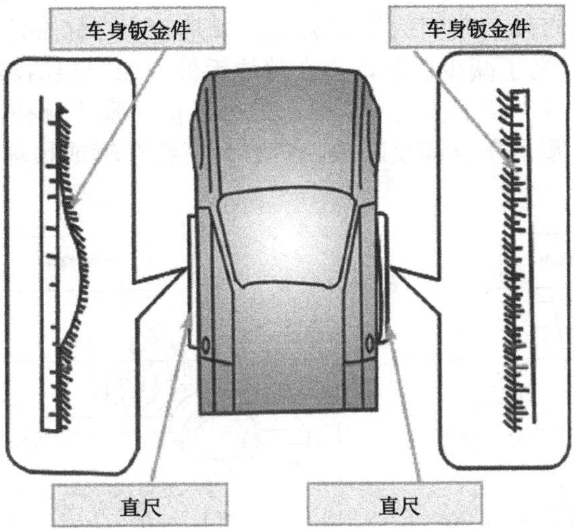

图 10-9　直尺法评估损坏程度

如果在用直尺评估时，损坏件有凸出部分，将影响评估操作，此时可用冲子或鸭嘴锤，将凸起的区域敲平或稍低于正常表面，如图 10-10 所示。

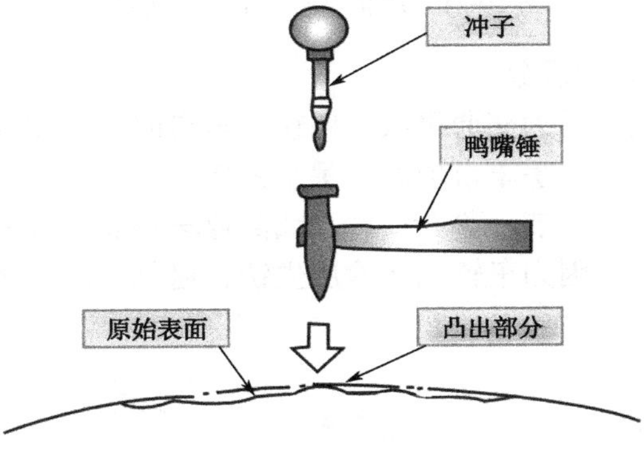

图 10-10　敲平损坏件的凸出部分

4．涂装范围的确定和区分

1）涂装范围的确定

确定涂装范围的方法如下：

（1）当事故车进入维修场地以后，先让相关人员进行估价、标记，确定损伤程度以后开始进行作业指示；

（2）负责修复的人员查看损坏标记，标记需要打磨旧漆旧锈或者进行钣金整形的范围；

（3）确定待修补钣件是否需要拆卸，像常见的保险杠等钣件最好是拆下维修；

（4）对于轿车的玻璃、金属帮条、塑胶件等不能打磨的“敏感部位”，要先于维修，做好遮蔽防护。

当确定好需要涂装的范围和对象以后，有些工作就可同时进行了，比如钣金底材的处理、需要补涂的涂料调色等，这在快修店对提升作业效率尤其重要。

2）涂装范围的区分

（1）按需要修补涂装的部位大小来区分，修补涂装分类范围如图 10-11 所示。

① 细微损伤的修补涂装：对面漆的细小损伤的修补，先研磨、再补漆。

② 部分修补涂装点修补：车门或翼子板等区域某一小点修补涂装点扩喷修补，比如车门或翼子板上的点损伤，为了减少色差，再在整块钣件上照一层清漆。

③ 区域修补：如车门、翼子板或者前后车盖等部位的整块修补，整块都喷新漆。

④ 整车修补涂装：整个车身都喷新漆，多数为翻新车辆或损坏面积太大，其他修补容易导致较大色差的情况。

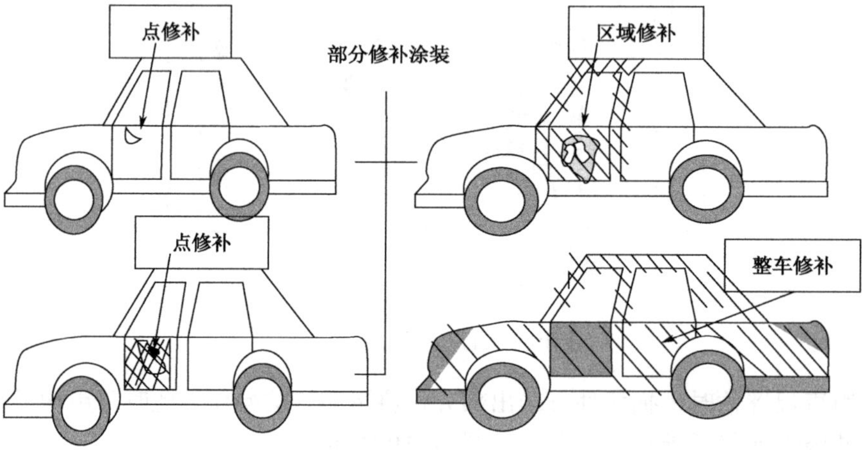

图 10-11　汽车修补涂装范围分类

（2）按修补涂装的必要性区分。

① 事故损伤修补涂装：因为交通事故、停靠时擦伤或更换配件后的涂装。

② 旧车、二手车涂装：二手车市场、二手车销售，为了增值、美观的涂装。

③ 更换旧漆颜色的修补涂装：珍珠涂色、或商业车企业色等的涂装。

④ 为装修而修补涂装：因为车辆以前涂层生锈、退色、涂膜老化等原因的涂装。

10.1.3　底材处理

1．涂装要具备的条件

任何修补工作成功与否，取决于是否满足了一系列的前提条件：

（1）修理厂车间温度不能低于+18° C。

（2）在施用涂料前，车辆温度必须达到室温，涂料产品也需达到室温才可使用。

（3）必须仔细进行预处理，板材必须干燥，无锈、无油垢。

（4）喷涂面漆前，磨穿部位或将要磨穿部位必须再次做底漆处理（封闭）。

（5）打磨用水的“硬度”不能高于 5° dH；必要时，可采用离子交换器脱除水中矿物。

（6）不要把打磨后的脏水留在车身上让其自然干燥，需立即用布擦干。

（7）干净彻底地除去所有干打磨留下的灰尘，在进行下一步操作前等待处理部位完全干燥。

（8）修补表面一旦已经除去油脂且已经进行过打磨，就不可再用手接触表面。因为触摸后手上含有的盐分会留在喷涂表面，以后将导致漆膜风化/起泡/开裂。

（9）底层材料中的溶剂充分蒸发后才可对其进行再喷涂（湿碰湿修补系统除外）。

（10）压缩空气必须清洁、干燥，定期排空油水分离器。为使用的产品选择合适的喷涂压力和喷嘴尺寸。

（11）喷漆房和烤房应配备能高效供应新鲜空气以及排出空气的设施。任何没有排出的溶剂蒸气都可能降低最终漆膜的光泽度，并延缓干燥过程。

2. 旧漆的清除

汽车清洗好后，要仔细检查车身漆面，寻找漆膜破损迹象，如气泡、龟裂、脱落、锈蚀以及在烤补、气焊等修理过程中引起的部分损坏。对于上述破损，必须将旧漆膜清除掉，清除程度可根据旧漆膜的损坏程度和重新涂装后的质量要求，进行全部或部分清除，生锈部位必须除锈，以保证金属面获得很好的附着力。

底材表面没有大缺陷的旧涂层处理方法：

钣件没有生锈和其面漆的下面涂层基本没有损坏或只有很少地方需要修补。所以，只要将面层表面进行适当地打磨，磨掉已经氧化变差的一层，露出良好的底层即可。

表面有缺陷的旧涂层的处理：

（1）对于小的缺陷，在缺陷部位进行打磨，直到没有受到损伤的涂层或裸露金属。裸露的金属部分必须进行打磨、磷化或钝化处理。如果裸露金属部分有锈蚀或穿孔的情况，还要进行除锈或补焊，将锈蚀清除干净防止继续产生锈蚀或结合力变差的情况发生，并进行磷化或钝化处理。

（2）对于面积较大的缺陷，可以用喷砂机进行喷砂除漆除锈，或用化学法及打磨的方法将旧涂层脱漆，然后进行必须的清洁处理。对裸露的金属表面进行除锈、磷化或钝化处理。

清除旧漆除锈的方法很多，有手工法、打磨法、机械法、喷砂法及化学法等。

1）手工清除旧漆

手工除漆法就是用铲刀、砂纸等把旧漆膜除掉，并用砂纸、钢丝刷将铲后留在表面的漆层、粗糙口子打磨干净。

用铲刀铲除旧漆：铲刀如图 10-12 所示，用于旧漆膜有剥离或裂纹处，以刀尖部插入剥离层间或缝隙处可以一块一块地铲掉旧漆膜。

【注意】铲刀的尖部非常锋利，使用时一定要小心，不要损伤不需要修补的表面，也不要让尖部在底层表面留下较深的沟槽。

图 10-12　铲刀

对于粘接较实的旧漆或凹槽、拐角等特殊部位，可配合使用其他手工工具，如图 10-13 所示清除。

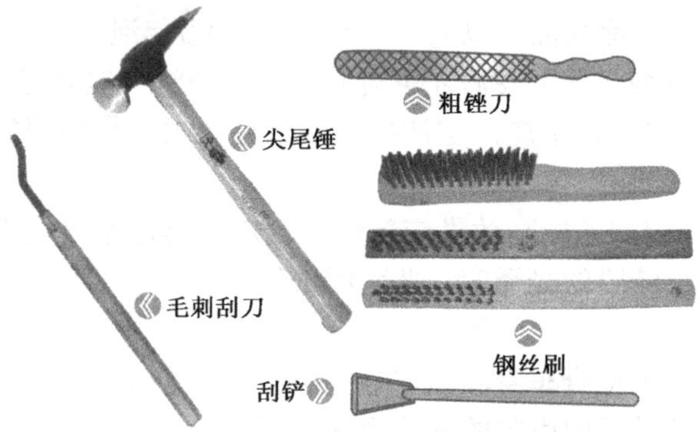

图 10-13　除旧漆常用工具

2）机械除旧漆和除锈　（打磨机）

所谓打磨机除锈，就是采用专用电动（气动）打磨机来进行清除旧漆的方法。一般是用于小面积的旧漆膜剥离。由于采用电动（气动）工具，使工人的劳动强度降低，除漆效率高。

打磨机是以动力驱动的工具，其上附有砂纸，用于打磨油漆表层、腻子或二道底漆。

【注意】电动打磨机在剥离涂膜作业时，如果使用的是硬的打磨头时，要保持与涂膜表面相平行，否则会在金属表面留下划痕；如果是柔性打磨头，与涂膜表面的接触方式应采用如图 10-14 所示的方式。

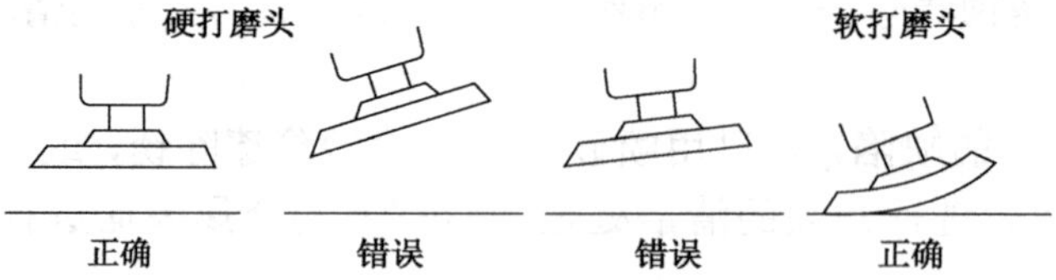

图 10-14　硬性磨头与软性的正确使用

（1）机械法的打磨工艺。机械打磨工具如图 10-15 所示，其中带安全护罩的打磨机的移动方向如下。

图 10-15　机械打磨工具

① 打磨头向右转动的操作方法如图 10-16 所示。

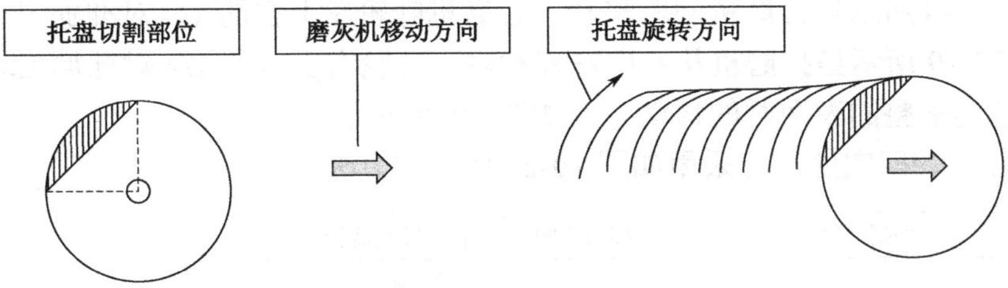

图 10-16　打磨头向右转动的操作

② 磨头向左转动时的操作方法如图 10-17 所示。

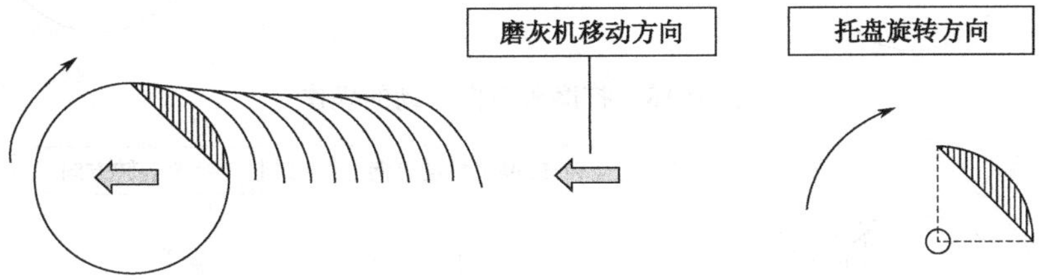

图 10-17　打磨头向左转动的操作

（2）手工机械打磨操作方法：

① 打磨工应该佩戴防护眼镜和防护面罩。

② 检查打磨机叶轮的品种及规格是否与当前操作所要求的性能相一致。破损的叶轮，哪怕只有很小一点缺陷，也绝不能继续使用。

③ 检查电源是否在该产品所规定的范围内。

④ 将电源插头插入电源插座之前应仔细检查打磨机的电源开关是否关闭。

⑤ 更换叶轮时，务必认真按照说明书的要求操作。

⑥ 绝不可采用电动打磨机打磨铝材、塑料等。可采用磁铁检查基材。

⑦ 绝不可采用电动打磨机交叉打磨曲面弧度较大，凸出很高的表面或非常凹的表面。

⑧ 绝不可采用电动打磨机打磨边角、皱褶缝、焊缝、粘接处或刮涂过塑料密封胶的区域。

（3）机械打磨法操作事项：

① 准备工作：

a．检查磨灰机托盘的品种及规格是否与当前操作所要求的性能一致，杜绝使用有缺陷的叶轮。

b．检查气源或电源是否合乎工具要求。

c．如需更换托盘，务必认真按照说明书的要求进行操作。

d．作好安全防护工作，备齐防尘眼镜、防尘口罩和打磨手套等全套劳保用品。

e．连接打磨工具电源之前，应仔细检查磨灰机的电源开关，确保电源关闭谨防不必要的事故发生。

② 打磨操作：

a．穿戴好安全劳保用品。

b．戴好手套，然后轻轻地摸一遍待打磨表面，这有助于操作工人决定如何进行打磨。

c．握紧打磨机，打开开关并将其以大约 5° 至 10° 角移向待加工表面。

d．如图 10-18 所示使打磨机向右移动，打磨机叶轮左上方的 1/4 对准加工表面。

e．如图 10-19 所示当打磨机从右向左移动时，叶轮右上方的 1/4 对准加工表面。

f．打磨较为平整的表面时的移动方式如图 10-20 所示。

g．对于较小的凹穴处，应采用如图 10-21 所示的方法。

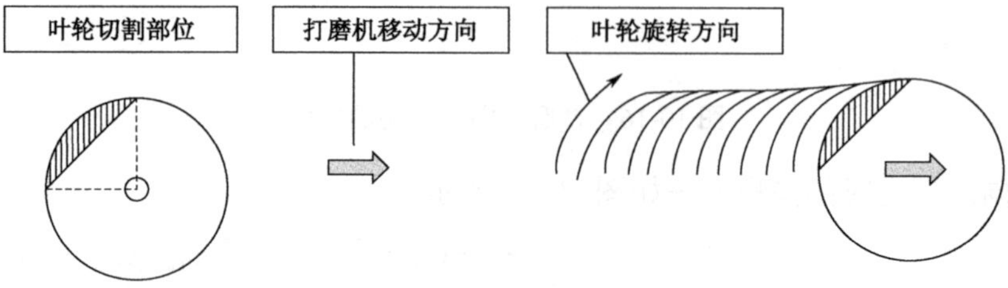

图 10-18　打磨机右向移动的操作

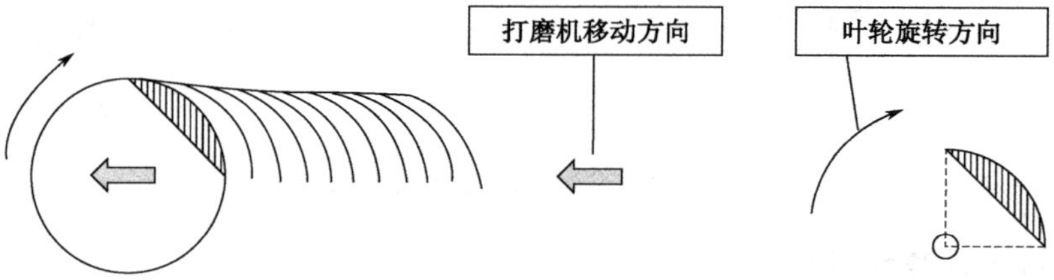

图 10-19　打磨机左向移动的操作

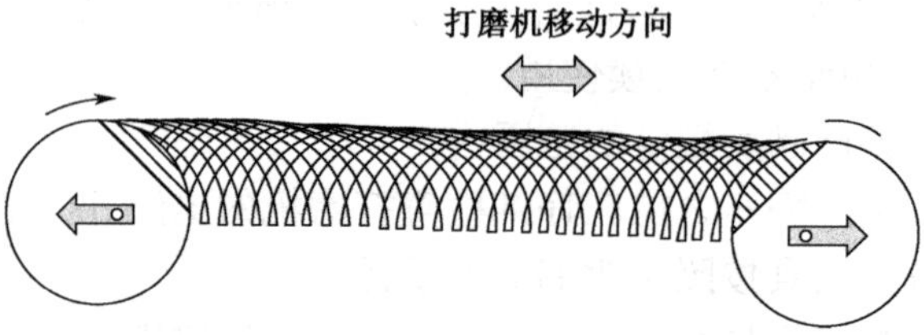

图 10-20　打磨较为平整表面时移动的操作

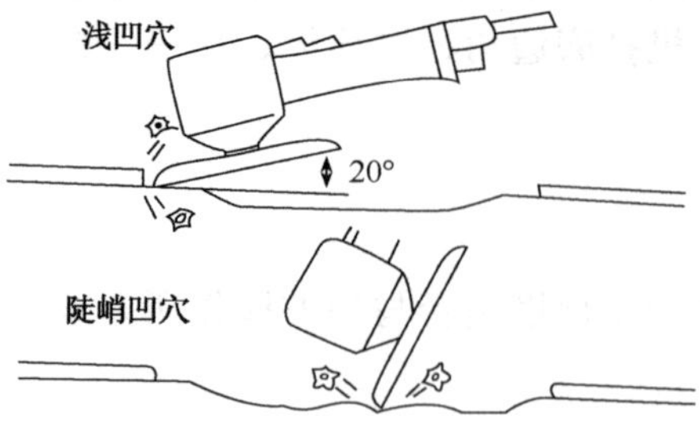

图 10-21　打磨小凹穴的操作

③ 检查。经常检查磨料是否清洁，这是保证打磨效果规定最简单也是最有效的办法。如果磨料被塑料密封胶粘贴，则应该及时用毛刷、钢丝刷或气枪进行清理。

④ 打薄边缘的操作（打磨羽状边）。机械法打磨得到的涂膜边缘常呈现“陡坡”状，为了产生一个宽的、平滑的新老涂层衔接过度，以免新老涂层粘接不劳而产生龟裂、脱落，故将旧涂膜的边缘磨出一个平缓的坡度，称为磨羽状边。

清除了涂膜的边缘是很厚的，为了产生一个宽的、平滑的边缘，使施涂的各涂层平和过渡，可以将涂膜的边缘打磨，也称为磨缘。正确的磨缘操作如图 10-22 所示。

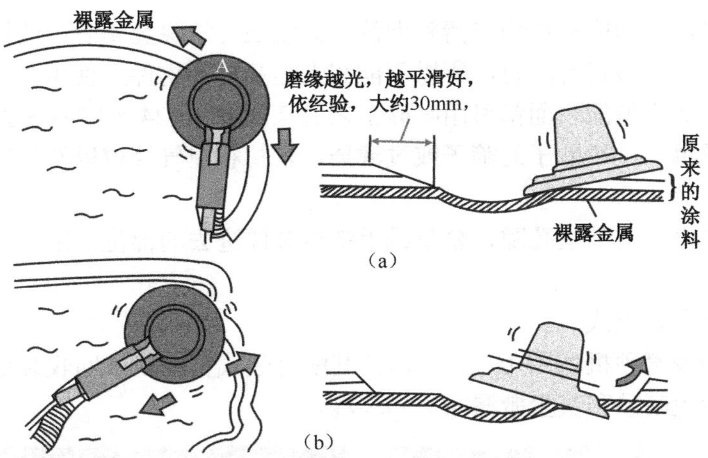

图 10-22　磨缘的方法

打磨羽状边的注意事项：

- 打磨羽状边需用单动型的磨灰机。
- 操作磨灰机时，一定要在接触到钣金件表面后，才能开动磨灰机。此时不要用力，否则会出现较深的沟槽，且在开动磨灰机前对准需打磨的边缘线。
- 为了防止钣金件过热变形，不要将磨灰机停在一个位置过长时间。
- 不允许采用低于 120#的干磨砂纸以 90° 角交叉打磨凸出很高的表面，这样做将会造成很深的打磨伤痕，以后将很难将其除去。
- 千万不要让粗砂磨料接触打磨区域附近完好的油漆表面，最好用胶带把完好的涂层部位保护起来。

打磨操作时注意事项：

砂光是对经粗打磨的表面所做的一项精细加工，目的是获得更加平整的表面。

- 将旋转着的砂轮前方对着表面，而后方稍稍离开表面一点。保持这个方位，上下移动打磨机进行打磨。每一道磨痕之间覆盖面积大约 50%～60%，如图 10-23 所示，这将有利于砂平作用。
- 用戴着手套的手在打磨过的表面上来回摸一下，检查打磨效果。重复上述打磨过程，直到完成打磨工作的 3/4 左右。
- 更换细砂纸。
- 重复打磨操作，先用打磨的方法，然后用砂光的方法，直到表面达到所要求的平整度。
- 清洗车身。

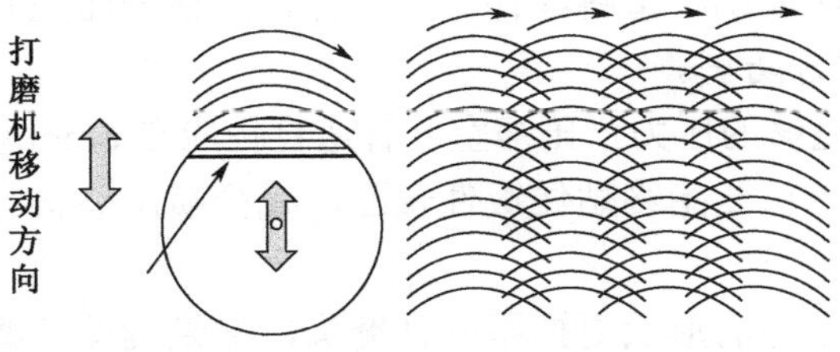

图 10-23　砂光操作时砂轮叶片的移动

3）喷砂法

喷砂（喷丸）除漆法利用压缩空气、高压水流、机械离心力将磨料、砂子、金属弹丸喷射到旧漆面上，借冲击和摩擦作用来清除旧漆。该法还可清除金属表面的锈蚀，但由于砂粒和金属弹丸会损伤铝、塑料等基材，所以不能在上述基材的构件上使用。近来，随着塑料砂球的出现，几乎所有类型的表面都可用喷砂工艺脱漆。图 10-24 为喷砂法去除旧漆层。

配置有砂子储罐、过滤砂子的筛子或过滤器、软管和空气管道以及带空气控制板机的喷砂喷枪。

优点：汽车车身上的某些孔隙、缝隙或手都很难伸进去的部位，采用喷砂办法既快又实用。

分类：压入式和虹吸式

回收式喷砂枪及喷砂机如图 10-25 所示，其配有吸式自动喷砂回收装置，此喷砂系统配有安全回收刷，避免喷砂和灰尘撒漏在周围环境。

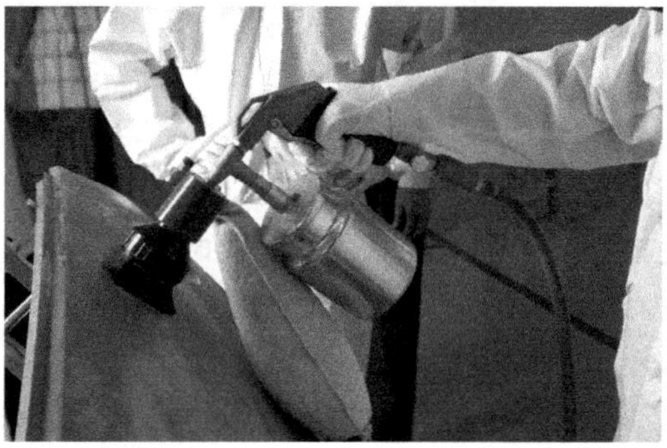

图 10-24　喷砂法去除旧漆层

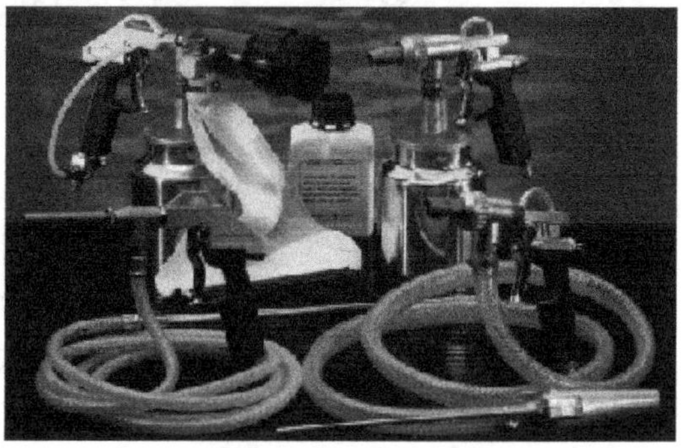

图 10-25　回收式喷砂枪

（1）喷砂操作原理。

① 扣紧扳机，压缩空气通过软管从喷砂喷枪中喷出。

② 由于高速通过的空气的作用，在砂子供应软管里形成强大的虹吸力。

③ 在喷砂操作的过程中，由于大气压的重力作用，砂子连续不断地落入罐中。

④ 由于虹吸作用，砂子通过软管进入喷枪。

⑤ 在喷枪中压缩空气与砂子混合形成强大的湍流，湍流强度与压缩空气的压力成正比。

⑥ 处于湍流状态的砂子和空气一道喷向基材表面，形成极大的切削力。

（2）喷砂操作前注意事项。

① 操作工人的保护：操作人员必须配备合适的劳保用品，如工作服、眼镜、手套及帽子等。

② 任何情况下都不能把喷枪对准人员，否则易打伤人员造成不必要的事故。

③ 对汽车敏感部位如玻璃、塑料零件、镀铬件、汽车表面完好的涂层等，特别是与处理表面相邻的区域，要做好防护。

④ 为了保证喷砂有足够的压力，压缩空气管道直径应在 8mm 以上。

⑤ 喷砂枪移动时喷砂头要始终贴住钣件表面，减少喷出磨料的损失，便于磨料的回收再利用。

⑥ 随时根据被打磨钣件的形状更换不同打磨头，尽量确保打磨效率和对相邻部位的保护。

⑦ 喷砂用的压缩空气一定不能有水或油污，用完的沙子要及时回收并密封保存。

（3）喷砂的操作工艺。

步骤 1：检查空气压缩机和储压罐，空气应该是干燥的，但不能经过油雾器加油。

步骤 2：采用压缩空气清洗砂子储罐。

步骤 3：用清洁干燥的空气吹空气软管。

步骤 4：把清洁、干燥、筛过的砂子装入砂子储罐。

步骤 5：调节压缩空气压力。一般为 0.35MPa～0.5MPa。如果基材的厚度有限，为了防止将基材打穿，也可将压力降低。

步骤 6：在开始喷砂操作之前仔细观察待喷砂打磨区。

步骤 7：检查设备是否安全可靠。

步骤 8：手持喷砂枪在一个直径大约为 1cm～3cm 的范围内试喷一下，找到喷砂时的感觉。

步骤 9：根据当前配置的喷砂系统决定工作速度。

步骤 10：在喷砂打磨区来回多喷几次，喷砂距离为 0.5m 左右，喷枪对基材的角度大致为 45°～80°，一直喷到表面显露出金属原有的光泽。

步骤 11：根据需要对车身内外喷砂打磨区域进行清洗。

步骤 12：清理设备，将砂子放入密封的塑料口袋里，以保持清洁、干燥。

步骤 13：喷砂工序结束后，需进行除油除蜡工序。

4）化学法清除旧漆

（1）使用油漆剥离剂时要注意的问题。

① 进行脱漆操作的工作间必须通风良好。

② 务必避免长时间呼吸油漆剥离剂的蒸汽，尽量避免脱漆剂与皮肤、眼睛直接接触。因此请穿戴合适的衣物和手套并保护好脸和眼睛。

③ 如皮肤偶然接触到油漆剥离剂，应尽快用清水反复清洗。如果脱漆剂偶然溅到眼睛内，则尽快用清水冲洗，并根据具体情况送医院处理。

④ 避免油漆剥离剂与热源接触，因为遇热油漆剥离剂就可能汽化产生有毒蒸汽。

⑤ 储存时注意密封。

【注意】油漆剥离剂，其不同传统除漆方式，即以酸腐蚀面并将其溶解，而是以脱漆的方式将油漆从金属表面剥离下来，可除去各种环氧的、聚氨脂的、聚脂的，等油磷脂的，丙烯酸的，合成树脂的漆层和木质表面的罩光清漆，有色漆，不腐蚀各类金属、木头以及大部分塑料。

（2）脱漆的步骤。

① 遮蔽要除漆部位以外的地方，防止粘到油漆脱离剂，钣件之间的空隙也必须用胶带遮蔽好，以免油漆剥离剂进入板内。

② 涂油漆剥离剂，用大约 60 号砂纸，先打磨涂层，以加快油漆剥离剂的渗透，这会提高除渗的效率。

③ 再涂上油漆剥离剂，然后停留大约 5 分钟左右，用刮刀刮掉表面的漆层。

④ 如果还有没除掉的漆，重复第③ 步的工作。

⑤ 漆层脱离后，用干布擦掉残存的油漆剥离剂为止。

⑥ 然后用干净布和水清洗表面，直到没有油漆剥离剂为止。

⑦ 最后用大约 120 号砂纸，除掉残余的漆，除漆后，在生锈前进行表面准备。

在化学除锈法中，脱脂除锈钝化剂适用各种金属表面处理，可用做去除工件上的锈迹，有脱脂除锈和钝化功效。

（3）常用脱漆操作方法。

① 利用旧报纸等遮盖材料将地板等遮盖起来。

② 准备好所有的工具和设备。

③ 按照要求用不干胶把车身上必须遮盖的部位都粘贴起来，如发动机罩以及车门的缝隙、标牌板、车身两边塑料等。

④ 在合适的小桶内装入脱漆剂，用刷子蘸脱漆剂刷到待处理表面上，并尽快刷展开。注意不要刷第二遍。

⑤ 按说明书放置7～10min。

⑥ 当到时间后，漆膜已经溶胀发软，没有强度。这时用刮、扫的方式除掉旧漆。

⑦ 如果车辆经过了多次修补，表面的漆膜较厚，则可以分两次脱漆。

⑧ 当色漆清除以后，用稀释剂反复清洗表面。当稀释剂未完全挥发时，用干净的抹布将表面擦拭干净。

⑨ 最后进行整理，清理铺设的报纸，撕下保护的胶带，必要时还应进一步进行表面擦拭和擦洗。

5）火焰法清除旧漆

火焰法清除旧漆是利用喷灯或气焊枪产生的火焰先将旧漆烘烤，高温作用将漆膜软化或碳化，从而配合铲刀等工具清除旧漆的一种方法。由于一般修理厂都有气焊设备，所以利用气焊枪进行烘烤加热的方法最为常见。

火焰加热法清除旧漆的缺点是如果加热温度过高，会导致板件产生变形，甚至烧穿板材或引起附近的装饰件变形，因此烘烤的温度不宜过高。

烘烤的旧漆膜必须彻底清除干净，除利用钢丝刷、砂纸进行打磨外，还可以再用溶剂全面清洗。

3. 金属表面除锈处理

汽车车身表面因为涂膜损坏、碰撞损坏和修理加工损坏，使车身金属与空气中的氧气或水产生化学反应，而生成金属氧化物，即生锈。在涂装前必须进行除锈，以保证金属表面获得良好的附着力。除锈的方法有手工除锈法、机械除锈法、喷砂与喷丸除锈法、化学除锈法、电化学除锈法等。其中机械除锈法、喷砂与喷丸除锈法与清除旧漆方法相同，此处不再介绍。

1）手工除锈法

手工除锈法主要是用铲刀、刮刀、尖头锤、钢丝刷、砂纸、断锯条等工具，靠手工敲、铲、刮、刷、锉等方法清除表面锈垢、氧化皮等。是涂装最传统的方法，也是最简便的方法。但是其劳动强度大，效率低，只适用小范围的除锈处理。

此外，可采用半自动除锈方法，半自动除锈方法有刷光处理、抛光处理、磨光处理等方法。

（1）刷光处理。刷光处理是用弹性很好的钢丝刷或铜丝刷，搓刮金属表面的铁锈和氧化皮以及污垢等。此方法可以手工进行，也可以装在电动的装置上进行处理。其优点是速度快，不会改变金属零件原来的形状。缺点是除锈不够彻底。

（2）抛光处理。抛光处理是利用抛光轮和抛光膏等磨料，对金属表面进行轻微的切削和研磨。从而除去金属表面的锈蚀和打磨表面的细微不平。在除锈的同时，还可以降低零部件表面的粗糙度。

（3）磨光处理。磨光处理是利用粘附有氧化铝和碳化硅等磨料制成的砂纸、砂布或砂轮进行摩擦，以去除金属表面的铁锈或氧化皮。这种方法简便易行，但效率低，适用于小批量零部件的局部处理。对于形状复杂的零部件不易处理到位，对锈蚀较严重的部位清理不彻底。

（4）滚光处理。滚光处理是利用装有磨料的滚筒，将零件放到滚筒内，在电动机的带动下让滚筒做旋转运动，零件在滚筒内不断与磨料滚擦，以清除零件上由于铸造或冲压所形成的毛刺、氧化皮和铁锈。与抛光、磨光处理方法相比，滚光处理能降低生产成本和费用，提高生产效率。但是受滚筒大小限制，大尺寸零件无法使用，另外因为车身多为薄板零件，滚动挤压易变形，因此，该方法在汽车车身修理作业中很少采用。

2）化学除锈法

化学除锈法以酸洗除锈最具代表性。是利用酸性溶液与铁锈发生氧化反应生成能溶解于水的盐类，使锈垢、氧化皮等溶解或脱落。

常用的酸性溶液有硫酸、盐酸、硝酸等。应用较广的是浸泡酸洗除锈。

根据酸洗操作方法的不同，可分为一般酸洗除锈（也称化学除锈）和电化学除锈（也称电解除锈）。

（1）一般酸洗除锈。

一般酸洗除锈的方法是利用酸与金属表面的锈蚀物发生反应，生成可溶于水的盐类来进行除锈处理。

在除锈过程中，发生的化学反应会有氢析出，使高价铁还原成低价铁，有利于酸与氧化物的溶解，还能加速难溶的黑色氧化皮的剥落。但是，析出的氢可能会引起氢脆，因此需要在酸洗溶液中加入适量的缓蚀剂。

酸的浓度和温度对酸洗速度影响较大，随着硫酸的浓度升高，酸洗速度加快，当硫酸的质量分数达到25%时，速度最快；高于此浓度后，速度反而下降，一般使用硫酸的质量分数为20%以下。温度对酸洗的影响也比较大，随温度升高，酸洗速度加快，为防止基体金属的腐蚀和减少酸雾的逸出，在不降低缓蚀剂的作用下，温度应控制在80℃以下为好。

（2）电化学除锈。

电化学除锈分为阴极除锈和阳极除锈两种。当金属部件在阴极上加工的叫阴极除锈；当金属部件在阳极上加工的叫阳极除锈。电化学除锈过程中，金属部件作为阳极时，氧化皮的除去是借助电化学和化学溶解，以及金属上析出的氧气泡的机械剥离作用。当金属作为阴极进行电化学除锈时，氧化皮的除去是借助于猛烈析出的氢气对氧化物的还原和机械剥离作用。

电化学除锈的优点是除锈的速度快，除锈液消耗也较少且使用寿命长。电化学除锈的缺点是消耗电能较大，而且对于形状复杂的部件，除锈效果稍差。

对于具有较厚且致密的氧化层的部件，最好先进行化学除锈，让氧化皮疏松后再进行电化学除锈。

3）金属表面的磷化、氧化与钝化处理

（1）金属表面磷化处理。

金属表面磷化处理就是用锰、锌、铁等金属的正磷酸盐溶液处理金属表面，使金属表面生成一层不溶于水的磷酸盐保护膜的过程。金属表面形成的磷化膜既可以提高金属的抗腐蚀性，又可作为涂料的基底，增加涂料的附着力，从而提高涂层的使用寿命。

为了加速磷化反应，常加入硝酸盐作催化剂，以加速磷化膜的生成。为了保证磷化质量必须严格控制溶液的成分和浓度，还要考虑温度。磷化处理有三种不同温度选择，在室温（25℃）下为低温磷化，在 50℃～70℃温度下为中温磷化，在 90℃～98℃温度下为高温磷化。温度不同，对磷化处理液的稳定性、处理时间的长短和磷化膜的质量等都有不同程度的影响。

磷化处理所需设备简单，操作方便，成本低廉，生产效率也较高。实现磷化常用的方法有浸渍法、喷淋法和刷涂法。

① 浸渍法。浸渍法是按工艺流程，将工件顺序地浸入磷化液槽中进行处理。对于大的部件可以采用吊挂的方式，小件则用篮筐盛装。该方法采用的设备简单，操作方便，处理温度可以较高。

② 喷淋法。喷淋法是按工艺流程，将工件传递到处理工位，在规定时间内，经受磷化液喷淋处理。该方法所用设备较复杂，但与浸渍法比，磷化液浓度可以较低，磷化时间较短。

③ 刷涂法。刷涂法是用刷子把磷化液涂刷到工件表面上进行处理的一种方法。该方法最简单，但劳动强度大。适合批量小的处理。

（2）金属表面氧化处理。

金属表面的氧化处理是金属表面与氧或氧化剂作用而形成保护性的氧化膜，防止金属腐蚀的一种方法。

氧化方法有热氧化法、碱性氧化法、酸性氧化法（黑色金属）以及化学法、阳极氧化法（有色金属）等。

① 热氧化法。热氧化法是将金属加热到 600～650℃，然后用热蒸气和还原剂处理。还有一种方法是将金属浸渍在约 300℃的熔融的碱金属盐中进行处理。

② 碱性氧化法。采用碱性氧化法处理时，首先把零件浸渍在调配好的溶液中加热到 135～155℃，处理时间长短取决于零件中的含碳量的高低。金属零件经氧化处理后，再用 60～80℃的含量为 15～20g/L 的肥皂水漂洗，时间为 2～5min，然后用冷水和热水冲洗干净并吹干。

③ 酸性氧化法。酸性氧化法是将零件置于酸洗溶液中进行处理。酸洗氧化法与碱性氧化法比较，酸洗氧化法比较经济，处理后金属表面所产生的保护膜，耐腐蚀性和机械强度均超过碱性氧化法处理后所生成的保护膜的性能，因此应用比较广泛。

④ 化学氧化法。化学氧化法主要适用于有色金属的氧化处理。处理方法是将零件放置于配制好的溶液中，在一定温度下经过一定时间的氧化反应后，将形成一层保护膜，再经清洗和烘干等操作即可达到效果。

⑤ 阳极氧化法。阳极氧化法是有色金属氧化的另一种方法，是将金属零件作为阳极，利用电解法使其表面形成氧化膜的一种方法。这种氧化膜既可以起到金属与涂膜之间的钝化膜的作用，又可以增加涂层与金属间的结合力，减少水分的渗透，从而延长涂层的使用寿命，因此被广泛应用于涂装的底层处理。

（3）金属表面的钝化处理。

采用化学方法使金属基体表面生成一层结构致密的钝化膜的过程称作金属钝化处理。钝化处理可提高磷化膜的耐蚀性能，防止金属在磷化处理后再次出现腐蚀生锈，并能提高金属表面的涂装质量。钝化处理一般与磷化处理配套使用。当磷化处理后，工件如果能及时进行涂装施工，则不必进行钝化处理。

钝化处理液的主要成分是铬酸盐及少量的磷酸、硫酸或硝酸等。

这种方法多用于铝、镁、锌、锡等有色金属，尤其是防止锌及锌镀层发白弊端的一种很好的方法，对钢铁制品同样也可以生成钝化层。

在实际应用中，往往不是采用单一的处理方法，而是采用综合处理方法对金属表面进行处理。即有选择的先后进行脱脂、除锈、磷化、钝化等操作过程。综合处理可以大大简化生产操作程序，在减少设备，材料和用水得到节省的同时，也提高工作效率。但是，在车身维修过程中，一般用综合处理的时候不多。

4）非金属表面的处理

非金属在汽车上的应用越来越多，在汽车涂装过程中，主要为塑料件、玻璃钢件及木材件进行处理。

（1）塑料件表面处理。

尽管塑料制品在使用过程中不会生锈，也易于着色，本身又有抗腐蚀及装饰性能，但在塑料制品上加涂合适的涂层，可以延长它们的使用寿命，也提高它们的各项性能。

对裸露的塑料件的表面处理包括如下项目：

① 脱脂处理。塑料表面的油污及脱模剂等会降低涂料的附着力，引起漆膜缩孔等危险，因此在涂装前应当彻底清除，一般可采用溶剂清洗或采用和金属件类似的碱溶液清洗。对于热固性塑料表面的灰尘、塑膜润滑剂及油污等，可以用汽油、丙酮、二甲苯等溶剂擦洗或者用塑料清洗剂处理表面，如果表面过于光滑，也可用砂布进行粗处理，然后用汽油或工业乙醇或丙酮清洗。

② 化学处理。塑料件表面经过适当的化学物质，如酸、氧化剂、聚合物单体等处理，使其表面发生化学变化，形成活性基团或选择性地除去表层低分子成分，使其表面呈多孔状态，从而改善对涂料在塑料表面上的附着力。

③ 退火处理。塑料在加工成型时，一般采用高温注塑，在冷却过程中易形成内应力，在涂装时，与溶剂接触产生膨胀，在应力集中处产生开裂。为了消除内应力，一般在脱脂处理后，将塑料件加热到低于热变形的温度下并维持一定的时间，即退火处理。塑料件在经过物理或化学处理后要进行烘干，在其烘干过程中就完成了退火处理。

④ 静电除尘处理。塑料很容易产生静电，产生静电的塑料件在干燥冷却过程中极易吸附灰尘，因此在涂装前需要进行除尘处理。一般采用离子化的空气除尘，用压缩空气通过装有高压电极的喷嘴，利用电晕放电使空气电离。离子化空气喷到塑料表面，使塑料表面和灰尘的电性被中和并使之带有相同的电荷，由相吸变成相斥，从而清除掉灰尘。

（2）玻璃钢件表面处理。

对玻璃钢件的表面处理，主要是将表面的脱模剂、蜡质、油污等杂质处理干净，除此之外，还应将糊玻璃钢时因玻璃纤维浸胶量过多的光滑部位进行粗糙处理，否则涂漆后会因基层过于光滑而导致涂层的附着力差，出现脱壳。其处理方法可采用手工和机械工具两种方法进行打磨处理。

手工处理即是用砂布或者钢丝刷进行手工打磨粗糙化。对处理后的浮尘等杂质，可先用压缩空气吹干净，再用清洁剂反复擦净表面。

机械工具处理即是用电动的钢丝刷、电动钢丝轮或者气动磨光机等机械依次将基层表面上的脱模剂、蜡质、油污等杂质彻底清除干净。对于机械处理不到的部位，如边、角、棱等位置，可用砂布配合钢丝刷手工处理到位，以确保处理质量。

10.2　底漆的喷涂

当被涂表面经过清洗、除油、除旧漆层、除锈等表面处理后，就可以对其进行涂装施工了。在涂装工艺中，最先要进行的是底漆的喷涂作业，所形成的底漆涂层是整个涂层的基础，底材的附着力和涂层的耐腐蚀性主要靠底漆来实现，底漆的喷涂质量直接影响涂层的质量，因此必须加以重视。

汽车涂装涉及的几种常用方法有：空气喷涂、刷涂、空气辅助无气喷涂、浸涂、静电喷涂、电泳涂装等。在汽车车身修复过程中，普遍采用空气喷涂的方法，所以，在此主要介绍空气喷涂法。

10.2.1 遮盖

在喷涂底漆之前，除了要进行除油、除锈、清除旧漆层等表面准备之外，还需要在喷涂前进行遮盖准备，如图 10-26 所示。这是因为底漆喷涂是喷涂作业中最先进行的，所以必须在此阶段开始前就做好遮盖工作，防止喷涂过程中的漆雾喷到不该喷的部位。

图 10-26 遮盖

1. 遮盖材料

常用的遮盖材料为遮盖纸，如图 10-27 所示，遮盖胶带如图 10-28 所示。遮盖材料由于使用的环境复杂，有的适用于炎热干燥的沙漠地区，有的适用于寒冷潮湿地区。因此，为了很好地完成喷涂工作，选用的遮盖材料必须满足气候环境的变化及防止车间中脏物和灰尘对漆面的影响。有些遮盖胶带有专门的用途，例如用在风干油漆面的情况下，而有的胶带必须用在烘干的情况下。遮蔽纸要平滑地盖在车辆上，不要褶皱或折叠，带有平滑涂层的面朝外，以免油漆穿透遮蔽纸。

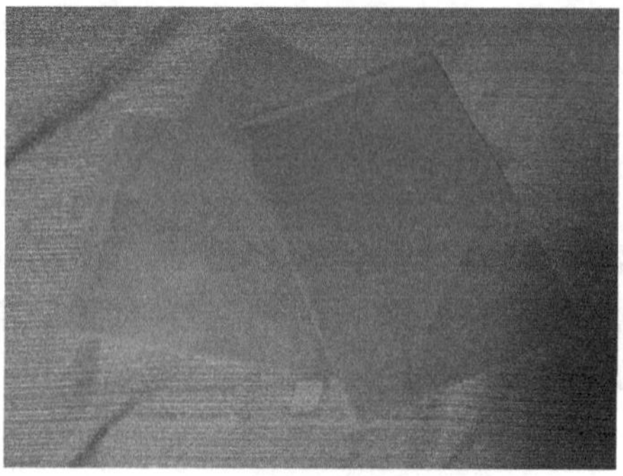

图 10-27 遮盖纸

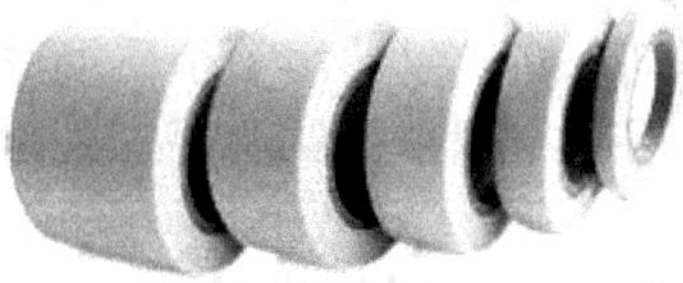

图 10-28 五种遮盖胶带

遮盖时常用墙纸、牛皮纸、报纸、聚乙烯膜以及其他专门大面积遮盖汽车的遮盖物作为遮盖用纸。使用时，由于报纸可以废旧利用，成本低廉，因此经常被采用。但是报纸使用应小心被撕扯破碎，不允许用报纸遮盖清漆面，因为报纸中含有的油墨会溶入油漆的溶剂中，引起漆膜颜色改变。

2．胶带的粘贴方法

遮盖纸和胶带的使用是为了防止某区域被喷涂，因此不得将遮盖纸和胶带粘贴到需要喷涂的表面上。

喷涂清漆时，应采用双层遮盖纸进行遮盖，这样可以防止因油漆中的稀释剂渗入而损坏原来的漆面。当油漆足够干燥后，应立即拆除遮盖纸和胶带。由于胶带拆除时会粘掉新喷的油漆层，因此通常不允许胶带接触或粘贴到未完全干燥的新漆面上。

（1）胶带的基本粘贴方法。胶带应选用质量好的。聚氨酯涂料需要加热干燥，因此应使用耐热胶带纸。胶带的基本粘贴方法如图 10-29 所示。若在粘贴覆纸的胶带纸上，再贴上一层胶带纸，将其周围完全盖住，则在揭下覆盖纸时，胶带纸也能一起揭下。

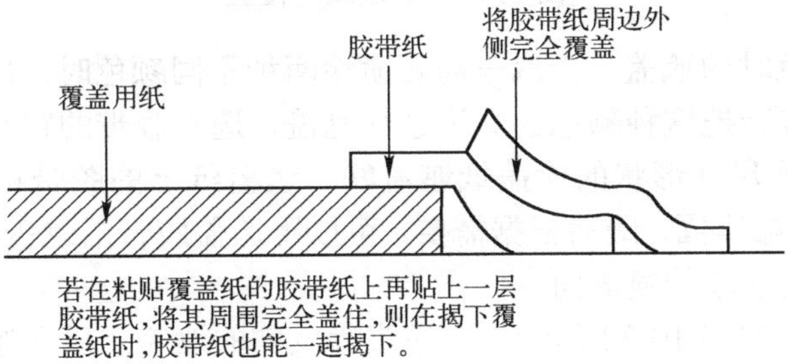

图 10-29　胶带的基本贴法

（2）装饰条和嵌条的遮盖。进行装饰条和嵌条遮盖时，应用一只手的手指塞入胶带卷中间的孔内，把大拇指放在胶带的外面，控制胶带的方向。拉伸胶带时，胶带的粘贴面背向操作者。粘贴时，拉伸胶带面与油漆面的间距至少应为 0.7 mm，这样可以方便粘贴并能很好地控制胶带的方向。粘贴曲面时，要适当拉伸胶带，以适应曲面的要求，如图 10-30 所示轮罩嵌条的遮盖。

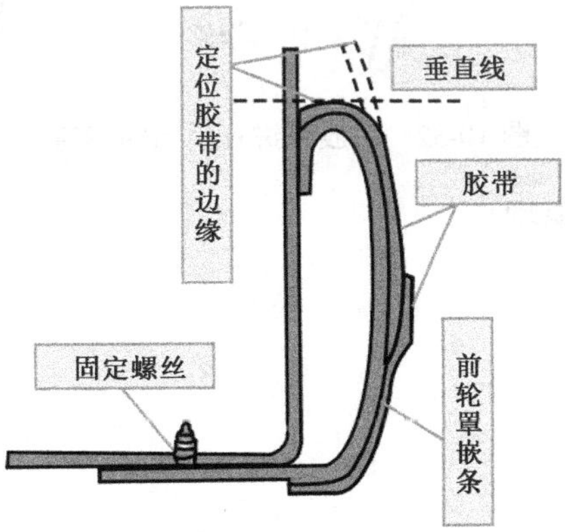

图 10-30　轮罩嵌条的遮盖

（3）风窗玻璃的遮盖。如图 10-31 所示，覆盖窗玻璃时，主要使用 50cm 宽的纸，不够的部分再用 10cm～20cm 宽的纸粘贴上。四周用 12mm～15mm 宽的粘贴带粘住。

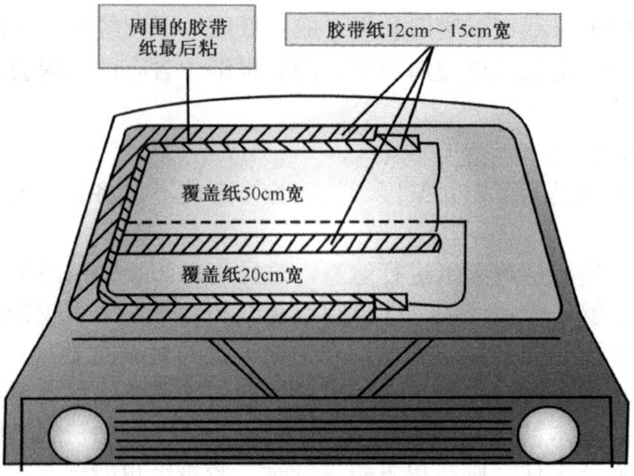

图 10-31 窗玻璃的覆盖

（4）喷涂两种颜色时的遮盖。当汽车需要喷涂两种不同颜色时，应首先喷涂一种颜色。当油漆层干燥后，用胶带把这种颜色的周边进行遮盖，选择胶带的宽窄根据情况而定。然后把该颜色的漆层用合适尺寸形状的遮盖纸遮盖好。遮盖纸上的胶带粘到已粘好的周边胶带上，多余的边折叠，粘贴牢固。最后根据需要，可以用遮盖胶带沿遮盖纸的底部和边缘粘贴，清晰地标出另一种颜色油漆的喷漆面。

（5）反向遮盖法。如图 10-32 所示用胶带进行反向的遮盖，反向遮盖和流线边缘遮盖法常用在局部板件需要喷漆的情况下。如果必须沿一个曲面流线型边缘进行遮盖时，必须使用遮盖胶带。

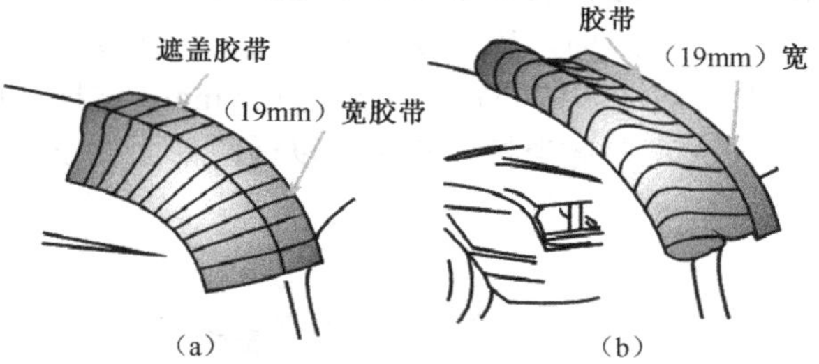

图 10-32 用胶带进行反向的遮盖

3．遮盖时注意以下几点事项

① 清洁和除油；

② 遮盖的面积；

③ 不可拆卸部件的遮盖；

④ 圆面积的遮盖；

⑤ 双重遮盖；

⑥ 剥除遮盖材料。

10.2.2 底漆的喷涂

1．底漆的一般知识

底漆是直接涂覆于施工物体表面的涂料，它是工件表面的基础用料，既是腻子层中间的用料，又是底层涂料与面漆连接的用料。它的作用一是防止金属表面的氧化腐蚀，二是增强金属表面与腻子（或面漆）、腻子与面漆之间的附着力。

底漆根据其使用目的不同可分为：头道底漆、头二道合用底漆、二道底漆、表面封闭底漆等。

1）头道底漆

颜料含量最低，填充性能较弱，具有较强的附着力，较难被砂纸打磨。由于含胶黏剂较多，上层涂料容易与之牢固地结合。头道底漆施工后，只要轻轻磨去一些浮粉即可，不必仔细打磨。

2）头二道合用底漆

颜料含量比头道底漆多，相对地说，胶黏剂含量较少，附着力不如头道底漆强，而具有较强的填充性能，往往被用作单独的底漆，也可充作头道底漆。应用于具有很好平整度，而不必用腻子填嵌的工作表面上。

3）二道底漆

具有最高的颜料含量，它的功能是填塞针孔、细眼等，具有良好的打磨性。在涂装过程中，腻子经打磨后，往往在腻子表面有很多针孔、磨痕，在腻子层表面施工二道底漆，可使这些缺陷得到补救，这与封闭底漆有着相似的功能。但二道底漆的附着力较差，所以在涂二道底漆后，必须把表面的二道底漆大部分磨去，否则会影响面层涂料的附着力，造成面层涂料的浮脆、气泡等现象。

4）封闭底漆

含颜料成分较低，主要用于填平打磨的痕迹，给面层涂料提供最大的光滑度，使面层涂料丰满，并可防止产生失光、斑点等现象。

2．底漆空气喷涂的方法

1）空气喷涂

空气喷涂就是以压缩空气的气流为动力，以喷枪为用具，是涂料从喷枪的喷嘴中喷出呈漆雾而涂布到工件表面的一种施工方法。空气喷涂是当前车身修补中应用最广的一种方法。

2）空气喷涂的特点

（1）空气喷涂的优点。空气喷涂所用的设备简单，容易操作，能够获得厚薄均匀、光滑平整的涂层膜。对于有缝隙、小孔的部件，以及倾斜、弯曲的地方均能喷到。也适用于大面积施工。这种方法适应性强，除了慢干涂料外，大部分涂料品种都可以用此方法进行施工，对快干漆更适用。工作效率也比刷涂高 5～10 倍。

（2）空气喷涂的缺点。空气喷涂涂料的渗透性和附着力一般比刷涂要差些，空气喷涂的涂料有效利用率较低，有相当一部分的涂料随溶剂在空气中飞散，形成漆雾。漆雾会污染环境，对人体也有害，且容易造成火灾，甚至爆炸，因此需要有良好的通风设备；另外漆膜较薄，需要经过几道喷涂后才能达到预期的膜厚要求。但随着新型喷枪的出现，这些缺点正逐渐得以改进。

3）空气喷涂的基本原理

典型喷枪喷涂的基本原理如图 10-33 所示。当扣动扳机时，压缩空气经接头进入喷枪，从空气喷嘴喷出，在漆喷嘴的出口处形成低压区，漆壶盖上有小孔使漆壶内与大气相通，漆壶气压始终等于大气压力。这样，在压力差的作用下使涂料从喷嘴喷出，并被压缩空气吹散而形成雾化状态，喷到工件表面实现空气喷涂。

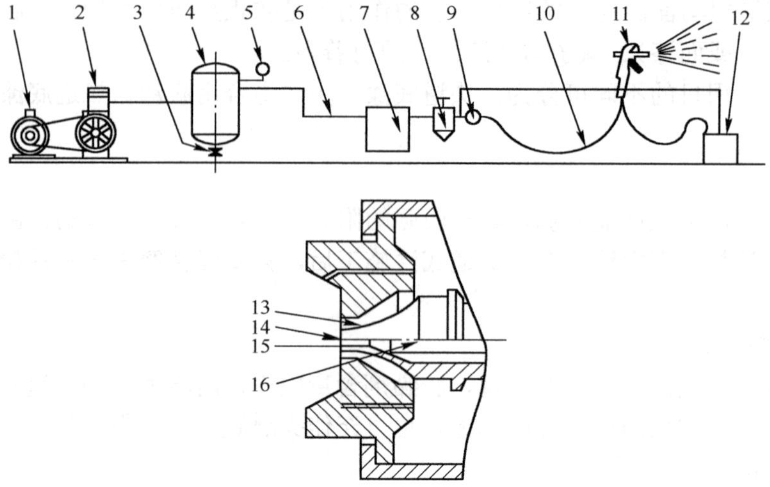

1—电机；2—空气压缩机；3—排污阀；4—储气罐；5、9—气压表；6—输漆管路；7—空气滤清器；8—减压阀；10—软管；11—喷枪；12—供漆装置；13—空气喷口；14—漆喷口；15—漆喷嘴；16—供漆针阀

图 10-33　空气喷涂的基本原理

4）喷涂操作要领

喷涂操作时，必须按操作要领进行操作，以保证喷涂后的涂层具有良好的效果。该要领不但适合底漆的喷涂，同样对面漆的喷涂也适用，在面漆喷涂章节里不再赘述。

（1）喷枪与工件表面的角度。

喷枪喷涂时，与工件表面必须保持垂直，应随工件表面的曲折而改变喷枪的角度，不可以使手腕或手肘作弧形摆动。如图 10-34 所示。

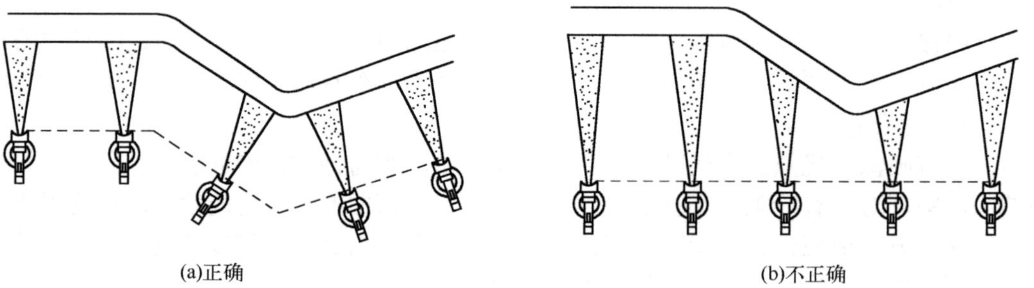

(a)正确　　(b)不正确

图 10-34　喷枪与工件表面的角度

（2）喷枪的运动速度。

喷枪的移动速度与涂料的干燥速度、环境温度、涂料的黏度有关，一般以 0.9～1.2m/s 的匀速移动。喷枪的移动速度过快，导致涂层过薄；而喷枪移动过慢，会导致出现流挂，不允许喷枪停留不走。

（3）喷涂气压。

喷涂气压与涂料的种类、稀释剂的种类及稀释后的涂料黏度有关，普通喷枪一般调整气压为 0.35～0.5MPa，具体操作要进行试喷确定。压力过低雾化不好，使稀释剂挥发过慢，容易产生“流泪”、“针孔”等现象；压力过高会造成溶剂挥发过快，严重会形成干喷现象。

（4）喷枪嘴与工件表面的距离。

喷枪嘴与工件表面的距离是喷涂操作中很重要的一个参数，正常的距离应与喷枪的气压、喷枪的调整情况以及涂料的种类配合。一般情况下喷涂距离为 20 cm 左右。实际操作时也可根据涂料供应商提供的参数进行，并通过试喷来最后确定。如图 10-35 所示，如果距离较短且以高速喷涂时，会使涂膜起皱、起堆；若距离太大，可能产生橘皮或干膜现象，由于飞雾增加，会导致涂料损失增加。

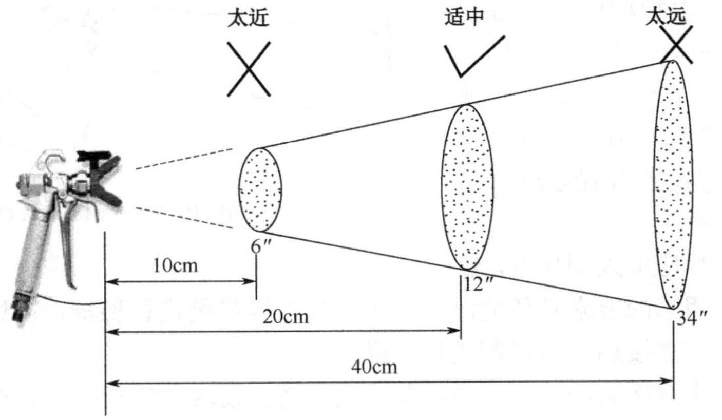

图 10-35　喷枪与喷涂表面的距离

（5）喷枪扳机的控制。

喷枪扳机扣得越深，涂料喷出越多。为了避免每次走枪即将结束时还喷出大量的涂料，造成涂料的堆积，为节省涂料，在走枪结束时适当放松扳机，以减少供漆量，如图 10-36 所示。

扳机的正确操作一般分为四个阶段：

① 先从遮盖纸上开始走，半扣扳机，仅放出空气；

② 当走到喷涂表面的边缘时，完全扣下扳机，喷出涂料；

③ 当走到另一头时，半松扳机，涂料停止流出；

④ 反向喷涂前再往前移动少许，然后重复上述操作。

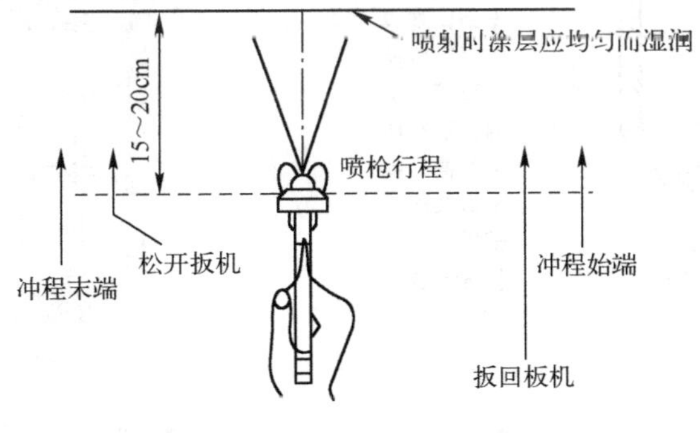

图 10-36　喷涂时扳机的控制

（6）喷涂方法与路线。

喷涂方法有纵行重叠法、横行重叠法和纵横交替喷涂法。喷涂的路线有从高到低、从左到右、从上到下、先里后外等顺序进行。喷涂应按计划好的行程稳定而均匀地移动喷枪，在抵达单方向行程终点时放开扳机。对于一些难以喷涂的部位，例如拐角或边缘等处，要先喷涂，操作时要正对着喷涂的部位，这样可使得拐角或边缘的两边各得到一半的漆液，喷枪与工件之间的距离要比正常的距离近 2.5～5.0 ㎝，将所有边缘拐角处都喷好后，再喷涂水平表面。

对于竖直表面的喷涂，通常从上表面的上端开始，喷嘴与上边缘齐平。喷枪第二次单方向移动的行程与第一次相反，喷嘴与第一次行程的下边缘平齐，雾形的上半部与第一次的下半部重叠，应与第二层及上一层重叠 1/2 或 3/4，各个涂层之间要留出几分钟的闪干时间。喷程的重叠方式如图 10-37 所示。

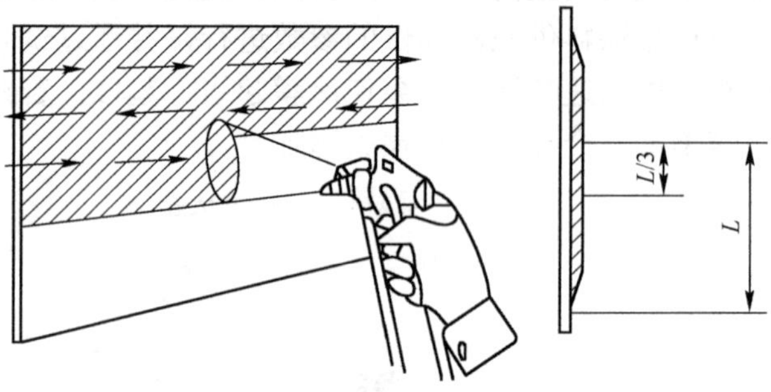

图 10-37　喷程的重叠方式

3．涂料的调制

对于双组分涂料应加入固化剂，然后根据涂料使用说明书的要求及环境温度的不同加入稀释剂进行稀释，以达到要求的施工黏度；对于其他涂料则直接加入稀释剂进行稀释。

涂料黏度的大小直接影响施工质量，黏度过高将会使表面粗糙不均、产生针孔和气孔等缺陷；黏度过低则会造成挂流、失光使漆膜形成得不丰满。不同的涂层对涂料的黏度要求也有所不同，所以，车身涂装作业中应根据技术要求调整黏度，并养成使用黏度计进行测量的习惯。

1）调黏度用工具

（1）黏度计。涂装工为了更好地达到涂装效果，在漆料调配时应该考虑涂料的黏度。常用的黏度工具有如图 10-38 所示国产涂-4 黏度计和如图 10-39 所示美国福特 4 号杯（Ford cup4）。

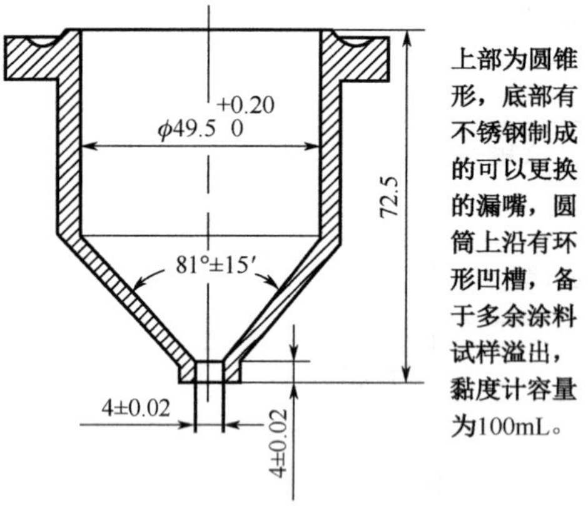

图 10-38　涂-4 黏度计

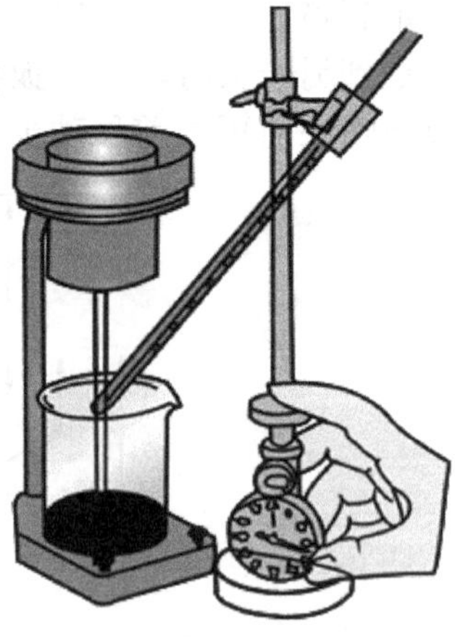
图 10-39　美国福特 4 号杯

（2）油漆调配比例尺。为了避免油漆、稀释剂等的称重调配，世界各油漆生产厂商供给一批油漆调配比例，便于油漆工操作简化。如 ICI 公司提供的调配比例选用铝质底材，每边用不同颜色蚀上不同比例的刻度，其中黑／绿一面是为调配比例为 2∶1、稀释剂用量的质量分数为 5%～40%的产品而设计的，另一面黑／红一面则是为 4∶1、稀释剂用量的质量分数为 5%～40%的产品设计的。

（3）调黏度工艺。

步骤 1：按工艺规定黏度分几次加入适量稀释剂，用油漆调配比例尺调配。

步骤 2：过滤。如图 10-40 所示无论哪种涂料都必须过滤后使用，液态涂料的过滤，通常用铜丝网或不锈钢丝网制 120 目～180 目的网筛过滤；装饰性要求高的涂料品种，应用 180 目以上的筛网过滤，也可采用先粗后细的两次过滤方法，以提高过滤速度，过滤时，不要使用硬质工具在筛网内搅拌，以免损坏筛网。在采用集中输漆的场合，涂料的过滤是通过安装在供漆管路上的过滤器进行的。

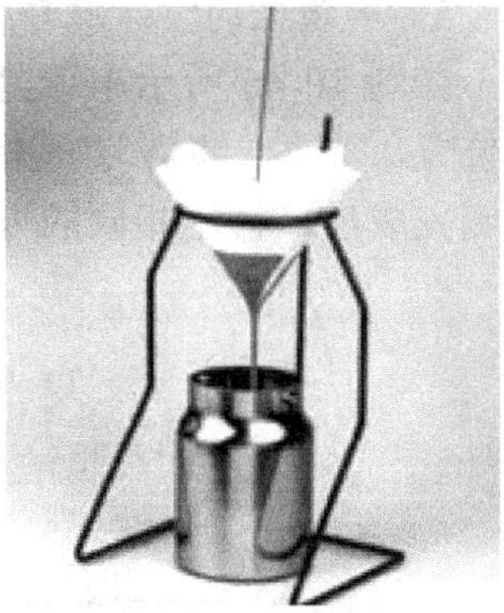

图 10-40 过滤

步骤 3：用手指堵住黏度测量杯底的小孔，将过滤后的涂料倒入杯内至规定刻度线。

步骤 4：松开手指，同时用秒表记录时间，直到全部滴落完毕，则所记录的时间即为所调涂料的黏度。

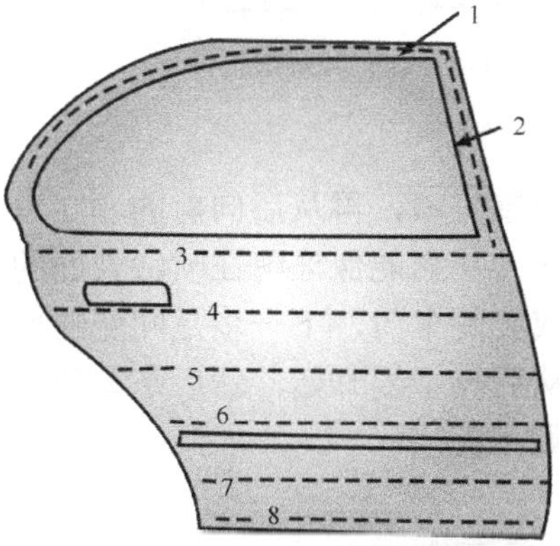

图 10-41 车门的喷涂顺序

4．不同板件走枪顺序

1）车门的喷涂顺序

按照如图 10-41 所示车门喷涂顺序，首先喷涂车门框的顶部，然后下移直到车门的底部。如果只喷涂一个车门，首先应喷涂车门边缘；喷涂门把手时应该特别小心，因为某点的涂料太多会产生流挂。

2）前翼子板的喷涂顺序

按照如图 10-42 所示前翼子板的喷涂顺序，对发动机罩的边缘和前翼子板的翻边应该首先喷涂，然后是前照灯周围部分、面板的凸起部分，最后是面板的底部。

3）后翼子板的喷涂顺序

如图 10-43 所示后翼子板的喷涂顺序，首先喷涂边缘，然后喷涂后翼子板和车顶板的连接面板。如果无法一次完成，就把这个区域分成两个部分，要注意中间的重叠部分，若重叠太厚易产生流挂。

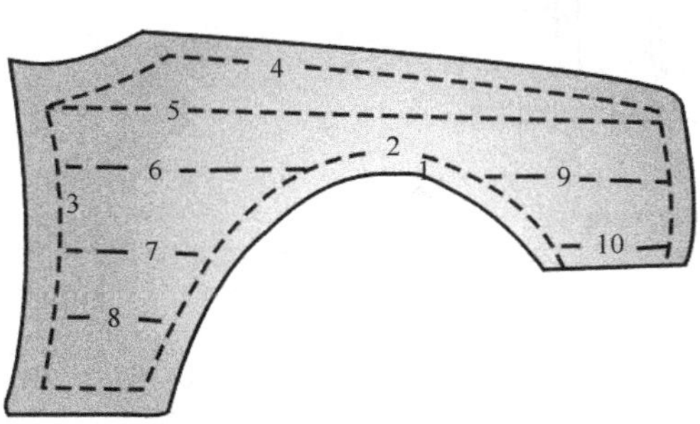

图 10-42 前翼子板的喷涂顺序

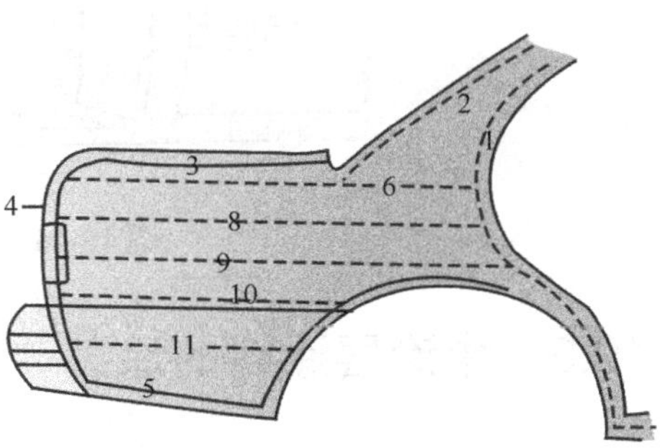

图 10-43 后翼子板的喷涂顺序

4）发动机罩的喷涂顺序

如图 10-44 所示发动机罩的喷涂顺序，首先喷涂发动机罩的边缘，然后是发动机罩的前部，下一步是在翼子板的侧面，从中心开始向边缘进行喷涂；另一侧也使用相同的方法喷涂。

5）车顶盖的喷涂顺序

如图 10-45 所示车顶盖的喷涂顺序，为了方便对车顶盖进行喷涂，喷漆时应站在一定高度位置，以便能够均匀喷涂到车顶中间。首先喷涂一侧的风挡边缘，然后从中心向外边喷涂；一侧完成后，再用相同的方法完成后部和侧面。

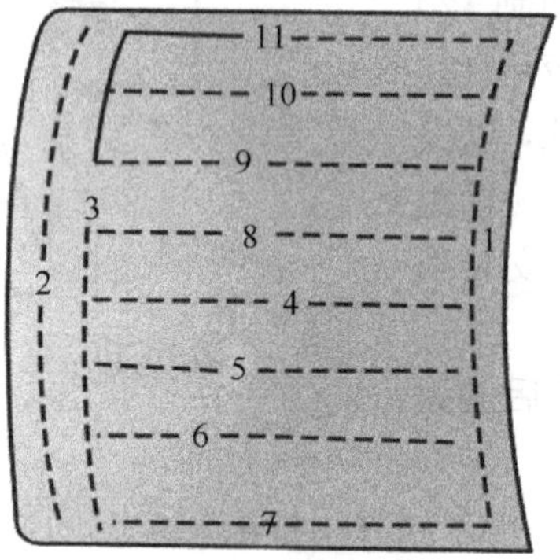

图 10-44　发动机罩的喷涂顺序

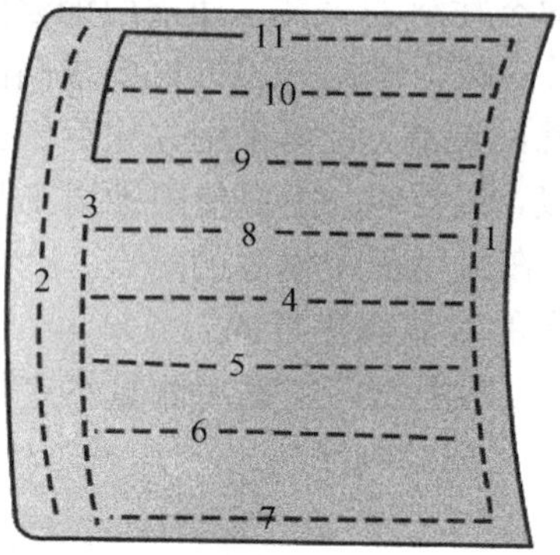

图 10-45　车顶盖的喷涂顺序

6）整车喷涂的走枪顺序

按照如图 10-46 所示，整车喷涂的走枪顺序，车顶难喷位置先喷，再从后向前的顺序进行喷涂。在横向排风的房间里，离排风扇最远的地方首先喷涂，从而能保证附在喷漆表面的灰尘最少，使漆面更光滑。首先对车顶盖喷涂，然后是左侧或右侧车门，下一步是同侧的后翼子板，接着是行李舱盖和后围板。对汽车另一侧的喷涂是从后翼子板开始，然后是车门和前翼子板、发动机罩、前裙板、门窗框，最后对另一侧的前翼子板喷涂。

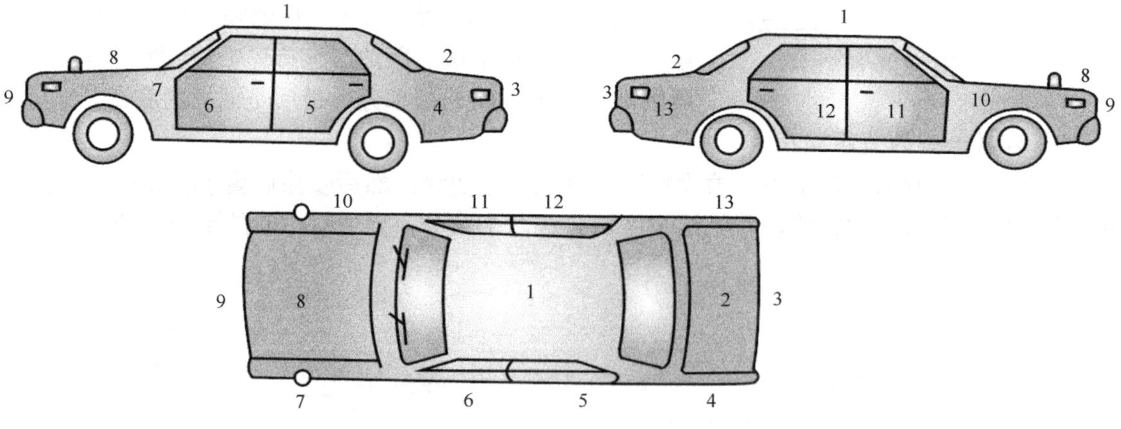

图 10-46　整车喷涂的走枪顺序

10.3　中涂层涂料的涂装

对于裸露的板材，经过对其进行表面处理和喷涂底漆后，一般需要进行中间涂装。因为大多修补漆层经处理后，板材表面都不够平整，特别是经过钣金处理后的板材表面，由于凸凹较大，底漆很难将其填平，如图 10-47 所示。此时用涂腻子的方法进行处理。

图 10-47　底漆对基底的填平能力

由于底漆的填平能力有限，因此要在面漆喷涂前进行中间涂料的涂装。中间涂料涂装的目的是填平、过渡、提高附着力。

10.3.1　腻子刮涂与打磨

1．刮腻子的准备

1）刮腻子所用的工具

刮腻子又称打腻子，是一项手工作业。其常用工具有调拌腻子盒、腻子拖板、腻子铲刀、腻子刮刀等，如图 10-48 所示。

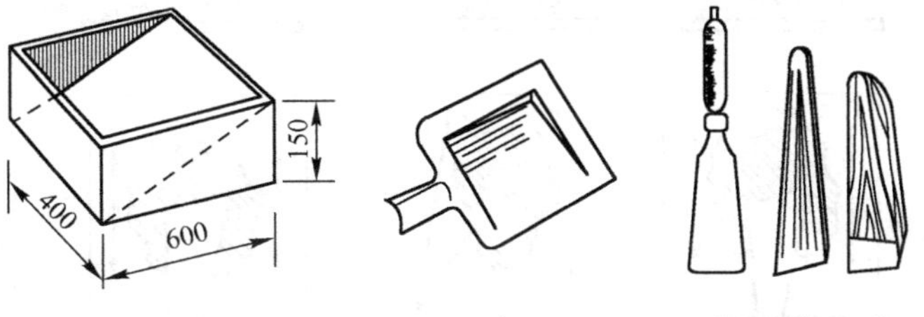

1—调拌腻子盒；2—钢铁腻子托板；3—腻子铲刀；4—牛角刮刀；5—橡胶刮刀

图 10-48　刮腻子的常用工具

刮刀是刮腻子的主要工具，刮刀又分为牛角刮刀、橡胶刮刀、钢片刮刀等。

钢片刮刀由木柄和刀片组成。刀片用弹性较好的钢板制作，要求刃口平直。

橡胶刮刀采用耐油、耐溶剂的橡胶板制成，外形尺寸和形状根据需要确定。橡胶刮刀有很好的弹性，对于 刮涂形状比较复杂的表面非常适用，尤其是圆角、沟槽等处特别适用。

腻子拖板用钢板或木板等制成，在刮腻子时放少量腻子以方便施工。也可以用较厚的大刮刀代替。

2）准备腻子

（1）确定腻子用量。为了确定需要准备腻子的多少，需要评估表面被损坏的区域和损坏程度，根据实际需求分析腻子用量。

（2）取腻子。腻子装在罐中时，其组成成分会分离，所以在取出前要彻底混合。混合后按比例从相应罐内取出腻子和固化剂，然后及时将罐子盖好。

（3）腻子配比调和。多数腻子按照腻子和固化剂配比，冬季 100:3，夏季 100:2，进行调配，若固化剂过多，干燥后就会开裂；若固化剂过少，腻子就难以固化干燥。注意不能一次取出太多的腻子进行调和，因为调和后的腻子会很快固化，如果还没有刮到规定部位就已经固化，就不能再用了，会造成浪费。一般在 20℃下，腻子不超过 5min 左右就会固化。

3）腻子的调和

（1）取腻子。如图 10-49 所示，倒出罐子以前，必须彻底混合。装在罐子中的固化剂也是如此。腻子罐每次用后必须盖好，以防溶剂蒸发。如果溶剂蒸发了，要向罐中倒入专用的溶剂。将适量的腻子基料放在混合板上。然后按规定的混合比添加一定量的固化剂。

（2）拌合腻子。如图 10-50 所示，按照一定比例取出腻子和固化剂，并按照如图 10-51 所示将腻子和固化剂进行均匀搅拌，搅拌时固化剂要均匀。

图 10-49　取腻子

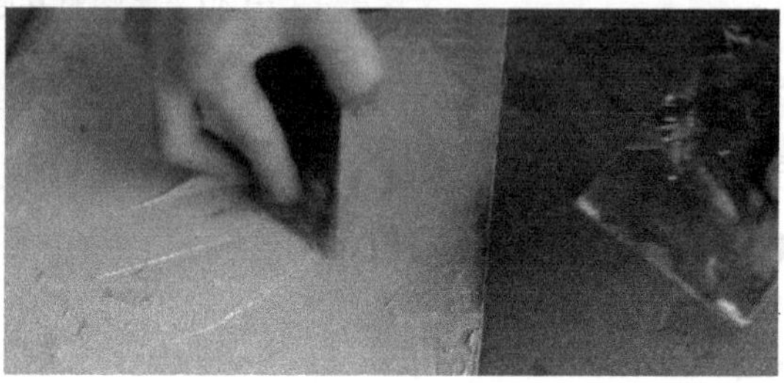

图 10-50　拌合腻子

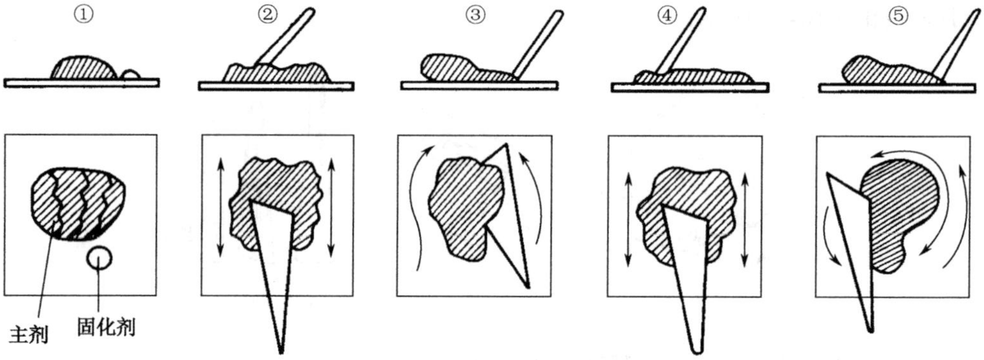

图 10-51　拌合腻子顺序

2. 刮腻子的方法

（1）刮刀的握法。

① 直握法如图 10-52 所示。

② 横握法如图 10-53 所示。

图 10-52　刮刀直握法

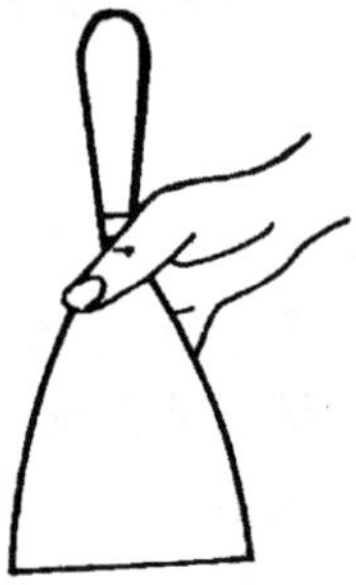

图 10-53　刮刀横握法

③ 其他握法如图 10-54 所示。

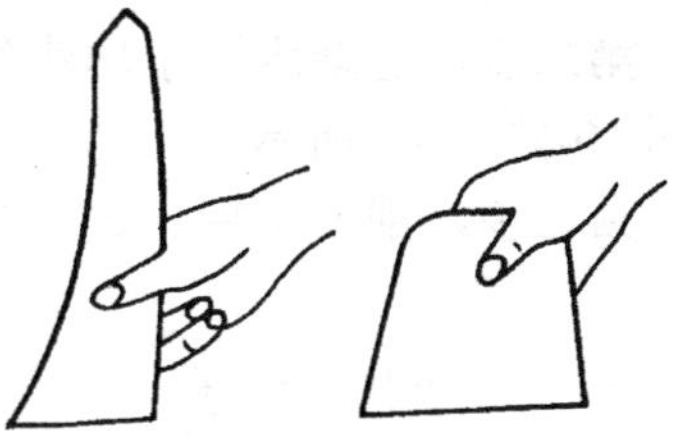

图 10-54　刮刀的其他握法

2）刮腻子的手法

（1）往返刮涂法。

往返刮涂法是先将腻子敷在平面的边缘成一条线，刮刀刃口呈 30°～40° 向外推向前方，将腻子刮涂于低洼处，多余腻子挤压在刮刀口成一条线。这种方法适合于刮涂平面物体。

（2）一边倒刮涂法。

一边倒刮涂法如图 10-55 所示，将刮刀只向一面刮涂。其顺序是从上往下刮，或者从前往后刮。这种方法适合刮涂汽车翼子板、发动机盖等部位。刮涂腻子的方式有满刮和软硬交替刮两种，其中：满刮又分填刮和靠刮；软硬交替刮又分“先上后刮”和“带上带刮”；另外还有“软上硬收”、“硬上硬收”和“软上软收”等。刮涂腻子时应将刮具轻度向下按压，并沿长轴方向运刮，每次涂刮腻子的量要适度，避免造成蜂窝和针孔。

（3）刮涂方式。

刮涂腻子时应将刮具轻度向下挤压，并沿长轴方向刮，每次涂刮腻子的量要适度，避免造成蜂窝和针孔。对于区域性填补应注意运刮的方向，如图 10-56 所示。

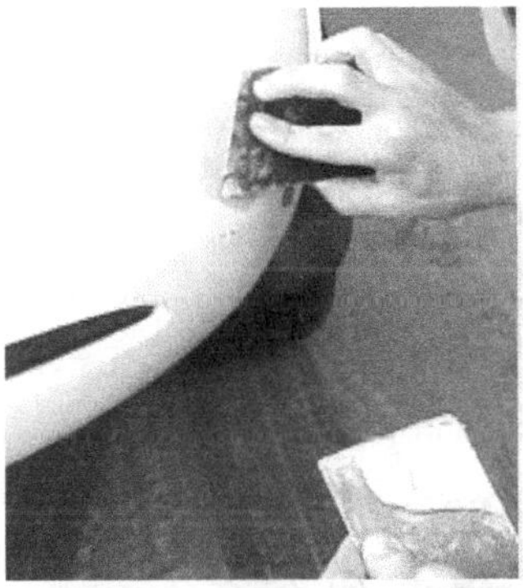

图 10-55　一边倒刮涂法

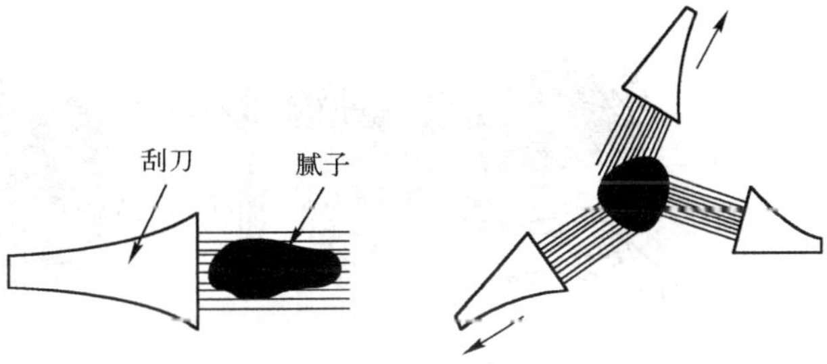

(a)刮刀和腻子　(b)运刮方向

图 10-56　刮刀的运刮方向

刮涂腻子的运刮方式主要有满刮和软硬交替刮两种。其中满刮又分为填刮和靠刮；软硬交替刮又分为“先上后刮”、“带上带刮”等。

① 填刮。目的是用较稠的腻子分若干次将构件表面凹陷填平，填刮时主要用硬刮具靠刃口上部有弹力的部位与手劲配合进行操作。

② 靠刮。靠刮所用的腻子稠度稍低，用于最后一两次的刮涂，适合刮涂平滑构件面。刮涂时用硬刮具，靠刃口的作用进行刮涂，使腻子刮得薄、刮得亮。

③ 先上后刮。是先将腻子逐一填满或刮平，然后再用硬刮具将其收刮平整，适应较大面积的刮涂。

④ 带上带刮。是边上腻子边将腻子收刮平整的一种方式，适用于较小面积或形状比较复杂部位的刮涂。

3）局部修补时腻子的刮涂

局部修补时腻子刮涂一般分为三步，其刮涂方法如图 10-57 所示。

第一步，先将腻子薄薄地抹到金属表面上一层，刮刀要加上一定的力，以提高腻子与金属表面的附着力，如图 10-57（a）所示。

第二步，逐渐用腻子填满修补的凹坑，刮涂时刮刀的倾斜角度通常为 35°～45°为宜，如图 10-57（b）所示。

第三步，刮刀保持一定的角度，轻轻刮平修补表面，如图 10-57（c）所示。

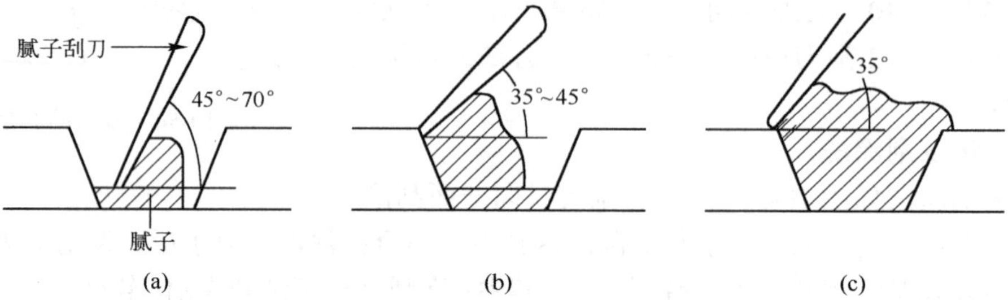

图 10-57　局部修补腻子的刮涂

4）大面积刮腻子

如图 10-58 所示大面积刮腻子时，使用宽刮刀比较方便。比如车顶、发动机罩、行李箱罩、车门等，使用宽的橡皮刮板，可以提高刮涂速度。另外曲面刮涂，应使用橡胶刮刀。根据被刮涂面的形状，使用弹性不同的刮刀，可以促使作业合理化。使用弹性刮刀刮涂曲面时，也要注意掌握刮刀的角度。

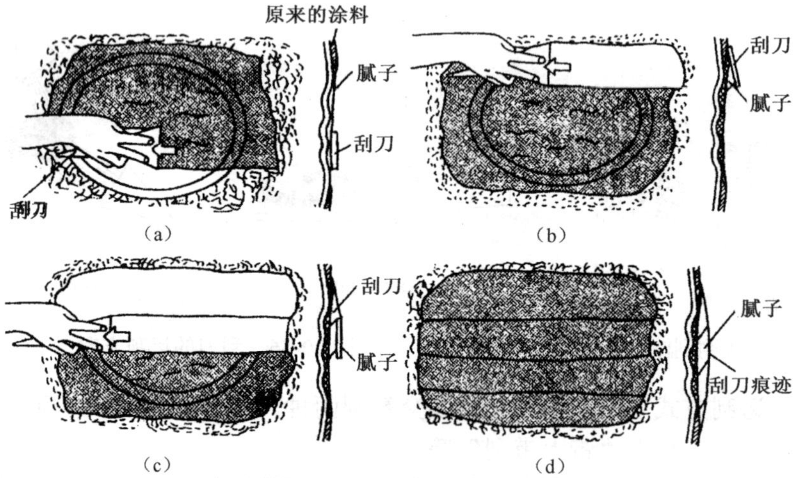

图 10-58　大面积刮腻子

5）刮腻子的注意事项

（1）刮涂前被涂装表面必须干透。

（2）应在一两个来回中刮平。

（3）刮涂时，四周的残余腻子要及时收刮干净。

（4）如果需刮涂的腻子层较厚，要多层刮涂时，每刮一道都要充分干燥。

（5）腻子刮涂工具用完后，要清洗干净再保存。刮刀口及平面应平整无缺口，以保障刮涂腻子的质量。

（6）夏季天气炎热，温度较高，腻子容易干燥，成品腻子可用稀料盖在上面，冬季放在暖处，以防结冻，用时可加些清漆和溶剂。

（7）如果刮刀在各道施涂中，仅向一个方向移动，腻子高点的中心就有所移动。这种情况很难打磨，所以刮刀在最后一道中必须反向移动，以便将腻子高点移回中央。

（8）腻子必须比原来的表面高。

（9）腻子施涂在工件表面上的范围，必须以在磨缘过程中所留下的打磨划痕为限。

（10）施涂腻子要快。

（11）腻子在固化中会产生热。一定要确认腻子已经凉透了，才能将之弃置。

3．腻子的干燥与打磨

1）腻子的干燥

新涂装的腻子会由于自身反应热而变热，从而加速固化反应。一般在施涂后 20～30min 就可以进行打磨。如果气温低或者湿度较高，腻子的内部反应速度降低，则需要较长的时间来进行固化。一般为了加速固化，可以给腻子进行另外加热，一般采用红外线灯或干燥机进行加热，使其固化，如图 10-59 所示。

给腻子加热一定要控制加热温度，加热时腻子表面温度应保持在 50℃以下，以防止腻子分离或龟裂。对于涂层比较薄的地方，由于反应热少而表面温度较低，从而延缓涂层比较薄的地方的固化速度，因此，要检查涂层薄的部分，以确保腻子的固化充分。

2）腻子的打磨

腻子刮涂干燥后，为了使腻子表面平整光滑，应进行必要的打磨。其打磨方法有锉刀粗锉削、打磨机打磨和手工打磨等。

（1）锉刀粗锉削。腻子锉刀如图 10-60 所示，有圆锉、半圆锉和平锉三种，可根据腻子层和车身曲面的状态分别使用。

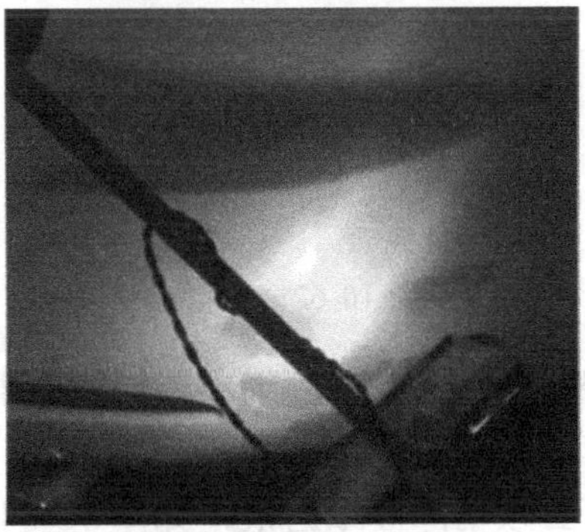

图 10-59　腻子干燥

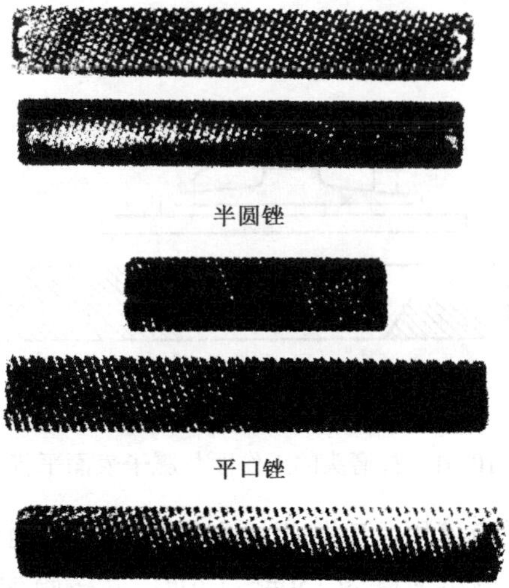

图 10-60　腻子锉刀

第一步，要先用半圆锉锉削。

第二步，为消除半圆锉锉痕，使用平锉进行第二次锉削。

如果最初腻子表面比较平整，可以开始就用平锉。

新刮涂的腻子厚度一般都会较厚，超过实际需要，所以最先可以用锉刀初步锉削腻子表面，完了再使用打磨机进一步打磨，以提高工作效率。

锉刀锉削时，一般先用半圆锉进行锉削，锉削时不宜用力过大，防止留下很深的锉痕。然后用平锉进行锉削，目的是消除前一次的锉痕，保证锉后平整度。

（2）打磨机打磨。

锉削后的表面用打磨机进行进一步打磨。打磨机打磨时要注意控制，不要施力过大，应将打磨机轻轻压住，靠旋转力进行打磨。打磨时要根据填补面积和腻子类型选择打磨用砂纸的粒度。

打磨的要领是，将打磨机轻压在腻子层表面，左右轻轻移动打磨机，切忌使劲重压。打磨头的工作面应保持与腻子表面平行，如图 10-61 所示。

修补腻子的边缘交接处及其周围的旧涂膜，原来打磨留下的砂纸磨痕，可使用双动式打磨机或小型往复式打磨机予以消除，砂纸粒度采用 240#。

（3）手工打磨。

使用打磨机打磨的表面，不能保证平整度，必须还要进行手工打磨。操作时用打磨板进行打磨比较方便，打磨板的大小应与打磨作业面积相适应。如果能充分利用模块进行打磨，可以加快打磨的速度同时，提高打磨质量。为了避免出现打磨痕，可按照如图 10-62 所示砂纸顺序进行打磨。

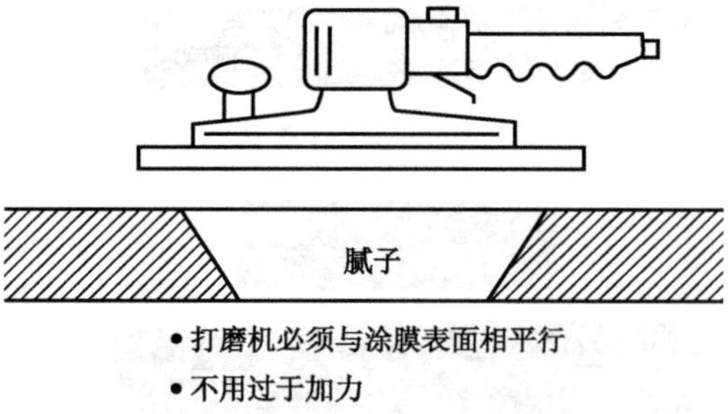

图 10-61　打磨头的工作面与腻子表面平行

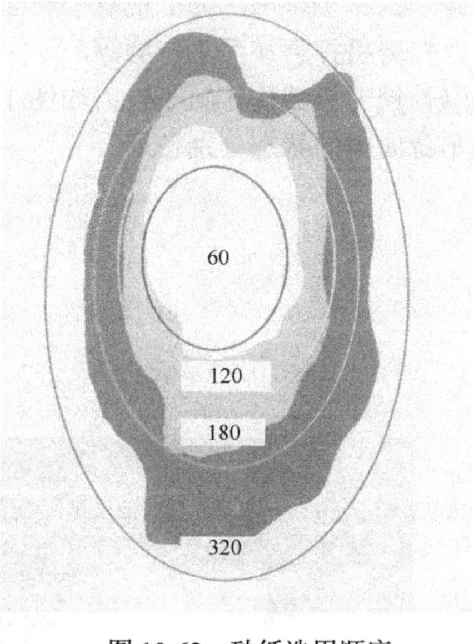

图 10-62　砂纸选用顺序

最后应使用手工打磨板和橡胶模块，由手工打磨修整，彻底清除细小的凹凸不平。手工打磨所用砂纸粒度为 150#～180#，并按照如图 10-63 所示的打磨顺序进行打磨。

修补腻子或复合油灰表面的打磨，最后一道工序必须消除砂纸磨痕，如图 10-64 所示。

修补腻子与旧涂膜的边缘交接处，消除砂纸磨痕非常重要，否则这些痕迹会渗透到涂膜表面，导致整个涂装工作前功尽弃。

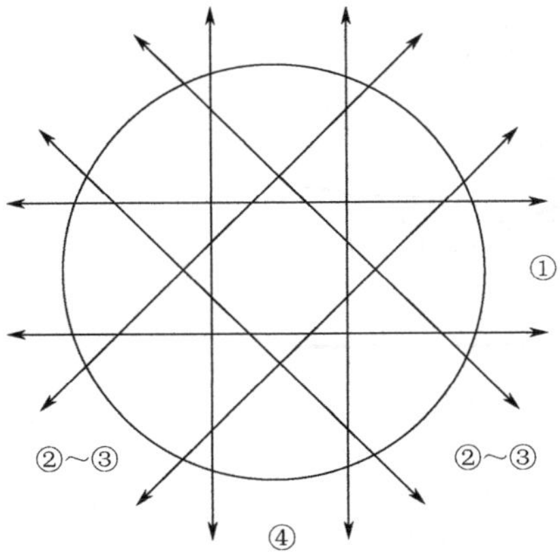

图 10-63　打磨机的移动方向

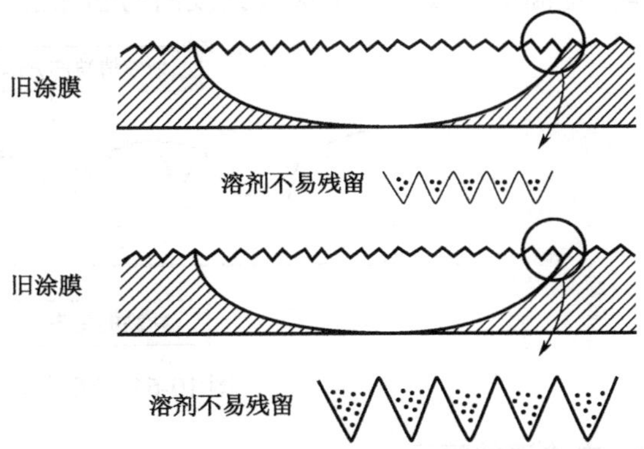

图 10-64　消除砂纸磨痕

手工打磨后，如果发现有气孔或小的伤痕，应马上进行修补，如图 10-65 所示。

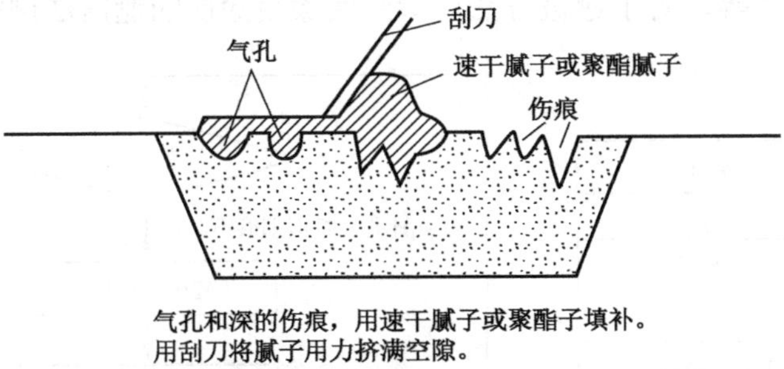

图 10-65　气孔和伤痕的修补

3）干打磨的注意事项

（1）应根据不同打磨机的特点，按用途分别使用；

（2）根据不同的要求，正确选用砂纸粒度。

（3）应在腻子固化过程中最适宜的时期进行打磨作业。硬度适宜的区间一般为刮涂腻子后 25～70min。

10.3.2　中涂漆的喷涂与打磨

腻子刮涂并打磨后，由于干燥收缩，会在表面留下凹凸不平的点，即使经过手工精打磨操作，依然不能满足喷涂面漆的要求。另外，腻子表面打磨留下细小的划痕，也不适宜直接喷涂面漆，一般需要喷涂中涂漆。

1. 中涂漆的作用

对腻子层表面的气孔进行油灰填平后，由于油灰干燥后的收缩，会在表面留下凸凹不平点，如图 10-66 所示。尽管经过手工精打磨操作，但也不能满足喷涂面漆的需要。另外，腻子表面打磨后，仍会留下细小的划痕，也不适合直接喷涂面漆，此时一般需要喷涂中涂漆。

中涂底漆的主要作用：

（1）填补平整表面；

（2）防锈保护功能；

（3）防止面涂涂料溶剂浸透隔离功能；

（4）提高旧漆膜与原子灰或钢板面与面涂的附着力功能。

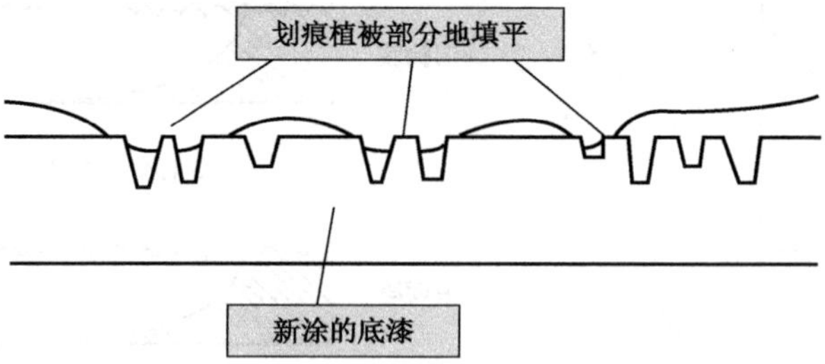

图 10-66　腻子收缩时的情形

2. 中涂漆的喷涂

可参照底漆的喷涂方法，对于喷枪的各项调整应参阅所用中涂漆的使用说明。

中涂漆也称二道底漆，一般情况下，中涂漆的喷涂施工程序如图 10-67 所示，还应按程序进行脱脂处理、遮盖等，对于遮盖方法可参照底漆喷涂前的遮盖法进行作业。

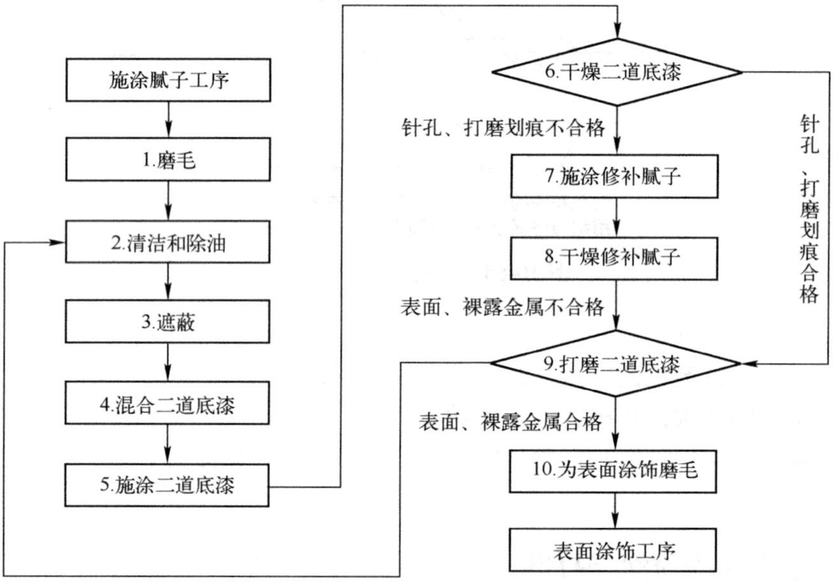

图 10-67　中涂漆（二道底漆）的施工程序

中涂漆喷涂结束后，应仔细检查涂装表面有无砂纸打磨痕迹、气孔和其他缺陷，如果有缺陷，可以采用硝基类速干油灰修补。

（1）喷涂前的准备。先用压缩空气清除表面粉尘。若进行过湿打磨，应做去湿处理，使被喷涂表面干燥。粉尘清除干净后，再用脱脂剂作脱脂处理，经遮盖后方可喷涂中涂漆。

为了保证喷涂质量，对带喷涂的板件应作如下处理。

② 用压缩空气清除表面的粉尘。

③ 若进行过湿打磨，应作去湿处理如图 10-68 所示。

④ 为了避免喷漆缺陷还应进行除尘和除油处理，除尘和除油时应一手干，一手湿的方法进行操作如图 10-69 所示。

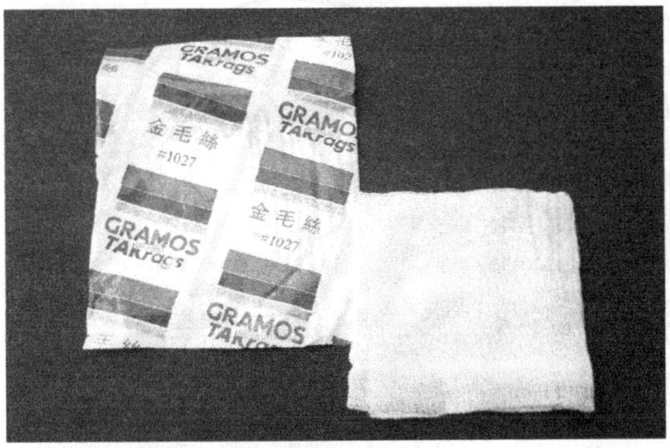

图 10-68　去湿处理

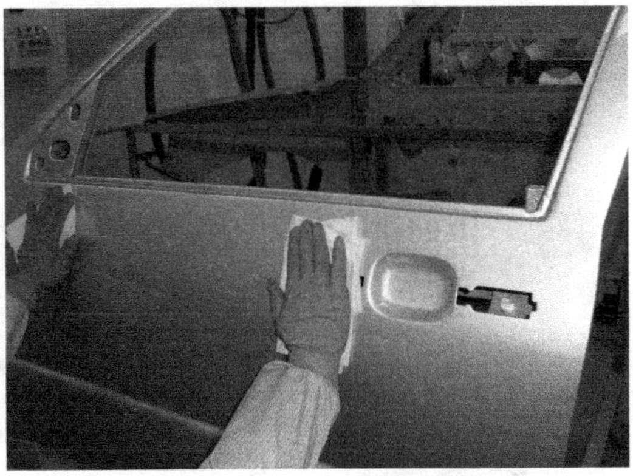

图 10-69　除尘与除油

（2）涂料的调制。根据涂料说明书建议的各成分比例（主剂、固化剂和稀释剂）按程序调整好中涂底漆的黏度，如图 10-70 所示。

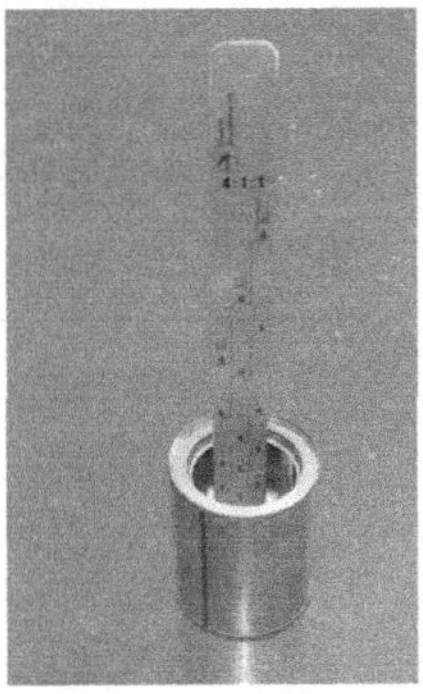

图 10-70　涂料的调制

（3）涂料装枪。喷枪口径一般在 1.7～1.9mm，上吸式和重力式都可以，按照如图 10-71 所示进行喷枪调整，分别调整气压调节阀、调整漆量调节旋钮和扇形调节旋钮。

① 选择合适的喷枪，将调好黏度的中涂底漆通过漏斗过滤后装入喷枪漆罐内。

【注意】放主剂和固化剂的容器，使用之后一定要盖严实。

② 将喷枪通过快速接头接入压缩空气系统。

③ 检查：喷杯上的气孔，无污垢堵塞；喷杯上密封圈无渗漏等。

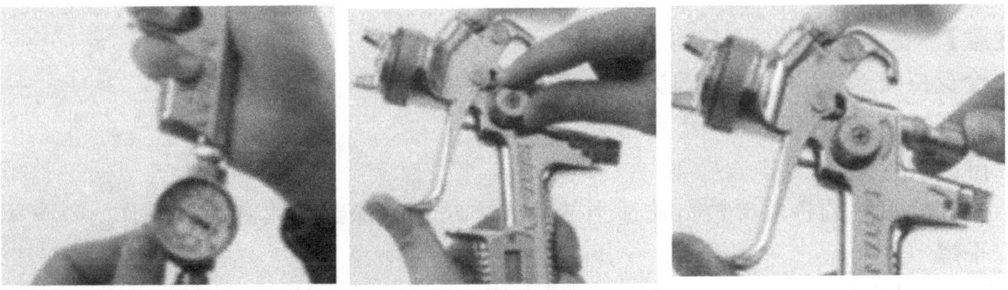

（a）调整气压　　（b）调整漆量　　（c）调整扇形

图 10-71　喷枪调整

（4）试喷涂。萨塔喷枪喷涂气压力以 200kPa 为宜，喷枪距离为 15cm 左右，喷枪的运动应保持与涂装面相垂直，先进行试喷，观察雾形如图 10-72 所示，调整出合适的雾形之后进行正式喷涂操作。

（5）喷涂操作。按照如图 10-73 所示喷涂顺序进行喷涂，第一遍重点喷涂腻子刮涂区域，主要填充腻子的打磨痕，第二遍不仅起到遮盖腻子同时起到部分填充的作用，同时利于后续涂层在车身的附着能力，第三遍喷涂便于中涂漆的打磨。喷涂面积按照如图 10-74 所示，不能有遗漏。

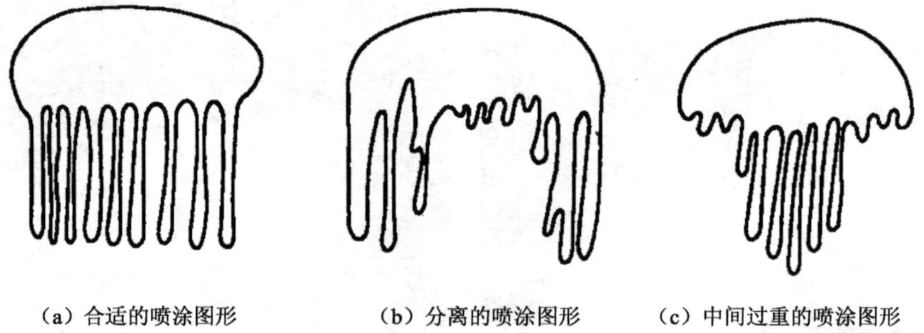

图 10-72　试喷雾形

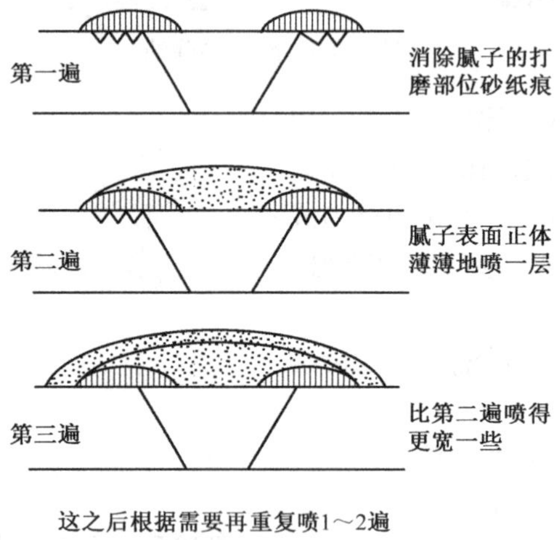

图 10-73　喷涂顺序

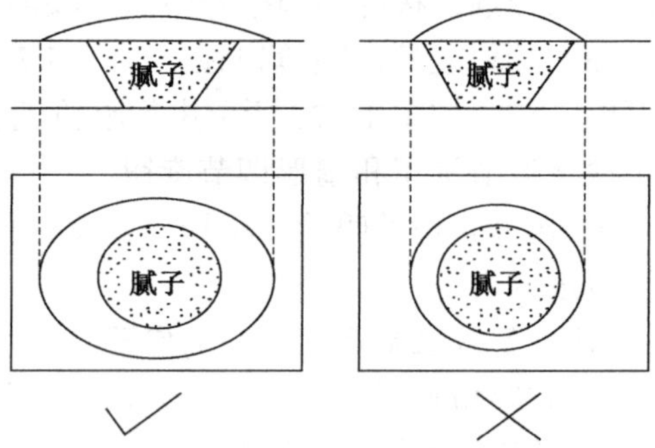

图 10-74　喷涂面积

【注意】

① 检查待喷涂表面，再次确认可以喷涂中涂漆。

② 检查遮盖是否有遗漏和不严密处。

③ 再次进行除油操作。

④ 控制好喷涂的各项参数，按适当的喷涂方法及喷涂路线实施喷涂操作。

3. 干燥

喷涂之后需要进行闪干 10～20min，或者烤灯进行烘烤。如果干燥不充分，不仅打磨时涂料会填满砂纸，使作业难以进行，而且喷涂面漆之后，往往出现涂膜缺陷。

4. 打磨

（1）干打磨。用双动式打磨器进行打磨，所用砂纸粒度以 240#～280#为宜。用往复式打磨器，砂纸粒度以 280#～320#为宜。

打磨时应注意不能只打磨喷涂了中涂底漆料的部位，旧涂膜与中涂底漆的交界区域也应进行打磨。

用手工打磨板干打磨时，也应使用软磨头或橡胶块，砂纸粒度为 280#～400#，均匀地横向打磨。打磨时，为了防止磨到修补区之外的漆面，最好在需打磨区域的边界处用胶带保护。

必要时应涂打磨指示碳粉。

干打磨结束后，拆去遮盖，用吹风机进行清洁，也可用黏性抹布擦拭打磨表面。

（2）湿打磨。湿打磨一般采用 320#～600#耐水砂纸。当面漆为金属闪光涂料时，可以用

400#砂纸。若面漆为硝基涂料时，用600#砂纸。

打磨结束后，对玻璃滑槽缝、门把手、玻璃四周等边缘部位，要用刷子沾上研磨膏进行打磨，清除残余的污物。也可以使用脱脂剂代替研磨膏，但不能省去此项作业。打磨方向与干打磨机同。手工打磨时使用的垫块应柔软。

10.4 面漆的喷涂

10.4.1 色漆的调配

对于汽车涂装的配色来说，就是涂料（油漆）的配色。是调配各种色漆（面漆）的色彩。配色是用几种色漆，按标准样板、色卡或者标准色漆来配制出一种新色漆的方法。配色是涂装前工作准备的一项专门技术，是一种精心细致的工作。

1．色彩的基本知识

色彩的基本知识主要是色彩的理论知识，色彩理论是建立在物理光学、视觉生理学、视觉心理学以及美学等学科基础上的综合性科学。色彩理论揭示了色彩的本质，是颜色匹配的理论基础。

人能辨色需要具备光线、物体、观察者三个条件，称为视觉的三要素如图10-75所示。

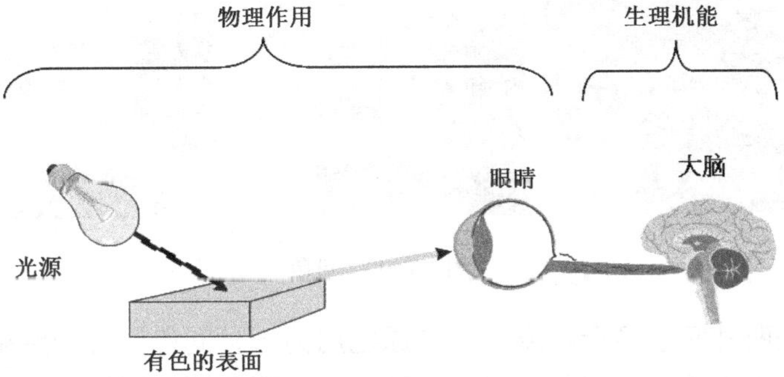

图10-75　视觉过程

1）光与颜色

颜色是光作用于物体的结果，是物体对光的反射、透射和吸收综合作用的结果。不同的物体在同一种光源下有着不同的颜色，而同一物体在不同光源下的颜色也不同。通常指某物体的颜色，是指在太阳光线作用下呈现的颜色。人肉眼之所以对自然界的物体有色的感觉，是因为各种物体对落在它上面的光线有选择的吸收、反射和折射的结果。例如，某物体吸收了红光，而反射出绿光，则看到的物体就是绿色，吸收了蓝光而反射出黄光，此物体就是黄色。

太阳光透过三棱镜映在白色的屏幕上，就形成一条按一定次序排列的彩色带，如图10-76所示。彩色带由红、橙、黄、绿、青、蓝、紫七种颜色的可见光组成，光的这种现象称为光的色散，彩色带称为光谱。

将红、黄、蓝色三种光能混合成白光，即人眼能感觉到的白光就是由这三种色光组成。所以红、黄、蓝三种色光称为光的三原色。

2）颜色的种类和变化

颜色的种类非常多，大约有 800 万多种。通过分析颜色的变化规律，得出符合光谱色中存在的三个最基本的原色，即红、黄、蓝色是颜色中的三原色，这与光的三原色是有区别的。颜色中的数百万个，都是以原色按一定的规律混合而调配成的成色。

（1）原色。原色也称基色如图 10-77 所示，是指可以混合成其他色彩，而其他色彩不能混合出来的色。如调配色漆，可以用红、黄、蓝三种色漆作为原色，调配出各种各样的颜色。

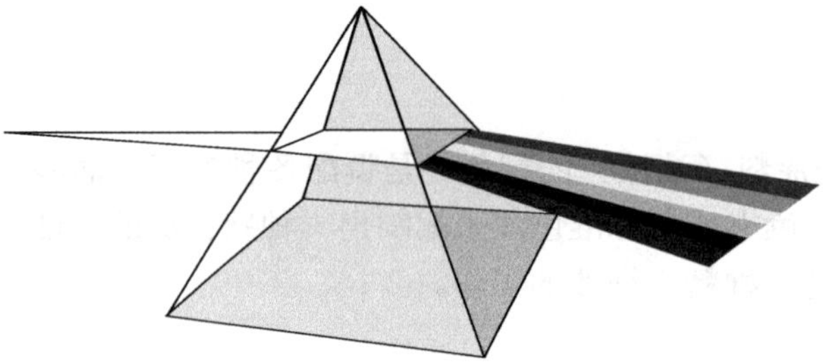

图 10-76　太阳光散射现象

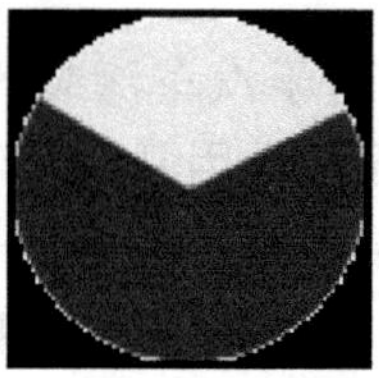

图 10-77　三原色

（2）间色。也叫二次色，是两种原色混合的结果如图 10-78 所示，间色也只有个，即红+蓝=紫；红+黄=橙；黄+蓝=绿。

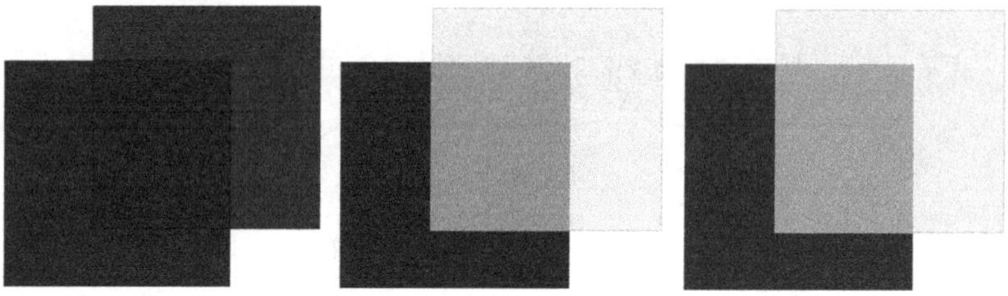

图 10-78　间色

（3）复色。是两种间色混合，或者一种原色用另一种间色混合的结果。通常所说的混合漆就是指复色漆。用黑色漆或白色漆与一种原色漆或间色漆相互混合的色漆也称复色漆。

（4）补色。也称余色，是指在调色时，原色中的一种与其他两原色的混合色（间色）相对照而形成的色彩关系，如红与绿、黄与紫、蓝与橙等。当两个间色混合调为复色，与其对应的另一个间色也称为补色，如图 10-79 所示。

（5）消色。在原色、复色中加入一定量的白色，可调出粉红、浅红、浅蓝、浅天蓝、淡蓝、浅黄、牙黄、奶黄等多种颜色，颜色的深浅不同；而加入黑色可调出棕色、灰色、褐色、墨绿色等不同的颜色。由于白色和黑色起到了消色的作用，因此将白色和黑色称为消色。

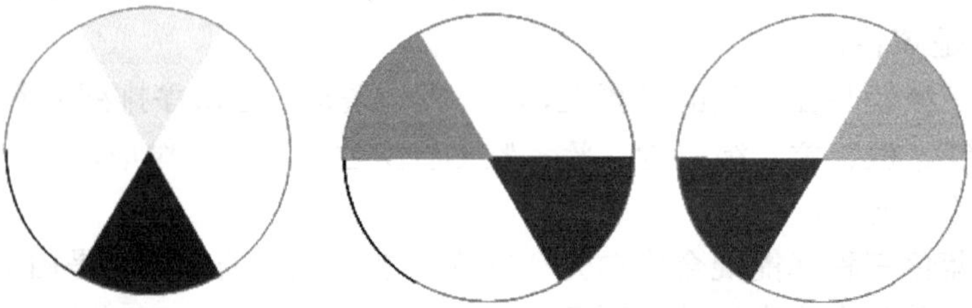

图 10-79　补色

3）颜色的调配

在调配颜色的过程中，如果以基本色调配时，首先要找出主色，并依次找出调整时使用的其他颜色，最后才可以加入补色和消色。两个相近的色相进行调配时，一般可以调出鲜艳的颜色。补色是调整灰色调，所有颜色与其补色相调都会调出灰色调，是较为沉着的色调。在调整过程中，补色加入一定要慎重，要少量慢慢地加入，否则一次加入过多就很难调整过来。复色调整时应该将主、次弄清楚，按比例顺序逐步加入，并边加入边混合，随时观察颜色的变化。等调整的颜色的色调调好后，再调明度，最后调整纯度。调配颜色时要有顺序、有层次、按步骤进行，以保证调整又快又准确。

2. 色漆的人工配色

车身维修涂装分为全车涂装和补漆涂装两大类。全车涂装又分为用原来颜色涂装和改变颜色涂装。整车涂装配色比较容易，而补漆涂装因要求颜色的误差小，越接近越好，在没有先进仪器设备的情况下进行配色，比较困难。现在一般都利用先进的仪器进行配色，但是，人工配色方面的知识是基础，在利用仪器配色过程中，也起一定的作用。

1）色漆配色前的准备

在调配前应该对原来色漆进行观察和分析判断，首先要观察色相是红色、蓝色还是绿色，然后分析是由哪种颜色组成的，进一步判断组成颜色中的主色、次色、再次色的大致比例。

如果是金属光泽漆，还应该分析金属闪光色的方向性。

配色的顺序是先确定出主色（原色）、次色（间色）、补色，然后按先放主色，再加次色，最后加补色。

2）配色的主要程序

（1）确定颜色配方。根据颜色分析结果，明确要调配的复色漆有几种原色组成，并初步确定主色、次色和补色，可通过试配小样来辨别颜色，确定各种颜色的大概比例。

（2）颜色的配制。先加入主色，然后加入其他次要的色料，并不断搅拌，使其互溶。遵照先主后次、由浅入深的原则，先取得近似所要调配的颜色，并以此为基础，进一步判断所需加入的色料，这时候一定要少加多搅拌，并随时与样板颜色对照比较，不可急于求成。如果觉得十分接近，可进行试喷。

（3）对比分析。将配好的色漆试喷后，待干透后与原车漆进行对比。如果经对比与原车漆颜色不同，应进行分析是否是以下原因造成的。

① 色漆配制方面的原因。配方、搅拌、稀释剂用量等。

② 原车漆方面的原因。原车漆褪色与否，方法是检查不外露表面，如果已经褪色，可扩大修复部位。

③ 喷涂方面的原因。是否未干透，一般干燥后颜色要深些，喷涂的厚度，厚度大的颜色要深些。

（3）颜色调整。试喷后经过颜色对比，确定需要加入哪一种颜色，少量进行加入调整，使之逐渐接近标准色或者原车漆膜颜色，除此之外，还要对明度、色相、纯度进行适当的调整。

3. 电脑配色

电脑配色也称电脑调漆，是根据电子计算机技术的发展，利用先进技术，将复杂的配色过程变得精确、简单、规范，目前电脑配色在涂装技术中已经得到广泛的应用。

1）电脑配色的基本原理

在电脑配色过程中，电脑就像一个大型的色漆配方资料库，其中储存着所有色卡配方，或者电脑资料光盘为用户提供各个汽车制造商不同品牌、年款的各种颜色的编码的标准配方。如果电脑调漆中心或汽车维修厂有相同的颜色编码的色漆，可以直接选用；若没有相同颜色编码的色漆时，可将颜色编码输入电脑，查出各个单颜色的组分和重量，调配时，技术人员就可以按其组分和重量进行配色。

2）电脑配色设备简介

电脑配色设备如图 10-80 所示，由可见光分光光度仪、电子计算机、配色软件等部分组成。

（1）可见光分光光度仪。它由光源、单色器、积分球、光电桥检测器、数据处理系统等部件组成。其作用是将测得涂成层的光谱反射率曲线，通过库贝尔卡、芒克配色理论计算出涂层颜色的准确数据，测出颜色，再通过电脑配色软件进行调色。

（2）配色软件。由色质检测软件、调色软件等部分组成，主要作用是建立储存基础颜色（颜料种类和用量）数据库。使用时先确定基础颜色和色母，然后输入每种色母的光谱反射率曲线（不同波长的吸收系数和散射系数），再根据输入数据进行调色，即新购置的配色软件是不会配色的，必须先将该漆的色号输入配色系统，配色软件才能用输入的色号数据进行配色。

（3）电子秤。又称配色天平，是一种称量涂料的专用天平，帮助计算适当的混合比。常用的电子秤量程可达 7500g，精确度为 0.1g。电子秤由托盘秤、电子显示器和集成电路板等组成。

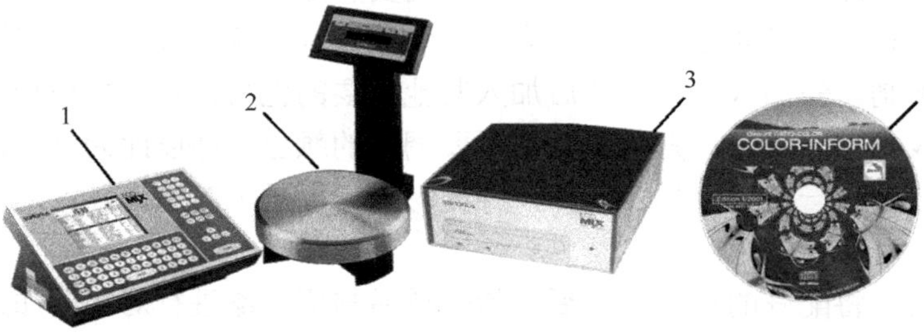

1—CD 读取机器；2—电子秤；3—主机；4—CD 光盘软件

图 10-80　电脑调色设备

3）电脑配色的操作过程

（1）确定漆种。首先要确认所需要修理车面漆的漆色品种，一般有两种方法：一是直接查取车身颜色编码，如果无法查取，则需要用色标卡进行比色测定。

色标卡，是一种专门印制的涂料颜色卡片。按其颜色的品种和同一品种的不同色度而制定的标准颜色卡片，在卡片上标注其数码编号，每一个色标卡编号就是色漆的标志。如图 10-81 所示，表示为一种紫色漆的不同色度的色漆，301A5 色度最浅，301H1 最深。每一个方块色中间有一个圆孔，在认定汽车面漆时，首先目测出近似原车面漆的色标卡，然后将色标卡铺在车身表面，从色标卡方块的圆孔中露出车身面漆颜色，找出与色标卡最近似，甚至一样的那个方块，这样测出车的面漆就是那个方块的数码所代表的色漆。

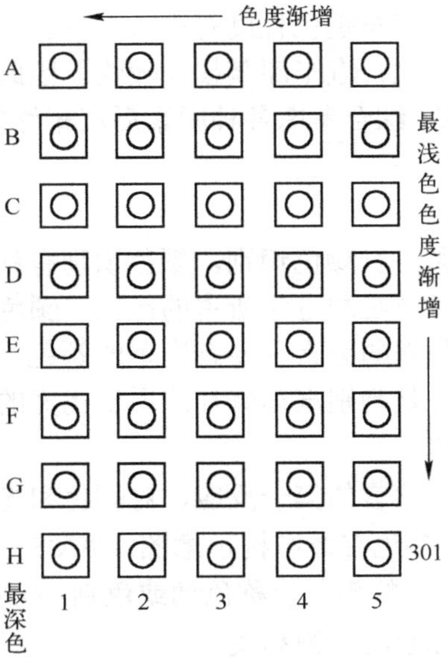

图 10-81　色标卡编码示意图

（2）配漆。如果测定车的面漆数码为 301A5，而库存中又没有现成的这种色漆，则将此编码输入到电脑中，从电脑屏幕上就显示出 301A5 的配方。如 956 为 179.9g；744 为 1.5g；957 为 71.8g；666 为 81.5g；333 为 153.4g。根据以上配方，用电子秤称量出各组分的质量，按比例量出所需用量，放入一定的调配容器中，用手工或机械搅拌均匀，按施工要求调到所需浓度，色漆的调配就完成了。

4）电脑配色的特点

（1）配色标准、速度快、效率高，为汽车修补涂装配色节约了时间，效率高。

（2）用电脑配色时，必须储备一定量的各种品种的色漆配方和色号，如果储备的数量和品种规格不足，就很难按要求准确地配出所需要的该种颜色。

（3）所采购的各种数码色漆必须保证质量，如果质量不好，用电脑肯定配不出理想的颜色来。

（4）无标准色号的色漆不适用于电脑配色。

（5）对单色漆的储存放置应按色号数码的规律放，使其标准化，防止出错。

（6）电脑配色所需的设备和软件的功能差别不大，使用时可按要求进行购买或配套。

4．汽车修补漆的调色

汽车修补涂装按修补工作的不同，分为局部修补涂装和整车修补涂装。局部修补涂装是对一些事故或修复不当造成的某些部位漆膜的修补工作。整车修补涂装是由于汽车使用年限较长或由于其他原因造成车辆褪色、漆膜老化或对车辆进行改色等对整个车辆进行重新喷涂的作业。汽车修补涂装的工艺要求复杂，尤其是在调色上，要考虑到汽车的颜色、面漆的质地和面漆的状况，使修补面与原涂层的外观、光泽、颜色达到基本一致，需要操作者有丰富的实践经验和高超的操作技术。

1）调色目的

调色是汽车修补漆修补成果好坏的直接因素。调色的主要目的是使修补漆和原厂漆的视觉误差和触感误差降到最低，以使修补漆接近于原厂漆的颜色、光泽以及防老化的效果。由于不同汽车生产厂家和不同型号的车所用面漆在使用色母和漆膜成型的环境不同，使在不同光照条件下和不同使用环境中，汽车褪色程度有很大差异。例如：在工矿城市及沿海地区，因环境中含有的硫、盐分影响较大，汽车漆膜损伤较快。因此，在汽车修补面漆的调色过程中，应考虑褪色面漆的变化情况。综合考虑各种因素后汽车修补后的漆膜与原漆膜色差变小，会使调色更加准确。

2）调色前准备

汽车修补漆在操作之前必须进行颜色识别，颜色识别有利于弄懂油漆配方，包含那些配色基料以及每一种基料的含量以及在配方中所占的比例。颜色标定的准确与否直接影响汽车的外观整体感觉。而影响汽车外观的因素主要有汽车的颜色、面漆的光泽、质地和面漆的状况。特别是汽车的颜色和光泽，是判别汽车修补漆质量优劣的主要依据。

（1）影响颜色和光泽的因素。

修补漆的颜色和光泽是人眼感官的第一反应，对颜色和光泽进行描述主要有明度、色相和纯度，如图 10-82 所示的蒙赛尔色立体结构示意图。明度是指颜色的明暗程度也称明亮度、亮度或光度；色相即人的眼睛看到的颜色也称色调或色别；纯度指颜色含该色量的饱和程度，是对颜色色觉强弱而言的，也称彩度或饱和度。

事实上，对于汽车修补漆在不同光源下会出现不同的颜色效果，而色相、纯度和明度都会有一些区别，这是因为不同光源中各种彩色光线的含量不同。如图 10-83 所示为条件配色，一台绿色修补漆的轿车车门，在维修厂光线下，维修后无色差，在太阳光线下颜色偏深。这是由于日光和修配厂的灯光中的光线各种光波含量不同，而出现的视觉色差。因此在汽车修补漆颜色识别时应以太阳光为调色基准，观察对比色应在阳光下进行，以减少由于调漆人员造成的颜色差异，造成条件配色。

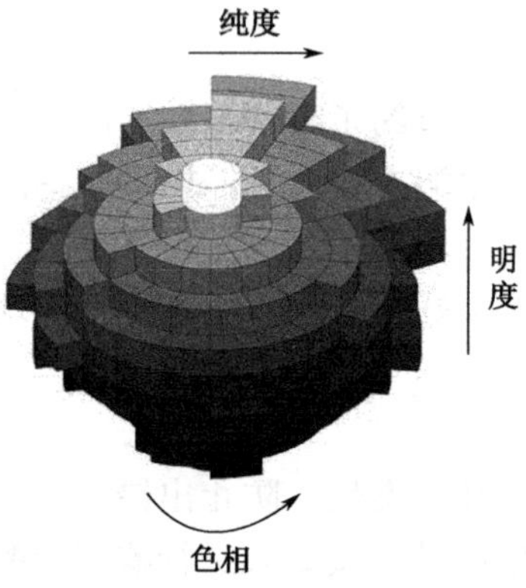

图 10-82　蒙赛尔色立体结构示意图

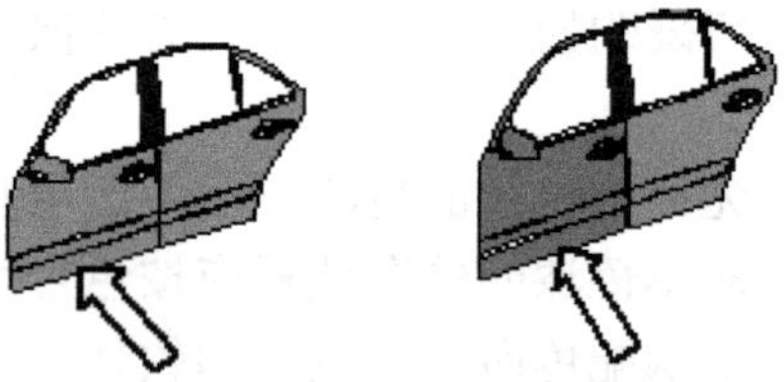

1—维修厂光线下（无色差）；2—日光光线下（颜色偏深）

图 10-83　条件配色

（2）原厂漆面类型的确定。

方法一：通过目测判断漆膜类型。先正面观察漆的颜色效果，若颜色单一，没有闪光则认定为纯素色漆。若通过正面观察有金属状的颗粒，再通过侧面观察同样有均匀金属状颗粒，并大小均匀、排列规则，则认定为金属漆。若经侧面观察有强烈反光并与正面观察效果差异较大，并伴随有不均匀的闪光颗粒则为珍珠色漆。

方法二：通过溶剂判断漆膜的干燥类型，如果用蘸有硝基漆溶剂（俗称香蕉水）的白布在隐蔽处或漆膜损伤处摩擦漆膜，观察漆膜溶解的程度。如果漆膜溶解较快，并在布上留下印迹，则是自干漆；如果没有溶解或溶解较慢，则可能是烘漆或双组份漆。如果是丙烯酸聚氨酯漆，则溶解较慢同时会有溶剂内渗现象，使漆膜颜色变浅，光泽变弱。

方法三：通过漆膜硬度确定漆膜类型，如用硬度计如划格器进行测试，但是使用硬度计进行测试时需要破坏原漆膜。一般双组份漆和烘漆的漆膜的硬度比自干漆硬度要高，由于烘漆和双组份漆干燥条件决定漆膜组织的形成，一般硬度超过 2H。

（3）识别原厂汽车的初始颜色。

方法一：通过汽车上的漆码获得原厂色。对原厂汽车颜色的识别是配色的基础，根据汽车生产厂家的漆码获得原厂色，如图 10-84 所示为部分车型原厂漆码位置。同时确定原厂色中各种色母及成分的比例含量，通过准确识别以减少修补漆配方与原厂漆配方的差异。几乎所有品牌汽车的漆码，可以在各种汽车牌号漆码位置图上找到。根据汽车生产厂家的漆码，通过生产原厂漆厂家提供的配方进行色卡比对，进而配出颜色相近的修补用漆，通过微调及多次反复试喷获得可使用的修补漆。

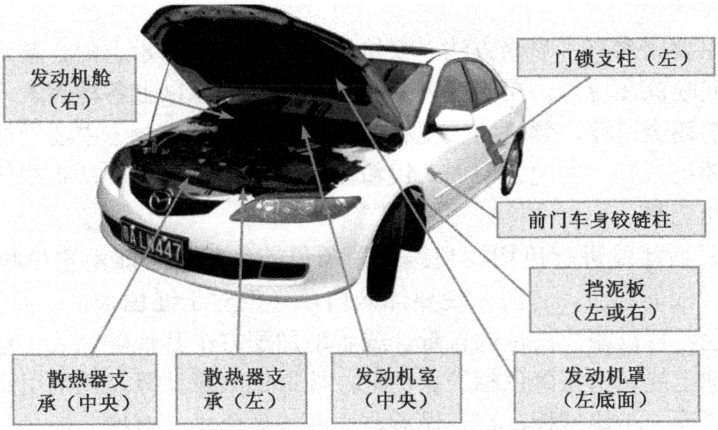

图 10-84　部分车型原厂漆码位置

方法二：根据对比色卡的方式确定原厂漆的颜色。每一个车漆生产厂家都会针对各种颜色喷涂每一个色系的色卡，将修补车的主色系的颜色色卡取出，与汽车的颜色进行对比，通过比较找出最接近的颜色配方，再经微调后获得可使用的修补漆。因为车辆在使用过程中由于保养不当会造成漆膜褪色或失光等现象，利用这种方法较通过色码调得的颜色会更接近于修补的车身颜色。

3）调漆步骤及微调颜色

在汽车面漆的调色过程中，我们应借助不同的喷涂方法对明度、色相和纯度进行调整，以达到修补后的漆膜与原厂漆漆膜效果一致。

第一步：颜色分析。

通过原漆膜颜色分析判断原有颜色及在蒙塞尔系统中所处的位置。在颜色分析中首先考虑原厂漆属于素色漆、金属漆及珍珠漆中的哪一种。同时要考虑待修补位置是否属于原厂漆。

第二步：选择色母并调色。

按照前面判断出的配方选择色母，并在电子秤上依据配方依次加入各色母所占的比例。之后用搅拌尺均匀搅拌并喷涂样板，将样板与车身进行对比，进行对比色时应在阳光光线下并避开中午日光。若是素色漆只比对正面效果，若为金属漆或珍珠色漆应比对正面效果的同时还要比对侧面效果。根据样板比对进行微调颜色，微调时通常应该使用原来配方中的色母进行增减调色而非盲目增删，并依据“先调深浅，再调色调”的原则，同时漆膜干燥后颜色会略变深，所以不管是调素色漆还是金属漆，通常都应将湿漆调得略浅些并注意各色母的相生相克原则。

① 素色漆的微调。配方颜色若较深，应优先加入白色色母进行微调；若配方中颜色若较浅，应加入适量的黑色色母进行微调。

② 金属漆的微调。若金属漆配方中正面颜色较暗，应适当增加配方中已有的银粉色母，同时侧面也变亮；若原来的配方正面较亮应适当加入配方中的黑色色母，同时侧面也变暗；若配方中侧面较暗，适当加入配方中的白色色母，同时正面变暗并略带蓝相；若配方中金属效果不明显，尽量将粗细银粉结合使用以调整金属效果。

③ 珍珠漆的微调。如果某个珍珠漆的正侧面颜色偏相是一对补色，则一定要加入某个干涉珍珠；在珍珠色漆中加入银粉控制剂，感觉上会使正侧面银粉颗粒都变粗，使侧面变亮，正面变暗。

第三步：明度调整。

影响明度的主要因素有：喷涂方法、喷枪压力、油漆的用量、混合料中的颜料用量、溶剂的使用以及车间喷涂环境等，在明度调整时必须综合考虑以上各种因素才能得到合适的漆膜明度。例如，鹦鹉金属漆，颜色的正视和侧视效果太暗，在配方中适当加入主要铝基；颜色的正视和侧视效果太亮，在配方中加入银粉控制剂，可以使亮度从正视转移到侧视。

第四步：色相调整。

在明度调整好后才能进行色相调整。每种颜色的色相只可能沿主色和补色两个方向变化：为了得到比较浅的纯色，一般来说要加入白色（但对于红色来说，要加入橙色）；为了得到比较深的纯色，可以减少白色的含量，或者增加配方中其他颜色的含量。也可以根据涂料厂提供的资料选定能调出正确色相的调色剂，按最低限量计算调色剂用量，经充分搅拌均匀后，通过多层喷涂一小块试板，待干燥后与原面漆颜色进行对比。

第五步：彩度调整。

调整好明度和色相后开始调整彩度。如果要想把颜色调得明亮些，必须重新调整前两个项目。例如：为了纠正一个彩度太强的颜色，可加入黑色、白色或两种都加；如果要使面漆彩度强些，可适当减少黑色、白色或两种都减。

第六步：检查及校正。

可以从三个角度检查：第一，垂直于汽车表面；第二，从刚好超过光源反射线角度；第三，以小于 45 度的角度。检查维修喷涂后的面漆颜色是否与其他部位一致，如不一致需按上述方法重新调整。

5. 色漆调配注意事项

1）正确的观察角度

比较一个颜色需要通过正面和侧面两个角度来观察，简单地说，正面就是当光线从色板的上方射入，保持眼睛的观察角度不变，调整色板的位置直到看到最强的银粉效果但又不至于色板的表面光泽太强而影响比色时的那个角度，而侧面则是将色板调节到可看到最大颜色变化的那个角度，从某种程度上来说，要求侧面颜色的准确程度比正面更高，眼睛直视汽车时，看到的正面远少于眼睛的余光所看到的侧面颜色。

2）颜色的微调

随着汽车保有量的不断增加，汽车颜色出现偏差色在所难免，对配方的微调同样不可避免，通常应该选定一个基础配方，为了节约成本和快捷地调色，通常情况下只对配方内出现的色母进行微量的调整，比如说有一个绿色，配方中有橙色色母和蓝色色母，和实际车色比较其正侧面都偏橙相，当然应该去掉这个橙色色母，但是无法从已调油漆中取出，这时不妨可以增加蓝色的用量，蓝色和橙色互为对比色，增加的蓝色可以消去橙色但同时会使饱和度降低，但无妨，因为把蓝色加入到相邻色绿色这个主色中可以增加饱和度，这个饱和度的增加足以用来抵消降低的饱和度。

3）调漆中色母挂图的使用

色母挂图不应该只是作为装饰，色母挂图上对每个色母的正侧面颜色偏向的指示可以很好地帮助调色，即便是对产品系列不熟悉的调色员，只要正确地判断出所调颜色和实际车色的正侧面颜色的差异，如果配方中需要增加新的色母，就可以很方便地从色母挂图中找出符合这个颜色差异的色母并可以进行微调。

10.4.2 面漆的喷涂

面漆的喷涂由于是喷涂整个涂层外面的一层，其质量直接影响美观效果和涂膜质量，因此面漆的喷涂是整个喷涂作业中至关重要的一个作业过程。面漆喷涂要保证颜色匹配，所谓的颜色匹配是指车身涂层修复时，新涂层与原车涂层颜色一致的匹配方法，是车身涂层修复的一项基本工艺，面漆喷涂操作一般按照如图 10-85 所示工艺进行。

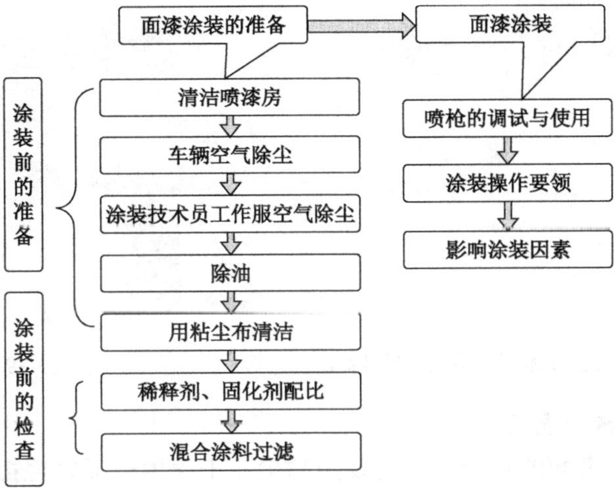

图 10-85　面漆涂装工艺

1．面漆喷涂前的准备

1）清洁烤漆房

首先打开开关，使烤漆房工作。为了防止浮尘在喷涂过程中黏在漆面上，影响喷涂效果，所以在汽车放入以前将烤漆房清洁干净。用水冲刷地板，以防浮沉飘浮在空气中，用空气除尘枪吹落喷漆房壁和天花板上的灰尘，如图 10-86 所示。

2）车辆空气除尘

清洁完烤漆房后，将车开入。用空气除尘枪彻底吹净车施涂表面和相邻区域的灰尘，尤其是板件间隙。同时，要小心除尘枪的喷嘴尖端不要划伤车体表面，并确保除尘时遮盖胶带不会脱落，如图 10-87 所示。

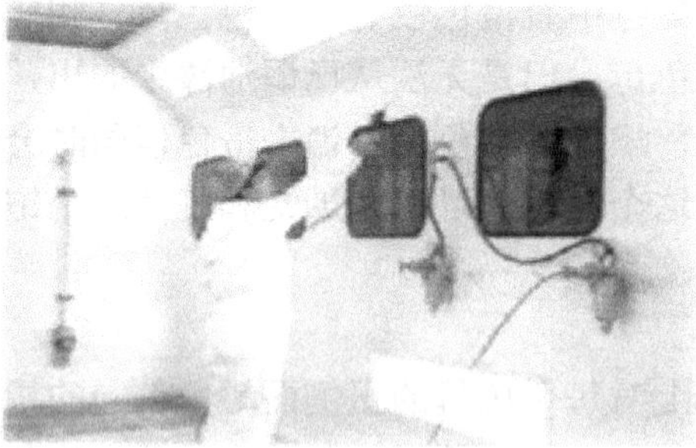

图 10-86　清洁烤漆房

图 10-87　车辆空气除尘

3）涂装技术员工作服空气除尘

进入烤漆房前更换工作服，并用除尘枪吹净衣服上的灰尘，戴上防毒面罩，如图 10-88 所示。

4）除油

清扫和覆盖结束后，用干净的布蘸上脱脂剂，擦拭被涂装表面，除去油渍、污物和石蜡等，如图 10-89 所示。

图 10-88　涂装技术员工作服空气除尘

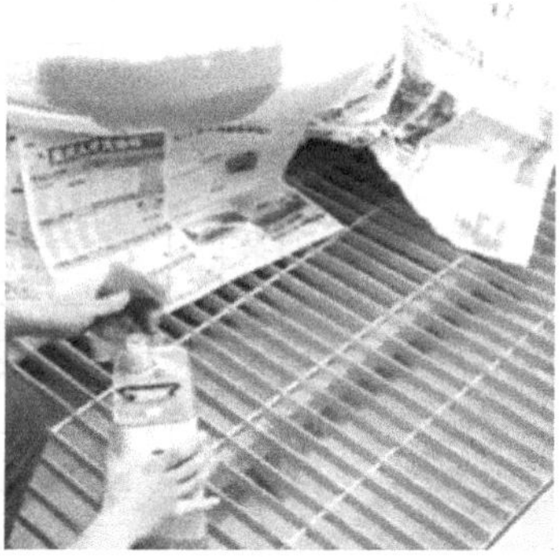

图 10-89　除油

5）用粘尘布清洁待涂表面

用粘尘布擦净待涂表面的灰尘，一定要用粘尘布干净地一面轻轻擦拭，如果用力过重会导致粘尘布内的树脂粘到作业表面上，这样会导致漆面缺陷；之后再用粘尘布清洁作业面周围区域，如图 10-90 所示。

图 10-90　用粘尘布清洁待涂表面

2. 喷涂前的再检查与涂料准备

1）喷涂前的检查作业

在开始喷涂作业之前，下列工作一定要做：

（1）检查全车车身外表有无覆盖遗漏之处；

（2）检查有无打磨作业和清扫作业没有进行完备之处；

（3）检查喷枪和干燥设备有无异常。

2）涂料的准备

（1）漆料调配

将调好色的涂料按所需的量取出，视需要加入固化剂，调整好黏度。（先将主剂和固化剂调配好，再加稀释剂调整黏度。）

（2）过滤

调好的涂料，难免有灰尘和杂质，必须过滤后才能使用，如图 10-91 所示。

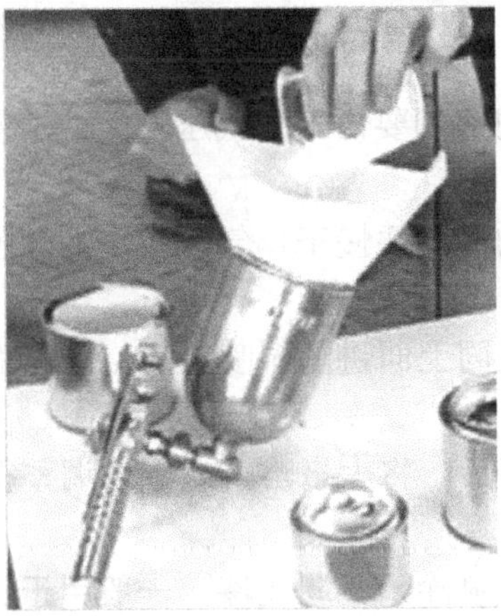

图 10-91　涂料的过滤

3. 面漆喷涂

面漆的喷涂要根据面漆的黏度选择适当口径的喷枪，一般 55 系列选用 1.3 口径喷枪。

（1）喷枪要清洗干净。

（2）在喷涂面漆以前要对喷枪的气压、出漆量和喷幅等做仔细的调整。为保证喷涂质量，还应首先做实验喷涂，以确定合适的喷涂距离、运枪的速度和喷幅重叠程度等（1/2 或者 3/4）。

（3）面漆涂膜的厚度一般要求在 50μm 左右，过薄会使涂膜显得干涩，不够丰满，装饰效果比较差；过厚容易出现开裂等涂膜故障。

如萨塔 HVLP 喷枪喷涂时一般按表 10-1 技术要求（后层应在前层闪干后喷涂）进行喷涂。

表 10-1　萨塔 HVLP 喷枪喷涂技术要求

层数	喷枪 HVLP	距离（cm）	气压（MPa）	遮盖面积	重叠	扇形	雾形	角度
第一层	1.3mm	10～15	0.2	50～70%	3/4	全开	全开	90 度
第二层	1.3mm	10～15	0.2	100%	3/4	全开	全开	90 度
第三层	1.3mm	25～30	0.2	效果层	3/4	全开	全开	90 度

4．面漆的喷涂手法

面漆的喷涂操作与底漆和二道浆的操作基本相同，只是喷涂的手法要求更加细腻一些，以获得良好的色彩光泽效果，如图 10-92 所示。

图 10-92　面漆的喷涂

（1）干喷。指喷涂时选择的溶剂要快干，气压较大，漆量较小，温度较高等，喷涂后漆面较干。

（2）湿喷。指喷涂时选择的溶剂要慢干，气压较小，漆量较大，温度较低等，喷涂后漆面较湿。

（3）湿碰湿。一般讲湿碰湿同上面讲的湿喷有相似的一面，都是不等上一道漆中溶剂挥发继续喷涂下一道漆。

（4）虚枪喷涂。在喷涂色漆后，将大量溶剂或固体调整得极低的涂料喷涂在面漆上的操作称为虚枪喷涂。

（5）雾化喷涂。俗称飞雾法喷涂，又叫飞漆，一般用于金属漆的施工。

（6）带状涂装。当喷涂某个基材表面的边缘时采用此法。此时应将喷枪扇辐调得相对窄一些，一般调整到大约 10cm 宽左右。

5．影响喷涂质量的主要因素

（1）黏度。黏度是液体分子间相互作用，并由此产生分子间相对运动能力的量度，也称液体流动阻力（内摩擦力）。溶剂、稀释剂及温度的变化对液体流动性都有影响。

黏度过高会使表面粗糙不匀，产生针孔和气孔等缺陷；黏度过低会造成流挂、失光，使漆膜不丰满。稀释剂的用量应与温度有关。

（2）温度。既指喷涂室的温度又指构件的表面温度。冬天选用低温稀释剂，夏天选用高温稀释剂或极炎热稀释剂，常温下选用标准稀释剂。

（3）喷枪。必须掌握基本的喷枪调整和使用方法。

6．色漆喷涂注意事项

（1）保证所有的色母被均匀搅拌（每天用搅拌机搅 2 次，每次 15 分钟）。

（2）调好的油漆，在加入稀释剂前后都要彻底地搅拌。

（3）做喷漆样板，检查遮盖力。

（4）适当地烘烤喷出的样板（正确做样板）。

（5）在日光条件下，把颜色和汽车相对比。

（6）微调时，使用配方中包含色母。

（7）不要用多个色母来调色（除非需要修改颜色较暗的情况）。

（8）每次调整后，都要制作样板。

（9）对于底色漆颜色的样板，必须要有清漆层。

（10）在涂清漆前，底色涂层需要足够闪干时间。

7．汽车面漆修补中金属漆的喷涂实例

如图 10-93 所示的车身涂装事故，按照下面的工序进行修补。

（1）首先用除油剂对需要修补的地方进行整体除油，如图 10-94 所示，待干燥后用粘尘布整体除尘，如图 10-95 所示。

图 10-93　修补前漆面

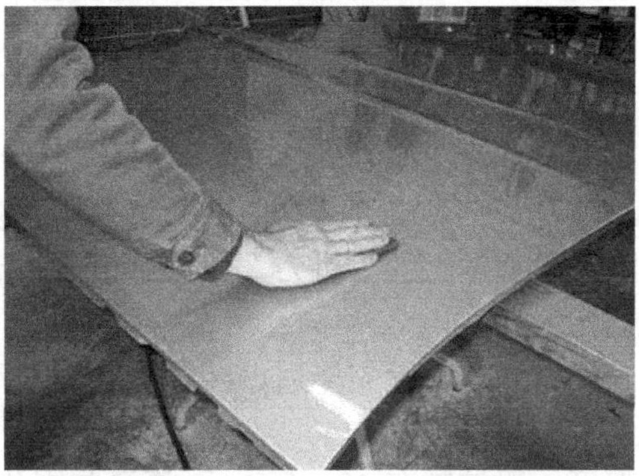

图 10-94　整体除油

（2）第一遍喷涂。根据喷涂面积的大小，将金属漆用稀释剂稀释一定的量，然后在喷涂表面整体虚喷一遍，喷涂的漆层厚度应以能透过金属漆层看到中涂底漆层为准。喷射压力为 290～390kPa，喷涂过程中无须间隔时间。

（3）第二遍喷涂。在第一遍虚喷完毕后，间隔 3min 左右，用粘尘布整体除尘，然后喷涂第二遍。第二遍喷涂的漆层决定了漆面的颜色，此时不必介意金属色斑，漆层应稍厚一些，喷涂面积应稍有扩大。如果喷涂了二遍仍然不能确定漆面的颜色，应间隔 3min 后再重复喷涂一遍。

（4）第三遍喷涂。在第二遍喷涂后，间隔 3min，用沾尘布整体除尘，将喷枪的出漆量调小，喷涂扇面调大，进行第 3 遍喷涂。第三遍喷涂的作用是消除金属色斑，可以再稍添加一些溶剂来降低油漆的黏度，喷涂面积应稍扩大，以减轻新旧漆面的对比。

（5）第三遍金属漆喷涂完后，不能立即喷涂罩光清漆，否则金属漆层中的稀释剂难以挥发出来，应有 5～10min 的时间间隔。这段时间间隔一定不能省略，否则最后的漆面会出现气孔或色斑等缺陷。

（6）第一遍罩光清漆，不要喷涂过厚，以能显示光泽为好，喷射压力应比喷涂金属漆时稍有降低。喷涂第一层清漆时，应将金属漆层完全覆盖。

（7）间隔 8min 左右，喷涂第二层清漆，喷涂面积应稍有扩大，喷枪速度应稍慢。喷涂一遍后，将接口剂倒入喷枪内，从外向内直接在新旧漆面结合处喷涂，然后再由内向外在接口处喷涂即可。

遵照上面所讲的步骤进行练习，在进行几次实际操作后，就能掌握喷涂要领，并能很好地完成喷涂工作。如图 10-96 所示为修补后的效果。

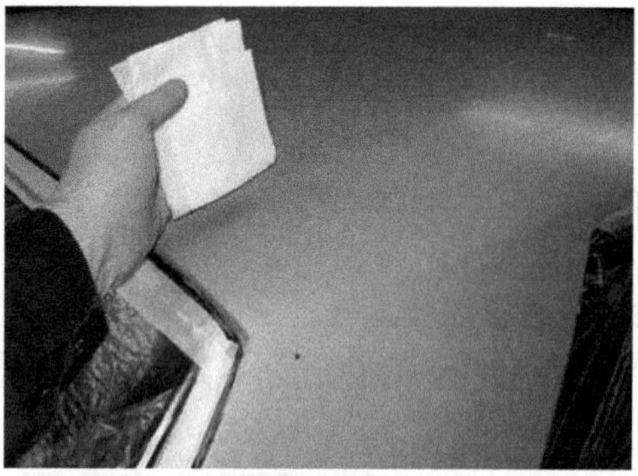

图 10-95　用粘尘布除尘

图 10-96　修补后的漆面

10.4.3　清漆的喷涂

清漆是一种具有许多功能的保护车辆的防护罩，漆层表面应该光滑而有光泽，而且可以多年表现出视觉上的吸引力，并抵御粗糙的清洗。另外，涂层必须有极好的耐候性，能经受环境的伤害。

在底色涂层喷涂完毕后，同样的只要等到涂膜表面完全失光即可喷涂清漆，不必等色底涂膜完全干燥。

厚度一般控制在 40～50μm，清漆与固化剂的比例一般为 2:1 再加（清漆）10%～30%的稀释剂，如图 10-97 所示调配。

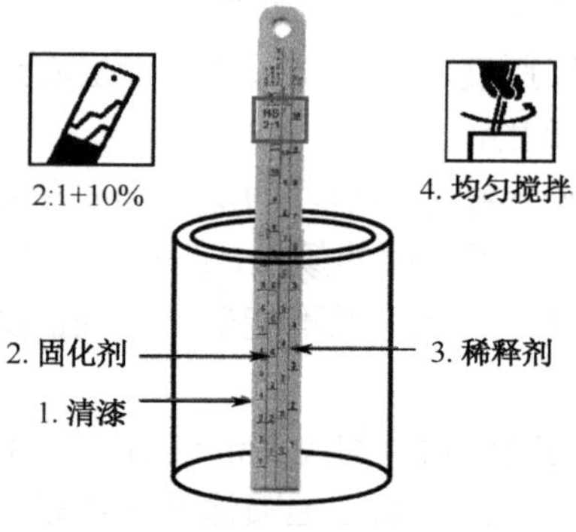

图 10-97　清漆的调配

10.5　水性漆施工

10.5.1　水性漆概述

1．水性漆

水性漆就是以水为稀释剂、不含有机溶剂的涂料，又称为水性涂料。

2．水性漆发展趋势

欧洲（德国）在严格的规范下使用水性漆；美国推广使用水性漆/粉末涂料；日本主要是溶剂型高固含中涂/中固含面漆。

3．水性涂料和溶剂型涂料的特性比较

（1）稀释剂的差别如表 10-2 所示。

水性漆所含溶剂主要是水，树脂分散在水中形成聚合物分散体系；而传统溶剂型漆的溶剂主要是有机溶剂，树脂在溶剂中形成聚合物溶液。

表 10-2　稀释剂的差别

涂料	溶剂	沸点（℃）	蒸发潜热（cal/g）	表面张力（dyne/cm^2）	介电常数（25℃）	挥发速率	熔点（℃）
水性涂料	水	100	540	73	78	36	0
溶剂型涂料	甲苯	110	86	29	2.4	195	-95
	二甲苯	144	83	30	2.6	68	-25

（2）涂料对比如表 10-3 所示。

表 10-3　水性涂料和溶剂型涂料对比

涂料	黏度	稀释剂	PH 管理	起泡性	电阻值
水性涂料	高	水	要	高	低
溶剂型涂料	低	溶剂	不要	低	高

4．水的特性对水性涂料产生的影响

（1）由于挥发性低，易产生针孔、流挂。

（2）由于湿度大影响发挥速率，易产生流挂。

（3）对底材、颜料的润湿性差。

（4）易起泡，并且消泡困难。

（5）静电涂装时需使用不同的方法。

5．水性涂料特性

（1）遮盖力强。

（2）表面张力大，不易开裂。

（3）漆面亮丽，喷涂效果较好。

（4）对于技术设备、环境和喷涂技术有较高的要求。

6．水性漆的储存使用特点

（1）储存：专用保温柜，无需搅拌。

（2）温度：5℃～35℃。

（3）容器：塑料容器，切勿使用金属容器。

（4）过滤：125μm 网眼尼龙滤网。

（5）保质期（合适储存条件下）：

① 开罐已稀释：3 月；

② 开罐未稀释：12 月；

③ 未开罐：4 年。

10.5.2　水性漆施工环境

为了减少 VOC 排放，保护员工安全及对人体的伤害，减少对空气的污染可以使用水性漆进行喷涂。

喷漆室的室体、槽子等受潮部位需全部采用不锈钢。喷漆室内的温度和湿度必须严格控制，施工区域内温度为23 ± 1℃，相对湿度为65% ± 5%，基材或车身温度应保持在喷漆室条件下的露点以上。最佳喷漆室条件如下：

（1）喷涂中涂漆时喷漆室下降风速：

① 手工区 0.45 m/s；

② 静电喷涂区 0.30 m/s；

③ 挥发区 0.20m/s。

（2）底色漆喷涂时喷漆室的下降风速：

① 手工区 0.45 m/s。

② 静电喷涂区 0.30 m/s。

③ 空气自动喷涂区 0.50m/s。

④ 挥发区 0.30m/s。

由于采用水性漆时，喷漆室内的温度和湿度必须控制在很小的范围内，因此采用水性漆时应保证喷漆室的温度、湿度条件。

10.5.3　水性漆喷涂前处理

1．清洁剂选用

清洁剂选用具有静电控制的效果，可以减少漆膜上吸附的灰尘量，在喷涂塑料件时，作用更加明显。用于清洁硅、油脂、脱膜剂，防止其降低涂料的黏附力，利用喷雾器或直接手工操作。在喷涂水性底色漆或水性中涂漆前，对待修补表面进行最后的清洁工作。

2．喷涂前的调整

（1）用搅拌尺或认可的调漆罐，以一定的比例添加水性漆调整剂。

（2）按照调漆尺刻度混合所获得的最适宜的喷涂黏度，将保证完美的应用性能和颜色匹配性。

（3）调漆尺必须保持清洁，刻度清晰。

（4）必须严格按照调漆尺的刻度添加漆料。

（5）在使用调漆尺用于水性漆时，应该先清洁和擦干表面，不要把粘有溶剂的调漆尺插入水性漆里。

（6）不要使用锥型的调漆罐配合调漆尺使用，罐子的形状会无意中严重造成黏度的改变。

3．水性漆过滤

（1）喷枪上安装的内置过滤网不可用水性漆产品。

（2）使用乙烯筛网的标准涂料过滤网，采用200μm～230μm筛网尺寸。

（3）采用3M PPS系统用于喷涂水性漆产品，使用200μm大小的筛网。

（4）特别细密的筛网尺寸将阻止水性底色漆按照所要求的流动速度流动。

10.5.4　水性漆喷涂

水性漆可用空气喷枪、静电空气喷枪或高速旋杯进行施工。

雾化方面的基本情况（如漆料液滴的分散、沉积、喷涂效率等）和溶剂型金属底漆大致相同。但水性漆对流量和漆雾变化更加敏感，如有不当，容易导致漆膜发花和针孔。因此需增加工艺控制内容，如流体环路控制、雾化空气控制、瞬时触发控制和喷枪目标距离环路控制。

1．涂装工序的差别

水性漆涂装工艺体系是：阴极电泳漆＋水性中涂漆＋水性底色漆＋高固体分溶剂型罩光清漆。水性漆的施工工艺与溶剂型漆不同，水性中涂烘干时需增加红外线升温和保温过程，水性底漆喷涂后增加加热挥发过程。溶剂型漆工艺（如图 10-98 所示）和水性漆施工工艺（如图 10-99 所示）分别如下：

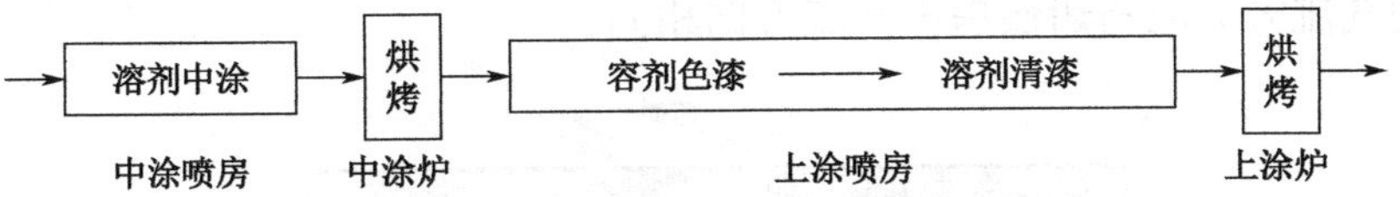

图 10-98　溶剂型涂料施工工艺

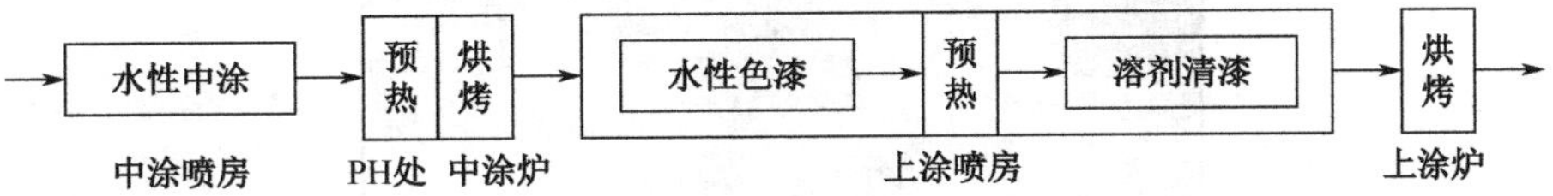

图 10-99　水性涂料施工工艺

2．水性漆的喷涂

使用重力式喷枪（口径为 SART HVLP1.3 或 RP1.3mm）使用两种喷涂方法（干喷和湿喷）。相关参数见表 10-4 所示。

表 10-4　水性漆喷涂参数

层数	喷枪口径	喷枪距离（cm）	喷涂压力（MPa）	遮盖面积	重叠	扇形	雾形	角度
第一层	1.3mm	15～20	0.2	50～70%	1/2	全开	全开	90 度
第二层	1.3mm	20～25	0.2	100%遮盖	1/2	全开	全开	90 度
第三层	1.3mm	25～30	0.2	效果层	1/2	全开	全开	90 度

（1）第一层喷涂。一般按 50%～70%的颜色遮盖进行喷涂，不能喷涂的太湿 。使用文丘里吹风系统闪干表面亚光，经过闪干处理后（表面均匀，没有光泽），再喷上第二层底色漆。

（2）第二层喷涂涂层。均匀地湿涂层（100%遮盖），使用文丘里吹风系统闪干表面至亚光，获得预期颜色和效果的涂层。

（3）½涂层获得颜色和效果

在第二涂层（达到均匀无光泽）之后，喷涂最后效果涂层，喷涂时加大喷枪和面板之间的距离。通过用 P1000 或超精细干打磨，去除缺陷、尘粒；使用底色漆修补打磨区域。

10.5.5　水性漆干燥方式

由于水性色漆和罩光清漆是“湿碰湿”施工的，因此水性漆存在预烘干的问题，即将色漆涂层中的绝大部分水、助溶剂挥发掉。水性色漆涂层的溶剂含量（主要为水）应降低到 10%以下，喷涂的罩光清漆才不至于将色漆层再溶解而产生水泡，影响外观质量。如果在通常的温度条件下闪干，水性色漆的溶剂含量不可能达到 10%以下。

1．自然干燥

在自然条件下，温度和湿度及风速是变化的，干燥速度及成膜质量不稳定。假如在高温高湿或湿度比较大的状况下，涂层容易发白，干燥速度较慢。在低温下，干燥速度很慢；特别是在 5℃下，水性涂料难以成膜。自然干燥具有办法简单、应用普遍的优点，但同时具有干燥速度慢的缺陷。

2．空气对流干燥

常见的强制干燥设备是吹风筒，如图 10-100 所示，周围的空气从文丘里风枪喷嘴后部被吸入，在管内旋转前进，喷嘴出口处空气的流出速率是压缩空气消耗量的 10 倍。在使用吹风枪时吹出的气流方向应与烤漆房内气流方向相同。

图 10-100　文丘里吹风系统干燥

吹风枪不能与漆面垂直，否则将会造成油漆缺陷，待色漆层充分干燥后就可以进行清漆喷涂。应该使吐出的空气顺着喷涂间内的空气流动方向流动。与被喷涂面的入射角必须是 45°，以覆盖整个喷涂表面。进行全车重新喷漆工作时，将喷涂间内空气加热 10 分钟，使室内温度达到 45℃左右，同时结合使用文丘里管系统。

正确使用方法如图 10-101 所示，离待干燥表面太近，文丘里吹风枪效率降低，产生气流不规则，会使尘粒投射到须干燥的表面（如来自遮泥板）。

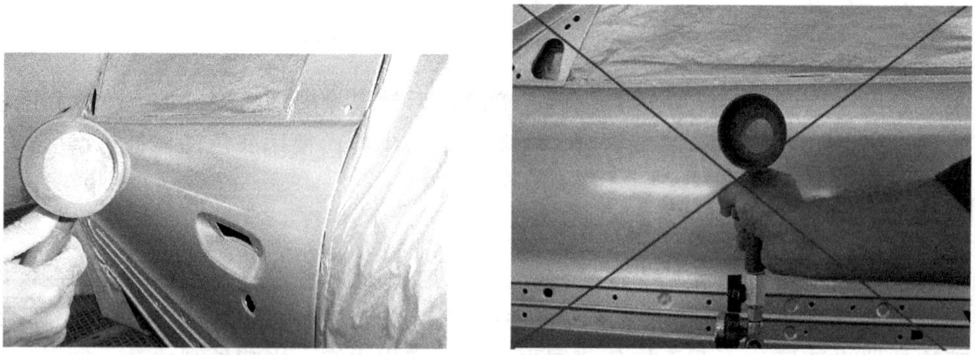

（1）正确用法　　　　（2）错误用法

图 10-101　文丘里吹风筒正确用法

复习思考题

1．什么是涂装表面前处理？
2．去除旧漆层的方法有哪些？
3．防锈的方法有哪些？
4．机械打磨的注意事项有哪些？
5．汽车涂装涉及常用方法有哪些？
6．胶带的粘贴方法有哪些？
7．遮盖时注意事项有哪些？
8．喷涂操作要领有哪些？
9．扳机的正确操作一般分为哪几个阶段？
10．刮腻子的注意事项有哪些？
11．简述腻子打磨的工序。
12．腻子干打磨的注意事项有哪些？
13．中涂底漆的主要作用有哪些？
14．为什么要进行中间涂料的涂装？
15．腻子怎么进行调和？
16．调色的注意事项有哪些？
17．产生条件配色的原因有哪些？
18．简述面漆的喷涂工艺。
19．面漆喷涂前应做哪些准备工作？
20．水性漆的喷涂工艺和溶剂型漆的区别有哪些？
21．水性涂料特性有哪些？
22．面漆的喷涂手法有哪些？

第 11 章　涂装的喷涂缺陷及后处理

知识目标

1. 懂得漆膜缺陷对涂装质量的影响
2. 掌握漆膜缺陷的现象
3. 了解涂装过程和存放过程中出现漆膜缺陷的类型

能力目标

1. 熟悉引起漆膜缺陷的原因
2. 能对典型漆膜缺陷进行分析，提出解决方法

在汽车喷涂作业中，经常会出现质量问题，表现为涂膜出现缺陷。所谓涂膜缺陷也称为涂膜病害或涂膜故障，是指涂膜的质量与规定的技术指标相比所存在的缺陷。涂膜缺陷的出现是可以通过再修理的方法进行补救的，但是这样会影响企业的生产成本，带来不必要的损失。因此，如果能掌握常见的病害原因和防治措施，就能在生产中杜绝各种病态的产生，从而保证喷涂质量，减少喷涂成本。

11.1　涂膜的缺陷与防治

11.1.1　涂膜缺陷的现象

1．涂装过程中产生的缺陷

根据面漆涂装的特点，按生产过程中产生的缺陷可分为素色面漆缺陷和金属色面漆缺陷两种类型。

（1）素色面漆常见缺陷。素色面漆根据面漆的种类不同，产生的缺陷现象有所不同。

醇酸面漆常见缺陷：橘皮、流挂、光泽不良等。

氨基面漆常见缺陷：干燥不良、变色（泛黄）、脏污、起水泡等。

硝基面漆常见缺陷：颗粒凸起、橘皮、流挂、渗色、咬底、泛白等。

丙烯酸面漆常见缺陷：和硝基面漆基本相同。

聚氨酯面漆常见缺陷：起痱子、针孔、气泡等。

（2）金属色面漆常见缺陷。金属色面漆在涂装过程中属于双涂层面漆，先喷涂该色金属漆底漆，然后用双组分配套清漆罩光，与常规面漆比，相当于喷涂了两层面漆，所以在生产过程中除容易产生素色面漆常见缺陷外，还容易产生以下缺陷：金属底色漆粗糙、颜色不均匀，清漆罩光不丰满、缩孔等。

2．汽车使用或存放过程中产生的缺陷

汽车使用或存放过程中，随时间变化，在环境的影响下，在涂装过程中没有显现的缺陷现象也会显露出来，有些现象依然与喷涂质量有关。

汽车使用或存放过程中，易出现的缺陷现象有：鼓泡、变色、失光、开裂、脱皮、锈点、

粗糙、剥落等。

11.1.2 涂膜缺陷产生的原因

涂膜产生缺陷的原因有很多，包括材料原因和施工原因等。

材料的原因

（1）涂料的原因。包括底漆、面漆、二道浆、腻子等选择配套不当，质量不佳，配色不准、过期使用等。

（2）施工的原因。施工的原因是多方面的，主要包括以下几个方面：

① 表面准备不充分。旧漆打磨不彻底，除锈、脱脂、除尘不充分等；

② 添加剂使用不合理。未按要求进行添加，导致添加过多或过少；

③ 各个涂层的过渡打磨不合乎要求。多为未干透打磨或打磨不够平整；

④ 涂料的搅拌不均匀，过滤不充分；

⑤ 喷涂压力过高或过低；

⑥ 喷涂时距离喷涂表面过近或过远；

⑦ 喷涂流量过大或过小；

⑧ 环境温度过低或过于潮湿或干燥速度过快；

⑨ 喷枪质量不好或清洗不彻底；

除此之外，如工作场所通风不良，灰尘较多，光线不好等原因也影响涂膜质量。

11.1.3 典型涂膜缺陷分析

1．气孔

（1）现象。在面漆层上出现许多气孔。这种情况往往出现在喷涂后经高温烘烤，或数日后出现。如图 11-1 所示为气孔。

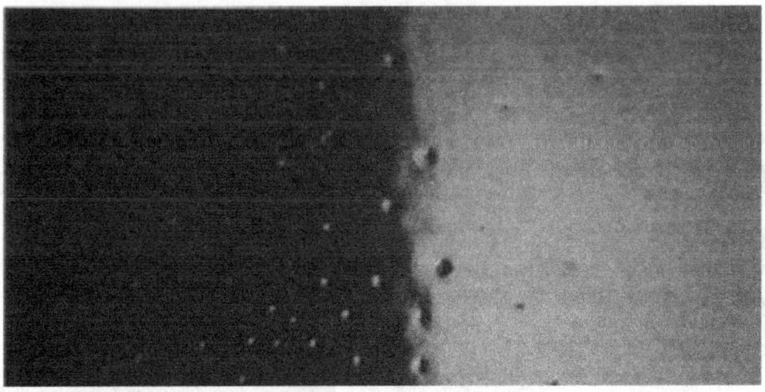

图 11-1　气孔

（2）原因。

① 表面清洁或处理不当。灰尘微粒在表面像海绵一样吸收水分，当漆层暴露在阳光下时，水分膨胀并使压力加大，当压力大到一定程度，就会形成气孔。

② 使用了不合适或错误的稀释剂。例如在夏季使用了快干稀释剂，尤其是当涂层太干或者受到过大压力时，空气和水分会留在涂层内，在一定时候水分和空气逸出而形成气孔。

③ 漆层太厚。漆层之间的干燥时间短，或者涂层过厚，将过多的溶剂留在涂层中，在一定条件下内层的溶剂会挥发出来在漆面上形成气孔。

④ 压缩空气不洁净。压缩空气中含油、水、灰尘造成喷涂污染。

（3）预防措施。

① 要对需要喷涂的表面进行彻底的清洁。仔细打磨，要确认干燥后才能进行喷涂。不可用手触摸清洁后的表面，以免手上的油污污染表面。

② 根据喷涂时的温度选择合适的稀释剂。

③ 各个内涂层和面漆层都应该经过干燥，严格按涂料厂家的要求进行施喷。

④ 定期对高压气体进行人工排水、排油，保证气源清洁。

（4）解决办法

如果气孔很深，损坏范围大而严重，必须清除到底漆或金属表面，然后再重新喷涂。如果气孔较浅、损坏程度较轻，可以将气孔磨掉然后重新喷涂。

2．水泡

（1）现象。在涂装过程中，涂膜表面有泡状鼓起，产生气泡现象。烘干过程中易产生这种缺陷。如图 11-2 所示为水泡。

（2）原因：

① 稀释剂挥发快，涂料黏度偏高（一般香蕉水挥发都很快）。

② 晾干时间短、涂膜烘干时升温过急。

③ 底材、底涂层或被涂面含有（或残留有）溶剂，水分或气体。

④ 搅拌时混入涂料中的气体未释放尽就涂装。

（3）预防措施：

① 使用配套的稀释剂，黏度不宜过高。

② 按施工说明时间干燥，涂层烘烤时升温不宜过快。

③ 被涂面应彻底清洁，干燥处理。

④ 涂料混合搅拌后应静置一定时间再喷涂。

（4）解决方法：气泡是涂膜破坏性的弊病，只能铲除，重新进行表面处理。刮腻子及重新喷涂。

3．橘皮

（1）现象。在涂膜表面呈疙瘩状、不平整，有类似橘子皮的外观。如图 11-3 所示为橘皮。

图 11-2　水泡

图 11-3　橘皮

（2）原因。

① 被涂物和空气的温度偏高，喷漆室内风速过大，稀释剂挥发太快。

② 干燥不够，时间偏短。

③ 涂料的黏度太高，流平性差，稀释剂选用不当。

④ 喷涂技术不良，喷枪距离太远或太近，涂层过厚或过薄。

⑤ 喷涂气压太低，出漆量过大或喷枪不佳，导致漆料雾化不良。

（3）预防措施。

① 选用合适的溶剂，添加流平剂或挥发较慢的高沸点有机溶剂，调整合适的黏度，以改善涂料的流平性。

② 调整喷涂气压与出漆量、喷涂距离与走枪速度，选用雾化性能良好的喷枪。使涂料达到良好的雾化。

③ 延长晾干时间，不宜过早进入高温烘干。

④ 被涂物应冷却至50℃以下，室温维持在20℃左右。

（4）解决办法。

① 待漆膜完全固化后，视橘皮皱纹之严重性，以极细砂纸或粗砂蜡磨去橘皮皱纹。

② 严重部分则以细砂纸磨平，并重新喷涂。

4. 白化

（1）现象。喷涂完的涂层表面呈乳白色，涂膜不仅发白，而且像云一样的变白无光泽现象称为白化。如图11-4所示为白化。

（2）原因。白化情况多发生在高湿环境下喷涂挥发性涂料的场合，严重时完全失光，涂层出现微孔。是因漆内溶剂急速蒸发，使涂面温度降低，导致大气中湿气在漆面凝结，沉入涂膜中致使树脂析出而变白。

① 喷涂场所的空气湿度过高。

② 所使用的稀释剂品质不良，挥发太快。

③ 喷涂场所的气温寒冷，尤其是在被涂物的温度低于室温场合。

④ 喷漆室内空气流通不良，又缺乏加热设备。

⑤ 喷涂气压过大。

（3）预防措施。

① 对喷涂场地进行适当加热，增加干燥度，提高环境温度。

② 使用品质好的，挥发较慢的稀释剂。

③ 在稀释剂内添加防潮剂，使用量要小，否则会减慢干燥速度。

④ 涂装前使被涂料的温度高于环境10℃左右。

（4）解决办法。

① 轻微白化待其固化后，再以抛光蜡打磨去除其不良处。

② 严重白化，在该区域内喷涂慢干稀释剂或防潮剂。

③ 在白化极严重的部位，可能有水分残留在漆膜内，让其干燥，湿打磨再重新喷涂。

5. 开裂

（1）现象。涂层上出现许多较深的裂缝，与干枯的泥塘中泥土的开裂情况相似，其形状往往是三角形或不规则的形状，裂痕一般发生在面漆层，有时候也深入到内涂层。如图11-5所示为开裂。

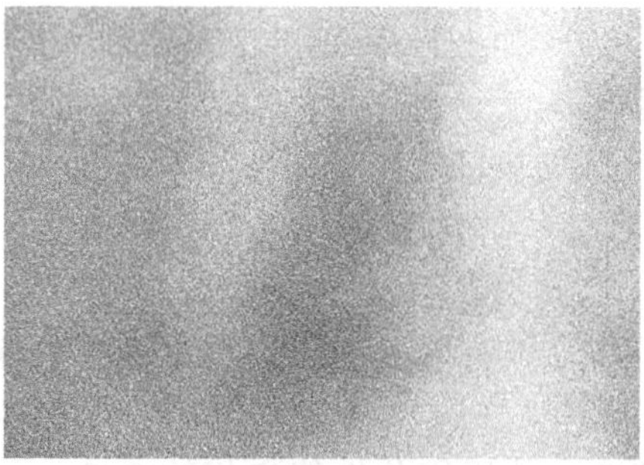

图 11-4　白化

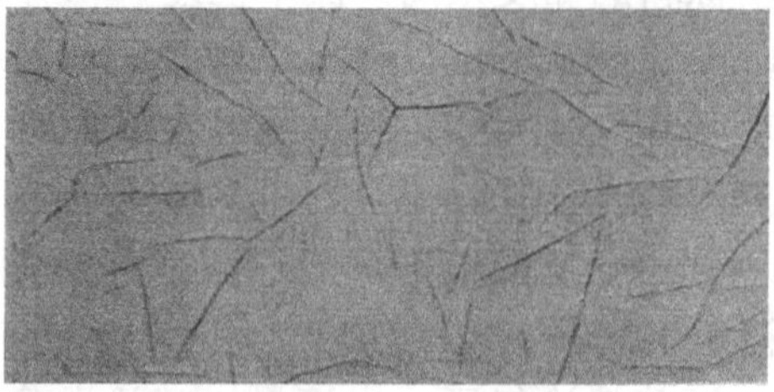

图 11-5　开裂

（2）原因。

① 涂层太厚。过厚的涂层会使正常的应力和应变力放大，造成面漆开裂。

② 没有将漆原材料混合均匀。

③ 快速干燥的时间太短。

④ 使用了错误的添加剂。

（3）预防措施。

① 面漆层不能太厚。每两个面漆层之间应保留足够的闪干时间，不可急于用高压空气吹风干燥。

② 所有的面漆原料必须充分搅拌，压缩面漆层，如果有必要可在面漆中加入缩孔排除剂。

③ 严格按所用涂料生产厂家提供的添加剂。

（4）解决办法。将开裂的部分进行重新打磨，然后进行喷涂。

6．脱皮（剥落）

（1）现象。面层与底层之间失去亲和力（面漆与底漆层之间、面漆层和原有的漆层之间、底漆层与金属板之间）。导致使用过程中漆层脱皮。如图 11-6 所示为脱皮。

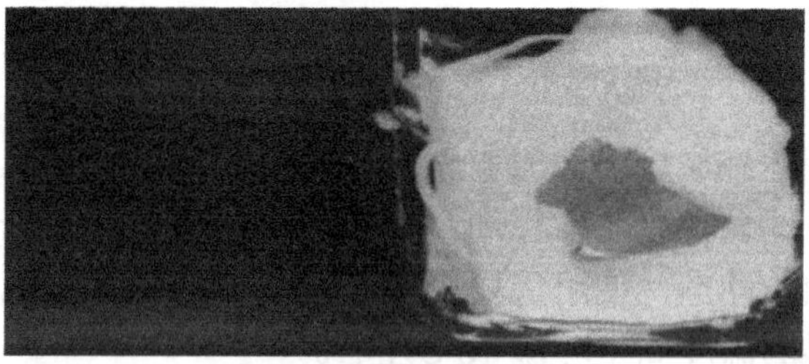

图 11-6　脱皮

（2）原因。

① 在进行喷涂前表面清洁不够，如果不清除灰尘和其他油污脏物，将使漆层与底漆之间无法亲和。

② 没有对金属表面进行适当的处理。

③ 没有将各种原材料混合均匀。

④ 使用了不合适的中涂漆。

（3）预防措施。

① 对需喷涂的表面进行彻底的清洁，用清洗溶剂清洗表面的灰尘及油污。

② 使用合适的金属调节剂和转换涂层。

③ 充分搅拌所有有色的内涂层和面漆原料。

④ 使用合适的中涂漆。

（4）解决办法。根据脱皮程度采取相应措施，如果脱皮较轻，可研磨后重新薄薄的喷涂一层。如果脱皮严重，必须重新打磨至金属板层，然后按正确的方法重新喷涂。

7. 渗色

（1）现象。涂膜表面变色，变色一般呈晕圈形式，严重时漆膜颜色完全改变，通常在红色、褐色漆表面喷涂时会发现此现象。如图 11-7 所示为渗色。

（2）原因。主要原因是底层涂料中的颜料被新涂层的溶剂溶解并吸收。

（3）预防措施。

① 使用防渗色底漆。

② 喷涂之前清除原来漆膜上粘附的漆雾。

③ 试喷试验原来漆膜是否有渗色现象。

（4）解决办法。打磨到原来漆膜，喷涂封闭底漆，将原来漆膜封闭，然后重新喷涂面漆。

8. 缩水（鱼眼）

（1）现象。漆膜表面出现大量的直径从针孔到 1cm 左右的火山口样的空洞或凹痕。一般大凹痕单独出现，小凹痕成片出现。在凹痕的中心一般可发现有小的杂质颗粒存在。如图 11-8 所示为缩水。

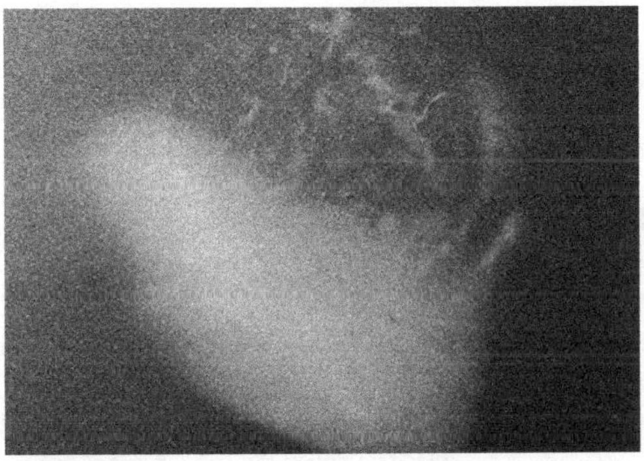

图 11-7 渗色

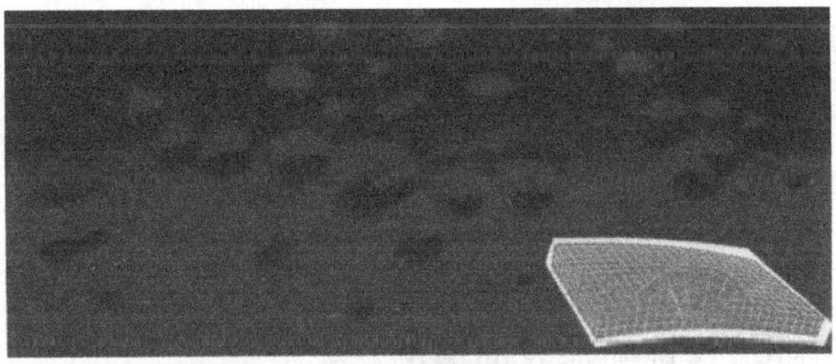

图 11-8 缩水

（2）原因。产生缩水（鱼眼）的根本原因是油漆表面的张力发生变化。具体原因为：

① 底漆中含有不匹配的成分。

② 喷漆环境中或基材表面上有含硅的有机化合物。

③ 存在其他污染，如油脂、洗涤剂、尘土、石蜡等。

④ 压缩空气中有水、油等。

⑤ 喷漆室内蒸汽饱和。

（3）预防措施。

① 彻底清除基材表面，禁止在喷漆室内使用含硅类的抛光材料。

② 注意底漆的匹配。

③ 注意喷漆室内的蒸汽饱和程度。

④ 添加鱼眼防止剂。

⑤ 每天对压缩空气供给系统进行清洁。

（4）解决办法。将产生缺陷的区域的漆膜彻底清除，按要求重新对基材的表面进行处理，重新喷涂。必要时，可以在油漆中使用抗鱼眼的添加剂。

9．流淌（流挂）

（1）现象。喷涂后的漆膜局部变厚，形状如同波浪线、浅滩或圆形的山脊，通常出现在倾斜角度大或者竖直的表面上，也叫垂流、滴下、流泪等。如图 11-9 所示为流淌。

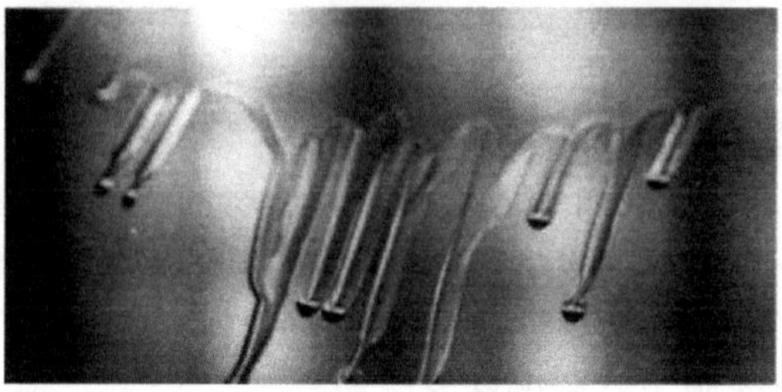

图 11-9　流淌

（2）原因。

① 喷涂的漆膜过厚，压缩空气的压力太低，喷枪调整扇面过窄，喷枪移动速度太慢，喷涂时，喷枪与被喷表面距离太近。

② 油漆的黏度不合适，稀料过多。

③ 稀释剂的型号不对或质量不佳。

④ 环境温度或基材温度过低。

⑤ 底漆表面有油污。

（3）预防措施。

① 采用正确的喷涂方法，将喷枪调整适当。

② 使用厂家推荐的稀释剂。

③ 按要求调整漆的黏度。

④ 注意控制并在推荐的温度下进行喷涂。

⑤ 每道喷涂的漆膜不能过厚。

⑥ 保证喷涂表面清洁。

（4）解决方法。待原漆膜完全干燥后，将多余的漆膜除掉，并将表面磨平，然后抛光。必要时应重新打磨后重新喷涂。

10．遮盖力差

（1）现象。喷涂后可透过漆膜看见下层表面的颜色。如图 11-10 所示为遮盖力差。

（2）原因。主要原因是色漆层的厚度不够，遮盖力差。具体原因有：

① 喷涂方法不当。

② 涂料混合不均匀，部分涂料稀释剂过多。

③ 稀料过多。

④ 基底的颜色不对。

⑤ 涂料用量调整过小。

⑥ 在研磨抛光过程中，打磨过量，导致漆膜厚度太薄。

（3）预防措施。

① 采用正确的喷涂方法，保证漆膜的厚度。

② 对涂料进行充分搅拌，使之均匀。

③ 注意调整涂料的黏度，稀释剂不要过多。

④ 控制抛光不宜过度。

（4）解决方法。将有缺陷的区域进行打磨，使之平整，然后重新进行喷涂。

11．溶剂泡

（1）现象。滞留在漆膜里面的溶剂气化形成表面水泡状缺陷。如图 11-11 所示为溶剂泡。

图 11-10　遮盖力差

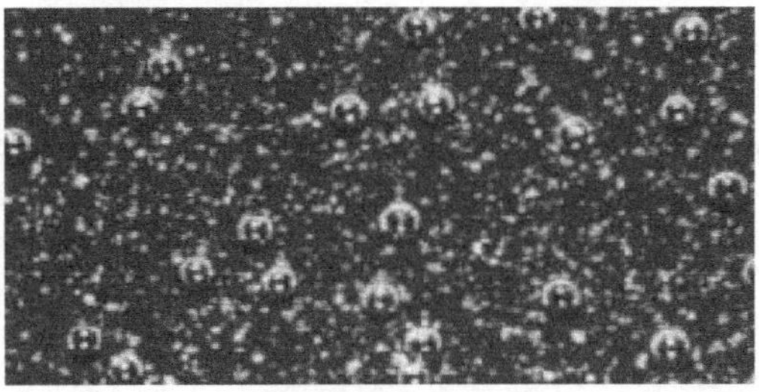

图 11-11　溶剂泡

（2）原因。

① 漆膜喷涂太厚。

② 固化剂和/或稀释剂太快干。

③ 每个涂层间的闪干时间太短。

④ 在烘烤前或红外线加热前，闪干时间太长。

⑤ 红外线烤灯和车体的间距不够，造成表面温度过高。

⑥ 湿对湿工艺时，两个涂层间闪干得不够。

（3）预防措施。

① 喷涂前须确定已使用清洁剂清洁车身及确定已经除粘尘。

② 车身表面清洁彻底。

③ 定期检查过滤网。

④ 穿着不带绒毛的工作服。

⑤ 确保喷漆房环境清洁。

（4）解决方法。出现溶剂泡的表面，必须打磨至完好的漆层，选择正确的底漆和面漆重喷。

12．打磨痕迹

（1）现象。基底上漩涡状的打磨痕迹显现在面漆上。如图 11-12 所示为打磨痕迹。

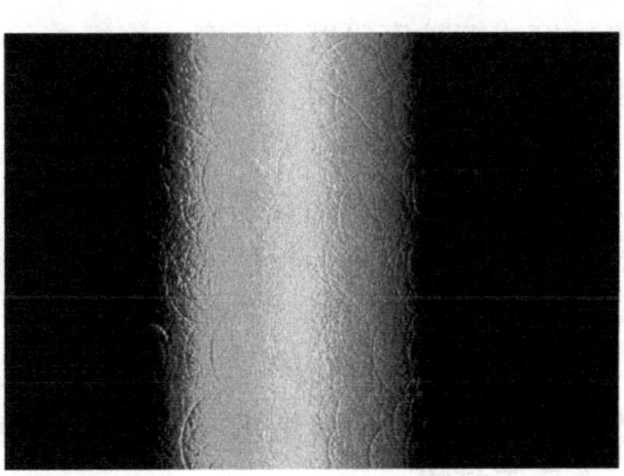

图 11-12　打磨痕迹

（2）原因。

① 基底被太粗的研磨物打磨过，打磨划痕的深度太深，导致无法被完全填补掩盖。

② 底漆或中涂的干燥时间未被遵守，造成在喷涂和干燥时底漆层膨胀，从而能清楚地看到之前

打磨操作时留下的漩涡状痕迹。

③ 填充中涂底漆涂层太薄，无法完全遮盖基底上的打磨痕迹。

④ 不良的打磨技术和/或打磨设备。

（3）预防措施。

① 使用规范的打磨材料（例如腻子用 P80/P150，填充底漆/中涂底漆通常只能覆盖 P240 以上的砂纸痕迹）。

② 按照规定方法进行干燥。

③ 遵守规定的膜厚范围。

④ 在开始打磨前，要先把打磨机置于要打磨的表面。机器打磨填充底漆/中涂底漆时选用不超过 5mm 的震动模式。

（4）解决方法。

彻底磨掉有缺陷的漆层，根据必要性选择正确材料进行重涂。

11.2 涂装的后处理

通过打磨，使涂膜面显出光泽，除去附着在涂膜表面的灰尘和小麻点，对表面粗糙处和起皱皮处等平整度不良进行修整。对于部分涂装而言，还包括对晕色部位的打磨等。该项作业既是全涂装和局部涂装的最后一道工序，也是对涂膜的精加工，必须仔细进行。

只要进行喷涂作业，就很难避免灰尘和小颗粒的粘附。如果是丙烯酸硝基漆，还可以中途打磨去掉附着物，表面再重新喷一层；而聚氨酯涂料处理起来则较困难。聚氨酯涂膜本来无需抛光处理，因此对灰尘和小颗粒的粘附特别敏感。有灰尘和小颗粒的粘附，就要进行修整。

11.2.1 打蜡

1. 打蜡

1）打蜡的定义

涂装后处理中的打蜡是指用中粗或粗蜡针对涂装的轻微缺陷进行处理的美容工序。

2）打蜡的研磨作用

如果喷涂技术不好，或稀释剂选择有问题，涂装面会很粗糙，甚至出现橘皮皱，这可以通过打磨修整。先用 1000#～1500#耐水砂纸轻轻湿打磨，去掉表面粗糙点和橘皮，然后用中等粒度或细粒度研磨膏研磨。聚氨酯涂膜若出现橘皮状，先用 1500#耐砂纸轻轻湿打磨，再用极细的研磨膏研磨，最后用超细微粒研磨膏沾在海绵毡上抛光研磨。

3）打蜡的方法

汽车修补涂装用打蜡研磨膏，由有机溶剂与加有水和油的研磨颗粒制成，按研磨剂颗粒的大小配合比，分为粗粒度、中粒度和细粒度几种；按研磨方式的不同，分为手工打蜡研磨膏和机械打蜡研磨膏；研磨膏按黏度不同，又有膏状和液体状两种样式。

研磨膏有两种作用，研磨开始时，磨料颗粒起研磨作用，将涂膜表面磨平；到研磨后期，磨料颗粒被粉碎呈极细粉末，起抛光作用。

手工打蜡

可分为擦砂蜡和擦光蜡两道工序。

（1）擦砂蜡。

① 用新毛巾或绒布折叠成肥皂盒大小，将底部压平。

② 将毛巾蘸适量砂蜡或将适量砂蜡直接涂于漆膜上。

③ 稍用力往返擦到漆膜表面上细小缺陷消失，漆膜达到镜面般平滑并有均匀柔和的光泽为止。

（2）擦光蜡。

① 将漆膜表面残余的砂蜡清理干净。

② 将脱脂棉团蘸适量光蜡，顺光线反复擦拭，至漆膜光泽均匀一致，并能照出人影为止。

③ 用除尘布擦净残蜡。

机械抛蜡

（1）为消除手工磨光砂纸痕的抛蜡。

① 选择适合于漆层类型的抛光剂和抛光衬套。

② 将少量的抛光剂均匀地涂在需抛光的漆面上，静置 5～10min。

③ 用抛光机抛至出现合适的光泽。

【注意】抛光机设置为低速，用力均匀，方向一致。

④ 用 1200～1500 号水砂纸将漆膜表面水磨到非常平整，洗净，吹干。

⑤ 按装羊毛绒抛光套。

⑥ 在漆膜上涂适量砂蜡。

⑦ 起动抛光机抛蜡，至漆膜发热并有均匀柔和的亮光。

⑧ 清理残蜡。

⑨ 换一个羊毛套，涂上适量的光蜡，顺光线抛到能清晰地照出人影。

（2）晕色部位抛光。如图 11-13 所示用超细微的研磨膏，薄薄地涂在晕色部位，用装了海绵毡打磨头的抛光机进行打磨。打磨时应注意，抛光机的打磨头只能轻轻接触涂膜，边观察光泽和涂膜状态，边仔细操作。

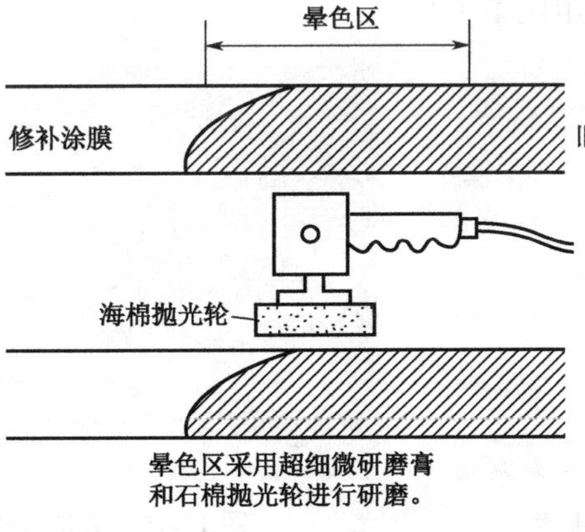

图 11-13　晕色部位抛光

4）抛蜡注意事项

① 对于双组分的丙烯酸聚氨酯硝基涂膜和丙烯酸聚氨酯涂膜的晕色部位，在打磨前一定要用红外线加热器加热，使其完全干燥、固化。如果处于半干状态下湿打磨，就会出现涂

膜脱落、发白等。加热干燥要在 60℃下，保持大约 30min。

② 抛光时，移动要均匀，不要在一个地方抛光时间过长。

③ 要掌握好上蜡的频率。

④ 周围环境要清洁。

⑤ 着工装作业，不带手表及饰物。

⑥ 遵循先上后下的原则，一次作业应连续完成。

⑦ 运行路线应按一定的顺序进行，以形成一致的光反射。

⑧ 注意清理边角部位的残蜡。

⑨ 对丙烯酸硝基涂膜，先用粗粒度或中等粒度的机械用研磨膏进行粗研磨。当出现一定光泽后，换用细粒度研磨膏，使整体光泽达到要求。研磨痕的消除，可以换用羊毛毡垫和液体状超细微粒度研磨膏。抛光机无法涉及的角落，要用柔软布手工抛光。手工抛光时要注意，施力方向应一致。手工抛光要保证不留下磨痕并具有足够的光泽度，最后应使用超细微研磨膏研磨以提高光泽度。

⑩ 聚氨酯涂膜一般不需抛光处理，不过当涂膜表面附着了灰尘和小颗粒物，质量较差，或局部修补涂装等情况时，有必要进行抛光修整。修整方法是，先少蘸一点极细粒度的研磨膏，稍加力打磨，最后用海绵毡垫和超细微研磨膏研磨以提高光泽度。

打蜡作业结束后，安装好拆卸下的部件。若部件有脏污，应仔细擦拭干净后再安装。对车主平常在进行扫除时难以涉及的地方，也应将其打扫干净，一定会受到客户的欢迎。安装好拆卸下的部件之后，应全面检查电路是否正常，螺栓是否都已拧紧等。

交车之前应用净水将车身整体彻底清洗干净。清洗过程中，若发现有细小伤痕，即使不是所修理部位，也要予以修整。

2. 打蜡抛光的工具和设备

1）抛光盘

（1）羊毛盘。常用于抛光的羊毛盘一般有两种，一种是以羊毛为材料如图 11-14 所示，磨削力较大，抛光时产生的抛光热较大，容易损伤漆膜；另一种是人造毛为材料如图 11-15 所示，磨削力次于羊毛盘，使用比羊毛盘广。

图 11-14　羊毛盘

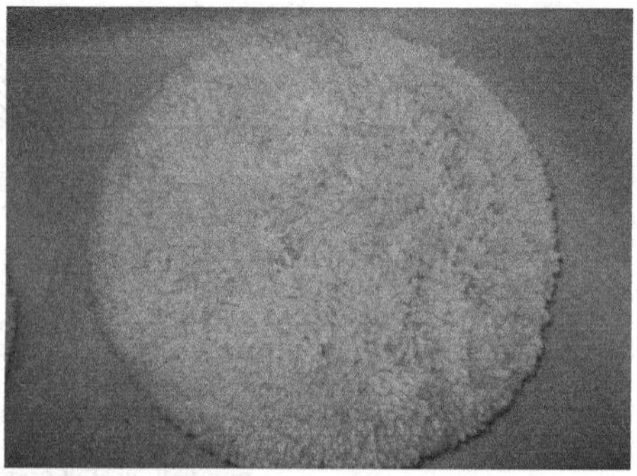

图 11-15　人造纤维盘

（2）海绵盘。海绵盘无论是在抛光还是打蜡时使用较广，去除车身划痕效果好，抛光打蜡时好操作，去氧化物速度快，对车漆比较安全。在使用中常因蜡质粗细不同选用不同颜色的海绵盘。如图 11-16 所示不同海绵盘，表 11-1 为其使用范围。

图 11-16　海绵盘

表 11-1　海绵盘的使用范围

颜色	对车漆的伤害程度	使用范围
黄色	中度	中抛，适用于中粒度蜡
绿色	轻度	精抛，适用于细蜡
蓝色	小于等于零	精抛，适用于镜面蜡
白色	小于等于零	镜面抛，适用于镜面研磨

2）打磨机和打蜡机

（1）打磨机。打磨机如图 11-17 所示，分为电动和气动两种，主要配套材料是研磨盘和抛光盘，根据装盘方式分为吸盘式和紧固式。研磨垫有软磨垫和硬磨垫两种，软磨垫用于抛光打蜡，硬磨垫用于打磨。

1—软磨垫气动打磨机；2—硬磨垫电动打磨机

图 11-17　打磨机

（2）打蜡抛光机。打蜡机如图 11-18 所示，是汽车美容护理设备最基本、最常用的设备。根据使用的动力源不同分为电动和气动两种，常用的打蜡机以电为动力，使用简单。当车漆表面出现微划痕、中划痕或水渍时，可根据损伤来选择相应蜡配合打蜡机进行修复。在使用时，要求先低速往复移动，并每过 2～3 分钟，用手面轻触打磨部位是否发烫，如发烫应洒点水，再继续打磨。

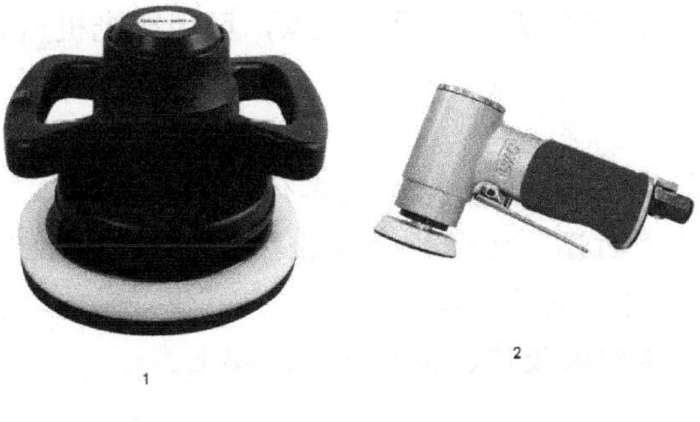

1—电动打蜡机；2—气动打蜡机

图 11-18　打蜡机

（3）抛光机。抛光机如图 11-19 所示，是汽车维修和美容护理的必备设备，其规格和型号较多。基本操作较为简单，但需要考虑被抛光物实际情况和环境条件。否则会影响抛光效果。

图 11-19　抛光机

3．打蜡应用实例

1）清洗并风干

对车身进行彻底清洗，清洗时尽量用中性清洗液，清洗后要将车身彻底擦干，尤其是车身的缝隙位置不能有残留的污垢和水分。

2）上蜡

上蜡可分手工上蜡和打蜡机上蜡两种，手工上蜡简单易行，打蜡机上蜡效率高。无论是手工上蜡还是打蜡机上蜡，都要按一定的顺序进行，要保证车身漆面涂抹得均匀一致。上蜡时每次不要涂得太厚，上太多的蜡不但造成成本增加，而且会增加抛光的工作量，还容易粘上灰尘，使抛光摩擦时产生划痕。

图 11-20　涂抹车蜡

（1）手工上蜡。手工上蜡用打蜡海绵沾适量车蜡，以划小圆圈旋转的方式均匀涂蜡；圆圈的大小以不遗漏漆面为准，每圈盖前一圈 1/2～3/4，圆圈轨迹沿车身前后直线方向。如图 11-20 所示。

全车打蜡顺序：把漆面分成几部分，按右前机盖→左前机盖→右前翼子板→右前车门→右后车门→右后翼子板→后备箱盖的顺序研磨右半车身，按相反顺序研磨左半车身，直到所有漆面无遗漏。在全部漆面上均匀涂一薄层车蜡，以漆面明显覆盖一层车蜡为准，喷漆的前后塑料保险杠也要涂蜡。

（2）机械上蜡。机械上蜡是将液体蜡倒在蜡盘套上，每次按 0.5 m^2 的面积涂匀，待车蜡凝固后开启打蜡机在车体上横向或纵向进行覆盖式抛光。

用打蜡机上蜡时，先将车蜡洒在车身表面上，用手控制好打蜡机，启动开关，注意涂布时的力度、方向性及均匀度。车身表面在边、角、棱处的涂布，使用打蜡机上蜡时不易把握，而在这方面手工涂布更有优势。

上蜡层数要视车漆状况决定，并不是越多越好，太多的蜡反而会使抛光产生困难；上得太薄，又无法填补车身的缝隙。通常新车需要上蜡 1～2 层，旧车可上 3～4 层。

如果发现蜡上得不均匀，产生无序的反光现象，可用抛光机重新进行抛光，直到出现光线反射面一致。

【特别提示】

① 涂蜡应选在室内或阴凉干燥处，涂蜡时车体应完全冷却。

② 用涂蜡海绵在车身上打圈，把蜡均匀地涂抹在车身表面上，要求用蜡要适量，涂抹均匀，没有遗漏，力度要均匀，动作要柔。

③ 涂蜡时尽量不要涂抹到橡胶件、塑料件、玻璃上。

3）擦蜡和提光

（1）上蜡后 5～10 分钟蜡表面开始发白，用手背在不明显位置抹一下，手背上有粉末，抹过的漆面有光亮，说明蜡已经干燥。用柔软干燥毛巾或软海绵抛蜡，抛蜡可以用手工操作，如图 11-21 所示，也可以用如图 11-22 所示的机械进行抛蜡，直到整个车表没有残蜡。

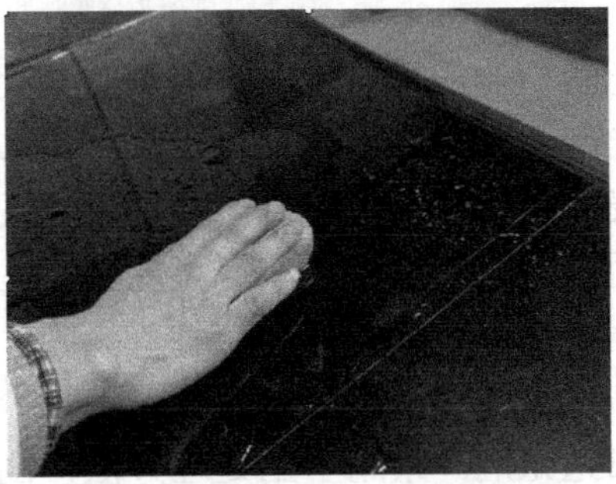

图 11-21 手工抛蜡

图 11-22 机械抛蜡

（2）抛蜡后彻底清洁玻璃、保险杠、饰条、轮胎、钢圈等，顺序与上蜡一样。用纯棉毛巾把蜡擦掉并用合成鹿皮摩擦漆面，直到漆面的倒影清晰可见。

4）清理缝隙

将残留在汽车表面缝隙里的车蜡清理干净，让车保持彻底的干净。

5）检验

全车漆面干净整洁、手感光滑；车蜡均匀，车表没有残蜡或打花；亮度和颜色均匀漆面有镜面效果，在漆面上可清晰反映倒影。

6）现场清理

工具、材料要注意归位，垃圾要迅速处理，清洗脏的海绵球、刷子、毛巾和合成鹿皮。

11.2.2 抛光

1．抛光的定义

抛光是指利用手工或机械的方法，去除修补漆造成的轻微色差、车身漆面划痕、老化斑痕等，以获得光亮一新的漆膜表面的美容方法。

抛光剂也称为光亮剂，是一种透明制剂，可以使漆面表面变得光亮，并可以去除一些细小的划痕和由于修不起造成的轻微色差。

2．抛光的作用

（1）消除漆面细微划痕（发丝划痕）。

（2）治理汽车漆面轻微损伤及各种斑迹，进而达到光亮无瑕的漆面效果。

（3）增加漆面翻新程度和光泽度。

（4）降低由于修补漆造成的色差。

3．抛光原理

抛光是在抛光盘、抛光剂和漆面三者之间进行的，抛光盘配合抛光剂在漆面摩擦产生静电，在静电作用下，孔内的赃物被吸收，抛光盘又把漆面的微观氧化磨掉，并将细微的划痕拉平填满，另外在抛光过程中抛光剂中的一部分又融入漆面，使之发生还原反应，最后得到清洁如新光滑亮丽的漆面。

材料的选择：主要是抛光盘和抛光剂，在抛光作业前应根据漆面的质量如普通漆和透明漆、漆面的厚度、耐磨度和硬度等选择抛光盘和抛光剂。

4．补涂施工中的局部抛光

根据局部抛光所起的作用可分为喷涂前补涂部位外围旧漆膜抛光和喷涂后部位抛光。

（1）喷涂前补涂部位外围旧漆膜抛光。

可采用手工或机械方法，因补涂部位外围抛光面积一般不会太大，因此手工处理较为普遍。使用抛光剂时应选用不含蜡、硅氧烷的粗抛光剂。抛光时倒少许抛光剂于软布上，用力在补涂部位外围旧漆膜上来回研磨，去除旧漆膜表面的氧化层、泛色层和蜡等一般清洁剂不易擦净的脏物，为补涂工作创造一个很好的被涂面，抛光处理的面积尽可能宽一些，一般遵循处理面宜大不宜小，以给补涂时留出足够的伸缩余地。

（2）喷涂后补涂部位的抛光。

应在漆膜完全干燥后。使用细度抛光剂或超细抛光剂。采用手工处理方法，倒少量于软布上，在补涂部位四周接口处，按补涂部位向旧涂面部位同一方向抛光。抛光力度不宜过大，抛光程度不宜过深，防止产生补涂边缘线形痕迹，涂面达到柔和程度即可。

5．汽车抛光操作实例

现在以晶面抛光剂为例介绍抛光的实际操作过程。

（1）对车身表面进行彻底清洁，尤其去除车身表面的顽固污渍，并注意车身缝隙位置，同时观察车身表面有无划痕，若车身表面损伤不能直接进行抛光处理。

（2）对车身不需抛光的位置进行遮盖，如玻璃、车轮、前格栅、车标、车牌等部位。

（3）将镜面抛光剂均匀涂抹到车身漆面上，并且用软布进行擦拭，如图 11-23 所示。

（4）使用抛光机配黑色海绵轮，将抛光剂均匀涂覆在汽车漆面上，并抛光至返亮效果，使旧漆迅速还原、显色。最后使用干净抹布，擦去抛光后留下的蜡和手指印等残痕。使用抛光机施加中等压力，保持抛光速度 1800 转左右，去除漆面的各种缺陷。如图 11-24 所示抛光处理。粗磨抛光选白色粗抛海绵轮，精细抛光使用黑色波浪海绵轮。

图 11-23　擦拭镜面蜡

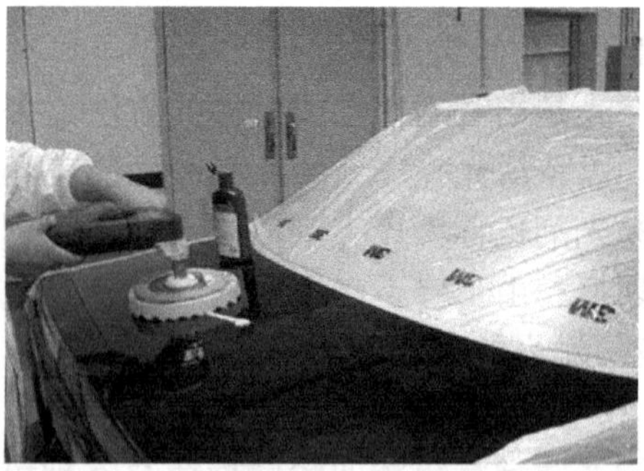

图 11-24　抛光处理

（5）抛光后表面处理，使用擦车纸或海绵均匀地涂覆在车身表面，等待几分钟，在蜡迹完全干透前，使用抹布将漆面抛亮，获得光亮如新的漆面效果。如图 11-25 所示。

图 11-25　漆面后处理

复习思考题

一、选择题

1．面漆喷涂结束，对于强制干燥方式，最佳揭去胶带纸的时机是（　　）。

A．喷涂结束时

B．喷涂结束后 10～15min

C．强制干燥结束后，车身还未冷却时

D．强制干燥结束后，车身完全冷却时

2．对硝基面漆，喷涂结束后揭去胶带的最佳时机是（　　）。

A．喷涂结束时　　B．喷涂结束后 10～15min

C．涂膜干燥到可用手触摸的程度　　D．涂膜完全干燥后

3．面漆抛光，不能实现的项目是（　　）。

A．调整光泽　　B．除去灰尘

C．修整微小缺陷　　D．修正颜色

4．涂装完的聚氨酯面漆，如果表面有深度较浅的灰粒，应用（　　）#砂纸水磨。

A．800～1000　　B．1000～1500

C．1500～2000　　D．2000～2500

5．抛光用的毡垫最好选用（　　）

A．毛巾毡垫　　B．羊毛毡垫　　C．海绵毡垫　　D．三者均可

6．面漆强制干燥时常产生“起泡”现象，可能的原因是（　　）。

A．溶剂加入量过多　　B．强制干燥升温过快

C．喷涂时表面淋水　　D．水分进入漆膜并积存于内部

7．下列（　　）可以预防涂膜的“起泡”。

A．漆膜加厚　　B．高温烘烤

C．二道浆一遍喷涂较薄　　D．涂膜不要彻底强制干燥

二、判断题

1．用远红外线烤灯干燥丙烯酸聚氨酯面漆不易产生气孔。（　　）

2．干燥速度慢的溶剂调制的面漆不易产生气孔。（　　）

3．为防止涂膜表面出现气孔，对表面容易干燥的涂料，其干燥温度应高些。（　　）

4．同样的涂装条件，冬季比夏季易出现气孔。（　　）

5．聚氨酯面漆不需要抛光处理。（　　）

6．选择车身蜡时，不必考虑车身原涂膜的类型。（　　）

三、问答题

1．涂膜缺陷产生的原因有哪些？

2．列举典型涂膜缺陷有哪些？

3．气孔的产生原因有哪些？

4．橘皮的产生原因有哪些？

5．流挂的产生原因有哪些？

6．涂膜缺陷的常用处理方法有哪些？

参 考 文 献

[1] 代汝泉．汽车车身修复技术[M]．北京：人民交通出版社.1999.
[2] 傅高升．汽车材料．济南：山东大学出版社.2011.
[3] 顾建国．汽车钣金维修技师培训教材[M]．北京：人民交通出版社.2003.
[4] 高元伟．汽车车身焊接技术[M]．北京：人民邮电出版社.2009.
[5] 韩星．汽车车身修复技术[M]．北京：冶金工业出版社.2009.
[6] 焦建．汽车车身修复技术[M]．北京：北京理工大学出版社.2006.
[7] 吉庆山．汽车涂装修复技术[M]．北京：中国铁道出版社.2012.
[8] 李远军．汽车涂装技术[M]．北京：北京理工大学出版社.2008.
[9] 彭友禄．焊接工艺[M]．北京：人民交通出版社.2002.
[10] 宋年秀．曲全玉．汽车装饰与车身修复技术[M]．北京：北京理工大学出版社.2007.
[11] 王德良．汽车车身修复技术．北京：中国广播电视大学出版社.2012.
[12] 王艳霞．焊工[M]．北京：化学工业出版社.2005.
[13] 吴兴敏．汽车涂装技术[M]．北京：人民邮电出版社.2009.
[14] 吴兴敏．汽车车身结构[M]．北京：人民邮电出版社.2010.
[15] 吴磊．汽车车身与钣金件整形[M]．北京：中国人民大学出版社.2011.
[16] 徐华东．汽车喷涂与装饰技术[M]．北京：人民交通出版社.2002.
[17] 杨庆国．汽车材料．长春：吉林出版集团吉林科学技术出版社.2011.
[18] 周长庚．李贞芳．汽车涂装技术[M]．北京：科学技术出版社.2007
[19] 中国汽车维修行业协会．车身修复．北京：人民交通出版社.2008.
[20] 中国汽车维修行业协会．车身涂装．北京：人民交通出版社.2008.
[21] 周燕．汽车装饰美容与钣金修复[M]．北京：机械工业出版社.2012.
[22] 张俊．汽车车身修复专门化[M]．北京：人民交通出版社.2004.
[23] 张吉国．汽车车身修复技术[M]．北京：高等教育出版社.2005.

反侵权盗版声明

举报电话：（010）88254396；（010）88258888

传　　真：（010）88254397

E-mail：　dbqq@phei.com.cn

通信地址：北京市万寿路 173 信箱

　　　　　电子工业出版社总编办公室

邮　　编：100036